Grundpfandrechte in Deutschland und China

Europäische Hochschulschriften
Publications Universitaires Européennes
European University Studies

Reihe II
Rechtswissenschaft

Série II Series II
Droit
Law

Bd./Vol. 4151

PETER LANG
Frankfurt am Main · Berlin · Bern · Bruxelles · New York · Oxford · Wien

Hongliang Wang

Grundpfandrechte in Deutschland und China

PETER LANG
Europäischer Verlag der Wissenschaften

Bibliografische Information Der Deutschen Bibliothek
Die Deutsche Bibliothek verzeichnet diese Publikation in der Deutschen Nationalbibliografie; detaillierte bibliografische Daten sind im Internet über <http://dnb.ddb.de> abrufbar.

Zugl.: Freiburg (Breisgau), Univ., Diss., 2004

D 25
ISSN 0531-7312
ISBN 3-631-53286-5

www.peterlang.de

Meiner lieben Frau Jing und Tochter Wenxing

Vorwort

Die vorliegende Arbeit wurde von der juristischen Fakultät der Universität Freiburg im Sommersemester 2004 als Dissertation angenommen.

Mein besonderer Dank gilt vor allem Herrn Prof. Dr. Rolf Stürner, der die Arbeit angeregt hat. Durch seine Geduld und ständige Gesprächsbereitschaft ist er ein vorbildlicher Doktorvater gewesen. Dank gebührt gleichfalls Herrn Prof. Dr. Dieter Leipold für die unverzügliche Erstattung des Zweitgutachtens.

Ich möchte an dieser Stelle auch Herrn Dr. Christoph Kern und Herrn Florian Rink meinen herzlichsten Dank für ihre wertvollen Hinweise bei der Korrektur des Manuskripts aussprechen.

Schließlich danke ich Frau Dipl.-Päd. Astrid Mittmann für die sprachliche Unterstützung.

Hongliang Wang　　　　Freiburg im August 2004

Inhaltsverzeichnis

Abkürzungsverzeichnis

a. a. O.	am angegebenen Ort
Abs.	Absatz
AcP	Archiv für civilistische Praxis
AGB	Allgemeine Geschäftsbedingungen
AGBG	Gesetz zur Regelung des Rechts der Allgemeinen Geschäftsbedingungen vom 09.12.1976
AGZ	Allgemeine Grundsätze des Zivilrechts
ALR	Allgemeines Landrecht für die preußischen Staaten von 1794
Anm.	Anmerkung
Aufl.	Auflage
BB	Der Betriebs – Berater
BGB	Bürgerliches Gesetzbuch
BGH	Bundesgerichtshof
BGHZ	Entscheidungen des BGH in Zivilsachen
bzw.	beziehungsweise
ders.	derselbe
d.h.	das heißt
dies.	dieselbe(n)
DDR	Deutsche Demokratische Republik
Diss.	Dissertation
DLK	Der Langfristige Kredit
DNotZ	Deutsche Notar – Zeitschrift
DtZ	Deutsch-Deutsche Rechts-Zeitschrift
DVW	Durchführung der Verwaltung der Währung vom 25.12.1950.
EEG	Das Preußische Eigentumserwerbsgesetz vom 05.05.1872
EGBGB	Einführungsgesetz zum Bürgerlichen Gesetzbuch
Einl.	Einleitung
EKG	Entwurf des Konkursgesetzes
ErbbauVO	Verordnung über das Erbbaurecht vom 15.01.1919
ESRG	Vorgeschlagener Entwurf des Sachenrechts von Liang
EU	Europäische Union
EVK-Entwurf	Entwurf des Sachenrechts des Nationalen Volkskongresses
EWiR	Entscheidungen zum Wirtschaftsrecht
EZVG	Entwurf des zivilrechtlichen Zwangsvollstreckungsgesetzes
f., ff.	Folgende Seite, folgende Seiten
Fn.	Fußnote (n)
FS	Festschrift
GBO	Grundbuchordnung

GG	Grundgesetz
GuG	Grundstücksrecht und Grundstückswert
GüS	Gesetz über Sicherheit
h.M.	herrschende Meinung
Hrsg.	Herausgeber; herausgegeben
i. V. m.	in Verbindung mit
JA	Juristische Arbeitsblätter
Jap. BGB	Das Japanische Bürgerliche Gesetzbuch
Jura	Juristische Ausbildung
JuS	Juristische Schulung
JW	Juristische Wochenschrift
JZ	Juristenzeitung
LSI	Gesetz der VR China über die Lenkung städtischer Immobilien vom 05.07.1994
LVG	Landverwaltungsgesetz der VR China vom 19.08.1998
m. Nw.	mit Nachweisen
MDR	Monatsschrift für Deutsches Recht
NJW	Neue Juristische Wochenzeitschrift
OLG	Oberlandgericht
RabelsZ	Rabels Zeitschrift für ausländisches und internationales Privatrecht
RG	Reichsgericht
RGZ	Entscheidungen des RG in Zivilsachen
RIW	Recht der Internationalen Wirtschaft
Rn.	Randnummer
RRHO	Redivierten Ritterschaftlichen Hypothek-ordnung von 1848
s.	siehe
S.	Satz; Seite
SachenRÄndG	Sachenrechtsänderungsgesetz
SachenRBerG	Sachenrechtsbereinigungsgesetz
sog.	sognannt
SPD	Sozialdemokratische Partei Deutschlands
SRG	Sachenrechtsgesetz
UdSSR	Union der Sozialistischen Sowjetrepubliken
usw.	und so weiter
ÜÜG	Vorläufigen Regeln der VR China zur Überlassung und Übertragung des Gebrauchsrechts an städtischem und klein-städtischem staatseigenem Land vom 19.05.1990
vgl.	vergleiche
VR	Volksrepublik
WiB	Wirtschaftsrechtliche Beratung
WM	Wertpapiermitteilungen
z. B.	zum Beispiel
ZAkDR	Zeitschrift der Akademie für deutsches Recht
ZBB	Zeitschrift für Bankrecht und Bankwirtschaft

ZEuP	Zeitschrift für Europäisches Privatrecht
ZGB	Das Schweizerische Zivilrechtsgesetzbuch
ZGB – DDR	Zivilgesetzbuch der DDR vom 19.06.1975 GBl I 465
Ziff.	Ziffer
ZIP	Zeitschrift für Wirtschaftsrecht und Insolvenzpraxis
zit.	zitiert
ZPO	Zivilprozessordnung
ZVG	Gesetz über die Zwangsversteigerung und die Zwangsverwaltung
ZZP	Zeitschrift für Zivilprozess

Einführung

Die Rezeption westlicher Rechte in China begann etwa vor einhundert Jahren. Der Vorgang ist noch nicht zu Ende gekommen. Vor vier Jahren hat der Ständige Ausschuss des Nationalen Volkskongresses Experten beauftragt, einen Zivilgesetzbuchentwurf und vorher einen Entwurf eines Sachenrechtsgesetzes (SRG) auszuarbeiten. Dabei diskutiert man sehr heftig darüber, ob die deutsche Rechtsdogmatik übernommen werden soll. Bezüglich der Grundpfandrechte geht es um die Frage, ob die Vorzüge des deutschen Grundpfandrechts ins chinesische Recht übertragen werden.

Mit dem Aufschwung, den Handel und Industrie seit dem vorigen Jahrhundert genommen haben, ist zugleich auch der Kapitalbedarf der Wirtschaft sprunghaft angestiegen. Ohne die Inanspruchnahme fremder Mittel ist es heute einem Unternehmen in der Regel nicht möglich, leistungs- und wettbewerbsfähig zu bleiben. Sicherheiten sind die notwendigen Mittel, die im Kapitalismus die Kreditfähigkeit gewährleisten können. Die Entwicklung der Industrie ist in großem Maße von Kreditsicherheiten abhängig, weil sich die Existenz und die Typen von Kreditsicherheiten auf die Investition des Kapitals und die Transaktionen in einer Währung auswirken[1].

Die positive Entwicklung des chinesischen Kapitalmarkts beruhte früher hauptsächlich auf den von Privatleuten ersparten Guthaben und einem kontrollierten Fremdwährungssystem. Aber mit der weiteren Entwicklung der wirtschaftlichen Reform und dem Eintritt in die WTO stellt sich die Frage nach effektiver und sicherer Nutzung des Kapitals, insbesondere des Bankkapitals. Die Geschichte bestätigt, dass die perfektionierte Ausgestaltung des deutschen Hypothekenwesens dazu beitrug, das im Inland ersparte Kapital zu kumulieren und die deutsche Wirtschaft zu fördern. Im deutschen Recht schenkt man dem Gesichtpunkt der Umlauffähigkeit verbriefter Sicherheiten genügend Beachtung, so dass die Kreditgeber sich jederzeit refinanzieren können. In der deutschen Kreditpraxis überwiegt heute eindeutig die Grundschuld, die den Kapitalumlauf fördert. Für das chinesische Recht ist die Frage der Rezeption der Grundschuld noch nicht behandelt worden. Diese Frage kann man nur beantworten, nachdem man sich darüber klar geworden ist, welche Funktionen die Grundschuld im deutschen Recht erfüllt und wie die gleichen Aufgaben in China mit funktionsverwandten Instituten des chinesischen Rechts bewältigt werden können.

Die vorliegende Untersuchung soll dazu dienen, durch eine rechtsvergleichende Betrachtung der deutschen und chinesischen Sicherungsrechte an Grundstücken und unter Berücksichtigung verschiedener rechtlicher

[1] Jinjiang xingzhi, Forum d. ZRW, S. 372.

Traditionen einen passenden Lösungsansatz für eine Neugestaltung der chinesischen Grundpfandrechte zu finden. Im ersten Teil der Arbeit werden die Sachenrechtsreform in Bezug auf das Grundpfandrecht in China und vor allem die Liberalisierung des Grundeigentumsrechts dargestellt. Zum besseren Verständnis der Vorgänge und der heutigen Probleme werden im zweiten Teil der Arbeit die Geschichte und die Funktion der Grundpfandrechte beschrieben. Der dritte Teil der Arbeit widmet sich einer Darstellung der Erweiterung der Grundpfandrechtstypen. Danach werden strukturelle Fragen des Grundpfandrechts, nämlich Abstraktionsprinzip, Sicherungszweck und Akzessorietät erörtert. Im fünften Teil wird das Verhältnis von Gestaltungsfreiheit und Typenfixierung bei der treuhändischen Sicherungsabrede diskutiert. Zum Abschluss der Arbeit wird die Verwirklichung der grundpfandrechtlichen Haftung dargestellt.

Kapitel I: Sachenrechtsreform und Grundpfandrechte in China

— Liberalisierung des Grundeigentumsrechts

I. Einleitung

Das Eigentum ist der Kern des Sachenrechts, die Grundlage des Pfandrechts und vor allem auch der Grundpfandrechte. Durch ein neues Sachenrechtsgesetz soll das Ziel erreicht werden, den Staat und die bürgerliche Gesellschaft stärker zu trennen und freien Raum für die Gestaltungsfreiheit des Einzelnen zu gewähren. Mit anderen Worten: Der Staat gibt den Bürgern die Freiheitsrechte zurück. Zugleich muss die Reform die Verkehrsfähigkeit dinglicher Rechte herstellen. Die Eigentümerbefugnisse werden durch die chinesische Reform zwischen Staat und Individuum aufgeteilt. Für den Juristen bringt die Reform folgende Probleme und Fragestellungen: Wie gestaltet sich das Grundeigentum im neuen Sachenrechtsgesetz? Was ist die Rechtsnatur des staatlichen Grundeigentums und des privaten Landnutzungsrechts? Wie ist die Teilung der Eigentümerbefugnisse theoretisch zu konstruieren und praktisch durchzusetzen? Was ist der Unterschied zwischen der Bodenrechtsreform in den Gebieten der ehemaligen DDR und der Reform des Sachenrechts in China?
In diesem Kapitel werden die bisherigen chinesischen Regelungen des Grundeigentums mit dem künftigen reformierten System verglichen und die Reformen bewertet. Im ersten Teil wird dazu zunächst ein Überblick über das bisherige chinesische Grundeigentumssystem erarbeitet. Aufgrund der durch dieses Grundeigentumssystem verursachten Probleme ist eine Reform notwendig. Es stellt sich die Frage, welche Inhalte des Nutzungsrechts reformiert oder neu definiert werden sollen. Eine Analyse der Rechtsnatur des Landnutzungsrechts rundet diesen Teil der Arbeit ab. Zum Abschluss wird die Reform bewertet und werden die verschiedenen neuen Rechtsprobleme, die diese Reform mit sich bringt, aufgezeigt. Das Kapitel schließt mit einigen Lösungsversuchen.

II. Die chinesische Eigentumsordnung

Nach der schon in den 80er Jahren in China begonnenen Reform der sozialistischen Marktwirtschaft hatte der Gesetzgeber viele Gesetze im Bereich des Zivilrechts verabschiedet. Hierbei sind vor allem die 1986 erlassenen Allgemeinen Grundsätze des Zivilrechts (AGZ)[2], eine stark ver-

[2] Die AGZ sind am 01.01.1987 in Kraft getreten. Es handelt sich in gewisser Weise um eine chinesische Menschenrechtserklärung. Dieses Gesetz gesteht dem Bürger zum ersten Mal Grundrechte wirklich zu und bestimmt zum ersten Mal, dass die Stellung der Beteiligten bei Zivilgeschäften gleichberechtigt ist (§ 3 AGZ).

kürzte Ausgabe eines Zivilgesetzbuchs, zu nennen. Neben eine gestufte Eigentumsordnung treten im Gesetz viele eigentumsähnliche oder beschränkte dingliche Rechte, z. B. Landnutzungsrecht, Nachbarrecht, Übernahmerecht, Vorkaufsrecht, Hypothek, Höchstbetragshypothek, Pfandrecht, dingliches Zurückbehaltungsrecht, Dian[3] usw.

2.1 Die bisherige gestufte Eigentumsordnung

Gemäß § 71 AGZ ist Vermögenseigentum das Recht des Eigentümers, gemäß dem Recht eigenes Vermögensgut innezuhaben, zu gebrauchen, Nutzen daraus zu ziehen und darüber zu verfügen. Die hierarchische Ordnung der Rechtsträger führt zu verschiedenen Typen von Eigentum in China. Das Gesetz in China unterscheidet das staatliche Eigentum, kollektives Eigentum und privates Eigentum. Das kollektive Eigentum zerfällt wiederum in drei vom Kollektiv bestimmte Kategorien: ein Teil der Felder eines Kollektivs sind Mundgetreidefelder nach Kopfzahl (Anzahl der Familienmitglieder), ein weiterer Teil sind Wirtschaftsfelder und der dritte unterliegt der Reservefelderordnung. Entsprechend den verschiedenen Eigentumstypen stehen dem Bauern verschiedene Befugnisse zu. In der Hierarchie ganz unten steht das dörfliche kollektive Eigentum, ganz oben das Volkseigentum. Der Staat kann, wenn das öffentliche Interesse es erfordert, kollektives Grundstückseigentum beschlagnahmen, womit es zu staatlichem Eigentum wird.

Der Umfang des Gütererwerbs durch Bürger ist beschränkt. Private können Eigentum nur insoweit erwerben, als das Gesetz dem Bürger Eigentum gestattet (§ 75 AGZ). Dabei ist privates Eigentum an Grundstücken durch das Gesetz ausgeschlossen.

Man muss sich fragen, wie diese heute als ungerecht betrachtete Eigentumsordnung entstanden ist. Nach allgemeiner Ansicht soll hauptsächlich der Marxismus hierfür verantwortlich sein. „Das sozialistische Eigentum ist das Instrument der Herrschaft der Arbeiterklasse. Sie artikulierte ihren Willen durch die Organe der sozialistischen Einheitspartei. In diesem Staatsgefüge mit stark totalitären und kollektivistischen Tendenzen hatte persönliches Eigentum nur eine Komplementärfunktion: es sollte die rechtliche Organisationsform für den engeren persönlichen Lebensbereich

[3] Der Begriff Dian bezeichnet folgenden Sachverhalt: ein Gegenstand wird dem Gläubiger gegen Zahlung einer Geldsumme, des Dian-Preises, zur Nutzung überlassen. Der Dian-Geber (Dian-Schuldner) kann den Dian-Gegenstand später gegen Rückzahlung des ursprünglichen Dian-Preises wieder einlösen. Während der Laufzeit des Dian werden keine Zinsen entrichtet. An die Stelle der Zinszahlung durch den Dian-Geber tritt die Nutzung des Dian-Gegenstandes durch den Dian-Gläubiger. Vgl. Glück, Das Dian; Heuser, Einführung in die chinesische Rechtskultur, S. 134 f.

vorgeben"[4]. Ein anderer Grund kann in der chinesischen feudalistischen Tradition gesehen werden. „Der Kaiser war als letzter paternalistischer Bezugspunkt durch die kosmische Ordnung zugleich als Eigentümer des gesamten Bodens legitimiert"[5]. An seine Stelle traten im Marxismus der Staat oder die Regierung.
Das geplante SRG erkennt zwar diesen traditionellen Typ staatlichen Eigentums an, alle Eigentumsformen sollen nun aber gleichgestellt sein. Das staatliche Eigentum und das private Eigentum werden vor dem Gesetz gleich. Dieser Fortschritt allein kann jedoch nicht das Problem der Verkehrsfähigkeit von Grundstückseigentum lösen. Um dieses Problem zu lösen, gibt es in einem ehemals sozialistischen Staat zwei Möglichkeiten: Zum einen die Privatisierung des Eigentums und zum anderen die Einführung eines Landnutzungsrechts am Grundstück[6]. Ist nun das vom Staat gehaltene Eigentum öffentliches Eigentum oder privatrechtliches Eigentum? Diese Frage soll im nächsten Abschnitt näher beleuchtet werden.

2.2 Die Natur des staatlichen und kollektiven Eigentums

2.2.1 Das einheitliche staatliche Eigentum am Grund und Boden ist kein zivilrechtliches Eigentum

Fragwürdig ist, ob es sich beim staatlichen und kollektiven Eigentum um richtiges zivilrechtliches Eigentum handelt und was seine Rechtsnatur ist. Raiser meinte, Obrigkeitseigentum sei nicht Eigentum in privatrechtlichem Sinne, weil es für normale Bürger nicht zugänglich sei und es an der Verkehrsfähigkeit fehle. „Herrschaftsbefugnisse, die ihrer Art nach oder ihrem Gegenstand nach den einzelnen Rechtsgenossen versagt und ausschließlich der organisierten Rechtsgemeinschaft, also dem Staat, vorbehalten sind, sollte man darum besser nicht Eigentum nennen. Das gilt z. B. für die territorialen Hoheitsrechte des Staates, oder (in der Geschichte des Common Law) für das Heimfallsrecht des Königs als obersten Lehnsherrn; es gilt wohl auch für das ausschließliche Eigentum des Staates am gesamten Grund und Boden in Osteuropa. In solchen Fällen kommen für den Rechtsverkehr nur die den einzelnen verbleibenden Herrschaftsbefugnisse als Inhalt eines Eigentums in Frage"[7]. Bezüglich des einheitlichen staatlichen Grundeigentums ist der Auffassung von Raiser zuzustimmen. Folgende Gesichtspunkte sind dabei in Betracht zu ziehen:
Erstens: Rechtssubjekt des Grundeigentums ist der sozialistische Staat, der durch den Staatsrat repräsentiert wurde. Aber ein solcher Eigentümer er-

[4] Baur/Stürner, Sachenrecht, § 63 Rn. 6, S. 795.
[5] Habisch, in: Das Grundrecht des Eigentums, S. 8 ff.
[6] Guodong Xu, in: www.civillaw.com.cn 2002.
[7] Raiser, RabelsZ 26 (1961), S. 230, 231.

füllt keine herkömmlichen Eigentümerfunktionen. Der Staat wird z. B. niemals als Eigentümer vor Gericht klagen, um Ansprüche aus dem Eigentum geltend zu machen. „In Wirklichkeit wird das Eigentümerrecht am Vermögen der öffentlichen Eigentumsordnung von irgendwelchen Stellen der kommunistischen Partei oder des von der Partei geleiteten Staates wahrgenommen“[8]. Nach der politischen Reform von 1978 ist nunmehr normalen Bürgern die Nutzungsfunktion und die Verwertungsfunktion zugewiesen.
Zweitens: Der Staat hält das Grundeigentum nicht, um darüber zu verfügen oder um es zu nutzen, sondern um politische Macht auszuüben. Der Staat fungiert meist nicht als herkömmlicher Eigentümer, sondern als Inhaber der Hoheitsgewalt, der umfangreichere Befugnisse hat, wie z. B. die Befugnis zur Entziehung des Bodens, zur Umwandlung von landwirtschaftlichem Feld in bebaubaren Boden, zur gesamten Beplanung der Grundstücke im ganzen Land usw.
Drittens: Die Geschichte des Eigentums hat gezeigt, dass klassisches Eigentum ein Privatrecht ist; öffentliches Eigentum an öffentlichen Sachen ist z. B. dem deutschen Recht überwiegend unbekannt. Soweit der Staat Eigentümer ist, muss er weiterhin wie eine Privatperson behandelt werden. Er muss dann auch grundsätzlich den Regeln privaten Eigentums unterliegen. Dies ist in Deutschland der Fall, weil das staatliche Eigentum in Deutschland nur einen relativ geringen Anteil am Grundeigentum ausmacht. Wenn Eigentum jedoch wie in China nur dem Staat zusteht, gibt es keinen freien Verkehr für Grundstücke und auch kein freies marktwirtschaftliches System.
Eigentum muss zuvörderst für normale Bürger zugänglich sein. Öffentliche Befugnisse über Sachen müssen vom privaten Eigentum getrennt sein. Das Privateigentum als Dispositionsrecht steht auch in kontinentalem Verständnis von vornherein unter dem Vorbehalt, dass es durch Gesetz eingeschränkt werden kann bis hin zur Enteignung gegen Entschädigung. „Das Hauptgewicht hinsichtlich der wirtschaftlich bedeutsamsten Eigentumsgegenstände liegt heute nicht mehr auf der absoluten Freiheit des Eigentümers, sondern auf dem Gesetzesvorbehalt“ [9] . Diese Beschränkung gilt jedoch nicht dem Inhalt des Eigentums, sondern der Ausübung der Eigentümerbefugnisse, wodurch öffentliche Gewalt und private Befugnisse klar getrennt sind.

2.2.2 Die Natur des kollektiven Eigentums

Kollektives Eigentum gehört einem Kollektiv. Land in kollektivem Ei-

[8] Münzel, Sachenrechtskodifikation, S. 2.
[9] Sontis, in: FS Larenz, S. 983.

gentum ist nach dem Gesetz Eigentum des bäuerlichen Kollektivs des Orts [cun]. Es wird von der landwirtschaftlichen Produktionsgenossenschaft des Orts und anderen landwirtschaftlichen kollektiven Wirtschaftsorganisationen oder dem Ortsausschuss bewirtschaftet und verwaltet. In der Realität wird es von den Mitgliedern des Kollektivs genutzt; dabei sind die Bauern an viele Verpflichtungen gebunden. Die verwaltenden Träger sind unterschiedlich, aber leider mangelt es an eigentlicher Verkehrsfähigkeit. Ohne die Zustimmung der Bauern darf das Kollektiv nicht über das Eigentum verfügen.

Das kollektive Eigentum in China ist ähnlich wie das germanische Eigentum oder das Eigentum an Grundstücken im ältesten römischem Recht geregelt. In der frühen Zeit der Entwicklung der Menschheit stand das Eigentum an Grund und Boden dem Kollektiv zu. Zwar war schon im ältesten römischem Recht Individualeigentum anerkannt. Nach verbreiteter Lehre bezog es sich aber nur auf Mobilien, während der Boden ursprünglich Kollektiveigentum sein sollte[10]. „Im germanischen Recht unterstand das Grundeigentum kollektiver Berechtigung, während dem einzelnen lediglich Landnutzungsrechte eingeräumt wurden“[11]. Haus und Hof gehörten der Hausgemeinschaft, und der Sippenverband bewirtschaftete den Boden gemeinschaftlich. Die gesamthänderische Bindung des Grundeigentums hatte eine starke Beschränkung der Verfügungsbefugnis zur Folge. „Aus den Volksrechten der germanischen Stämme ist ersichtlich, dass der Hausvater ohne Zustimmung der Erbberechtigten kein Grundstück übertragen durfte“[12]. Die mittelalterliche deutsche Jurisprudenz bezeichnete neben dem Herrschaftsrecht an Grundstücken auch die Leibeigenschaft, die Inhaberschaft an grundstücksgebundenen Nutzungsrechten sowie sonstige Rechte anderer Art, z. B. Zehnt-, Patronats- und Bannrechte als Eigentum. Es ist jedoch erwiesen, dass es kein Eigentumssystem im Sinne effizienter Marktwirtschaft war. „Es gab kein Eigentum im heutigen Sinne, sondern nur eine Vielfalt fester Rechtsbeziehungen zum Boden, die alle oder doch in der Mehrzahl als Eigentum bezeichnet wurden“[13]. Dieses System hat mit der Emanzipation des Individuums seine innere Rechtsfertigung und Geltungskraft verloren.

2.3 Eigentum am Gebäude

Privates Eigentum an Gebäuden ist in China schon sehr früh durch das Gesetz anerkannt worden. Arbeitern der staatlichen Unternehmen wird die

[10] v. Amira/Eckhardt, Germanisches Recht II, S. 89.
[11] v. Amira/Eckhardt, Germanisches Recht II, S. 89 f.
[12] Planitz/Eckhardt, Dt. Rechtsgeschichte, S. 57; Conrad, Dt. Rechtsgeschichte I, S. 44.
[13] H. Westermann, Aufspaltung des Bodeneigentums, S. 27.

Wohnung normalerweise vom Unternehmen als ein Akt sozialistischer Wohlfahrt zugeteilt; mit dem Unternehmen besteht ein Mietverhältnis, wobei die Miete sehr niedrig ist. Die Praxis betrachtet dieses Mietrecht als ein Sachenrecht[14]. Insoweit hat der laufende Reformprozess jedoch schon Veränderungen gebracht: An die Stelle eines Mietvertrages ist nunmehr ein Kauf zu einem Preis getreten, der unter dem Marktpreis liegt. Der Erwerber wird Eigentümer. Die Unternehmen behalten sich jedoch das Vorkaufsrecht vor oder beschränken die Übertragbarkeit des Eigentums auf einen Zeitraum von 5-10 Jahren. Man wird diese Form der Berechtigung als beschränktes Eigentum[15] zu sehen haben.
Die Einführung des deutschen Wohnungseigentumssystems ist im Entwurf vorgesehen. Wohnungseigentum ist die Verbindung des Miteigentums am gemeinschaftlichen Grundstück mit dem Sondereigentum an der Wohnung. In jedem Gebäude existiert ein „Bewohnerverein", der durch demokratische Abstimmungen gewählt wird und auch über den Verwaltungsfonds wacht.

III. Notwendigkeit und Ziel der Reform

3.1 Die Notwendigkeit der Reform

Als Ergebnis 20-jähriger Reformarbeit können Privatleute heute Eigentum an allen beweglichen Sachen, eigentumsähnliche Rechte am Grundstück und das Volleigentum an Gebäuden erwerben. Grundstücke und Gebäude können damit relativ frei übertragen und der finanzielle Erlös behalten werden. Aber selbst solche zivilrechtlichen Gesetze haben nicht mit der schnellen Entwicklung der chinesischen sozialistischen Marktwirtschaft Schritt gehalten.
Aus Gründen der Ideologie achtet der Gesetzgeber den Schutz des staatlichen Eigentums höher und missachtet den Schutz des privaten Eigentums. Der Staat kann im Namen des öffentlichen Interesses (Gemeinwohl) entgeltlich oder unentgeltlich kollektives Eigentum oder Privateigentum enteignen. Auch ansonsten gewährt die geltende Sachenrechtsordnung dem Staat zahlreiche Privilegien und gestattet hoheitliche Eingriffe in das zivilrechtliche Eigentum. In der Praxis entstehen viele neue faktische Sachenrechte, die oder deren Inhalt noch nicht im Gesetz vorgesehen sind.
Aufgrund der oben genannten Probleme hat der Ständige Ausschuss des Nationalen Volkskongresses vor vier Jahren Experten beauftragt, einen

[14] Die in diesen Abschnitt zitierte Rechtsprechung des Obersten Gerichts in China findet man in der von Chinas staatlichem Informationszentrum eingerichteten Datenbank für Gesetze, Nr. 115211995026.
[15] Jianyuan Cui, Jilin daxue shehui kexue xuebao 2/1996, S. 22.

Zivilgesetzbuchentwurf und vorher einen Entwurf eines Sachenrechtsgesetzes (SRG) auszuarbeiten. Der Zweck des neuen Sachenrechtsgesetzes besteht nicht nur in der Typisierung der Sachenrechte, sondern auch in der Zurückdrängung staatlicher Privilegien und damit einer Stärkung der Rechtsstellung von Privatpersonen. Außerdem soll das Grundbuchsystem reformiert werden, um einen geordneten Umlauf dinglicher Rechte an Grundstücken.

3.2 Die Grundsätze im Entwurf des Sachenrechts

Chinesische Juristen haben schon zwei Entwürfe[16] verfasst, und auf dieser Grundlage hat der juristische Ausschuss des Nationalen Volkskongresses einen neuen Entwurf erarbeitet (EVK-Entwurf zur Sachenrechtskodifikation). Der Arbeit liegen diese drei Entwürfe, aber vor allem der Entwurf von Prof. Liang zugrunde (ESRG). In § 2 dieses Entwurfs ist der Begriff des Sachenrechts definiert: Sachenrecht ist demnach ein Recht, aufgrund dessen ein Berechtigter über eine bestimmte Sache direkt verfügen und andere von jeder Einwirkung ausschließen kann. Gemäß der besonderen Regelung des Gesetzes kann auch ein Recht Gegenstand des Sachenrechts sein. Im allgemeinen Teil sind die folgenden Prinzipien enthalten: Typenzwang, Sozialbindung und Verhältmäßigkeit, Publizität des Sachenrechts und Trennung zwischen sachenrechtlicher Rechtsänderung und Kausalgeschäft. Hinzu kommt die sogenannte ökonomische Auslegung des Sachenrechts, der nach § 9 ESRG besonderes Gewicht beizumessen ist. In einem Streit über ein Sachenrecht soll sich die Auslegung des Sachenrechts an dem ökonomischen Wert und der Entfaltung der Nutzung der Sache orientieren. Nach der Auffassung Zejian Wangs ist dieses Prinzip nicht nur auf den Streit über ein Sachenrecht zu beschränken, sondern sollte auch auf die Ausübung des Sachenrechts, die Übertragung des Sachenrechts und andere Rechtsänderungen angewendet werden. Allerdings gebe es auch andere Auslegungskriterien, wie z. B. die bestmögliche Verwirklichung der individuellen Verfügungsfreiheit[17].

Indessen sind Eigentumsfreiheit und Eigentumsschutz in der aktuellen Regelung nicht gewährleistet. Deswegen möchten die Verfasser des Entwurfs nicht nur den zivilrechtlichen Schutz des Eigentums, sondern auch die verfassungsrechtliche Eigentumsgewährleistung begründen. Im verfassungsrechtlichen Sinne ist der Schutz des Eigentums gegenüber Maßnahmen des Staates von Bedeutung. Im zivilrechtlichen Sinne geht es um

[16] S. zum einen den Entwurf von Prof. Liang, Huixing, und zum anderen den Entwurf von Prof. Dr. Wang, Liming.

[17] Zejian Wang, Freiheit und Bindung der Ausübung des Sachenrechts, in: www.civillaw.com.cn, 2002.

privatrechtliche Nutzungsmöglichkeiten, die aus dem Eigentum folgen, und um den Schutz des Eigentums gegenüber Privaten. Die verfassungsrechtliche Eigentumsgewährleistung des deutschen Art. 14 I 1 GG hat eine doppelte Funktion. „Sie garantiert das Privateigentum als Rechtsinstitut (Institutsgarantie) und schützt als Grundrecht die vermögenswerten Rechtspositionen in der Hand des einzelnen Eigentümers (Rechtsstellungs-, Bestands-, Individualgarantie)"[18]. Die Eigentumsgewährleistung wirkt nicht nur auf das materielle Recht, sondern auch auf das Verfahrensrecht ein.
Demgegenüber fehlt es in China auf verfassungsrechtlicher Ebene an einer Eigentumsgewährleistung, die für alle Vermögensgüter von Bedeutung ist. Die Verfasser wollen durch die neue Regelung die Lücke des verfassungsrechtlichen Eigentumsschutzes schließen. Zugleich haben sie auch den zivilrechtlichen Schutz des Eigentums vorgeschlagen. Im Entwurf ist der Eigentumsschutz für privates Eigentum in § 5 geregelt: Die Ausübung des Sachenrechts darf die Interessen anderer und die Verwirklichung des öffentlichen Interesses nicht beeinträchtigen. Wird die Ausübung des Sachenrechts im öffentlichen Interesse beschränkt, muss dafür eine eindeutige gesetzliche Grundlage vorhanden sein. Zejian Wang legt diese Regelung weit im Sinne des Prinzips der Verhältmäßigkeit aus[19]. Für Eingriffe der öffentlichen Hand in verfassungsmäßig geschützte Rechte des Einzelnen gilt demnach ein Übermaßverbot, d. h. das angewendete Mittel darf nicht stärker sein und der Eingriff nicht weiter gehen, als der Zweck der Maßnahme es rechtfertigt[20]. Bekanntlich erstreckt sich im deutschen Grundgesetz der Eigentumsschutz auf alle vermögenswerten Rechtspositionen. Dementsprechend garantiert der Entwurf des SRG nicht nur einen zivilrechtlichen Eigentumsschutz, sondern darüber hinaus einen verfassungsrechtlichen Sachenrechtsschutz in einem weiteren Sinne. Um dieses Ziel zu erreichen, haben die Verfasser nicht nur die grundrechtliche Idee im Entwurf festgeschrieben, sondern auch die besonderen Befugnisse des Staates beseitigt. Im Rahmen dieser Arbeit, die eine Untersuchung des Rechts der Grundpfandrechte zum Gegenstand hat, interessiert indes weniger der weite verfassungsrechtliche Eigentumsbegriff als vielmehr das engere zivilrechtliche Eigentum und das ihm in vielem ähnliche Landnutzungsrecht. Im folgenden Teil soll daher zunächst das Landnutzungsrecht näher beschrieben werden.

[18] Nüßgens/Boujong, Eigentum, Sozialbindung, Enteignung, S. 1 ff.
[19] Zejian Wang, a. a. O.
[20] Creifelds, Rechtswörterbuch, S. 1474.

IV. Landnutzungsrecht in China

„Ein Leitprinzip westlicher Gesellschafts- und Rechtsordnung ist es, die Freiheit und Selbstverantwortung des Einzelnen anzuerkennen, zu schützen und zu stärken. Diesem Ziel dient auch die Anerkennung privater Sachherrschaft mit freier Verfügungsbefugnis über die dem Einzelnen gehörenden Sachgüter und mit voll ausgebildetem Rechtsschutz sowohl gegen dritte Störer wie gegen Eingriffe des Staats in diesen Herrschaftsbereich“[21]. Die Verkehrsfähigkeit des Eigentums erweitert also die Möglichkeiten freier Entfaltung der Persönlichkeit.

Berücksichtigt man weiter, welche ökonomischen Erfolge freiheitliche Wirtschafts- und Gesellschaftsordnungen im Gegensatz zu gelenkten Systemen vorweisen können, lassen sich hauptsächlich drei Hypothesen formulieren: Private Sachherrschaft ist am leistungsfähigsten, Eigentum muss allen Rechtsgenossen zugänglich sein, und Eigentum bedarf grundrechtlichen Schutzes (negativer Status) gegen Eingriffe des Staates. Das chinesische Gesetz kennt jedoch kein privates Eigentum an Grundstücken. Es stellt sich die Frage, wie man unter diesen Umständen Funktion und Zweck des Eigentums verwirklichen kann.

Nach dem Gesetz darf keine Einheit und kein Einzelner Land in Beschlag nehmen, kaufen und verkaufen oder in anderer Form illegal übertragen. Daher kann der Wert des Grundstücks nicht mittels des Eigentums mobilisiert werden. Das Nutzungsrecht an Land kann jedoch legal übertragen werden[22]. In der Praxis gibt es zwei Landnutzungsrechte, die für jedermann zugänglich sind: zum einen das Landnutzungsrecht an staatlichen Grundstücken und zum anderen das bäuerliche Übernahmerecht. Im Entwurf ist eine Veränderung des Übernahmerechts vorgesehen; es wird dort Bauernlandnutzungsrecht genannt. Münzels Meinung nach ist das Landnutzungsrecht ein eigentumsähnliches Recht. Er sagt: „Von der Befristung und der Beschränkung auf einen bestimmten Gebrauch (§ 17 ÜÜG) abgesehen wird das Gebrauchsrecht daher dem Eigentum gleichgestellt“[23]. Das Landnutzungsrecht ist dem Eigentum westlich geprägter Rechtsordnungen ähnlich, weil es wie dieses verkehrsfähig ist. Bemerkenswerterweise ist die hypothekarische Belastung des Grundeigentums oder des Übernahmerechts verboten. Nur das Landnutzungsrecht kann hypotheka-

[21] Raiser, RabelsZ 26 (1961), S. 230, 232.

[22] Landverwaltungsgesetz der VR China (LVG) § 2, verabschiedet vom Ständigen Ausschuss des Nationalen Volkskongresses am 25.06.1986, revidierte Fassung verabschiedet am 29.12.1988, nochmals revidierte Fassung verabschiedet am 29.08.1998; Verfassungsgesetz §§ 6 ff. Die in dieser Arbeit zitierten chinesischen gesetzlichen Vorschriften und Anmerkungen sind von Frank Münzel übersetzt. Die Übersetzung findet man auf der Webseite: http://www. mpipriv-hh.mpg.de.

[23] Münzel, Anmerkung zu den Vorläufigen Regeln der VR China zur Überlassung und Übertragung des Gebrauchsrechts an städtischem und kleinstädtischem staatseigenem Land (ÜÜG), erlassen vom Staatsrat am 19.05.1990.

risch belastet werden. Deswegen ist der Tauschwert des Grundstücks im Wesentlichen nur durch das Landnutzungsrecht auf den Markt übertragbar[24]. Die Figur des übertragbaren und belastbaren Landnutzungsrechts vermeidet die Probleme, die sonst wegen des Mangels an verkehrsfähigem Privateigentum an Grundstücken unweigerlich auftreten würden[25].

4.1 Die Typen des Landnutzungsrechts am staatlichen Grundeigentum[26]

Neben dem Volkseigentum in den Städten gab es auch das dingliche Landnutzungsrecht des Bürgers an volkseigenen Grundstücken. Es war im Grundbuch eintragungsfähig (Bodenregisterordnung). Dieses Recht ist schon im Jahr 1979 im Gesetz über Joint-Venture-Unternehmen § 5 geregelt. Die Chinesische Partei kann das Landnutzungsrecht in ein Joint-Venture-Unternehmen einbringen.
Rechtsträger können Gesellschaften, Unternehmen, andere Organisationen und Einzelpersonen inner- und außerhalb der VR China sein. Diese Landnutzungsrechte entstehen durch entgeltliche Überlassung oder unentgeltliche Zuteilung. Eine Partei des entgeltlichen Landnutzungsrechtsvertrags ist der Staat. Jede Übertragung des entgeltlichen Landnutzungsrechts muss in der Form einer öffentlichen Versteigerung stattfinden[27]. Im Entwurf sind noch zwei weitere Möglichkeiten vorgesehen: zum einen das gesetzliche Landnutzungsrecht und zum anderen das durch einen Mietvertrag entstehende Landnutzungsrecht. Allerdings sind die Inhalte der Landnutzungsrechte im Vergleich zum Eigentum immer beschränkt. Seiner Natur nach ist das Landnutzungsrecht kein umfassendes Herrschaftsrecht. Um die Nutzungs-, Verwertungs- und Verfügungsmöglichkeit auszuschöpfen, hat der Gesetzgeber viele Typen des Landnutzungsrechts im Gesetz ausgestaltet.

4.1.1 Zugeteiltes Landnutzungsrecht

Das zugeteilte Landnutzungsrecht ist ein Nutzungsrecht, das der Landnutzungsberechtigte in irgendeiner Form legal unentgeltlich erlangt hat (§ 43 ÜÜG). Es ist ein faktisches Landnutzungsrecht. Rechtsträger ist normalerweise nur die öffentliche Hand. Sofern Gebühren für die Überlassung

---

[24] Zejian Wang, a. a. O. www.civillaw.com.cn 2002.
[25] Liming Wang, Die Bedeutung des Sachenrechts, www.civillaw.com.cn 2002.
[26] Das Landnutzungsrecht – und zwar nur das gesetzliche Landnutzungsrecht — am kollektiven Grundstück ist auch möglich. Im Entwurf ist auch das vereinbarte Landnutzungsrecht am kollektiven Grundstück anerkannt.
[27] Liming Wang, Entwurf des Sachenrechts, S. 350 ff.

des Landnutzungsrechts gezahlt werden, kann mit Genehmigung der Regierung ein zugeteiltes Landnutzungsrecht und das Eigentum an Gebäuden auf dem Land und sonstigen Bestandteilen übertragen, verpachtet und verpfändet werden (§ 45 ÜÜG).

4.1.2 Gesetzliches Landnutzungsrecht

Wenn Grundeigentum und Gebäudeeigentum sowie Zubehör einer Person zustehen, aber nur das Gebäude und das Zubehör in dem Zeitpunkt hypothekarisch belastet sind, in dem das Gebäude und das Zubehör versteigert werden, um die Hypothek einzulösen, wird automatisch ein gesetzliches Landnutzungsrecht für den Erwerber des Gebäudes begründet. Wenn Grundeigentum und Gebäudeeigentum sowie Zubehör einer Person zustehen und in einer Zwangsvollstreckung das Gebäude und das Zubehör versteigert werden, entsteht ein gesetzliches Landnutzungsrecht [für den Erwerber] am Grundstück (§ 205 ESRG). Der Grund dieser Konstruktion liegt darin, dass Grundeigentum in China nicht übertragbar ist.

4.1.3 Das durch Pacht entstehende Landnutzungsrecht

Auch das durch Pacht entstehende Landnutzungsrecht ist im bislang geltenden Gesetz geregelt[28]. Nach dem geltenden Gesetz sind die Übertragung, die Vermietung und die Hypothekenbelastung dieses Landnutzungsrechts verboten. Diese Beschränkungen schafft der Entwurf ab. Durch einen Pachtvertrag wird ein Landnutzungsrecht begründet. Der Unterschied zwischen diesem Typ und dem Landnutzungsrecht durch entgeltliche Überlassung besteht darin, dass der Pächter nicht den ganzen Preis des Landnutzungsrechts auf einmal, sondern monatlich in Raten als Pachtzins dem Verpächter zukommen lässt.

4.1.4 Zugeteiltes Erbbaunutzungsrecht

Auf dem Land gibt es auch ein zugeteiltes Landnutzungsrecht. Nur natürliche Personen als Mitglieder des Kollektivs können dieses Recht innehaben; Zweck und Gegenstand dieses Rechts kann allein der Bau eines Wohngebäudes sein. Dieses Recht ist nicht übertragbar und kann auch

[28] § 9 Vorläufige Regeln der VR China zur Verwaltung des Landnutzungsrechts der Aktiengesellschaft, am 03.12.1994; vgl. Huixing Liang, Entwurf über Sachenrecht in China, S. 464 ff.

nicht in eine Gesellschaft eingebracht werden. Im bisherigen Gesetz ist es nicht vorgesehen. Der Entwurf ordnet es dem Landnutzungsrecht zu, ohne jedoch seine Übertragbarkeit vorzusehen.

4.1.5 Räumliches Landnutzungsrecht (Landnutzungsrecht in räumlicher Hinsicht)

Dieses Landnutzungsrecht kann am Untergrund oder der Oberfläche, soweit Eintragungsfähigkeit gegeben ist, bestehen. Die Bestellung darf nicht die Ausübung des schon bestehenden Landnutzungsrechts beeinträchtigen. Wenn die Bestellung des räumlichen Landnutzungsrechts möglich ist und der Inhaber des räumlichen Landnutzungsrechts sich verbürgt, während der Frist das bestehende Landnutzungsrecht nicht zu beeinträchtigen, darf der schon bestehende Landnutzungsberechtigte nicht die Bestellung des räumlichen Landnutzungsrechts verhindern. Dies ist von dem japanischen räumlichen Erbbaurecht übernommen (§ 269 II Jap. BGB).

4.2 Zweck und Frist des Landnutzungsrechts

Der Landnutzungsberechtigte kann nicht nur Gebäudeeigentum erwerben, sondern auch Land erschließen und für andere wirtschaftliche Tätigkeiten verwenden. Aber es muss gemäß einem bestimmten Zweck (§ 17 ÜÜG) bewirtschaftet werden. Der Nutzungszweck ist schon im Vertrag oder im Grundbuch bestimmt und ohne Genehmigung unveränderbar. Will der Landnutzungsberechtigte die im Vertrag über die Überlassung des Landnutzungsrechts bestimmte Verwendung des Landes ändern, so muss er das Einverständnis des Überlassers und die Genehmigung der Landverwaltungsabteilung und der Stadtleitplanungsabteilung einholen und erneut einen Vertrag über die Überlassung des Landnutzungsrechts abschließen (§ 18 ÜÜG).
Es gelten zeitliche Befristungen. So ist z. B. die Dauer des Landnutzungsrechts bei für Wohnzwecke genutztem Land auf 70 Jahre beschränkt. Das zugeteilte Landnutzungsrecht und das zugeteilte Erbbaunutzungsrecht sind unbefristet. Bei Ablauf der Dauer des Landnutzungsrechts kann der Landnutzungsberechtigte eine Verlängerung beantragen, wenn keine öffentlichen Interessen entgegenstehen. In diesem Fall wird allerdings der bisherige Inhaber nicht entschädigt[29]. Im Entwurf ist eine Beschränkung der Verlängerung nicht enthalten. Der Landnutzungsberechtigte soll einen Anspruch auf Verlängerung vor dem Ablauf der Frist geltend machen. Der

[29] Münzel, Anmerkung zum LSI.

Grundeigentümer darf nicht ohne angemessenen Grund die Anfrage abweisen (§ 221 ESRG). Dies führt in der Tat zu einem unbefristeten Landnutzungsrecht, das sich dem Eigentumsbegriff nähert. Allerdings kann es nicht als „Vollrecht" konzipiert werden. Das russische Recht kennt neben dem Eigentum zwei weitere Rechte an Grundstücken, aufgrund derer der Inhaber das ausschließliche Recht zum Besitz und zur Nutzung des Grundstücks hat, nämlich Erbbesitz auf Lebenszeit und ständiges (unbefristetes) Landnutzungsrecht[30]. Erbbesitz auf Lebenszeit entspricht dem chinesischen zugeteilten Erbbaunutzungsrecht; ständiges (unbefristetes) Nutzungsrecht entspricht dem chinesischen Landnutzungsrecht. Das ständige (unbefristete) Nutzungsrecht ist gleichfalls durch den Zweck, für den das Nutzungsrecht verliehen worden ist, begrenzt[31].

4.3 Der Landnutzungsberechtigte

4.3.1 Die Rechte des Landnutzungsberechtigten

Das Landnutzungsrecht ist während der Gebrauchsfrist übertragbar, hypothekarisch belastbar, vererbbar und verpachtbar (§§ 214, 216, 217 ESRG). Außerdem kann an ihm eine Grunddienstbarkeit und das besondere Nutzungsrecht (das Dian) bestellt werden. Damit lassen sich Tauschwert und Gebrauchswert des Grundstücks realisieren.
Im geltenden Gesetz ist die Übertragung des Landnutzungsrechts beschränkt, z. B. gemäß § 38 LSI[32]: Wenn nach den Vereinbarungen im Überlassungsvertrag Investitionen zur Erschließung durchgeführt werden, die zu einem Bauvorhaben für das Gebäude gehören, [müssen] mindestens 25% der Investitionsgesamtsumme tatsächlich investiert worden sein. Wenn ganze Gebiete erschlossen werden, [müssen] die Bedingungen geschaffen worden sein, die die vorgesehene bauliche Nutzung industrieller oder sonstiger Art verlangt; die Immobilien dürfen nicht übertragen werden. Im geplanten Entwurf sind solche Beschränkungen aufgehoben und durch das Prinzip der freien Übertragung ersetzt; auch die Interessen Dritter finden Berücksichtigung.

4.3.2 Privilegien im bisherigen Gesetz

Viele Privilegien sind im bisherigen Gesetz dem Eigentümer oder Verwaltungsorgan vorbehalten. So hat beispielsweise die städtische bzw.

[30] Breig, WiRo 2/2002, S. 33, 34.
[31] Breig, WiRo 2/2002, S. 33, 38.
[32] Gesetz der VR China über die Lenkung städtischer Immobilien, verabschiedet vom Nationalen Volkskongress am 05.07.1994

Kreisvolksregierung ein Vorkaufsrecht, wenn der Preis für die Übertragung eines Landnutzungsrechts deutlich unter dem Marktpreis liegt. Wenn die Erschließungsarbeiten nicht innerhalb eines Jahres nach dem im Vertrag über die Überlassung des Landnutzungsrechts vereinbarten Termin für den Beginn der Erschließungsarbeiten aufgenommen werden, kann eine Gebühr für die Nichtnutzung des Landes in Höhe von bis zu 20% der Überlassungsgebühr für das Landnutzungsrecht erhoben werden; wenn die Erschließungsarbeiten nicht innerhalb von 2 Jahren aufgenommen werden, kann das Landnutzungsrecht unentgeltlich zurückgenommen werden (§ 25 LSI „Strafgeld und Rücknahme"); wenn die Marktpreise für die Übertragung von Landnutzungsrechten übermäßig ansteigen, kann die städtische bzw. Kreisvolksregierung die erforderlichen Maßnahmen ergreifen (§ 26 ÜÜG, sogenannte „Preisdämpfung"). Der Staat nimmt ein Landnutzungsrecht, das der Landnutzungsberechtigte legal erlangt hat, nicht vor Fristablauf zurück. Unter besonderen Umständen kann der Staat aufgrund von Bedürfnissen im gesellschaftlichen Allgemeininteresse [das Recht] nach dem gesetzlichen Verfahren vorzeitig zurücknehmen (§ 42 ÜÜG, „vorfristige Rücknahme").
Das entgeltlich übertragene Landnutzungsrecht und das zugeteilte Landnutzungsrecht kann der Landnutzungsberechtigte mit einer Hypothek belasten. Wenn das Landnutzungsrecht, an welchem eine Hypothek begründet wird, im Wege der Zuteilung erlangt wurde, muss, nachdem die Immobilie versteigert worden ist, aus dem Erlös [vorweg] der Betrag gezahlt werden, welcher der Überlassungsgebühr für das Landnutzungsrecht entspricht. Dann kann sich der Hypothekengläubiger [aus dem Rest des Erlöses] vorweg (vorrangig) bedienen (§ 50 LSI). Dieses Problem ist nicht im Entwurf diskutiert.
Die geplante Reform hat einige Privilegien über Bord geworfen und andere in die zu vereinbarenden Vertragsbedingungen integriert. Die politischen Beschränkungen des Vermögens und des Eigentums werden allmählich aufgelöst. Allerdings werden die Regelungen über Rücknahme im EVK-Entwurf zur Sachenrechtskodifikation geregelt (§ 161).
Schließlich wird im Entwurf auch der Grundsatz „Kauf bricht nicht Miete" geregelt. Wird das vermietete Landnutzungsrecht während der Dauer des Mietverhältnisses von dem Verpächter an einen Dritten veräußert, hat der Pächter ein Vorkaufsrecht unter gleichen Bedingungen (§ 257 SRG von Wang). Wenn der Pächter das Vorkaufsrecht nicht geltend macht, so ist der Pachtvertrag auch für den Erwerber des Landnutzungsrechts gültig (§ 259 SRG von Wang).

4.4 Eintragung

4.4.1 Das geltende Eintragungssystem

Eine amtliche Registrierung der Grundstücke ist Mittel der Publizität im Grundstücksverkehr. Jede rechtsgeschäftliche Rechtsänderung an Grundstücksrechten bedarf zu ihrer Wirksamkeit der Eintragung im Grundbuch. Der Eintragung im Grundbuch kommen im deutschen Recht drei Funktionen zu: die Übertragungswirkung, die Vermutungswirkung und die Gutglaubenswirkung[33]. Das geltende Eintragungssystem in China verwirklicht nur die Publizitätswirkung der Eintragung und in Teilen die Vermutungswirkung. Hingegen mangelt es zum einen an der Übertragungswirkung, zum anderen dient die Eintragung nicht der Verkehrssicherheit, sondern staatlichen Interessen.
In der Realität sind viele Sachenrechte am Grundstück nicht eingetragen. Deswegen ist eine Eintragung noch während der ersten Instanz eines Rechtsstreits mit u. U. rückwirkender Geltung erlaubt. Voraussetzung ist, dass entweder die Parteien die Überlassung vollzogen haben oder die Liegenschaft nicht an einen Dritten weiter veräußert worden ist. Allerdings hat dies zur Folge, dass der Moment des Eigentumsübergangs nicht unbedingt mit dem Augenblick der Eintragung des Rechtsübergangs im staatlichen Register zusammenfällt.
Bei der Registrierung der Hypothek müssen der registerführenden Stelle die folgenden Schriftstücke oder deren Fotokopien vorgelegt werden: 1. Hauptvertrag und Hypothekenvertrag; 2. Nachweis des Eigentums oder Gebrauchsrechts am Gegenstand der Hypothek (§ 44 GüS). Je nach Art des belasteten Rechts gelten verschiedene Verfahren. So wird z. B. die Hypothek am zugewiesenen Grundnutzungsrecht nach den Regeln für eine Verwaltungsmaßnahme am zugewiesenen Grundnutzungsrecht registriert; die Hypothek am Grundstück in der Stadt unterliegt der Verordnung über Immobilien in der Stadt, das landwirtschaftliche kollektive Grundnutzungsrecht den Bestimmungen über die Registrierung der Hypothek am landwirtschaftlichen kollektiven Grundnutzungsrecht. Die registerführende Stelle muss gestatten, dass die Unterlagen der Registrierung eingesehen, abgeschrieben oder fotokopiert werden (§ 45 GüS).
Um Verwaltungsgebühren zu erhalten, haben viele Ministerien eine eigene Abteilung für die Eintragungen eingerichtet. Jedes Jahr ist eine neue Eintragung bei den jeweiligen Abteilungen erforderlich. Dies hat zur Folge, dass die Rechtsfolge der Publizität in mancher Hinsicht schwer zu beurteilen ist. So sind z. B. gemäß dem Sicherheitengesetz verschiedene Abteilungen der Regierung für verschiedene Gegenstände zuständig. Wenn eine Hypothek verschiedene Gegenstände betrifft, dann sind verschiedene

[33] Baur/Stürner, Sachenrecht, § 4 Rn. 9, S. 31.

Abteilungen dafür zuständig. Wenn die Parteien bei allen Abteilungen Eintragungen beantragen, sind die Kosten sehr hoch, und die Rechtsänderung wird zu verschiedenen Zeitpunkten gültig. Wenn das Eigentum oder Landnutzungsrecht und andere beschränkte dingliche Rechte getrennt bei verschiedenen Abteilungen einzutragen sind, ist es unmöglich, Verkehrssicherheit und Drittschutz zu gewährleisten[34]. Die Verwaltung setzt ihr Ziel, über Eintragungen Gebühren zu erhalten, ohne Rücksicht auf die zivilrechtlichen Folgen einer Eintragung durch.

4.4.2 Das Eintragungssystem im Entwurf

Das Eintragungssystem im Entwurf lehnt sich an das deutsche Eintragungssystem an. Dabei ist die Übertragungswirkung der Eintragung bei unbeweglichen Sachen teilweise anerkannt[35]. Es bleibt aber unklar, ob die Einigung der Beteiligten über die Rechtsänderung hinzukommen muss. Der gutgläubige Erwerb vom Nichtberechtigten bei unbeweglichen Sachen wird im Entwurf in der allgemeinen Vorschrift des § 29 geregelt. Das aufgrund des Liegenschaftsregisterbuchs erworbene dingliche Recht kann von niemandem verfolgt und herausverlangt werden, es sei denn, der Erwerber kennt beim Erwerb des Rechts den Rechtmangel oder ein Widerspruch ist eingetragen[36]. Die Vermutungswirkung wird teilweise in § 28 geregelt. Ist im Liegenschaftsregisterbuch für jemand ein Recht eingetragen, so wird vermutet, dass ihm das Recht zustehe[37]. Ist im Liegenschaftsregisterbuch ein eingetragenes Recht gelöscht, so wird vermutet,

[34] Hongliang Wang, Falü kexue 2/2000, S. 118 ff.

[35] § 6 im Entwurf von Liang; § 9 II, § 15 im EVK-Entwurf zur Sachenrechtskodifikation.

[36] Die Gutglaubenswirkung wird im EVK-Entwurf zur Sachenrechtskodifikation im Rahmen des Rechtsinstituts des gutgläubigen Erwerbs geregelt. Veräußert ein Nichtberechtigter eine unbewegliche oder bewegliche Sache, so erlangt ihr Erwerber unter folgenden Voraussetzungen unmittelbar das Eigentum an der unbeweglichen oder beweglichen Sache: 1. Der Erwerber kennt zum Zeitpunkt der Veräußerung die Nichtberechtigung des Verfügenden nicht; 2. Die Veräußerung erfolgt entgeltlich; 3. Die veräußerte unbewegliche Sache wurde bereits eingetragen, die veräußerte bewegliche Sache wurde dem Erwerber übergeben; 4. Die Veräußerung ist nicht gesetzlich verboten oder beschränkt; 5. Der Veräußerungsvertrag war nicht unwirksam bzw. wurde nicht widerrufen. Für den gutgläubigen Erwerb anderer Rechte an einer Sache gilt der vorstehende Absatz entsprechend. Die 5. Voraussetzung ist sehr unlogisch.

[37] Die Vermutungswirkung wird in §§ 7 S. 2, 12, des EVK-Entwurfs zur Sachenrechtskodifikation geregelt. Allerdings wird diese Wirkung durch § 22 beschränkt. Das Recht an einer Sache, das auf die Eintragung in das Register für unbewegliche Sachen gestützt wird, genießt rechtlichen Schutz, es sei denn, der in das Register für unbewegliche Sachen eingetragene Rechtsinhaber weiß, dass dieses Recht mit einem Makel behaftet ist.

dass das Recht nicht bestehe. Bei einer beweglichen Sache wie z. B. einem Auto oder einem Schiff ist die Übertragung oder Übereignung auch ohne Eintragung gültig, aber sie entfaltet ihre Wirkung nur zwischen den Parteien und nicht gegen Dritte.

4.5 Einheitsprinzip

Die Aufspaltung des Eigentums von Grundstück und Gebäude ist in Deutschland grundsätzlich ausgeschlossen (§ 93 BGB). Eine Ausnahme sind das Erbbaurecht und das Wohnungseigentum. Die jeweiligen Sondergesetze regeln, welche Folgen das fehlende Grundstückseigentum des Berechtigten hat: „In der Gestalt des Erbbaurechts entstand die Möglichkeit der Aufspaltung von Grund- und Gebäudeeigentum, im Wohnungseigentum schuf der Gesetzgeber die eigenartige Mischung aus Miteigentum am Grundstück und Sondereigentum an Gebäudeteilen“[38].
Das Gebäude ist in China nicht Bestandteil des Grundstücks. Wenn der Eigentümer von Grundstück und Gebäude nicht die gleiche Person ist, bestimmt sich der Gebäudeeigentümer gemäß dem Prinzip „Wer investiert ist Eigentümer“. Das Grundstück und das Gebäude sind zwei getrennte Gegenstände. Deswegen wird teilweise vertreten, dass es wegen der Anerkennung des Gebäudeeigentums keine Notwendigkeit gebe, das Erbbaurecht umzusetzen[39]. Meiner Meinung nach sprechen indessen doch gute Gründe für die Anerkennung des Erbbaurechts, weil das Landnutzungsrecht meistens nicht getrennt vom Gebäude übertragen werden kann. Anstatt der Einheit zwischen Grundstück und Gebäude kennt das chinesische Recht die Einheit des Landnutzungsrechts mit dem Eigentum am Gebäude. Es ist klar, dass Gebäudeeigentum nicht zu den wesentlichen Bestandteilen eines Landnutzungsrechts gehört. Das Nutzungsrecht am Land und das Eigentum an Gebäuden auf dem Land können dagegen nicht getrennt von einander übertragen, verpachtet, vermietet oder verpfändet werden (§ 23 IV ÜÜG)[40]. In der Praxis kommt es sehr oft zum Auseinanderfallen von Gebäudeeigentümer und Landnutzungs- berechtigtem: 1. Ein Landnutzungsberechtigter kann einem Dritten das ihm zustehende Nutzungsrecht weiter verpachten. Der Pächter kann dann Gebäudeeigentum erwerben; 2. Der Landnutzungsberechtigte kann das Landnutzungsrecht einbringen und der Dritte Geld investieren, um ein Gebäude zusammen zu bauen. Danach bekommt jeder einen Teil des Gebäudes; 3. Durch die Reform des staatlichen Gebäudeeigentums hat der Bürger das Gebäudeeigentum bekommen, bekommt aber kein Landnutzungsrecht; 4.

---

[38] Stürner, JZ 1993, S. 1074, 1075.
[39] Weiguo Wang, Die Forschung des Grundsachenrechts, S. 147 ff.
[40] Münzel, Anmerkung zu ÜÜG.

Wenn der Gebrauchsvertrag im Hinblick auf den Erschließungszweck nichtig oder abgetreten ist, beeinflusst dies die Wirksamkeit des Gebaudeeigentumserwerbs nicht.
Andererseits ist das Prinzip der Einheit von Grundstück und Gebäude jedoch auch teilweise anerkannt. So erlangt z. B. mit dem Ablauf der Dauer des Landnutzungsrechts der Staat unentgeltlich das Landnutzungsrecht und das Eigentum an den Gebäuden auf dem Land und an den sonstigen Bestandteilen (§ 40 ÜÜG). Eine verbreitete Auffassung hält dies für ungerecht und nicht dem Nützlichkeitsprinzip entsprechend[41]. Daher enthält der Entwurf besondere Regelungen. Wenn nach dem Ablauf der Frist des Landnutzungsrechts keine Verlängerung eintritt, kann der Landnutzungsberechtigte die Gebäude und das andere Zubehör zurückbehalten und den ursprünglichen Zustand wiederherstellen. Wenn der Grundeigentümer die Gebäude und anderes Zubehör zum Marktpreis kaufen möchte, kann dies der Landnutzungsberechtigte ohne hinreichenden Grund nicht verweigern (§ 223 ESRG). Wenn die Frist des Landnutzungsrechts abläuft und der Landnutzungsberechtigte die Gebäude und das andere Zubehör nicht zurücknimmt, kann er eine Entschädigung von dem Grundeigentümer verlangen. Der Grundeigentümer kann vom Landnutzungsberechtigten verlangen, dass die Landnutzungsberechtigungsfrist solange verlängert wird, wie das Gebäude und das andere Zubehör benutzt werden können. Wenn der Landnutzungsberechtigte die Verlängerung ablehnt, darf er keine Entschädigung verlangen (§ 224 ESRG).

4.6 Chinesisches Landnutzungsrecht und deutsches Erbbaurecht

Ein Zweck des Landnutzungsrechts ist der Wohnungsbau. Insoweit besteht gewiss eine Ähnlichkeit des Gebäudeeigentums mit dem Erbbaurecht der Bundesrepublik. Nach h. M. in China entspricht das Landnutzungsrecht dem Erbbaurecht[42]. In der DDR gab es auch ein Landnutzungsrecht, das dem Rechtsinhaber Gebäudeeigentum unabhängig vom Eigentum am Grundstück (§§ 288 IV, 292 III ZGB-DDR) verschaffen konnte. „Es war anders als das Erbbaurecht der Bundesrepublik in Entstehung und Schicksal von staatlicher Lenkung abhängig. Aber beide Systeme zeigen eine gewisse Ähnlichkeit bei ihrem Zugeständnis an die wirtschaftliche und menschliche Realität in Gestalt unvollkommener Eigentumsformen, nämlich dem Erbbaurecht und dem Nutzungsrecht“[43]. Indessen liegt der geplanten Reform der Gedanke zugrunde, das Landnutzungsrecht solle aus

[41] Huixing Liang, Entwurf über Sachenrecht in China, S. 502; Liming Wang, Entwurf des Sachenrechts S. 365.
[42] Ping Jiang, Kodifikation der Grundsachenrechte in China, S. 236.
[43] Stürner, JZ 1993, S. 1074, 1075.

funktioneller Sicht das Volleigentum ersetzen. Eine weitere Besonderheit ist, dass das Landnutzungsrecht nicht nur die Aufgabe des Eigentums, sondern auch die Aufgabe des Erbbaurechts erfüllt.
Das Landnutzungsrecht in China funktioniert wie Privateigentum, es ist das übertragbare und vererbbare und mit vielen dinglichen Sachenrechten belastbare Recht am Grundstück. Das Erbbaurecht in Deutschland besteht hingegen neben dem Eigentum. Es nimmt ausschließlich den ersten Rang ein, und der Rang kann nicht geändert werden (§ 10 I ErbbauVO). Der einzige Inhalt des Landnutzungsrechts ist durch das Gesetz vorgeschrieben, während die vielfältigen Inhalte des Erbbaurechts von den Parteien vereinbart sind, z. B. die Verwendung und die Versicherung des Bauwerks, Heimfall und Vorrecht auf Erneuerung des Erbbaurechts nach dessen Ablauf (§ 2 ErbbauVO). Normalerweise wird das Erbbaurecht als ein veräußerliches und vererbliches Recht charakterisiert. Gewisse Beschränkungen der Vererblichkeit sind jedoch zulässig, z. B. kann ein Heimfallanspruch vereinbart werden, so dass das Erbbaurecht bei Ableben des Berechtigten auf den Grundstückseigentümer übertragen wird. Die Rechtsprechung hat dies als mit dem Grundsatz der Vererblichkeit vereinbar angesehen, weil das Erbbaurecht nicht mit dem Tode erlischt, sondern mit dem Heimfallanspruch des Eigentümers vererbt wird[44].
Als grundstücksgleiches Recht ist das Erbbaurecht (samt Bauwerk als wesentlicher Bestandteil) somit wie ein Grundstück übertragbar und belastbar[45]. Das Erbbaurecht kann aber nur im Rahmen der Befugnisse des Erbbauberechtigten durch eine Dienstbarkeit belastet werden. Daher kann beispielsweise zu Lasten eines Erbbaurechts, das ein Wohngebäude zum Gegenstand hat, nicht eine Dienstbarkeit eingetragen werden, die dem Inhaber das Recht gibt, eine Tankstelle auf dem Grundstück zu errichten[46]. Auch in China ist dies grundsätzlich nicht möglich. Das Landnutzungsrecht für Wohnungsbau kann nicht zu kommerziellen Zwecken belastet werden.
Zur Belastung des Erbbaurechts mit einer Hypothek, Grund- oder Rentenschuld oder einer Reallast bedarf es normalerweise der Zustimmung des Grundstückseigentümers (§ 5 II 1 ErbbauVO). In Deutschland dürfen manche Kreditinstitute nach Gesetz oder Satzung ein Darlehen nur gegen mündelsichere Grundpfandrechte gewähren. Da beim Erbbaurecht das Grundstück nicht voll in die Haftung für die Grundpfandrechte am Erbbaurecht einbezogen ist, macht es die Feststellung der Mündelsicherheit schwierig. Andererseits kann als Inhalt des Erbbaurechts auch vereinbart werden, dass es bei der Belastung mit Grundpfandrechten der Zustimmung

[44] OLG Hamm, OLGZ 1965,72 = DNotZ 1966, 41.
[45] Stöber, GBO-Verfahren und Grundstückssachenrecht, S. 242.
[46] BayObLG MDR 1958, 691.

des Eigentümers bedarf (§ 5 II ErbbauVO)[47]. Deswegen ist das Erbbaurecht weniger für die Belastung mit einer Hypothek geeignet. Demgegenüber kann in China nicht das Grundeigentum, sondern von vornherein nur das Landnutzungsrecht hypothekarisch belastet werden.
Das Erbbaurecht muss auf bestimmte Zeit befristet werden (oft 99 Jahre) und kann aufschiebend bedingt bestellt werden (§ 1 IV ErbbauVO). Ein Verstoß gegen die Befristung bewirkt Nichtigkeit[48]. Im Entwurf ist das Landnutzungsrecht auch befristet, aber der Landnutzungsberechtigte hat einen gesetzlichen Anspruch auf Verlängerung. Die Regelung der Dauer des Landnutzungsrechts im Entwurf schafft einen großen Unterschied zwischen dem Landnutzungsrecht und dem Erbbaurecht.

4.7 Bäuerliches Übernahmerecht und Bauernlandnutzungsrecht

Das Übernahmerecht ist in den AGZ 1986 erstmals geregelt. Land, das Kollektiven der bäuerlichen Bevölkerung gehört, wird von Mitgliedern der Wirtschaftsorganisation des betreffenden Kollektivs zum Betrieb von Pflanzenzucht, Forstwirtschaft, Viehzucht oder Fischerei übernommen. Die Dauer der Übernahme von Land zum Betrieb beträgt 30 Jahre. Übertragende und übernehmende Seite müssen einen Übernahmevertrag abschließen (§ 14 LVG). Dessen Zweck liegt darin, dass der Übernahmerechtnehmer die von der Regierung festgesetzte Aufgabe erfüllt. In der Tat handelt es sich hier um eine innere Arbeitsteilung der Kollektive. Das Kollektiv hat die Herrschaft über das Land und kann als öffentliches Organ in dieses Vertragsverhältnis willkürlich eingreifen. Außerdem ist das Übernahmerecht nach der herrschenden Meinung[49] nur ein Schuldrecht und also nur zwischen den Vertragspartnern wirksam. Deswegen ist in der Hand der Bauern dieses für sie so wichtige Übernahmerecht schwach und unzuverlässig. Der Übertragende kann sehr oft nach Belieben einseitig die Übernahmerechte angleichen und korrigieren, dies vor allem bei Ablauf der stets befristeten Übernahmerechte. Bisher kann der Staat aus beliebigen wirtschaftlichen Gründen dörfliches Land beschlagnahmen. Er zahlt dann dem Eigentümer, der dörflichen kollektiven Wirtschaftsorganisation, nur ein bescheidenes Entgelt. Der Inhaber des Übernahmerechts bekommt von diesem Geld meistens nichts. Wenn die Bauern das Übernahmerecht einmal haben, nutzen sie es oft aus bis zum „Gehtnichtmehr" und darüber hinaus. Dabei achten sie nur auf ihren kurzfristigen Gewinn und nicht auf langfristige Interessen[50].

---

[47] Baur/Stürner, Sachenrecht, § 29 Rn. 42, S. 341.
[48] BGHZ 52, 271.
[49] Huixing Liang, a. a. O. S. 513.
[50] Münzel, Sachenrechtskodifikation, S. 3.

Der Entwurf ändert Namen und Inhalt dieses Rechts (die Rede ist nun vom Bauernlandnutzungsrecht oder Nutzungsrecht an einem landwirtschaftlichen Grundstück) und orientiert sich am Landnutzungsrecht in der Stadt. Es ist nun ein gegen jedermann wirksames Sachenrecht, das beachtet werden muss. Es ist weiterhin befristet, auf 50 Jahre, aber bei Fristende verlängert es sich automatisch zu den gleichen Konditionen, wenn der Bauer es dann nicht aufgibt. Damit erhält der Landnutzungsberechtigte ein dingliches Verlängerungsrecht. Das Bauernlandnutzungsrecht (das Nutzungsrecht an einem landwirtschaftlichen Grundstück) kann nicht wie jetzt das Übernahmerecht nur Mitgliedern des örtlichen Kollektivs, sondern jedermann übertragen werden, der das Land landwirtschaftlich nutzen will. Es kann in eine Gesellschaft eingebracht, verpachtet und durch einen Übernahmevertrag vergeben werden (§§ 242 – 244 ESRG). Der Inhaber eines Bauernlandnutzungsrechts darf dieses nicht einem anderen übertragen und darauf keine Hypothek aufnehmen; dies gilt jedoch nicht für ein Bauernlandnutzungsrecht an staatseigenem oder kollektiveigenem Ödland und sonstige Bauernlandnutzungsrechte, die durch Versteigerung entstanden sind. Allerdings ist nach anderer Meinung die Übertragung oder die Aufnahme einer Hypothek erlaubt[51]. Wenn der Inhaber das Bauernlandnutzungsrecht überträgt, dann ist der Kreis der möglichen Empfänger auf Personen beschränkt, die mit der Abwicklung landwirtschaftlicher Produktion befasst sind (§§ 245, 246 ESRG). Eine Beschlagnahme erlaubt der Entwurf nur noch zu Zwecken öffentlichen Interesses, und in diesem Fall muss dem Inhaber des Nutzungsrechts dessen Wert ersetzt werden. Aufgrund der Veränderung im Entwurf meint Münzel, dass das Nutzungsrecht damit dem Eigentum schon recht nahe komme[52].

Das würde dazu führen, dass das kollektive Eigentum beschränkt und fast alle Eigentumsfunktion verlieren würde. Ob diese so radikale Reform verwirklicht werden wird, erscheint indes zweifelhaft.

V. Der Eigentumsbegriff und die Rechtsnatur des Nutzungsrechts

Wegen des unveränderlichen staatlichen Grundeigentums existieren verschiedene Eigentumsformen an beweglichen und unbeweglichen Sachen. Dessen ungeachtet kennt das Gesetz nur einen einheitlichen Eigentumsbegriff. Ihmzufolge stehen dem Eigentümer Dispositionsfreiheit und umfassende Herrschaft zu. Das staatliche Eigentum entspricht dem nicht. Die Reform des Nutzungsrechts, ganz gleich, ob es sich um das städtische oder das bäuerliche Nutzungsrecht handelt, führt zur Entleerung des Inhalts des Eigentums und verstößt gegen das chinesische Verfassungsrecht (§§ 6 ff.

[51] Liming Wang, Entwurf des Sachenrechts, S. 376.
[52] Münzel, Sachenrechtskodifikation, S. 5.

Verfassungsgesetz). Damit stellt sich die Frage, wie man dieses Institut legitimieren kann – eine Frage, die eng mit der nach der Rechtsnatur des Nutzungsrechts zusammenhängt.

5.1 Der Vergleich des Eigentumsbegriffs

Die geschichtliche Entwicklung zeigt, dass der Eigentumsbegriff nicht als vorgegeben betrachtet, sondern den jeweiligen geistigen, wirtschaftlichen und sozialen Gegebenheiten angepasst wurde[53]. Dem abstrakten, individualistischen und schrankenlosen Eigentum römischrechtlicher Prägung wurde in der Geschichte das konkrete sozial-pflichtgebunde und teilbare germanische Eigentum gegenüber gestellt[54].

Die Trennung des Eigentums und des beschränkten Sachenrechts im klassischen römischen Recht führt zu der Frage, „ob das Eigentum als Summe der in ihm enthaltenen Befugnisse oder als selbständig im Verhältnis zu den beschränkten dinglichen Rechten zu verstehen sei"[55]. Der Freiheitsgedanke der Naturrechtslehre verwarf die Theorie des Teileigentums. Das Eigentum in der Naturrechtslehre zeichnet sich durch die Freiheit aus, „im Rahmen der Gesetze mit einer Sache nach Belieben zu verfahren" (Grotius). Privateigentum wird immer noch als das sicherste Fundament der Unabhängigkeit des Individuums aufgefasst[56]. Diese Idee hat das BGB übernommen.

In der Folge wurde überwiegend die absolute Herrschaft des Eigentümers als entscheidendes Kriterium angesehen. Eine unbestimmte, dem Eigentümer zuerkannte Rechtsmacht sei als solche unbegrenzt und unteilbar und sei scharf von dem konkret-materiellen Eigentumsgehalt zu unterscheiden. Sie werde auch durch die nur ihre Ausübung betreffenden Schranken nicht beeinträchtigt. Die beschränkten dinglichen Rechte sind selbständige Rechte an der Sache, die parallel zum Eigentum bestehen und die dem Eigentum die entsprechende Befugnis nicht entziehen[57].

Dieser Auffassung gegenüber steht die Theorie von der Funktionsteilung des Eigentums. Funktionsteilung tritt nach der Interessenslage und den Rechtsbehelfen, die zur Befriedigung der auf ein Stück Sachherrschaft gerichteten Interessen anwendbar sind, in verschiedenen Formen auf, z. B. bei den beschränkten dinglichen Rechten, den Treuhandverhältnissen, der Sicherungsübereignung und dem Eigentumsvorbehalt[58]. Wer in jenen Verhältnissen als der eigentliche Eigentümer anzusehen sei, sei eine Frage,

---

[53] Erdmann, in: Das Eigentum, S. 11 ff.
[54] Kroeschell, in: FS Thieme, S. 34, 60.
[55] Olzen, JuS 1984, S. 328.
[56] H. Eichler, Rechtsidee des Eigentums, S. 60.
[57] Sontis, in: FS Larenz, S. 983, 991ff.
[58] L. Raiser, in: FS Sontis, S. 167, 170.

die freilich nicht logisch, sondern nur rechtspolitisch entschieden werden könne.
Ersichtlich entspricht der chinesische Grundeigentumsbegriff nicht dem kontinentalen Eigentumsbegriff. Nach dem Wortlaut des Entwurfs existieren Begrenzungen des Eigentums und der beschränkten dinglichen Rechte. Außerdem hält man die Institution des Teileigentums für feudalistisch und nicht der Marktwirtschaft entsprechend. Deswegen gibt es im chinesischen Grundeigentumssystem auch kein Teileigentum. Erwägenswert ist, ob es eine Funktionsteilung gibt.

5.2 Vorschläge zur Reform der Bodenordnung im sozialen Rechtsstaat

1973 hat eine innerhalb der SPD eingesetzte Kommission einen Vorschlag zur Reform der Bodenordnung in städtischen Ballungsgebieten der Öffentlichkeit vorgelegt. Die Hauptidee bestand darin, „das Grundeigentum in städtischen Problemgebieten in der Weise aufzuspalten, dass den Gemeinden ein sog. Verfügungseigentum zustehen soll, während private Interessenten auf ein weithin begrenztes, inhaltlich von der Gemeinde Kraft ihres Verfügungseigentums festgelegtes Nutzungseigentum beschränkt werden sollen“[59]. Es besteht ein dauerndes Nebeneinander der beiden Teilrechte am selben Grundstück. Das Institut des Verfügungseigentums der Gemeinden ist in erster Linie als Mittel gedacht, „unverdienten und risikolosen Wertzuwachs in der Hand des Eigentümers zu verhindern“[60]. Dem Nutzungsrecht des Vorschlags fehlen insbesondere die unverzichtbaren Merkmale der freien Verfügungsbefugnis, der Privatnützigkeit und der zeitlichen Unbegrenztheit. Das Verfügungseigentum des Vorschlags gewährt zugleich der Gemeinde die Nutzung, an der sie interessiert sein kann. Der Verfügungseigentümer kann nicht nur die Nutzungsart bestimmen, sondern auch finanzielle Nutzung und Eigennutzung ausüben[61]. Die Rechtsnatur der beiden Eigentumsarten ist umstritten. H. Westermann erklärte das Verfügungseigentum zum Eigentum und bezeichnete das Nutzungseigentum als in Wahrheit nur beschränktes dingliches Recht[62]. Demgegenüber ist Raiser der Auffassung, dass in dem Vorschlag einer Aufteilung des Eigentums in zwei unterschiedliche Funktionsbereiche, die verschiedenen Personen zustehen können, jedenfalls kein logischer Widerspruch steckt. „Beide Bereiche enthalten Elemente der Sachherrschaft, die sonst im Volleigentum vereinigt sind“[63].

[59] L. Raiser, in: FS Sontis, S. 167, 176.
[60] H. Westermann, a. a. O. S. 14.
[61] H. Westermann, a. a. O. S. 18 ff., S. 25 ff.
[62] H. Westermann, S. 71 ff.
[63] L. Raiser, in: FS Sontis, S. 167, 177.

5.3 Der Eigentumsbegriff im chinesischen Entwurf

Wie in den Vorschlägen eigentumsrechtlicher Lösungen zur Reform der Bodenordnung in Deutschland ist das Nutzungsrecht im chinesischen Entwurf ebenfalls auf eine bestimmte Nutzungsart beschränkt. Diese Nutzungsart bezieht sich indessen auf die Natur des Bodens und des öffentlichen Interesses. Außerdem ist auch die zeitliche Beschränkung wie oben geschildert abgeschwächt. Dem Nutzer steht ein dinglicher oder schuldrechtlicher Anspruch auf Verlängerung zu. Schließlich soll der Nutzer nur einmal während der Frist einen Preis bezahlen. Danach kann nur er mit Erfolg nutzen; der Ertrag steht ihm zu. Der Staat behält sich nur die Bestimmung der Nutzungsart und den Heimfallanspruch vor. Die Funktionsteilung des Eigentums ist im Nutzungsrecht stärker ausgeprägt als im Vorschlag der SPD. Aus diesem Grund dürfen die beschränkten dinglichen Rechte nur an dem Nutzungsrecht bestellt werden.
Obwohl das Nutzungsrecht schon die Nutzungsfunktion und die Verwertungsfunktion des Eigentums von Staat oder Kollektiv ersetzt, ist für den Staat und das Kollektiv im Gesetz noch ein Teil der Verfügungsmacht vorbehalten. Sicher erscheint, dass der Staat keine umfassende Herrschaft oder absolute dingliche Eigentumsfreiheit hat. Andererseits ist es auch nicht anerkannt, dass den privaten Personen eine umfassende Herrschaftsmacht zustehen soll.
Fraglich ist nun, ob die verbliebene Verfügungsmacht des Staats zivilrechtliches Eigentum darstellt. Zweck des öffentlichen Eigentums ist es, eine öffentliche Aufgabe zu erfüllen. Aber im Vergabevertrag tritt der Staat als zivilrechtlicher Rechtsträger auf. Dagegen verfügt der Staat bei der Planung als hoheitlicher Eigentümer. Deswegen belässt es der Entwurf bei einer Funktionsteilung des Eigentums, damit die Erweiterung des Nutzungsrechts unter Beachtung des verfassungsrechtlichen Verbots legitimiert werden kann.

5.4 Bewertung der Eigentumsbegriffe

Die Theorie der Funktionsteilung kann nur die Erscheinungsformen des staatlichen Eigentums und des Nutzungsrechts legitimieren. Meines Erachtens lässt dieser Eigentumsbegriff nicht nur großen Freiraum für die Nutzungsberechtigten, sondern auch für den willkürlichen Eingriff des Staats. Außerdem ist das staatliche Grundeigentum nicht übertragbar und mit einer Hypothek belastbar. Es kann nur mit einigen Nutzungsrechten und Dienstbarkeiten belastet werden. Deswegen besteht ein großer Unterschied zwischen beiden. Auf lange Sicht sollte dieses staatliche Grundeigentum in eine bloße Genehmigungsbefugnis umgewandelt werden. Manche chinesische Juristen hatten auch vorgeschlagen, das chinesische

Nutzungsrechtssystem dem Lease von Grundstücken in Hongkong nachzubilden. Das Grundstück wird dabei vom Staat durch Versteigerung übertragen. Der Landnutzer kann die Gebrauchsgebühren in Raten bezahlen. Alles Grundeigentum gehört dem Staat. Die Regierung hat die Befugnis zur Genehmigung. Das bedeutet, dass der Staat nicht Marktteilnehmer sein kann. Dieses System stammt aus England[64]. Das Common law kennt keinen einheitlichen, absoluten Begriff des Grundeigentums. Vielmehr gibt es verschiedene Arten, die sich in England historisch alle von der Krone ableiten[65]. In Hongkong wird bei dieser Vorstellung die Krone vom Staat ersetzt.

VI. Bewertung der Reform des Sachenrechts und Zusammenfassung

6.1 Vergleich der Reform in der DDR und in China

„Eigentum war in der DDR ein zentrales Mittel zur Verwirklichung der sozialistischen Gesellschafts- und Wirtschaftsordnung. Es hatte ideologische Funktion“[66]. Die Nutzungsbefugnis war das Hauptelement des sozialistischen Eigentumsbegriffs. Sie wurde vom Grundeigentum abgespalten durch Begründung eines Systems öffentlichrechtlicher Nutzungszuweisungen[67]. Zugleich fiel der Grundsatz der Einheit von Grund- und Gebäudeeigentum durch Zulassung selbständigen Gebäudeeigentums[68]. Insgesamt gab es sechs Gruppen selbständigen Gebäudeeigentums nach dem Recht der DDR[69]. „Der Verlust der Werthaltigkeit des Grundeigentums begünstigte die Ausbildung des mannigfachen faktischen DDR-Sachenrechtschaos“[70].

Am 01.10.1994 ist das Sachenrechtsänderungsgesetz (SachenRÄndG) in Kraft getreten. Ziel des Sachenrechtsbereinigungsgesetzes ist es zum einen, das Auseinanderfallen von dinglichen und zum Teil auch faktischen Nutzungsrechten und der Eigentumslage am Grundstück zu bereinigen. Die Bereinigung soll entweder durch Ankauf des Grundstücks oder des Gebäudes erfolgen. Vereinigen sich die Rechtspositionen an beiden Vermögensgegenständen in einer Hand, soll künftig eine Trennung der Eigentumslagen ausgeschlossen sein (vgl. § 78 I 1 SachenRBerG). Statt durch Ankauf kann eine Bereinigung auch dadurch erfolgen, dass die Nutzungsrechte in ein Erbbaurecht am Grundstück überführt werden (§ 3 I

64 Huixing Liang, a. a. O. S. 267.
65 Stürner/Kern, in: FS Schlechtriem, S. 923 ff.
66 Grün, NJW 1994, S. 2641, 2642.
67 Grün, NJW 1994, S. 2641, 2643.
68 Grün, NJW 1994, S. 2641, 2642; Frenz, NJW 1995, S. 2657.
69 Wesel, DtZ 1995, S. 70, 71.
70 Grün, NJW 1994, S. 2641, 2643.

1 SachenRBerG). Der Grundstückeigentümer kann nur ausnahmsweise einen Kaufvertrag über das Grundstück verlangen.
Im Vergleich dazu ist das Nutzungsrecht in China nicht in Privateigentum umwandelbar. Vielmehr sind die Funktionen des Grundeigentums mehr dem Landnutzungsberechtigten zugeteilt. In China sind nicht etwa die Interessen zwischen Privatleuten sondern zwischen dem Staat und den Privatleuten abzuwägen. Gemeinsam ist beiden Ordnungen das Ziel, soziale Sicherheit zu gewährleisten. Das System öffentlichrechtlicher Nutzungszuweisungen ist durch den marktorientierten Überlassungsvertrag ersetzt worden. Das Verfügungseigentum des Staats ist beschränkt und im Gesetz geregelt. Durch viele Vorgaben ist eine Aufsicht garantiert. Um die Rechtssicherheit zu gewährleisten, hat das Gesetz große Teile des faktischen Sachenrechts anerkannt, wie z. B. das zugeteilte Nutzungsrecht und das zugeteilte Gebäudeeigentum. Auf der anderen Seite sind viele neue dingliche Rechte im Gesetz vorgesehen, wie z. B. gesetzliches und räumliches Nutzungsrecht. So wurde den Bauern auf dem Land ein dingliches Nutzungsrecht gegeben. Die Reform richtet sich jedoch auch hier nach der bäuerlichen Investition (Neuerrichtung eines Gebäudes) und der konkreten Nutzung.
Im chinesischen Sachenrechtsentwurf ist das Institut der Ersitzung (§§ 65 – 86 ESRG), deren Zweck auch die Erhaltung der Rechtssicherheit ist, sehr bedeutsam. Wer eine unbewegliche Sache, die nicht für einen Dritten eingetragen ist, 20 Jahre friedlich, öffentlich und dauernd im Eigenbesitz hat, erwirbt das Eigentum. Unter einer unbeweglichen Sache in diesem Sinne ist allerdings nicht das staatliche Grundeigentum zu verstehen (§ 68 ESRG). Eine Ausnahme ist die Ersitzung des Bauernlandnutzungsrechts, bei dem die Frist auf 10 Jahre verkürzt ist.

6.2Die Probleme der Funktionsteilung

Als Grundidee des Entwurfs wird man den Gedanken der Privatautonomie ansehen können. Die meisten besonderen, dem Staat vorbehaltenen Machtbefugnisse sind beseitigt. Ein verkehrsfreundliches Eigentumssystem ist errichtet. Allerdings bleiben viele Probleme.
Staatliches Grundeigentum hat nach h. M. in China keinen negativen Einfluss auf die Marktwirtschaft. Das Nutzungsrechtssystem könne die Funktion des Eigentums ersetzen. Aber der Nutzungsberechtigte hat keine umfassende Herrschaft. Dies bringt viele neue Schwierigkeiten: so kann das Nutzungsrecht beispielsweise nicht nach dem Wegfall der fremden Berechtigung wieder zur ursprünglichen Größe anwachsen – ein Phänomen, welches man auch als Elastizität des Eigentums bezeichnet. Es kann sich auch nicht auf den Raum über der Oberfläche und auf den Erdkörper unter der Oberfläche erstrecken (§ 905 BGB). Deswegen gibt es viele

Typen von Nutzungsrechten: z. B. das befristete Nutzungseigentum, das räumliche Nutzungsrecht und das gesetzliche Nutzungsrecht. Die Schaffung eines Eigentumsbegriffs mit geringerem Abstraktionsgrad führt dazu, neue Institute und Sachenrechte definieren zu müssen. Problematisch ist auch, ob das räumliche Nutzungsrecht an dem Gebäude dem Landnutzungsberechtigten oder dem Eigentümer des Gebäudes gehört. Wenn es dem Eigentümer des Gebäudes gehört, welchem Sondereigentümer steht es dann zu? Wie stehen Nutzungsrecht und daran bestellte, neu gebildete beschränkte dingliche Rechte zueinander?

Außerdem führt die Existenz einheitlichen staatlichen Eigentums am Grund und Boden nicht nur zu einem unterschiedlichen Eigentumsbegriff, je nachdem, ob bewegliche oder unbewegliche Sachen in Rede stehen, sondern hat auch eine Aufspaltung der Befugnisse des Eigentümers zur Folge.

Schließlich möchte der Gesetzgeber Eigentumsschutz im Sachrechtsgesetz vorsehen. Das Sachenrechtsgesetz ist jedoch keine Verfassung, kein Grundgesetz. Es ist zu bezweifeln, ob dieser Eigentumsschutz in allen Bereichen des Lebens durchsetzbar sein kann.

6.3 Lösungen

Die Beseitigung des staatlichen Monopols am Grundeigentum sollte auch in China nicht nur auf zivilrechtlicher Ebene, sondern auch auf verfassungsrechtlicher Ebene fixiert werden. Immerhin werden heute das private Eigentum und andere Formen des Eigentums selbst in vormals kommunistischen Ländern allgemein anerkannt (Art. 9 Pkt. 2 der russischen Verfassung, angenommen durch Volksabstimmung von 12.12.1993)[71]. Auf zivilrechtlicher Ebene wird die Reform des Grundeigentums in Russland Schritt für Schritt vorgenommen. Zuerst wird ein eigentumsähnliches Nutzungsrecht, nämlich Erbbesitz auf Lebenszeit und ständiges (unbefristetes) Nutzungsrecht, als Substitut für das noch nicht erwünschte Privateigentum eingeführt (Grundlage der Bodengesetzgebung der UdSSR und der Unionsrepubliken von 28.02.1990). Anschließend wird das Privateigentum mit einigen Beschränkungen anerkannt. Schließlich werden auch diese Beschränkungen abgeschafft[72]. Damit kommt ein richtiges Eigentum im privatrechtlichen Sinn zustande. Die Umwandlung in Privateigentum am Grund und Boden fand auch in der DDR statt. Daher sollte in China meiner Meinung nach im Gesetz dem Landnutzungsberechtigten umfassende Herrschaftsmacht zugewiesen werden. Der Staat hätte nur das Recht, die Nutzungsart zu bestimmen und Heimfall zu beanspruchen.

[71] Breig, WiRo 2/2002, S. 33, 35.
[72] Breig, WiRo 2/2002, S. 33, 35.

Allmählich sollten diese Befugnisse in eine Genehmigungsmacht umgewandelt werden, mit der Folge, dass das Landnutzungsrecht sich zu Privateigentum entwickeln würde. Das einheitliche staatliche Eigentum an Grund und Boden sollte auf die Gebietskörperschaften der verschiedenen Ebenen aufgeteilt werden. Das staatliche Grundeigentum sollte übertragbar sein. Dann kommt eine freie Konkurrenz zwischen verschiedenen Eigentumsarten zustande. Damit würde Eigentum an Grundstücken im privatrechtlichen Sinn auch in China geschaffen und das Grundstückeigentum durchgreifend liberalisiert. Bezüglich der Probleme des Eigentumsschutzes und des Verhältnisses zwischen dem Nutzungsrecht und den anderen dinglichen Rechten bedarf es in China einer weiteren Reform des Verfassungsrechts.

Kapitel II: Die Entwicklung der Grundpfandrechte unter Berücksichtigung ihrer Funktion

Recht ist auch als gesetztes Recht ein Produkt der Zeit. Daher wird die rechtsvergleichende Betrachtung der Grundpfandrechte in Deutschland und China in diesem Kapitel nach der geschichtlichen und funktionalen Methode durchgeführt, und es wird versucht, funktionsadäquate Rechtsinstitute in beiden Rechtsordnungen zu finden bzw. einander gegenüberzustellen. Dabei ist zu beachten, dass das im deutschen Kreditverkehr bedeutendste Sicherungsmittel, die Grundschuld, dem chinesischen Recht völlig fremd ist. Die Ausgestaltung der Grundschuld als nicht akzessorisches Sicherungsmittel im deutschen Recht ist Ergebnis einer langen geschichtlichen Entwicklung. Deswegen ist es nicht sinnvoll, die Grundschuld eigenständig zu erörtern. Vielmehr erscheint es wichtig, die Geschichte und die Funktion der Grundschuld darzustellen, weil die chinesischen Grundpfandrechte noch nicht endgültig und vollständig entwickelt worden sind. Auch unabhängig hiervon dürfte zudem der spätere Einbau der Grundschuld selbst in einem System akzessorischer Sicherheiten weiter möglich bleiben.

I. Entwicklung im römischen Recht

Das Pfandrecht unterlag in seiner inhaltlichen Ausgestaltung den Einflüssen des römischen Rechts. Daher ist es sinnvoll, auf das römische Grundpfandrecht zurückzublicken.

1.1 Vorklassisches und klassisches Recht

Das wichtigste Sicherungsrecht war in der römischen Praxis die Bürgschaft[73]. Neben der Bürgschaft gab es zwei Realsicherheiten: zum einen die fiducia (cum creditore contracta), eine Art Sicherungsübereignung; und zum anderen das pignus (oder hypotheca) im eigentlichen Sinn. Die fiducia war ein Institut des ius civile, während das pignus dem prätorischen Recht entstammt. Die Pfandrechte sind dingliche Rechte. Das Pfandrecht an Immobilien wurde nicht getrennt vom Pfandrecht an beweglichen Sachen ausgestaltet[74].

---

[73] Das Vertrauen der Römer in die Wirksamkeit der Personalhaftung stützt sich vor allem auf die Strenge und Straffheit des Zwangsvollstreckungsverfahrens, das sich gegen die Person richtet und seit alters dem Körper des Schuldners, später daneben und bevorzugt sein Gesamtvermögen nach Art des Konkursverfahrens erfasst. Kaser, I, S. 457.

[74] Jörs/Kunkel/Wenger, Römisches Recht, S. 78; Sohm/Mitteis/Wenger, Institutionen, S. 352.

1.1.1 Fiducia

Mit der fiducia übertrug der Sicherungsgeber (Fiduziant) dem Gläubiger (Fiduziar) das Eigentum an einer Sache durch die altzivilen Akte mancipatio oder in iure cessio; zugleich wurde in einem pactum fiduciae vereinbart, dass dem Fiduziar dieses Eigentum nur zur Sicherung dienen sollte[75]. Die fiducia wurde häufig besitzlos bestellt. Der Schuldner blieb also im Besitz der Sache.
Wurde die Schuld nicht getilgt, so konnte sich der Fiduziar aus der Sache befriedigen. Ursprünglich verfielen die Sachen dem Fiduziar[76]. Später kam die Verkaufsabrede vor, die alsbald zu einer ständigen Klausel der Pfandverträge wurde[77]. Der Fiduziant hatte gegen den Fiduziar die actio fiduciae. Die fiducia gab dem Sicherungsgeber nach Erledigung des Sicherungszwecks nur einen schuldrechtlichen Anspruch auf Rückübertragung der sicherungsübereigneten Sache. Der Gläubiger war verpflichtet, die Sache (sofern er sie im Besitz hatte) vor Schaden zu bewahren, vor allem aber sie nicht weiterzuveräußern oder zu belasten[78]. Für den Ersatz der Aufwendungen und die vom Fiduzianten verursachten Schäden hatte der Fiduziar die Gegenklage (actio fiduciae contraria)[79].

1.1.2 Pignus

In früherer Zeit verstand man unter pignus nur das Besitzpfand, in späterer Zeit entstand besitzloses Pfand, für das sich der Name hypotheca einbürgerte[80]. Die Bestellung des pignus war formfrei. Sie setzte dreierlei voraus: bonitarisches Eigentum des Verpfänders an der zu verpfändenden Sache, einen Verpfändungsvertrag und eine zu sichernde Forderung[81]. Der Verpfänder erhielt nur ein beschränktes dingliches Recht an der fremden Sache und zur Durchsetzung seines Rechts eine dingliche Klage, die actio serviana. Eine Rückübertragung nach Erledigung des Sicherungszwecks war beim pignus nicht vorgesehen, die Berechtigung des Pfandnehmers entfiel ohne einen besonderen Übertragungsakt. Das pignus war zunächst ein Verfallpfand. Die Vereinbarung einer Verkaufsabrede erfolgt jedoch

[75] Kaser, I, S. 458.
[76] Sohm/Mitteis/Wenger, Institutionen des römischen Privatrechts, S. 342; Kaser, I, S. 460 f.
[77] Kaser, I, S. 461, mit Verweise auf Pomp. D. 13, 7, 6 pr; 8, 3-5.
[78] Kaser, I, S. 462, mit Verweise auf Ulp. D. 13, 7, 22, 2.
[79] Kaser, I, S. 462 f.
[80] Kaser, I, S. 463 f.
[81] Kaser, I, S. 464.

bereits regelmäßig in der jüngeren Republik[82]. Neben Sachen können auch Forderungen verpfändet werden[83].

1.2 Die nachklassischen Entwicklungen und die Nachteile der römischen Grundpfandrechte

Das Pfandrecht der klassischen Zeit wies einige Mängel auf, die für das Wirtschaftsleben besonders nachteilig waren. Zu nennen ist hier zum einen der Mangel an Publizität, besonders des Grundpfandrechtes: wer einen Kredit gegen Pfandsicherung geben wollte, konnte mangels Publizität der Verpfändungsgeschäfte nicht erkennen, ob die Sache nicht bereits anderweitig verpfändet war. Die Trennung zwischen Pfandrecht an beweglichen Sachen und an Grundstücken war nicht herausgebildet[84]; sie ist auch nur notwendig und möglich, wenn ein Grundbuchsystem geschaffen ist[85]. Zum anderen war es möglich, ein besitzloses Generalpfandrecht am ganzen Vermögen, egal ob künftig oder gegenwärtig, zu bestellen, ohne einen warnenden Publizitätsfaktor einzuschalten[86]. Der Grundsatz der Spezialität galt also nicht. Die Generalhypotheken an Vermögensteilen beeinträchtigten auch die Tauglichkeit potentieller Pfandobjekte als Kreditsicherungsmittel.

In der klassischen Zeit spielte die Verpfändung als Mittel der Kreditsicherung neben der Bürgerschaft eine bedeutende Rolle. Aber die Probleme der Publizität und der kraft Gesetz entstehenden Generalhypotheken waren noch nicht gelöst, vielmehr schwerer geworden. Die Generalhypotheken nahmen in der nachklassischen Zeit an Zahl und Bedeutung stark zu[87]. Darüber hinaus erlangten gesetzliche und rechtsgeschäftlich bestellte rangprivilegierte Pfandrechte Bedeutung, die unter Verstoß gegen den Prioritätsgrundsatz älteren Pfandrechten vorgingen[88]. Daher war dem Bedürfnis nach Kreditsicherung in der spätrömischen Pfandrechtsordnung nur schlecht gedient.

Nachrangige Pfandrechte rückten vor, das Prinzip der festen Rangstelle galt also nicht[89]. Eine nachträgliche Änderung des Rangverhältnisses war in bestimmten Fällen möglich[90].

---

[82] Kaser, I, S. 470.

[83] Kaser, I, S. 465.

[84] Jörs/Kunkel/Wenger, Römisches Recht, S. 78; Sohm/Mitteis/Wenger, Institutionen, S. 352; vgl. auch Mitteis/Lieberich, Deutsches Privatrecht, S. 113.

[85] Gierke, Deutsches Privatrecht, Bd. II, S. 811; Mitteis/Lieberich, Deutsches Privatrecht, S. 114.

[86] Kaser, I, S. 466; Jörs/Kunkel/Wenger, Römisches Recht, S. 159.

[87] Kaser, II, S. 313.

[88] Kaser, II, S. 313.

[89] Siber, Römisches Recht, II , Römisches Privatrecht, S.127; Sohm/Mitteis/Wenger, Institutionen des römischen Privatrechts, S. 352.

Die Regel der Akzessorietät bildete sich im Lauf der Republik heraus. Ihr zufolge entsteht ohne die Forderung kein Pfandrecht; erlischt die Forderung, geht auch das Pfandrecht unter[91]. Diese Akzessorietät war uneingeschränkt. „Bürgschaft und Pfandrecht waren zwar akzessorisch, aber nicht um des Prinzips der Akzessorietät wegen, sondern deshalb und nur insoweit, als dies der Funktion dieser Sicherungsrechte entsprach"[92].
Die fiducia, das Treuhandgeschäft der Sicherungsübereignung, war gemeinsam mit der mancipatio bereits zu Beginn der nachklassischen Zeit verschwunden[93], weil sie den Fiduzianten der Gefahr aussetzte, dass der Gläubiger sein treuhändisches Eigentum missbrauchte und die Sache weiterveräußerte oder belastete. Damit bildete sich ein einheitliches Pfandverhältnis heraus, das unter Justinian namentlich für die juristische Struktur des Pfandrechts wieder klassischen Vorbildern folgt[94]. Das justinianische Pfandrecht war wieder ein dingliches Recht an fremder Sache. Es wurde als einheitliches Recht verstanden. Seit einem Gesetz Konstantins, dem sich Justinian anschloss, war die den Pfandgeber zumeist benachteiligende Verfallsabrede verboten[95].
Schließlich darf man nicht außer Acht lassen, dass es in Rom ursprünglich die Zwangsvollstreckung nur in der Form eines Konkursverfahrens gab. Diese Verfahren ließen sich vermeiden, wenn der Schuldner dem Gläubiger zur Sicherung ein besonderes Recht bestellte. Deswegen spielte das Sicherungsrecht eine ganz andere Rolle[96]. Der materielle Kern der Form- und Rangfrage war dem römischen Recht keineswegs vollkommen verschlossen geblieben.

II. Germanisches Grundpfandrecht – Nutzungsgedanken

Das mittelalterliche Grundpfandrecht ist unter dem Einfluss des römischen Rechts entstanden. Aber die germanischen Völker gaben diesem Rechtsinstitut einen neuen Inhalt. Germanisch ist wohl die Vorherrschaft des Nutzungsgedankens, römisch die Abhängigkeit von der zugrunde liegenden Forderung und die Haftung des Schuldners[97]. In verschiedenen Gebieten waren unterschiedliche Pfandrechte in Gebrauch; innerhalb eines Gebietes existierten auch verschiedene Pfandrechte[98]. Im Wesentlichen sind die ältere und die neue Satzung zu unterscheiden.

---

[90] Kaser, I, S. 468.
[91] Kaser, I, S. 465.
[92] Habersack, JZ 1997, S. 857, 860.
[93] Kaser, II, S. 313.
[94] Kaser, II, S. 314.
[95] Kaser, II, S. 320; Mitteis/Liebrich, Deutsches Privatrecht, S. 113.
[96] Mincke, Die Akzessorietät des Pfandrechts, S. 39 f.
[97] Planitz, GrundpfandR, S. 5.
[98] Die pfandrechtliche Sicherung ist in zahlreichen Urkunden belegt. Nach Planitz, S. 1,

2.1 Ältere Satzung – das Nutzungspfand

Die ältere Satzung wollte dem Gläubiger die volle Nutzung des Pfandes auf lange Jahre sichern. Wenn das Pfand nach Ablauf der Nutzungszeit nicht eingelöst wurde, so verblieb das Pfand in Besitz und Nutzung des Gläubigers, bis es der Verpfänder eingelöst hatte. An Stelle von Kapitalzinsen nutzte der Gläubiger das Pfand ohne Entgelt. Hier sollte durch die Nutzung des Pfandes die Pfandsumme getilgt werden. Der Gläubiger musste den unmittelbaren Besitz erhalten. Es war regelmäßig erforderlich, dass die Bestellung der älteren Satzung vor Gericht oder Rat vereinbart wurde[99]. Die ältere Satzung räumte dem Gläubiger Pfandgewere oder Nutzgewere ein. Nicht das Grundstück, sondern die mit ihm verbundenen Rechte und Nutzungen wurden als Pfandobjekt aufgefasst. Der Satzungsgläubiger konnte sich nicht an das Grundstück oder an das sonstige Vermögen des Eigentümers, sondern nur an das Nutzungsrecht halten. Das Einlösungsrecht stand dem Eigentümer zu. Obwohl der Gläubiger die Sache nicht veräußern durfte, konnte er sein Nutzungsrecht vererben und übertragen. Die ältere Satzung konnte als Verfall- oder Verkaufspfand bestellt werden[100].
Die gezogenen Nutzungen waren entweder den Zinsen aus der zu sichernden Forderung gutzuschreiben, wodurch die Hauptschuld praktisch nie erlosch, da keine Tilgung über die Nutzung erfolgte (Zinssatzung), oder sie dienten der Schuldentilgung (Totsatzung)[101]. Im Gegensatz zum Substanzpfand kam ein Verfall des Nutzungspfandes nicht vor.

2.2 Neuere Satzung – das besitzlose Pfand

Die neuere Satzung gestattete dem Gläubiger nur noch den mittelbaren Besitz. Im 14. Jahrhundert war eine mehrfach gestufte Gewere auch für die hofrechtliche Leihe anzuerkennen, und auch der grundherrliche Bauer erhielt eine landrechtliche Gewere. Damit wurde die Gewere des Gläubigers zu einer nur Mittelbaren. Die Entstehung des besitzlosen Pfands hatte zwei Voraussetzungen: zum einen eine neue Publizitätsform, die die Gewere

ist die erste uns überlieferte Urkunde die des Klosters St. Gallen. Es geht darum, dass ein frommer Mann dem Kloster zum Heil seiner Seele reichen Besitz an Grundstücken, und zwar auch solchen, die er nur als Pfandgläubiger hat, überlässt. St. Gallen 838 (371) UB. I, S. 345 f. Im Bereich der kirchlichen Urkunden treten seit etwa 1100 zwei Hauptgruppen auf. Die eine diente der Seelteilsvergabung. Die andere beruhte ausschließlich auf wirtschaftlicher Grundlage: die kirchliche Anstalt trat als Darlehensgeberin auf oder war gezwungen, selbst ihre Grundstücke zu verpfänden. Planitz, GrundpfandR, S. 10.

[99] v. Gierke, SachenR, § 155 II, S. 813, 815; Hübner, Deutsches PrivR, § 53 III S. 405 f.

[100] Mitteis/Lieberich, Deutsches Privatrecht, S. 111 f.

[101] Hübner, Deutsches PrivR, § 53 III; Mitteis/Lieberich, Deutsches Privatrecht, S. 111 f.; Heusler, Institutionen des Deutschen Privatrechts, S. 142 f.

ersetzen konnte, und zum anderen die Entstehung einer rationellen Zwangsvollstreckung. Früher stellte das ältere deutsche Recht für Grundstücke keine Vollstreckungsmittel zur Verfügung; deswegen setzte der Zugriff auf die Substanz für den Gläubiger den Besitz des Pfandes voraus. Beide Voraussetzungen erfüllte das Recht von Köln schon im 12. Jahrhundert. Der Bürger in der Stadt verpfändete meist sein Haus und Hof, in dem er wohnte und das sein einziger Grundbesitz war, um Kapital aufzunehmen. Hätte er dem Gläubiger den Besitz übergeben müssen, so hätte er seine Erwerbsmöglichkeit verloren[102]. Das besitzlose Pfandrecht gab es nur kurzfristig. Deswegen eignete es sich zum Kapitalbedürfnis des Fernhandels und zur Grundstücksspekulation. Die neuere Satzung bot die Möglichkeit, die Sache mehrfach zu verpfänden[103]. Nachrangige Grundpfandrechte waren an ihre Rangstelle gebunden, sie rückten bei einem Wegfall eines rangbesseren Grundpfandrechts nicht nach, so dass die Voraussetzungen für die Schaffung eines Eigentümerpfandes gegeben waren[104].

Anfänglich verlangten Schöffen die Verpfändung vor Gericht. Im 12. Jahrhundert gab es auch die Anwesenheit der Amtleutekorporation. Die Amtleutekorporation prüfte als Schreinsbehörde die Verpfändungsvoraussetzungen und ließ die Eintragung vornehmen, wodurch diese zur öffentlichen Urkunde wurde[105]. Für ihre Richtigkeit bestand eine amtliche Gewähr. Unrichtige Eintragungen unterlagen der Berichtigung. Darin hat der Grundsatz des öffentlichen Glaubens des Grundbuchs seinen Ursprung[106]. Vollstreckungsverfahren des Schöffengerichts entwickelten sich nach dem Vorbild der Fahrnispfändung. Voraussetzung war, dass der städtische Grund und Boden in freiem Eigentum der Bürger war. Der Verpfänder als Eigentümer unterwarf sich mit Zustimmung seiner Erben durch den Pfandvertrag freiwillig einer besonders gestalteten Vollstreckung[107]. Wurde seine Forderung durch die Vollstreckungsverfahren nicht voll befriedigt, besaß er wegen des Ausfalls keine Forderung gegen den Eigentümer. Insofern handelte es sich um eine reine Sachhaftung, d. h. dem Gläubiger stand nur der Zugriff auf das Pfandobjekt selbst zu, die Verbindung mit einer persönlichen Haftung gehört nicht wesensmäßig zum Rechtsinhalt.

Die neue Satzung war stets ein Substanzpfand. Das Substanzpfand war auf kurze Einlösungsfristen festgesetzt; wenn diese nicht eingehalten wurden,

[102] Planitz, GrundpfandR, S. 149.
[103] Seckelmann, Die Grundschuld als Sicherungsmittel, S. 36.
[104] Mitteis/Lieberich, Deutsches Privatrecht, S. 113.
[105] Planitz, GrundpfandR, S. 150 f.
[106] v. Gierke, SachenR, § 155 III, S. 818 ff.; ders., Schuld und Haftung, § 4 I 2 b S. 30 ff.; Hübner, Deutsches PrivR, §§ 30, 53 IV, S. 405 f.
[107] Planitz, GrundpfandR, S. 152.

verfiel es dem Gläubiger zu Eigentum[108]. Aber das besitzlose Pfandrecht war keine Hypothek[109]. Das Pfandrecht des rezipierten römischen Rechts war die Hypothek, ein Pfandrecht ohne Besitz des Gläubigers, das eine mehrfache Verpfändung ermöglichte. Das germanische Pfandrecht ist nicht akzessorisch.
Das Besitzpfand blieb bis zum Ausgang des Mittelalters bestehen. Eine Einschränkung erfuhr die Anwendung des Besitzpfandes in allen deutschen Städten durch die im 13. Jahrhundert einsetzende Entwicklung des Rentenkaufs, der in all den Fällen an die Stelle des Besitzpfandes trat, wo Kapital auf längere Zeit angelegt werden sollte[110].
Ein Pfandrecht am gesamten Vermögen war dem älteren deutschen Recht unbekannt.
Die Grundlagen der heutigen Grundpfandrechte, nämlich Publizitäts-, Spezialitäts- und Prioritätsgrundsatz, haben ihre Wurzeln in der Geschichte des deutschen Rechts.

2.3 Rentenkauf

Dem Begriff des Rentenkaufs liegt die Vorstellung zugrunde, dass der Rentner tatsächlich mit seinem Kapital das Recht auf feste, durch den Rentenschuldner jährlich oder in kürzeren Abständen zu entrichtende Rentenbeträge „kauft"[111]. Der Rentenkauf erschien als definitive Veräußerung eines Immobilarrechts, als Zuweisung bestimmter Quoten des Nutzungswerts oder der Erträge des belasteten Grundbesitzes. Der Rentenberechtigte erhielt die sofortige Gewere am Bezugsrecht sowie anwartschaftliche Rechte am Grundstück. Der Rentenkauf stand dem Pfandrecht nahe, da das Grundstück auch für jenes Recht dinglich wie ein Pfand haftete[112]. In der Geschichte war er die fortgeschrittenste Form der mittelalterlichen Reallast[113].
Die wichtigsten Verfügungen über das Grundstück konnten nur mit dem Konsens des Rentners wirksam werden. Im Konkurs hatte die Rente eine

[108] Planitz, GrundpfandR, S. 5 f.
[109] Planitz, GrundpfandR, S. 189 f.
[110] Planitz, GrundpfandR, S. 129.
[111] Buchholz, Abstraktionsprinzip und Immobiliarrecht, S. 40 m. w. N.
[112] Mitteis-Lieberich, Deutsches Privatrecht, S. 111, 113.
[113] Planitz, Deutsches PrivatR, S. 90. Die Reallast entstammt den persönlichen Leistungspflichten auf Grund hofrechtlicher oder öffentlichrechtlicher Abhängigkeit. Der jeweilige Eigentümer hatte dem Berechtigten in festen zeitlichen Abständen aus dem Grundstück wiederkehrende Leistungen Geld und Naturalien abzuliefern sowie Fron- und Dienstleistungen zu erbringen (vgl. Buchholz, Abstraktionsprinzip und Immobiliarrecht, S. 38). Daher ist die Reallast ein selbständiges dingliches Nutzungsrecht am Grundstück.

privilegierte Stellung gegenüber den anderen Lasten[114]. Das Kündigungsrecht stand allein dem Schuldner zu. Die Laufzeiten der Renten überschritten in Hamburg regelmäßig 10 Jahre. Die Zahlung der Rentenbeträge hatte, soweit keine abweichenden Abreden bestanden, halbjährlich zu erfolgen. Bei Verzug war der doppelte Betrag fällig. Der vollstreckungsrechtliche Zugriff richtete sich unmittelbar auf die belastete Liegenschaft[115]. Im Rentenkauf trat ein neues Verhältnis des Pfandgläubigers zum Boden zutage, wonach der Pfandgläubiger aus der unmittelbaren Beherrschung des Bodens verdrängt ist. Der Rentenkauf begründete eine aus dem Grundstück zu erfüllende dingliche Schuld und eignete sich damit zur Sicherung einer Kapitalanlage, die laufende Rentenleistungen erbrachte[116]. Im Vergleich dazu konnte das Grundstück bei der neueren Satzung für eine außerhalb des sachenrechtlichen Verhältnisses stehende Forderung, die auf eine einmalige Leistung gerichtet war, haften. Die Entwicklung des Rentenwesens bildete die früheste Erscheinungsform der „Mobilisierung der Immobilien". Der Rentenkauf ließ schon erste Öffnungen zu einer Beweglichkeit der Grundstücksrechte und einer frühen Mobilität des Geld- und Kreditverkehrs erkennen. Er verbreitete sich rasch in den mittelalterlichen Städten und verdrängte die Satzung[117].

Der Rentenkauf stellte eine selbständige Grundbelastungsform dar, er bildete einen unkörperlichen Immobiliarwert. Er hatte rein vermögensrechtliche Natur und stand wesensmäßig außerhalb jeder Bindung an ein persönliches Schuldverhältnis[118]. Begründet wurde er durch Eintragung vor Gericht oder Rat und Ausstellung einer Urkunde (Rentenbrief)[119]. Diese Form der Verbriefung erlaubte durch Urkunden, durch Renten- oder Gültenbriefe, zum Teil schon im Mittelalter eine Mobilisierung der Rechte. Denn derartige Briefe, die durch Errichtung vor dem Rat oder dem Richter mit besonderer Beweiskraft, mit „öffentlichem Glauben" ausgestattet waren, förderten die Beweglichkeit der Renten stark und eröffneten den selbständigen Urkundenumlauf[120].

Im Rahmen der Bauernbefreiung hat die deutsche Agrargesetzgebung des 19. Jahrhunderts, besonders nach 1848, die Fronden, Dienste und Zehnten völlig abgeschafft. Für die ewigen Reallasten wurde der Ablösungszwang eingeführt. Später erhielt auch der Gläubiger regelmäßig ein vertragliches Kündigungsrecht. Nach der endgültigen Verfestigung dieser beiden

[114] Buchholz, Abstraktionsprinzip und Immobiliarrecht, S. 40

[115] Buchholz, Abstraktionsprinzip und Immobiliarrecht, S. 93.

[116] v. Gierke, SachenR, § 155 IV S. 825

[117] Buchholz, Abstraktionsprinzip und Immobiliarrecht, S. 37 f.

[118] v. Gierke, SachenR, S. 754; Schröder/Künßberg, Lehrbuch der deutschen Rechtsgeschichte, S. 797.

[119] Planitz, Deutsches PrivatR, S. 91.

[120] Buchholz, Abstraktionsprinzip und Immobiliarrecht, S. 42, 48.

Grundsätze des Rentenprinzips, dem Ausschluss der Kündigung und der unbedingten Ablösungsbefugnis, entstand der klassische Typus der Rentenschuld. Damit näherte sich die Rentenschuld dem hypothekarisch gesicherten Darlehen an.

2.4 Die Annäherung von Rente und Hypothek

Mit der Rezeption, der überwiegenden Verdrängung des älteren deutschen Rechts durch das römische Recht[121], die im 14. Jahrhundert begann, gewannen die römischrechtlichen Grundpfandrechte eine Vorrangstellung. Seit dem 16. Jahrhundert fand eine allmähliche Annäherung von Rente und Hypothek statt, die bis in das 18. Jahrhundert fortschritt[122]. Das römische Recht wurde gemeines Recht und auch Grundlage der meisten Partikularrechte[123]. Zu einer Annäherung von Rente und Hypothek konnte es kommen, nachdem die Fiktion eines echten Kaufpreises durch die realistischere Vorstellung einer nur befristeten Überlassung von Fremdkapital verdrängt und ein paritätisches Kündigungsrecht von Gläubiger und Schuldner anerkannt wurden. Im Interesse einer Erweiterung des Haftungsrahmens wurde auch die Rentenschuld mit einer persönlichen Einstandspflicht des Schuldners verbunden[124]. Diese führt zu einer charakteristischen wechselseitigen Ergänzung beider Rechtsformen und schließlich auf der Seite der Kapitalbelastungen zu einer Mischform von zentraler Bedeutung: die „selbständige" Hypothek des 19. Jahrhunderts

III. Die Entstehung der umlauffähigen Hypothek bzw. Grundschuld

Die Entwicklung des Immobiliarrechts in den einzelnen deutschen Staaten wurde Ende des 18. und in der ersten Hälfte des 19. Jahrhunderts von einer großen und eindrucksvollen Bewegung ergriffen. Den Ausgangspunkt dieser Reformen bildeten in den meisten europäischen Ländern die Reformen des Hypothekenrechts. Ihnen allen war der Versuch gemeinsam, die Bedürfnisse nach einer Erleichterung des Grundstücksverkehrs und nach vermehrtem Grundkredit zu befriedigen.

3.1 Die rechtspolitischen Hauptforderungen für die umlauffähigen Kreditmittel

3.1.1 Spezialität und Publizität

Mit der Aufnahme des römischen Rechts verbreiteten sich die General-

[121] Wieacker, Privatrechtsgeschichte der Neuzeit, S. 124.
[122] Buchholz, Abstraktionsprinzip und Immobiliarrecht, S. 78, 124 m. w. N.
[123] Planitz, Deutsches PrivatR, S. 98.
[124] Buchholz, Abstraktionsprinzip und Immobiliarrecht, S. 124.

pfandrechte sowie die privilegierten Pfandrechte im deutschen Reich[125]. Die der Rezeption folgende Landesgesetzgebung versuchte, die Nachteile der spätrömischen Pfandrechtsordnung durch eine gesetzliche Regelung auszuschließen, welche die Grundsätze der Spezialität und der Publizität strenger durchführte[126]. Ein Beispiel dafür findet sich im preußischen allgemeinen Landrecht (ALR I, 20, §§ 6, 9,10, 411): Grundpfandrechte können für eine ziffernmäßig feststehende Forderung und nur an einzelnen bestimmten Grundstücken bestehen. Damit sind Generalhypotheken und Hypotheken für Forderungen unbestimmter Höhe ausgeschlossen. Dies bildet die Grundlage für klare Belastungsverhältnisse. Das Spezialitätsprinzip ist wieder eingehalten.
Die Hypothek im römischen Recht wurde grundsätzlich durch einen formlosen Vertrag begründet. In lokalen Statuten hatten sich z. T. mittelalterliche Formen der Publizität erhalten. Sie waren sehr verschieden und wurden auch nicht immer vollständig eingehalten[127]. Ausgangspunkt dieser Entwicklung waren die Schreinskarten einer Kölner Pfarrgemeinde, in die bereits seit 1135 Grundstücksgeschäfte eingetragen wurden. Der Publizitätsgrundsatz wurde durch die Rezeption des römischen Rechts nicht völlig verdrängt[128]. Im Zuge der Reformgesetzgebung erhielt der Gedanke der Publizität in Preußen schon früh eine herausragende Bedeutung. Mit der Hypothekenordnung von 1783 waren Hypothekenbücher eingeführt worden, die nach dem Prinzip des Realfoliums anzulegen waren[129]. Die Eintragung war nach den Bestimmungen des ALR (I, 20, § 411) konstitutiv: Entstehung, Übertragung und Rang der dinglichen Rechte sollten unbedingt von der Eintragung abhängig sein. Außerhalb des Buches konnten keine Rechte oder Rangprivilegien existieren[130]. Die von der öffentlichen Hand geführten Register waren Interessenten zugänglich und genossen einen gesetzlich normierten Vertrauensschutz (sog. formelle und materielle Publizität)[131].

3.1.2 Die Entstehung verkehrsfähiger Hypothekentitel

Ein Entwicklungselement der selbständigen Hypothek, der Grundschuld,

[125] Mitteis/Lieberich, Deutsches Privatrecht, S. 114; Gengler-Gottfried, Das deutsche Privatrecht, S. 243 f.; Stobbe/Lehmann, Handbuch des deutschen Privatrechts, II, 2, S. 150 ff.
[126] Planitz, Deutsches PrivatR, S. 98 f.
[127] Coing, in: Studien, S. 9, 17.
[128] Gengler/Gottfried, Das Deutsche Privatrecht, S. 244; Stobbe/Lehmann, Handbuch des deutschen Privatrechts, II, 2, S. 148.
[129] Dernburg, Preuß. Privatrecht I, S. 452, 454.
[130] Buchholz, Abstraktionsprinzip und Immobiliarrecht, S. 136; Planitz, Deutsches PrivatR, S. 98.
[131] Dernburg, Preuß. Privatrecht I, § 202.

geht auf die Bremer Handfeste zurück[132]. Die Handfeste war die Verbindung des Realrechts mit einer ratsförmlichen Urkunde, wobei das Rentenbuch ersetzt wurde. Noch im 19. Jahrhundert erweiterte sich die Sondererscheinung der Handfeste zur Kapitalhypothek, die die Wirkung eines Inhaberpapiers weitgehend aufnahm[133]. Während der Reformzeit suchten die Interessenvertreter der Agrarier nach analogen Zirkulationspapieren, die den Zugang zum Kapitalmarkt erneut öffnen sollten: Die Grundschuld wurde als Aktie des Großgrundbesitzes geboren[134]. Das Hypothekeninstrument sollte das dingliche Recht aus dem Buch lösen und es in einen selbständigen Wertumlauf eintreten lassen.

Die französische Notariatspraxis entwickelte im Lauf des 19. Jahrhunderts trotz des streng akzessorischen Charakters der Hypothek des Code Civil Hypothekenverträge, die Order- oder Inhaberklauseln enthielten. Die Rechtsprechung billigte diese Praxis[135]. Das preußische Eigentumserwerbsgesetz von 1872 nahm die verbriefte Inhabergrundschuld auf. Dabei wurde außer auf mecklenburgisches Recht auch auf die Gült des Zürcher Rechts verwiesen. Das deutsche BGB folgte diesem Beispiel (§ 1195 BGB). Allerdings wurden die umlauffähigen Hypothekentitel keine Börsenpapiere. Sie haben die Verbindung des einzelnen Grundeigentümers zum Kapitalmarkt nicht entscheidend erleichtert[136].

3.1.3 Einrichtung von Hypothekenbanken

Die Kreditvergabepraxis war im Deutschen Reich zur Jahrhundertwende zunächst gekennzeichnet von der Ablösung des Privatkredits durch den Institutskredit auf dem Realkreditmarkt[137].

Eine Verbesserung des materiellen Hypothekenrechts genügte allein nicht, um den Grundbesitzern durch Einsatz des Bodens als Kreditsicherungsmittel zu neuem Kapital zu verhelfen. Daher wurde ein Institut geschaffen, welches zwischen dem kreditsuchenden Grundbesitzer und dem Kapitalmarkt vermitteln sollte: die Hypothekenbank. Die dadurch bewirkte Institutionalisierung sicherte eine ständige Zirkulation: jeder Gläubiger konnte sich sofort von seinen Hypothekentiteln trennen, jeder Grundbesitzer, dem die Fälligkeit verfrüht kam, konnte sicher neue Anleger finden[138]. Dabei vollzog sich die Entwicklung zur modernen Hypothekenbank in zwei Schritten: vom Modell des Darlehensnehmerinstituts, das

[132] Buchholz, Abstraktionsprinzip und Immobiliarrecht, S. 99.
[133] Buchholz, Abstraktionsprinzip und Immobiliarrecht, S. 99.
[134] Buchholz, RabelsZ 50 (1986), S. 77, 99 f.
[135] Coing, in: Studien, S. 9, 40.
[136] Coing, in: Studien, S. 9, 41.
[137] Heck, Sachenrecht, § 76 6, S. 317.
[138] Buchholz, Abstraktionsprinzip und Immobiliarrecht, S. 218 ff.

erstmals in der Schlesischen Landschaft begegnet, zum Modell des Darlehensgeberinstituts, wie es erstmals der französische Crédit foncier verwirklichte, der aufgrund eines Dekretes vom 28.2.1852 errichtet worden war. Er lieh Geld gegen Hypotheken aus und begab selbst Obligationen, die an der Börse gehandelt wurden. Der Gesamtbestand der Hypotheken des Instituts diente als Sicherheit für die ausgebenden Obligationen[139]. Die Hypothekenbanken führten die Trennung von Pfandbrief und Hypothek zur bankwirtschaftlichen Vollendung. Beide Sektoren, die Inhaber-Schuldverschreibung des Bankinstituts und das Sicherungsmittel als Bestandteil der Deckungsmasse, sind in organisatorischer und haftungsrechtlicher Hinsicht genau unterschieden und verkörpern die beiden Zweckrichtungen des Geschäftsbetriebs der Hypothekenbanken. Charakteristisch für das Hypothekenbankwesen ist die besondere Staatsaufsicht, deren Zweck es ist, die Solidität des Pfandbriefgeschäfts zu sichern. Das Aktivgeschäft (die Ausgabe hypothekarisch gesicherter Darlehen) unterliegt sehr eingrenzenden Vorschriften: Der Beleihungswert ist nach genauen gesetzlichen Vorgaben zu ermitteln, für Kündigung und Tilgung existieren ebenfalls gesetzliche Bestimmungen. Auch das Passivgeschäft (die Refinanzierung durch die Ausgabe von Pfandbriefen) ist in Einzelheiten geregelt, um für den Ausgleich zwischen Pfandbriefgläubiger und Emissionsinstitut und die Sicherheit der Briefe zu sorgen. Von entscheidender Bedeutung ist die Sicherstellung ausreichender Deckung für die umlaufenden Pfandbriefe[140]. Das in seinen Grundzügen noch heute geltende deutsche Hypothekenbankgesetz wurde am 13.7.1899 erlassen.

3.2 Entstehung der Grundschuld

3.2.1 Selbständige Eigentümerhypothek

Von der Briefform führt eine wesentliche Entwicklungslinie zu einem anderen Rechtsinstitut: der Eigentümerhypothek als einem originären, selbständig neben dem Eigentum stehenden, inhaltlich beschränkten Immobiliarrecht des Eigentümers an seinem Grundstück[141]. Die Konstruktion des Eigentümerpfandrechts setzt einen abstrakten Eigentumsbegriff voraus. Der Eigentümer konnte im Bedarfsfall sein Kreditbedürfnis unmittelbar, ohne Einschaltung des Rats, durch die Übertragung im Wege einfacher Tradition des bereits bestehenden, urkundlich verkörperten handfestarischen Rechts befriedigen. Nach der Tilgung der Schuld stand die Hand-

[139] Pleyer/Bellinger, Das Recht der Hypothekenbanken in Europa, S. 14 f.

[140] Vgl. Buchholz, Abstraktionsprinzip und Immobiliarrecht, S. 235.

[141] Buchholz, Abstraktionsprinzip und Immobiliarrecht, S. 125. In Bremen entwickelte sich seit der Mitte des 17. Jahrhunderts aus dem Institut des „fingierten Rentenkaufs" das Eigentümergrundpfandrecht.

feste dem Eigentümer zu. Im Gegensatz zum römischen Recht trat eine Konfusionswirkung nicht ein, das beurkundete Recht steht für weitere Verfügungen offen[142]. Hieraus entwickelte sich der Gedanke der festen Pfandstelle. Diese Rechtsfigur diente nicht nur der Sicherung der Rangverhältnisse; die Stabilisierung des Ranges, die Gliederung nach „festen Wertteilen“ als Folge des Buchwesens, war den Stadtrechten bereits vertraut. Vielmehr wurde zugleich durch die Verbindung mit dem Urkundenwesen neuen Verkehrsformen Raum gegeben. Die Konstruktion des Eigentümerpfandrechts ist nicht nur unvereinbar mit der Definition des Pfandrechts als eines Rechts an fremder Sache, sondern auch mit dem Akzessorietätsprinzip. Durch die Einführung der Grundschuld wurde rechtssystematisch die Begründung eines Eigentümergrundpfandrechts möglich, ohne dass die Akzessorietät der Hypothek durchbrochen wurde[143].

3.2.2 Die mecklenburgische Hypothek

Die Grundschuld wurde als Grundverschuldungsform im 19. Jahrhundert in bestimmten Partikularrechten ins Leben gerufen (in reiner Form wohl zuerst nur in Hamburg und Mecklenburg)[144]. Entscheidenden Einfluss auf die Entwicklung hatte das mecklenburgische Recht. In der Redivierten Ritterschaftlichen Hypothekordnung von 1848 (RRHO) verdrängte das „Mecklenburger Dogma“, die Selbständigkeit des Hypothekenrechts, den klassischen, unwandelbar erscheinenden Akzessorietätsgrundsatz[145], wobei das Grundstück belastet und zugleich eine subsidiäre Zahlungspflicht des Eigentümers hervorgerufen wurde. In der mecklenburgischen Hypothek schien ein Zug der Reallasten des deutschen Rechts wiederzukehren, die Belastung eines Grundstück mit einer festen Geldsumme. Über die Mecklenburger Hypothek wäre dieser deutschrechtliche Gedanke in die Grundschuld des preußischen Eigentumserwerbsgesetz (EEG) und schließlich in das BGB gelangt. Bei der Grundschuld soll allein das Grundstück dem Gläubiger haften. Er kann sich nämlich nur aus dem Grundstück befriedigen. Das Grundpfandrecht ist somit von persönlichen Einreden unabhängig, und der Pfandgeber muss keine persönliche Haftung übernehmen[146].

§ 16 RRHO bestimme, dass durch die Eintragung keine bloßen Sicherheitsrechte, sondern selbständige dingliche Belastungen des Gutes entstehen. Der Antrag auf Eintragung war durch eine solche persönliche

---

142 Buchholz, Abstraktionsprinzip und Immobiliarrecht, S. 126.
143 Mugdan, S. 341.
144 Buchholz, Abstraktionsprinzip und Immobiliarrecht, S. 169.
145 Buchholz, Abstraktionsprinzip und Immobiliarrecht, S. 247.
146 Felgentraeger, in: FS Gierke, S. 140, 141.

Verhaftung nicht notwendig bedingt, vielmehr wurde insoweit alles einer Vereinbarung der Beteiligten überlassen[147]. Für die eingetragene Hypothek wurde ein Hypothekschein ausgestellt. Auch dieser nannte den Schuldgrund nicht. Er lautete auf einen bestimmten Betrag (§ 12 RRHO). Die Hypothek wurde durch Übergabe des Scheins übertragen und unter Vorlage des Scheins geltend gemacht[148]. Damit wurde die Hypothek zum Briefrecht ausgestaltet (§§ 13, 19, 28-30 RRHO). Der mecklenburgische Hypothekenschein wurde zum Träger eines abstrakten Forderungsrechts. Dieses Papier macht die Hypothek zur „Handelsware" und löst die Rechtsakte und Pubilizitätswirkungen aus dem Hypothekenbuch. Der Besitz des Scheins genügte zur Ausübung des Rechts, das materielle Recht folgt der formalen Innehabung.[149].

Um der Gefahr einer Doppelzahlung zu begegnen, unterstellte man einen Verzicht auf die persönliche Forderung, wenn die Hypothek isoliert abgetreten wurde. Dem Schuldner half auch, dass er auf die persönliche Forderung nur zu leisten brauchte, wenn ihm der hypothekarische Anspruch abgetreten und der Hypothekenbrief herausgegeben wurde (§ 17 RRHO)[150]. Das jetzt auftretende Problem der Aufspaltung der Rechtspositionen und der Doppelleistungsgefahr für den Schuldner — dingliches und obligatorisches Recht konnten getrennte Wege gehen — versuchte man durch solche Verschmelzungsbemühungen zu bewältigen.

3.2.3 Das preußische Eigentumserwerbsgesetz von 1872

Das Preußische Eigentumserwerbsgesetz vom 05.05.1872 übernahm neben der bisher allein üblichen akzessorischen Hypothek des ALR aus der Mecklenburgischen Gesetzgebung die Grundschuld[151]. Aber auf eine akzessorische Hypothek wollte man in keinem Falle verzichten. Sie erschien zunächst in der Form der streng angelehnten Sicherungshypothek für eine Reihe praktischer Bedürfnisse (Höchstbetragshypothek, Zwangshypothek, Arresthypothek, Wertpapierhypothek) unentbehrlich[152], hatte sich aber auch in der durch die Ausstattung mit Gutglaubensschutz für den Umlauf geeigneten Verkehrshypothek gut bewährt. Diese Verkehrshypothek war im weitaus größten Teile des Reiches die Normalform für die Kapitalbelastung geworden. Auch in den Gebieten, in denen neuerdings die

[147] §16 RRHO, Wortlaut z. B. bei Buchholz, Abstraktionsprinzip und Immobiliarrecht, S. 248 f.

[148] v. Meibom, HypothekenR; Buchholz, Abstraktionsprinzip und Immobiliarrecht, S. 247 ff.

[149] Buchholz, Abstraktionsprinzip und Immobiliarrecht, S. 258.

[150] Buchholz, Abstraktionsprinzip und Immobiliarrecht, S. 252, 259.

[151] v. Gierke, SachenR, S. 842 ff; Felgentraeger, in: FS Gierke, S. 140, 141; Stobbe/Lehmann, Handbuch des deutschen Privatrechts, II, 2, S. 167.

[152] Motive 3, S. 619 ff.

Grundschuld neben ihr eingeführt worden war, konnte diese die Verkehrshypothek nicht verdrängen. Auf der anderen Seite wollte man die Grundschuld, die wegen ihrer Vorzüge soeben in vielen Gebieten Aufnahme gefunden hatte, nicht wieder preisgeben[153].
Bei der Eintragung ohne Angabe eines Schuldgrundes entsteht eine Grundschuld (§ 19 Ziff. 1 EEG). Der Eigentümer kann eine Grundschuld auch auf seinen Namen eintragen lassen (§ 27 EEG). Der Klage aus der Grundschuld kann der Eigentümer nur solche Einreden entgegenhalten, die ihm gegen den Grundschuldberechtigten selbst zustehen oder die sich aus dem Grundschuldbrief ergeben sowie Einreden, die durch Tatsachen begründet sind, die der Berechtigte beim Erwerb der Grundschuld kannte (§ 38 I EEG). Grundschuld und Wechsel sind hinsichtlich der Einreden also gleichgestellt. Die Grundschuld ist ohne Einschränkung selbständig übertragbar. Ist die Grundschuld aber zur Sicherung einer Forderung bestellt worden und wird sie ohne diese übertragen, so erlischt die gesicherte Forderung (§ 52 II EEG). Zahlt der Eigentümer auf Hypothek oder Grundschuld, kann er verlangen, dass ihm eine Quittung oder eine Löschungsbewilligung erteilt wird oder dass ihm der Gläubiger das abgelöste Recht abtritt (§ 63 EEG).
Auf der Basis des preußischen Gesetzes und anderer Partikularrechte wurden die Entwürfe eines Bürgerlichen Gesetzbuches erarbeitet. Das BGB behielt die Zweispurigkeit des Grundpfandrechts mit einer akzessorischen Hypothek und einer nichtakzessorischen Grundschuld bei.

3.3 Bewertung und Funktionen der Grundpfandrechte

Ausgangspunkt der Entwicklung bilden die ältere und jüngere Satzung, die durch die Rezeption des römischen Pfandrechts, in dessen Mittelpunkt die Hypothek stand, überlagert oder gar verdrängt werden. Die Grundschuld hat sich dagegen aus dem mittelalterlichen Rentenkauf entwickelt. Die Entwicklung der Grundpfandrechte zeigt, dass die nicht akzessorische Grundschuld eine Zweckschöpfung war. Seit der Mitte des 18. Jahrhunderts herrschte in Preußen eine allgemeine Kapitalknappheit[154]. Um den Kapitalverkehr zu gewährleisten, wurden die Reformen der Hypothekenrechte durchgesetzt und die Grundschuld geschaffen. Die Verkehrsfähigkeit wurde während der Vorarbeiten zum BGB als einzige Rechtfertigung für die Einführung der Grundschuld angesehen, und es sollten deshalb ursprünglich weder die bedingte noch die betagte Grundschuld zugelassen werden[155].

---

[153] Motive 3, S. 610.
[154] Zur Kreditnot in Preußen vgl. Buchholz, Abstraktionsprinzip und Immobiliarrecht, S. 212 ff.
[155] Mugdan III, S. 439.

Sicherungsrechte waren zuerst als Druckmittel eingeführt worden. Die Verfallsklauseln als Druckmittel in frühmittelalterlicher Zeit sollten den Schuldner dazu veranlassen, dem Verpfänder die Leistung freiwillig zu erbringen. Der Erhalt der Leistung durch den Gläubiger blieb jedoch in letzter Konsequenz vom Willen des Schuldners abhängig[156]. Später war statt der Vereinbarung eines Verfalls dem Gläubiger die Befugnis eingeräumt, das Pfandstück zu verkaufen und den Erlös zu seiner Befriedigung zu verwenden. Damit aber war der Grundstein für das moderne Kreditsicherungsrecht gelegt worden. Der Gläubiger kann sich durch seine Ausübung die erwartete Leistung selbst und unabhängig vom Willen des Schuldners (von in der Person des Schuldners bestehenden Hemmnissen) verschaffen. Das Kreditsicherungsrecht war vom bloßen Druckmittel zu einem Befriedigungsmittel geworden. Bei dem Grundpfandrecht wird schon mit dem Sicherungsgeschäft dem Sicherungsnehmer ein Objekt, durch dessen Veräußerung er sich später soll befriedigen können, gleichsam reserviert. Diese Zuweisung eines Befriedigungsobjekts wird mit dinglicher Wirkung gegenüber jedermann ausgestattet.

Das Grundpfandrecht dient in erster Linie der Erhöhung der Wirksamkeit der dinglichen Sicherungsrechte in ihrer Eigenschaft als Sicherungsmittel, welches das Sicherungsbedürfnis des Gläubigers am vollkommensten befriedigt[157]. Allerdings bekommt es in der modernen Gesellschaft eine neue Bedeutung: die Finanzierungsfunktion. „In der modernen Rechtsordnung in dem Institut des Grundpfandes wird ein Mittel ausgebildet, das eine Wechselwirkung zwischen Kapital und Grundbesitz zustande bringt, die nach beiden Seiten die wohltätigsten Dienste zu leisten vermag. Es setzt einerseits den das Land Bebauenden in den Stand, auch mit geringen Mitteln Eigentümer zu werden, und gestattet andererseits dem Nichteigentümer, ohne Grunderwerb seine Interessen auf das engste mit dem Boden zu verknüpfen. Es vervielfältigt also in seiner modernen Ausgestaltung, das heißt, sobald es sich loslöst von der Idee der bloßen Sicherung eines persönlichen Schuldverhältnisses und zum selbständigen Bodenwerte wird, die Wege, auf denen die wirtschaftlichen Wohltaten des Grund und Bodens großen Massen zugänglich gemacht werden können“[158]. Die beiden Hauptelemente, nämlich der Sicherungszweck einerseits und die Mobilisierung des Bodenwertes andererseits, werden verdeutlicht. Deswegen ist das Pfandrecht nicht nur Sicherungsmittel, sondern auch Kreditmittel[159]. Im Begriff des Kreditmittels wird eine wirtschaftliche Funktion des Pfandrechts betont. Wenn Pfandrechte Kreditmittel sind, müssen sie sich nicht nur als Sicherung, sondern auch als Geldanlage bewähren.

---

[156] Becker-Eberhard, Die Forderungsgebundenheit der Sicherungsrechte, S. 14 f.

[157] Baur/Stürner, Sachenrecht, § 36 Rn. 12, S. 387.

[158] E. Huber, Schweizerisches Zivilsgesetzbuch, S. 168.

[159] Hierzu und zum Folgenden Mincke, Die Akzessorietät des Pfandrechts, S. 145.

Sie müssen für den Geldgeber nicht nur sicher, sondern auch vorteilhaft sein. Als Geldanlage sinnvoll sind Pfandrechte aber nur, wenn der Geldgeber im Stande ist, längere Zeit auf sein Kapital zu verzichten. Der Geldgeber kann zwar seine Forderung mit dem Pfandrecht veräußern, ohne Verlust wird ihm das aber nur möglich sein, wenn eine Nachfrage nach solchen Werten besteht. Daher genügt die Reform der Grundpfandrechte allein nicht. In der Geschichte des deutschen Rechts wurden der verkehrsfähige Hypothekentitel geformt und Hypothekenbanken errichtet.

IV. Das Grundpfandrecht in China nach der Rezeption des westlichen Rechtsystems

Das Grundpfandrecht kam in China zum ersten Mal in der Dynastie Song (in der Zeit Nan-Bei 420-479 n. C.) vor. Dem Pfandgläubiger (Käufer) wurde das Grundstück übereignet und zugleich der Besitz übertragen. Der Schuldner (Verkäufer) konnte in einer bestimmten Zeit das Geld zurückzahlen und das Grundstück zurückverlangen. Ansonsten verfiel das Grundstück für immer dem Pfandgläubiger (Käufer). Seiner Rechtsnatur handelte es sich um ein Eigentumspfandrecht.

Später, in der Dynastie Chen (in der Zeit Nan-Bei 557-589 n. C.), kam das eigentliche Besitzpfand[160]. Das besitzlose Pfand entstand in der Dynastie Liang (in der Zeit Nan-Bei 502-557 n. C)[161]. Bis zur Dynastie Yuan (1271-1368 n. C.) hatte das Pfandrecht seine Blütezeit. Die weiteste Verbreitung hatte aber das Nutzungspfandrecht, das sog. Dian. Der Gläubiger hielt den Besitz in der Hand, um als Zinsen den Nutzen daraus zu ziehen. Der Schuldner konnte das Grundpfandrecht beliebig einlösen. Daher war es auch der Ewigsatzung im deutschen Recht[162] ähnlich.

Die zivilrechtliche Gesetzgebung begann am Ende der Dynastie Qing. Im August 1911 wurde der Entwurf des Zivilrechts von der Dynastie Qing fertiggestellt. Leider wurde er wegen der Revolution nicht umgesetzt. Im Buch des Sachenrechts des ersten Entwurfs waren Grundschuld, Hypothek und Besitzpfandrecht an Liegenschaften vorgesehen. Allerdings wurde die Grundschuld in der endgültigen Fassung abgeschafft, weil es im Gewohnheitsrecht keine Grundschuld gab und es aufgrund der damaligen wirtschaftlichen Situation nicht nötig erschien, die Grundschuld zu regeln[163].

Von Mai 1929 bis Dezember 1930 wurden fünf Bücher (Allgemeiner Teil, Schuldrecht, Sachenrecht, Verwandtschaft und Erbrecht) erlassen und

[160] Die Geschichte der Dynastie Shui, Band 78. Biographie Wei, Ding.
[161] Die Geschichte der Dynastie Nan, Band 51. Biographie Fürst Jing Hui: Hong.
[162] Zongyan Dai, in: SachenR, S. 527.
[163] Zaiquan Xie, Das Sachenrecht im Zivilrecht, I, S. 546.

eingeführt[164]. Darin war das Pfandrecht geregelt. Es ließ sich wiederum in die Hypothek, das Pfandrecht an beweglichen Sachen und das Zurückbehaltungsrecht einteilen. 1949 setzte die Volksrepublik China das ganze bisher geltende Recht einschließlich des BGB außer Kraft. Wie aber wollten die Kommunisten das Privatrechtsleben von siebenhundert Millionen Chinesen regeln[165]? Unser besonderes Interesse gilt insoweit der Ausgestaltung des Pfandrechtssystems.

4.1 Übergangsperiode (1949 – 1953)

4.1.1 Die gesetzlichen Vorschriften über die Hypothek

In der Zeit von 1949 –1953 herrscht weiter eine Art Marktwirtschaft; eingeführt wurde gar das Privateigentum am Grundstück. In § 30 des Gesetzes der Bodenreform der VR China ist vorgesehen, dass die Urkunde, die die Volksregierung nach der Bodenreform ausstellt, anerkannt wird und dass freier Geschäftsbetrieb, freie Veräußerung und das Vermieten des Grundstücks seitens des Grundeigentümers erlaubt sind[166].

Für die gerichtliche Praxis ist von Bedeutung, dass die Rechtswirkung der Hypothek in einer Bestimmung des Obersten Volksgerichts erwähnt wird. In dieser Bestimmung sind zwei wichtige Regelungen vorgeschrieben: Zum einen wirkt, wenn vor der Einrichtung eines Grundbuchamts im lokalen Recht die Eintragung nicht nötig ist und es keine Aufforderung zur Anzeige in der Zeitung oder anderen Publikationsmitteln gibt, die Partei den Vertrag schon schriftlich abgeschlossen und dem Sicherungsnehmer die Urkunde des Grundstückrechts übergeben hat, die Hypothek wirksam gegen den Dritten (4.9.1951). Zum anderen geht es um die Hypothek an beweglichen Sachen. Die Maschinen einer Fabrik dienen sehr oft als Sicherungsgegenstand. Bevor die Zentralregierung darüber noch nicht bestimmt hatte, durfte man an ihnen eine Hypothek bestellen. Allerdings scheidet eine Übergabe regelmäßig aus, da dies technisch schwierig ist und die Maschinen zur Produktion benötigt werden. Auch fürchtete der Gesetzgeber, dass es bei der besitzlosen Hypothek zu Betrügereien komme, weil die Eintragung den öffentlichen Glauben schon verloren hatte. Der Gesetzgeber meinte jedoch, dieses Risiko durch die Aufsicht der Finanzverwaltung zu vermeiden. Daher ließ er es zu, dass die besitzlose Hypothek wirksam einem Dritten entgegen gehalten werden konnte.

Manche Hypothekenverhältnisse waren schon vor dem Krieg entstanden. Wegen des Kriegs waren der Eigentümer (Sicherungsgeber) und der Sicherungsnehmer verschwunden und die Frist der Verpfändung schon ab-

---

[164] Jinfan Zhang, Chinesische Rechtsgeschichte, S. 340 f.

[165] Wang Tze-chién, AcP 166 (1966), S. 341, 343.

[166] Zivilrechtliche Sammlung (I) 1954, S. 48 ff.

gelaufen. Das führte zu erheblicher Rechtsunsicherheit. Um ihr abzuhelfen, wurde eine rechtliche Maßnahme über Hypothek, Pfändung und Erbschaft von der Regierung in der Hauptstadt der Provinz Wuhan erlassen[167]. Darin wurden die unter der früheren Regierung entstandenen Hypotheken anerkannt. Bei der Eintragung der Hypothek sollten die Urkunde und die Eintragung im Grundbuch geprüft werden. Ohne eine Eintragung entstand keine Hypothek. Unter einer Hypothek ist zu verstehen, dass ein Grundeigentümer aufgrund eines Darlehensvertrags anderen Leuten Liegenschaften verpfändet und der Grundeigentümer dafür monatlich Zinsen zahlt. Es existierten zwei Typen von Hypotheken: die befristete Hypothek und die Hypothek ohne Frist. Wenn bei der befristeten Hypothek die Frist abgelaufen war, konnte der Grundeigentümer das Kapital und die Zinsen zurückzahlen und den Verpfändungsvertrag und die Urkunde der Liegenschaft zurück verlangen, wodurch dieses Hypothekenverhältnis im Grundbuch gestrichen wurde. Bei der Hypothek ohne Frist konnte der Grundeigentümer jederzeit die Streichung dieses Hypothekenverhältnisses im Grundbuch verlangen, wenn er den ausstehenden Betrag zurückzahlen konnte.

4.1.2 Die gesetzlichen Vorschriften über den Bankkredit

4.1.2.1 Die Regelungen des privaten Bankkredits

Für Privatbanken galten viele Beschränkungen, die ihre Grundlage im Wesentlichen in der vorläufigen Maßnahme der Verwaltung für private Kreditinstitute im Gebiet Huabei (24.4.1949) hatten. Eine Verpfändung seitens militärischer Organe und Regierungen sowie die Kreditgewährung an diese ist verboten. Private Kredite und Verpfändungen sind jedoch erlaubt.

4.1.2.2 Die Regelungen des staatlichen Bankkredits

Der staatliche Bankkredit wurde durch vier wichtige Gesetze geregelt: die allgemeine Regelung des Kredits der chinesischen Volksbank (23.01.1951), die industrielle Kreditordnung der chinesischen Volksbank (23.01.1951), die Maßnahme über Verpfändung und Kredit der chinesischen Volksbank (23.01.1951) und die Durchführung der Verwaltung der Währung (25.12.1950). Sie enthielten die folgenden Regelungen:
Aufgaben der Volksbank waren die Verwaltung von Bargeld (ab einer bestimmten niedrigen Grenze mussten Zahlungen bargeldlos erfolgen), die Ausstellung von Gutschriften, die Begleichung von Rechnungen und kurzfristigen Krediten sowie die Beaufsichtigung von Baukrediten, soweit

[167] Am 08.12.1950 vom Armeeausschuss in Mittelsüden genehmigt.

staatliche Unternehmen, Behörden, die Armee und Genossenschaften u. s. w. beteiligt sind (§§ 1, 3 DVW).
Das Bargeld und die Wechselpapiere mussten am gleichen Tag bei der Volksbank eingezahlt werden (§ 4 DVW). Der Zahlungsverkehr zwischen den oben genannten Institutionen sollte durch die staatlichen Genossenschaften abgewickelt werden, womit ein staatliches Überweisungssystem eingeführt wurde. Barzahlungen zwischen den oben genannten Institutionen und Privatunternehmen, Bürgern der Städte und Bauern mussten durch den ständigen Ausschuss für Finanzen und Wirtschaft genehmigt werden (§ 6 DVW). Schulden, Darlehen und andere Kreditverhältnisse zwischen diesen Institutionen waren verboten (§ 25 DVW). Wenn aufgrund besonderer Umstände der Abschluss von Darlehensverträgen oder anderen Kreditgeschäften zwischen den oben genannten Institutionen und den Privatunternehmen wegen besonderer Bedürfnisse notwendig wurde, bedurfte es einer Einwilligung der Volksbank; die jeweiligen Geschäfte unterstanden der Aufsicht der Bank. Daher mussten die Parteien Kopien des Vertrags der Bank vorlegen, die Bank zur Auszahlung beauftragen und die Rückzahlung vornehmen (§ 39 DVW).
In dieser Periode wurde die sog. neue demokratische Wirtschaftspolitik eingeführt, um die wirtschaftliche Situation nach dem Krieg zu verbessern. Daher war die Privatwirtschaft zugelassen, und Kreditverhältnisse zwischen Privatunternehmen waren erlaubt. Aber zugleich wurden die Kredite, an denen staatliche Unternehmen bzw. Organe beteiligt waren, besonders kontrolliert. Deswegen gab es auch viele Gesetze und Verordnungen, die das Grundpfandrecht regelten. Die meisten waren vorläufig, zeitlich begrenzt und bezogen sich nur auf Einzelfälle. Die Kredite hatten meist eine kurze Laufzeit. Als Sicherheiten gab es Bürgschaft und Pfandrecht an beweglichen Sachen. Grundstücke als Gegenstand der Verpfändung waren ausgeschlossen[168]. Aus theoretischer Sicht waren die Pfandrechte an der beweglichen Sache und die Hypothek vermischt oder verwechselt[169]. Diese dogmatisch unbefriedigende Rechtslage hielt sich bis zum Erlass des Gesetzes über die Sicherheiten.

4.2 Periode der Planwirtschaft (1953 – 1978)

Die sozialistische Umgestaltung zur Planwirtschaft begann im Jahr 1953 und dauerte bis 1956. Auf dem Land wurden Grundstücke, die bis dahin in Privateigentum gestanden hatten, in kollektive Grundstücke umgewandelt[170], ein als Vergenossenschaftlichung bezeichneter Vorgang. Allerdings

---

[168] Durchführung der Verwaltung der Währung, 25.12.1950, §§ 7, 8, 9.
[169] Zengjia Deng, Rechtsvergleich, S. 20.
[170] Gesetz über Muster der landwirtschaftlichen Produktionsgenossenschaft höhere Stufe, Juni 1956

blieben hypothekarische Belastungen in geringem Umfang noch bestehen, vermutlich weil das zugeteilte Erbbaunutzungsrecht zu den Bauern gehörte. Städtische Privatgrundstücke wurden 1956 enteignet[171]. Ende des Jahres 1952 wurden alle privaten Banken sozialisiert und das einheitliche Banksystem errichtet. Seit dem Bericht der Volksbank vom 30.03.1955 und den Bestimmungen von Volksbank und Handelsministerium vom 28.05.1955 ist der „Handelskredit", d. h. ein im Geschäftsleben von Nichtbanken gewährter Kredit, in China unzulässig. Fast alle Kredite müssen in der Wirtschaft von den Banken gewährt werden. Geschäftszahlungen zwischen Unternehmen müssen durch die Volksbank planmäßig bargeldlos verrechnet werden. Der Kredit und das Geld müssen bei der Volksbank aufgenommen oder zugewiesen werden. Dreiviertel der Investitionen des festen Anlagevermögens vor 1979 kamen aus staatlichen finanziellen Zuweisungen (75,3% im Jahr 1970; 64,4% im Jahr 1975)[172]. Die Umlaufmittel bestanden aus den Krediten, die von der Volksbank vergeben wurden.

In dieser Periode wurde der Vertrag als ein Verwaltungsmittel angesehen. Das Ziel des Schuldendienstes liegt darin, die Durchführung des staatlichen Plans zu sichern. Aufgabe der Sicherheiten ist die Überwachung der Wirtschaft[173] durch den Staat. Theoretisch existierte kein Fall, in dem die Staatsunternehmen ihre Schulden nicht zurückbezahlten. Zahlte einmal ein Staatsunternehmen der Bank die Kredite nicht zurück, konnte das Problem durch die öffentliche Hand gelöst werden. In der Folge bestanden während dieser Periode der Planwirtschaft keine richtigen Pfandrechte oder Grundpfandrechte.

---

[171] Stellungnahme der Kommunistischen Partei über die gegenwärtigen grundlegenden Umstände des Privatgrundstücks in der Stadt und die sozialistische Umgestaltung, 18.01.1956.

[172] Wu/Wang (Hrsg.), Reform und Entwicklung der chinesischen Wirtschaft in den 90er Jahren, S. 4041.

[173] Abteilung für Zivilrecht, Zivilrecht, S. 190.

4.3 Reformperiode (1978-1995)

4.3.1 Betroffene Gesetze und Verordnungen

Die politische und wirtschaftliche Reform in China begann im Dezember 1978. Am 29.03.1993 wurde das Verfassungsgesetz modifiziert. § 15 des Verfassungsgesetzes wurde dahingehend geändert, dass der Staat die sozialistische Marktwirtschaft durchsetzte. Da Marktwirtschaft Kapital voraussetzt, hat der Gesetzgeber großes Gewicht auf die Gesetzgebung über Pfandrechte gelegt. Unvollständigen statistischen Angaben zufolge wurden vor dem Erlass des Gesetzes über die Sicherheiten 151 einzelne gesetzliche Regelungen über Sicherheiten erlassen. Davon erließen die Volksbank und vier weitere Banken[174] 54 Verordnungen. Am 13.12.1981 wurde das wirtschaftliche Vertragsrecht, in dem die Bürgschaft und das gesetzliche Pfandrecht beim Werkvertrag vorgesehen wurden, vom Kongress verabschiedet. Dieses Gesetz ist das erste wirtschaftlich orientierte Gesetz. Der Vertrag ist als grundlegende Kreditform und als Rechtsgeschäft des Warenaustausches anerkannt. In den Allgemeinen Grundsätzen des Zivilrechts der VR China ist das Rechtsinstitut des Pfandrechts vorgesehen. Der Schuldner oder Dritte können bestimmte Vermögensgüter als Pfand zur Verfügung stellen. Erfüllt der Schuldner die Verbindlichkeit nicht, so ist der Gläubiger berechtigt, entsprechend den gesetzlichen Bestimmungen bevorzugt Erstattung aus dem Wert des Pfands oder aus dem mit der Versilberung des Pfands erzielten Preis zu erlangen (§ 89)[175]. Dabei gibt es keine Unterschiede zwischen dem Pfandrecht an beweglichen Sachen und dem Grundpfandrecht. Versuchsweise durchgeführte Leitlinien des Obersten Volksgerichts zu einigen Fragen der Anwendung der Allgemeinen Grundsätze des Zivilrechts der VR China wurden am 26.01.1988 von der Urteilskommission des Gerichts verabschiedet. Die Sicherheiten werden durch §§ 106, 116 ergänzt.

Regeln über den Darlehensvertrag wurden vom Staatsrat am 28.02.1985 erlassen, um die Steuerung der Kreditfonds zu stärken, die Effizienz der Verwendung der Kreditfonds zu erhöhen, die legalen Rechte und Interessen der Parteien von Darlehensverträgen zu schützen und die Durchführung des staatlichen Kreditplans zu gewährleisten (§ 1). Die Sicherheit der Kredite soll besondere durch Befugnisse[176] des Darlehensgebers und Strafzinsen gewährleistet werden (§§ 10, 16).

---

[174] Bank of China, Baubank, Landwirtschaftsbank, Industrien- und Handelbank.

[175] Die in diesem Abschnitt zitierten chinesischen gesetzlichen Vorschriften sind von Frank Münzel übersetzt worden. Die Übersetzung findet man auf der Webseite: http://www. mpipriv-hh.mpg.de.

[176] Z. B. das Recht, die Verwendung des Darlehens zu überprüfen und zu überwachen und sich über die Verhältnisse beim Darlehensnehmer - Planausführung, Betrieb und Management, finanzielle Aktivitäten, Materiallagerhaltung - zu unterrichten.

4.3.2 Nicht beglichene Schulden

Darlehensverträge wurden in den 1980er Jahren meist zwischen den staatlichen Unternehmen und der Staatsbank abgeschlossen, wobei die öffentliche Hand immer eingriff. Weiterhin war die Zuordnung des Kapitals und des Unternehmensvermögens nicht immer klar. Dies führte dazu, dass die Unternehmen nicht selbst bestimmen und Geschäfte machen konnten und zugleich die Leistungsfähigkeit sehr gering war. Nach einer Untersuchung der Industrie- und Handelsbank bei 50000 staatseigenen Unternehmen hatten Ende 1984 5,3% kein eigenes Umlaufkapital und 42,7% nicht das vorgeschriebene Eigenkapital von 30% der Umlaufmittel. Bei knapp der Hälfte der Unternehmen musste also die Bank Lücken im Kapital abdecken[177]. Ende der 80er Jahre nahm der Anteil der nicht beglichenen Schulden immer mehr zu. Gemäß der Statistik betrugen im Jahr 1992 die nicht erfüllten Verträge insgesamt 1 Milliarde und beliefen sich auf 300 bis 400 Milliarden Yuan. Gemäß der Statistik über Kreditdarlehen der Bank im größten ökonomischen Gebiet Hainan lag der Geldbetrag der überfälligen Kredite im April 1994 bei ca. 4,1 Milliarden Yuan, was 19,5% der Gesamtkreditsumme der Bank entspricht. Der Landesdurchschnitt lag bei ca. 15%[178].

Diese Erscheinung der 80er Jahre wurde als „Dreiseitenschulden" bezeichnet. Zwischen mehreren Unternehmen bestehen Schuldenketten: Unternehmen A schuldet B, B schuldet C, und C schuldet A. Darüber hinaus sind weitere Schuldverhältnisse möglich. „Dreiseitenschulden" beziehen sich nicht nur auf staatliche Unternehmen, sondern auch auf private Unternehmen, Banken und den Fiskus. Gemäß der Statistik lag der geschuldete Betrag zwischen Unternehmen bei 108,9 Milliarden Yuan im März 1989, 200 Milliarden im Juni 1989 und steigerte sich im März 1990 auf 270 Milliarden. Gemäß der Statistik über 400000 Betriebe beliefen sich die gesamten Schulden der Unternehmen 1994 auf 631,4 Milliarden und im Juni 1995 vor dem Erlass des Gesetzes über Sicherheiten auf 731,4 Milliarden[179]. Die meisten Schulden waren schon 2 Jahre über die vereinbarte Frist hin abgelaufen. Nach 1989 gab es eine Bewegung der Verlagerung der Schulden. Um die geschuldete Leistung zu erhalten, hatten die Gläubiger den Schuldner zum Essen einzuladen, Geschenke zu geben und einen Rabatt zu gewähren. Der Schuldner wurde zum „Gott des Gläubigers". Dreiseitenschulden ließen die niedrige Kreditwürdigkeit der Unternehmen zutage treten und führten zu folgendem Ergebnis:

Einerseits sind die meisten Staatsunternehmen schwer verschuldet. Nach

---

[177] Jingji cankao, Peking, 28.11.1985, S. 6.

[178] Öffentliche Bekanntmachung des ständigen Ausschusses des Nationalen Volkskongresses 1995, Nr. 4, S. 20 f.

[179] Institut für chinesische Politik (Hrsg.), Schulden und Forderungen in China, S. 942.

der Untersuchung von 20000 Staatsunternehmen Ende 1994 waren 70% der Staatsunternehmen in der Bilanzaufstellung überschuldet. Nach einer anderen Statistik über 124000 Staatunternehmen 1994 überschritt die Schuldlast bei 27,6% der Staatsunternehmen das jeweilige Unternehmensvermögen; 21,5% der Unternehmen hatten überhaupt kein Vermögen. Die Kreditwürdigkeit nahm immer weiter ab. Zugleich stiegen die nicht fristgemäß bedienten Forderungen der Banken schnell an. Gemäß der Statistik lagen 1994 die Forderungen bei über 10000 Mrd. Yuan, was 40% der Gesamtsumme der Bankkredite entspricht[180]. Dieser Teufelkreis beeinträchtigte unmittelbar die wirtschaftliche Effizienz der Banken. Die Banken standen vor einer Kreditkrise. Um dieses Problem zu lösen[181], arbeitete eine Arbeitsgruppe der Rechtsordnungskommission des Ständigen Ausschusses des Nationalen Volkskongresses fast 3 Jahre am Entwurf eines Gesetzes, und am 30.06.1995 wurde das Gesetz der VR China über Sicherheiten (GüS) vom Ständigen Ausschuss des Nationalen Volkskongresses verabschiedet.

4.3.3 Die Reform des Bankensystems

Um die Kreditrisiken zu verringern, wurden zur Sicherung von Darlehen und Geschäften über die Lieferung von Waren in zunehmendem Umfang Sicherungsmittel eingesetzt[182]. Der Einsatz von Kreditsicherheiten allein konnte jedoch nicht ausreichen. Die Gründe für die Kreditkrise haben ihren Ursprung im Wesentlichen in Unzulänglichkeiten des Kredit- und Bankensystems. Gegenwärtig mischt sich die Verwaltung in ganz erheblichem Umfang in die zivilrechtlichen Verhältnisse ein. Hier besteht im chinesischen Kredit- und Bankensystem großer Reformbedarf.

4.3.3.1 Übergang von Zuschüssen zu Darlehen

Während der Planwirtschaft dominierten die staatlichen Banken und Unternehmen. Das Kapital wurde direkt von der Regierung zugewiesen. Die Bankkredite wurden seit langem nur im Rahmen zentraler Kreditpläne gewährt, und zwar bis vor kurzem nur für Umlaufmittel der Unternehmen und streng getrennt nach den Verwendungszwecken. Mit der Wirtschaftsreform ist man von diesem Schema - Darlehen für zeitweilig, Zuschüsse für ständig benötigtes Kapital - abgekommen. Vom Ende der 70er Jahre bis zum Anfang der 80er Jahre wurde die Reform „Übergang von

---

[180] Zenjia Deng, Rechtsvergleich, S. 35; Yinning Zhao, Warnung vor den höhen Schulden der staatlichen Unternehmen, S. 26 f.

[181] Huixing Liang, Entwurf über Sachenrecht in China, S. 1.

[182] Xun Xiao/Jingshan Huangpu, Erläuterung des Gesetzes über Sicherheiten der VR China, S. 20.

Zuschüssen zu Darlehen" durchgeführt. Die von der Regierung zugewiesene Investition für den Grundaufbau wurde abgeschafft; an ihre Stelle traten Bankkredite. Die Unternehmen schlossen den Darlehenvertrag mit der Bank ab und zahlten die Zinsen[183]. Allerdings löste diese Reform die Probleme nicht völlig, weil der Staat als Anleger das Kapital für die Unternehmer nicht selbst einlegen, sondern nur von der Bank ausleihen lassen konnte. Manche Darlehen wurden nicht als Verbindlichkeit, sondern als Kapital der staatlichen Unternehmen angesehen. Das brachte wieder neue Probleme mit sich.
Treuhanddarlehen, bei denen der Treuhänder das Geld des Treugebers nach dessen Anweisungen anlegt, sind eine besonders elastische Gestaltungsform und passen damit gut zu den Zielen der Reform, erleichtern es den Beteiligten aber gleichzeitig auch, sich der staatlichen Investitionskontrolle zu entziehen. Deshalb wurden zunächst eigens für ihre Vergabe von Banken und Behörden zahlreiche Treuhandgesellschaften errichtet.

4.3.3.2 Selbständigkeit der Bank

Daneben wurden die Banken kommerzialisiert und zuerst die Volksbank als Zentralbank ausgestaltet[184]. Die Chinesische Volksbank ist nunmehr primär die Zentralbank der VR China. Unter der Führung des Staatsrates setzt die Chinesische Volksbank die Währungspolitik fest, führt sie aus und beaufsichtigt und steuert das Kreditgewerbe (§ 2 Zentralbankgesetz 18.03.1995). Bezüglich des letzteren hat die Volksbank 3 Befugnisse: die Prüfung und Genehmigung der Organe [d. h. Firmen] des Kreditgewerbes und ihre Beaufsichtigung und Steuerung entsprechend den Bestimmungen; die Beaufsichtigung und Steuerung des Kreditmarkts gemäß den Bestimmungen und der Erlass von Anordnungen und Satzungen zur Beauf-

---

[183] Zenjia Deng, Rechtsvergleich, S. 39.

[184] Die am 01.12.1948 gegründete Volksbank wurde mit der Staatsgründung bald die einzige chinesische Bank. Die Volksbank war nicht nur Geschäftsbank, sondern auch Zentralbank. Einige weitere der Form nach selbständige Banken (Bank of China, Baubank, Landwirtschaftsbank) waren ihr untergeordnet und erfüllten jeweils bestimmte Spezialaufgaben (die Baubank als Rechnungsführer bei Investitionen, die Bank of China als Außenhandelsbank, die Landwirtschaftsbank als Leitstelle der landwirtschaftlichen Kreditgenossenschaften). Im Zug der Reformen beschloss der Staatsrat am 17.09.1983, dass ab dem 01.01.1984 die Volksbank allein die Funktion der Zentralbank ausübt, und ihre sonstigen Geschäfte der neugegründeten Industrie- und Handelsbank überträgt. Im Frühjahr 1994 wurden drei "politische Banken" geschaffen, welche die "politischen" Kredite, d. h. unrentable oder gar wahrscheinlich verlorene Darlehen für politisch erwünschte Projekte übernehmen sollten. Die Mittel dieser politischen Banken sollen teils aus dem Staatshaushalt zugewiesen, teils aus Einlagen (bei der Entwicklungsbank aus Einlagen bei der Baubank, bei der Landw. Entwicklungsbank aus Einlagen ihrer Darlehensnehmer bei ihr), teils aus der Ausgabe von Schuldverschreibungen kommen. Der Druck auf die normalen Geschäftsbanken wurde damit bislang nicht gemildert. Siehe dazu die Anmerkung Münzels.

sichtigung und Steuerung und zum Betrieb des Kreditgewerbes (§ 4 Zentralbankgesetz 18.03.1995). Auf dieser Grundlage schuf die Volksbank viele Regelungen über Sicherheiten, die die Gerichte in der Rechtspraxis beachten sollen. Danach wurden die Geschäftsbanken errichtet. Geschäftsbanken werden nach diesem Gesetz und dem „Gesellschaftsgesetz der VR China" als juristische Unternehmenspersonen verstanden, die Einlagen aus dem Publikum annehmen, Darlehen ausgeben und unter anderem Zahlungsverkehrsgeschäfte betreiben dürfen (§ 2 Geschäftsbankgesetz 10.05.1995). Besonders wichtig ist, dass eine gewisse Autonomie gewährleistet ist. Erhaltung und Forderung von Effizienz, Sicherheit und Liquidität sind die Geschäftsgrundsätze der Geschäftsbanken. Sie führen ihren Betrieb autonom, tragen ihre Risiken und ihren Verlust selbst, können über die Verwendung ihrer Gewinne selbst entscheiden und binden sich selbst. Die Geschäftsbanken entfalten ihren Geschäftsbetrieb danach ohne eine Einmischung seitens irgendeiner Einheit oder irgendeines Einzelnen. Eine Geschäftsbank haftet unabhängig zivilrechtlich mit dem gesamten Vermögen, das sie als juristische Person hat. D. h., sie muss grundsätzlich ihr Verhalten eigenverantwortlich an Gewinnaussichten und Risiken ausrichten.
Durch die Reform wurde die Bank langsam zum selbständigen Institut, das sich an Marktbedürfnissen orientiert. Darlehens- und Sicherungsverträge werden meist nicht mehr durch Befehl oder Plan, sondern durch zivilrechtliche Willenserklärungen errichtet. Aber im Vergleich zur Geschichte des deutschen Grundpfandrechts ist eine richtige Hypothekenbank oder eine Bank, die für Liquidität auf dem Sekundärmarkt für Hypotheken sorgt und Pfandbriefe ausgibt, noch nicht in Planung.

4.4. Publizität und Eintragung des Grundpfandrechts

4.4.1 Rechtswirkung der Registrierung

Für die Eintragung der Hypothekenbestellung existiert im chinesischen Recht keine einheitliche Regelung. Das geltende Recht ist in mancherlei Hinsicht mangelhaft. § 41 GüS besagt, dass wenn die Parteien Vermögensgegenstände nach § 42[185] mit einer Hypothek belasten, sie den Gegenstand der Hypothek registrieren lassen müssen; der Hypothekenvertrag wird mit dem Tag der Registrierung wirksam. Hier begegnen Unschärfen in der Terminologie. So verlangt das Gesetz die Registrierung des Gegenstandes der Hypothek. Dahinter steht vor allem, dass im chinesischen

[185] Das Nutzungsrecht an Land, Gebäuden, wie städtischen Immobilien oder Betriebsgebäuden der Unternehmen von Dörfern, Kleinstädten und Orten, Wald, Luftfahrzeugen, Schiffen oder Wagen, bei Unternehmen an Anlagen oder anderem beweglichem Vermögen.

Recht das dingliche Recht von seinem Objekt nicht deutlich unterschieden wird. Nach der überwiegenden Meinung wird nicht der Hypothekenvertrag, sondern die Hypothek mit der Registrierung wirksam[186].
Je nach dem Gegenstand werden verschiedene Rechtswirkungen geregelt. Bei der Hypothek an beweglichen Sachen ist nicht die Entstehung des Rechtes, sondern dessen Drittwirksamkeit von der Eintragung abhängig. Die Wirksamkeit der Bestellung einer Hypothek an Schiffen und Flugzeugen setzt nach §§ 41, 42 GüS die Registrierung voraus. Aber nach § 13 Seerechtsgesetz und nach § 16 Gesetz über Zivilflugzeuge ist die Registrierung nicht konstitutiv. Ohne Registrierung kann die Hypothek Dritten jedoch nicht entgegengehalten werden. Wenn die Parteien anderes Vermögen außer den in § 42 genannten Gegenständen mit einer Hypothek belasten, können sie deren Gegenstand freiwillig registrieren; der Hypothekenvertrag tritt mit dem Tag seines Abschlusses in Kraft. Wenn die Parteien den Gegenstand der Hypothek nicht registriert haben, können sie [die Hypothek] Dritten nicht entgegenhalten (§ 43 GüS).
In der Realität sind viele Rechte an Grundstücken nicht eingetragen. Deswegen ist die Eintragung während der ersten Instanz eines Rechtsstreits mit Wirkung für die Vergangenheit erlaubt. Voraussetzung dafür ist, dass die Liegenschaft dem Gläubiger übergeben oder überhaupt nicht an einen Dritten weiterveräußert worden ist. Allerdings hat dies zur Folge, dass einerseits das Eigentum nicht unbedingt im Augenblick der Eintragung des Rechtsübergangs im staatlichen Register übergeht, andererseits die Eintragung doch nicht immer konstitutive Wirkung hat.
Der Entwurf misst der Eintragung konstitutive Wirkung zu. Ist gesetzlich nichts anderes bestimmt[187], müssen bei unbeweglichen Sachen des Staates, des Kollektivs oder einer Privatperson die Begründung, Inhaltsänderung, Übertragung oder Aufhebung des Rechtes an einer Sache eingetragen werden. Ohne Eintragung kann das Recht an der Sache nicht wirksam entstehen (§ 9 II ESRG). In den folgenden Situationen ist die Eintragung jedoch nicht erforderlich: Hat das Urteil eines Volksgerichtes oder eine Enteignung durch eine Volksregierung die Begründung, Inhaltsänderung, Übertragung oder Aufhebung des Rechts an einer Sache zur Folge, so wird eine solche Verfügung mit Rechtskraft des Urteils bzw. zum Zeitpunkt der Enteignung durch die Volksregierung wirksam (§ 30 NKV-Entwurf). Hat eine Erbschaft oder ein Vermächtnis die Begründung des Rechtes an einer Sache zur Folge, so wird diese Verfügung mit dem Erbfall bzw. mit dem Anfall des Vermächtnisses wirksam (§ 31 NKV-Entwurf). Hat die Errichtung eines Wohnhauses als Tathandlung die Begründung oder Auf-

[186] Huixing Liang, Erörterung des chinesischen Sachenrechts, S. 823.
[187] Z. B. stehen nach den gesetzlichen Vorschriften die natürlichen Ressourcen Boden und Bodenschätze im Eigentum des Staates. Bei ihnen entstehen auch ohne Eintragung vom Tage des Inkrafttreten des Gesetzes an Rechte an der Sache (§ 9 I NVK-Entwurf).

hebung des Rechtes an einer Sache zur Folge, so wird diese Verfügung mit Vollendung der Tathandlung wirksam (§ 32 NKV-Entwurf).

4.4.2 Die zuständige Registrierungsbehörde

Bei der Übertragung und Verpfändung von Immobilien müssen die Parteien für die Registrierung sorgen. Gem. § 42 GüS führen die folgenden Stellen die Registrierung von Gegenständen von Hypotheken durch: 1. Wenn das Nutzungsrecht an Land, mit dem keine Sachen verbunden sind, mit einer Hypothek belastet wird, die Landverwaltungsabteilung, welche für dieses Land die Urkunde über das Landnutzungsrecht ausgibt; 2. wenn Gebäude, wie städtische Immobilien oder Betriebsgebäude der Unternehmen von Dörfern, Kleinstädten und Orten, mit einer Hypothek belastet werden, die von der Volksregierung auf Kreis- oder höherer Stufe bestimmte Stelle; 3. wenn Wald mit einer Hypothek belastet wird, die Waldverwaltungsabteilung auf Kreis- oder höherer Stufe; 4. wenn Luftfahrzeuge, Schiffe oder Wagen mit einer Hypothek belastet werden, die Stelle, welche das Transportmittel registriert; 5. wenn bei Unternehmen Anlagen oder anderes bewegliches Vermögen mit einer Hypothek belastet werden, die Industrie- und Handelsverwaltungsbehörde des Ortes, an dem sich der Vermögensgegenstand befindet. Wenn die Parteien Hypotheken an anderen Gegenständen als denen des § 42 registrieren, ist das Notariat des Ortes des Bestellers registrierende Stelle (§ 43 II GüS).

4.4.3 Urkunde

Vor dem 19. Jahrhundert erfolgte in China die Eintragung von Rechten an einem Grundstück wie folgt: die Regierung beurkundete die Rechte am Grundstück in Urschrift und Abschrift, wobei beide auf einem Blatt Papier abgefasst wurden. Dann wurde dieses Papier in der Mitte auseinander gerissen. Der Berechtigte behielt die Abschrift (Diqi) als Beweis der Berechtigung. Wenn er über das Grundstück verfügte, konnte das Eigentum mit der Übergabe der Abschrift übertragen werden. Dieses Modell wurde bis zur Gründung der neuen Republik praktiziert[188]. Dem Grundgedanken nach bestehen Ähnlichkeiten mit dem Hypothekenbrief im deutschen Recht, mit dem das dingliche Recht am Grundstück außerhalb des Grundbuchs übertragen werden kann.

In der bisherigen Rechtspraxis ist grundsätzlich außer der Eintragung im Grundbuch zusätzlich eine Urkunde über das Sachenrecht am Grundstück auszustellen. Der Grund dafür ist, dass früher in China das Grundbuch nicht öffentlich zugänglich war. Wenn der Käufer oder der Erwerber sich

[188] Xianzong Sun, Eintragungssystem, in: on property law, S. 471.

darüber informieren will, kann er die Vorlage der Urkunde verlangen. Jedes dingliche Recht bedarf einer Urkunde. Besitzer der Urkunde sind der Landnutzungsberechtigte oder der Hypothekeninhaber. In der Praxis wird sie als Publizitätsmittel zwischen den Parteien angesehen. Daher wird sie als Ersatz für eine Registrierung anerkannt. Wenn die Parteien die Registrierung des Hypothekengegenstandes vornehmen wollen, aber aufgrund Verschuldens der Registrierungsbehörde die Registrierung nicht erledigen können und wenn in diesem Fall der Hypothekengeber einen Rechtsausweis (oder eine Rechtsurkunde) übergibt, dann kann feststellt werden, dass der Gläubiger trotz Fehlens der Registrierung ein bevorzugtes Befriedigungsrecht hat. Ohne die Registrierung des Hypothekengegenstandes wirkt die Hypothek jedoch nicht gegenüber Dritten (§ 59 Erläuterungen[189]). Der Entwurf will dieses System verändern. Die Urkunde beweist zwar das dingliche Recht. Die Übertragung der Urkunde ist jedoch nicht Voraussetzung für die Wirksamkeit einer Rechtsänderung hinsichtlich des dinglichen Rechts. Wenn der Inhalt von Urkunde und Grundbuch nicht identisch ist, geht der Inhalt des Grundbuchs vor (§ 22 ESRG, § 14 NVK-Entwurf).

V. Zusammenfassung

Das heutige chinesische Recht der Grundpfandrechte basiert auf Vorstellungen des römischen Rechts sowie rezeptionsgeschichtlich auch auf taiwanesischem und japanischem Recht. In der Geschichte Chinas existierte nur das Nutzungspfand, ähnlich der alten Satzung des deutschen Rechts. Dem chinesischen Recht ist der Rentengedanke unbekannt. Eine Annährung des chinesischen Rechts an ausländisches Recht konnte insoweit nicht stattfinden. Verkehrsfähige Hypothekentitel und Hypothekenbanken gibt es bis heute nicht. Der Entwurf sieht die Eintragung als Publizitätsmittel vor. Das Spezialitätsprinzip wird in China bei der Hypothek nicht eingehalten[190].

Das deutsche Pfandrechtssystem orientiert sich stärker am Kapitalumlauf. Der chinesische Gesetzgeber hat auch bereits die Funktion der Hypothek als Refinanzierungsmittel erkannt. Schon heute ist im Gesetz ausdrücklich vorgesehen, den Kapitalverkehr und Warenumlauf zu fördern, die Verwertung von Forderungen zu gewährleisten und die sozialistische Marktwirtschaft zu entwickeln (§ 1 GüS). Allerdings ist zu beachten, dass erst wenige Erfahrungen mit dem Kapitalverkehr oder dem Umlauf des Kapitals gesammelt wurden. Der wesentliche Grund für den Erlass des Geset-

[189] Die Erläuterungen des Obersten Volksgerichts zu einigen Fragen der Anwendung des GüS wurden am 29.09.2000 von der Urteilskommission des Gerichts verabschiedet.

[190] Siehe Kapitel III.

zes über Sicherheiten liegt darin, die Probleme der Dreiseitenschulden zu lösen[191], die sich aus dem alten wirtschaftlichen und politischen System ergeben. Deswegen legt das Gesetz das Gewicht nicht auf die Verkehrsfähigkeit des Sicherungsrechts, sondern auf die Sicherheit als solche. Auf lange Sicht sollten sich die Grundpfandrechte im chinesischen Recht jedoch von reinen Kreditsicherheiten zu Refinanzierungsmitteln entwickeln. Das Gesetz über die Sicherheiten nennt zwar auch die Förderung des Kapitalverkehrs. Es fehlt jedoch noch an der Umlauffähigkeit und an der Möglichkeit der Refinanzierung durch Grundpfandrechte. Inhalt und Struktur der Sicherungsrechte sind im geltenden Recht noch nicht an die Anforderungen des Kapitalumlaufs angepasst.

[191] Zenjia Deng, Rechtsvergleich, S. 71.

Kapitel III: Die Typen der Grundpfandrechte

I. Einführung – Begriff des Grundpfandrechts und der Hypothek

Unter einem Grundpfandrecht versteht man ein Pfandrecht an einem Grundstück. Im deutschen Recht fallen hierunter im Wesentlichen drei Rechtsinstitute, nämlich die Hypothek, die Grundschuld und die Rentenschuld[192]. Das Gesetz definiert sie als Grundstücksbelastung des Inhalts, „dass an denjenigen, zu dessen Gunsten die Belastung erfolgt, eine bestimmte Geldsumme aus dem Grundstück zu zahlen ist" (§§ 1113, 1191 BGB). Ihnen ist gemeinsam, dass der Berechtigte eine Geldforderung im Falle ihrer Nichterfüllung aus dem belasteten Grundstück im Wege der Zwangsverwaltung und Zwangsversteigerung beitreiben kann[193]. Die Zwangvollstreckung findet nur zum Zeitpunkt der Pfandreife statt. Die Fälligkeit ergibt sich regelmäßig aus der Parteivereinbarung. Das Grundpfandrecht geht den nicht gesicherten Forderungen vor.

Im Jahr 1995 trat das Gesetz über die Sicherheiten in China in Kraft. Es enthält keine Definition des Pfandrechts oder des Grundpfandrechts. Vielmehr fasst das Gesetz die Bürgschaft und das Pfandrecht unter dem Begriff der Sicherheit zusammen. Sicherheiten nach diesem Gesetz sind die Bürgschaft, die Hypothek, das Pfandrecht, das Zurückbehaltungsrecht und das Festgeld (§ 2 II GüS). In der Fachliteratur gibt es nur den Begriff des Pfandrechts als dingliches Sicherungsrecht. Das Grundpfandrecht wird lediglich als ein Typ des dinglichen Sicherungsrechts erörtert. Es ist in den Lehrbüchern so definiert, dass der Schuldner oder ein Dritter dieses beschränkte dingliche Recht an bestimmten Sachen oder Rechten bestellt, um eine Forderung zu sichern[194].

Der deutsche Gesetzgeber hat für Pfandrechte an Grundstücken und solche an beweglichen Sachen verschiedene Regelungen getroffen. Im bisherigen chinesischen Recht besteht keine so klare Trennung. Eine Hypothek kann auch an einer beweglichen Sache bestellt werden. Deswegen ist der Begriff des Grundpfandrechts nicht von so zentraler Bedeutung. Schließlich muss man sehen, dass in China bislang allein die Hypothek an Grundstücken, nicht auch die Grundschuld an Grundstücken gesetzlich geregelt ist. Aus diesem Grund erscheint es nicht nötig, einen Begriff des Grundpfandrechts neu zu definieren. Dessen ungeachtet ist zu beachten, dass die Entstehung, Übertragung und das Erlöschen des Pfandrechts beim Grundstück und der

---

[192] Die Rentenschuld ist nur eine besondere Erscheinungsform der Grundschuld (§ 1199 BGB) und hat keine große praktische Bedeutung. Ihre Besonderheit besteht lediglich darin, dass in regelmäßigen Zeitabständen eine bestimmte Geldsumme aus dem Grundstück zu zahlen ist. Dem Eigentümer steht allerdings ein Ablösungsrecht zu.

[193] Baur/Stürner, Sachenrecht, § 36 Rn. 1, S. 384.

[194] Huixing Liang, Erörterung des chinesischen Sachenrechts, S. 801.

beweglichen Sache sehr verschiedenen Regeln folgen. Es bedarf daher einer scharfen Differenzierung beider Regelungen.
Die Vertragstypen, die durch Sicherheiten abgesichert werden können, werden im Gesetz über Sicherheiten aufgezählt (§ 2 GüS): genannt sind Darlehens-, Kauf-, Warentransport, und Werkverträge. Nach den Erläuterungen des Obersten Volksgerichts können Sicherheiten für alle Ansprüche, gleichgültig ob auf Geld gerichtet oder nicht, bestellt werden (§ 1 Erläuterungen).

II. Grundpfandrechte im deutschen Recht und in der Praxis

Das BGB kennt zahlreiche Typen von Grundpfandrechten. Nach dem Grad der Akzessorietät unterscheidet man Sicherungshypothek, Grundschuld und Verkehrshypothek. Nach dem Grad der Zirkulationsfähigkeit stehen sich Buchpfandrecht und Briefpfandrecht gegenüber. Nach der Person des Gläubigers gibt es außerdem die Unterteilung in Fremd- und Eigentümergrundpfandrecht. Schließlich kann man auch nach der Zahl der haftenden Grundstücke das Einzelgrundpfandrecht und das Gesamtgrundpfandrecht unterscheiden[195].
Die Hypothek ist als gesetzlicher Regelfall am eingehendesten normiert. Sie erscheint im Gesetz in verschiedenen Formen. Sie kann Sicherungshypothek oder Verkehrshypothek sein. Sie kann auch Buchhypothek, Briefhypothek oder Papierhypothek sein. Aber sie ist normalerweise eine Fremdhypothek, da eine Hypothek ohne Forderung nicht existieren kann[196]. Schließlich ist auch eine Gesamthypothek möglich. Außerdem regelt § 1190 BGB die Höchstbetragshypothek.

2.1 Sicherungshypothek und Verkehrshypothek im deutschen Recht

Die Verkehrshypothek war für den Gesetzgeber des BGB der Regelfall. Die Verkehrshypothek ist zwar akzessorisch, jedoch ist die Akzessorietät nicht so streng durchgeführt wie bei der Sicherungshypothek. Nach § 1153 BGB kann eine Hypothek nicht selbständig übertragen werden; dies gilt auch für die Rangstelle.
Anders als die Verkehrshypothek kann die Sicherungshypothek nur als Buchhypothek begründet werden (§ 1185 I BGB). Eine praktische Bedeutung erlangt sie, wenn das Sicherungsmittel von vornherein nicht auf Zirkulation angelegt ist oder es in bestimmten Fällen vom Gesetz angeordnet wird (§§ 866, 932 ZPO; 848 II 2 ZPO, 1287 S. 2 BGB, vgl. auch §

[195] Baur/Stürner, Sachenrecht, § 36 Rn. 73 – 127.
[196] Baur/Stürner, Sachenrecht, § 36 Rn. 99.

648 BGB). Wegen der strengen Akzesorietät ist die Sicherungshypothek im deutschen Recht nur zur Sicherung kurzfristiger Kredite geeignet[197]. Die Umlauffähigkeit der Verkehrshypothek beruht letztlich auf § 1138 BGB, der gutgläubigen Erwerb bei Fehlen der Forderung und gutgläubig einredefreien Erwerb vorsieht. Aus der erweiterten Umlauffähigkeit dieser Hypothek leitet sich letztlich auch der Name „Verkehrshypothek" ab. Beachtet werden muss jedoch, dass der Anwendungsbereich der Hypothekenabtretung in der Praxis nicht sehr groß ist. Bankinstitute aller Art (einschließlich der Bausparkassen) treten ihre Hypotheken zumeist nicht weiter ab. So kommen nur Hypothekenabtretungen durch private Geldgeber in Betracht[198].

2.1.1 Der gutgläubige Erwerb bei der Verkehrshypothek

Der gutgläubige Erwerber wird nach §§ 1138, 1155 BGB geschützt, so dass er eine im Grundbuch eingetragene Hypothek beispielsweise selbst dann erwerben kann, wenn die zugrunde liegende Forderung nicht besteht. Gemäß § 1138 BGB gelten die Vorschriften über den öffentlichen Glauben des Grundbuchs „für die Hypothek auch in Ansehung der Forderung". Die nicht bestehende Forderung wird zur technischen Ermöglichung des Hypothekenerwerbs als bestehend fingiert. Der gutgläubige Erwerber wird nur dinglicher Gläubiger und erwirbt eine sogenannte „forderungsentkleidete Hypothek"[199].

Umstritten ist die Behandlung des Falles, in dem eine Forderung zwar besteht, aber Forderung und Hypothek einem anderen als dem Eingetragenen zustehen. Nach richtiger Auffassung[200] erlangt hier der Erwerber mit der Hypothek (§ 892 BGB bezüglich der Frage, wem die Hypothek zusteht, §§ 1138, 892 BGB bezüglich des für den Übergang der Hypothek erforderlichen Forderungsübergangs) auch die Forderung.

Demgegenüber bestimmt sich das Recht des Gläubigers aus der Sicherungshypothek nur nach der Forderung, und der Gläubiger kann sich zum Beweis der Forderung nicht auf die Eintragung berufen (§ 1184 I BGB). Aufgrund dieser strengen Akzessorietät ist der gutgläubige Erwerb der Hypothek bei der Sicherungshypothek ausgeschlossen. Es gilt also nicht § 1138 BGB mit § 892 BGB[201].

---

[197] Jauernig/Jauernig, BGB, Anm. § 1184 Rn. 1.

[198] Baur/Stürner, Sachenrecht, § 38, Rn. 2

[199] Vgl. MünchKomm/Eickmann, § 1138 Rn. 16; Staudinger/Wolfsteiner, § 1138 Rn. 5; Soergel/Konzen, § 1138 Rn. 10; Palandt/Bassenge, § 1138 Rn. 4; Weber, Sicherungsgeschäfte, § 11 IV 3.

[200] Baur/Stürner, Sachenrecht, § 38 Rn. 28; Wolff/Raiser, Sachenrecht, § 137 II 1 d.

[201] BGH NJW 1986, 53, 54.

2.1.2 Verkürzung der Einreden

Der Schuldner kann bei der Sicherungshypothek auch dem neuen Gläubiger nach § 404 BGB alle Einwendungen entgegenhalten. Diese wirken nach § 1137 BGB auch gegen den Hypothekar. Der neue Gläubiger rückt also nur in die Position ein, die bereits der bisherige Gläubiger hatte. Bei der Verkehrshypothek schließen dagegen die §§ 1138, 892 BGB die Berufung auf Einreden des persönlichen Schuldners nach § 1137 BGB aus. Schließlich ist zu beachten, dass, wenn die Forderung aus irgendwelchen Gründen nicht oder noch nicht besteht, bei der Verkehrshypothek eine Eigentümergrundschuld (§§ 1163 I, 1177 I BGB) entsteht. Auch bei einer Sicherungshypothek verhindert die strenge Akzessorietät das Entstehen einer Eigentümergrundschuld nicht.

2.2 Buchrecht und Briefrecht im deutschen Recht

Sowohl Hypotheken wie Grundschulden können als Brief- oder Buchgrundpfandrecht bestellt werden. Als Briefrecht können sie relativ einfach durch eine bloße Abtretungserklärung[202] und Übergabe des Briefes übertragen werden (§ 1154 I 1 BGB). Dies kann außerhalb des Grundbuchs erfolgen, um die Übertragung zu erleichtern. Dagegen kann die Übertragung der Buchhypothek nur nach liegenschaftsrechtlichen Grundsätzen erfolgen: Einigung und Eintragung (§§ 1154, 873 BGB). Die Briefhypothek ist für den Gesetzgeber der Regelfall, deswegen muss der Ausschluss des Briefes im Grundbuch eingetragen werden (§ 1154 II BGB). Das Gesetz (§ 1116 II 2, III BGB) lässt eine Umwandlung einer Briefhypothek in eine Buchhypothek zu. Wenn ein Teil des Begründungsakts (Einigung und Eintragung) bereits vorliegt, der andere Teil (die Briefübertragung) aber noch fehlt, entsteht eine Eigentümergrundschuld (§ 1163 II BGB). Die Sicherungshypothek kann nur als Buchhypothek begründet werden (§ 1185 I BGB).

Der Vorteil der Briefhypothek liegt in der erhöhten Zirkulationsfähigkeit, da sich die Übertragung ohne Grundbuchveränderungen schnell und kostengünstig vollzieht (vgl. § 1154 I BGB). Dagegen wird bei der Buchhypothek die Umlauffähigkeit wesentlich eingeschränkt, da jeder Verfügungsakt der Eintragung ins Grundbuch bedarf (§ 1154 III BGB).

Der Eigentümer ist bei noch ausstehender Darlehensvalutierung durch Zurückbehaltung des Briefs vor Missbrauch gesichert, da der Gläubiger ohne diesen nicht über die bereits als Briefrecht eingetragene Hypothek verfügen kann (§ 1154 I 1 BGB). Macht der Gläubiger die Hypothek geltend, wird der Hypothekar der Buchhypothek durch seine Eintragung im

---

[202] Für die Abtretungserklärung sind schriftliche Form (§ 1154 II 1 BGB) und – um dem Eigentümer keine Einrede zur Verfügung zu stellen – öffentliche Beglaubigung (§§ 1155, 1160 I 2. Halbsatz, 1161 BGB) erforderlich.

Grundbuch (§§ 891, 1138 BGB) legitimiert. Bei der Briefhypothek kann der Schuldner-Eigentümer fordern, dass der Hypothekar, sofern er nicht als Gläubiger im Grundbuch eingetragen ist, den Brief und die ihn legitimierende Kette nach § 1155 BGB vorlegt (§ 1160 BGB). Gemäß § 1155 BGB wird „ein Briefbesitzer, der durch eine auf einen eingetragenen Gläubiger zurückführende Reihe öffentlich beglaubigter Abtretungserklärungen ausgewiesen wird, bezüglich der Gutglaubensvorschriften (§§ 891 ff. – § 1138 BGB)“ ebenso behandelt, als wäre er im Grundbuch eingetragen. Diese „Kette“ im Zusammenhang mit dem Briefbesitz ersetzt demnach den Bucheintrag. Das Vertrauen, das der von den beglaubigten Erklärungen ausgewiesenen Rechtslage entgegen gebracht wird, findet seine Rechtfertigung in der Mitwirkung eines Notars. Die schriftliche Erteilung der Zessionserklärung kann auch auf einem Beiblatt zum Brief festgehalten sein, so dass sie allein nicht zur Vertrauensbegründung ausreicht[203]. Wenn der Gläubiger die persönliche Forderung geltend macht, kann er sich nicht auf die Eintragung im Grundbuch oder den Briefbesitz berufen. Gemäß § 1161 BGB muss der Gläubiger bei der Briefhypothek den Brief auf Verlangen des Schuldners vorlegen. Der Schuldner-Eigentümer wird so vor der Gefahr der Doppelleistung bewahrt.

§ 1140 BGB löst das Problem der Divergenz von Buch und Brief. Maßgebend ist zunächst der Grundbuchstand. Der Brief genießt für sich keinen öffentlichen Glauben. In negativer Hinsicht geht der richtige Brief dem unrichtigen Grundbuch vor und zerstört dessen Rechtsschein[204]. Der Erwerber muss sowohl das Grundbuch wie den Brief einsehen. In gewissem Maße erschwert dies den Rechtsverkehr.

In der Praxis bevorzugen die Hypothekenbanken das Buchgrundpfandrecht, da es viele Vorteile bietet: der Gläubiger kann das Grundpfandrecht ohne Mitwirkung des Schuldners erwerben und seine Rechte ohne Vorlage eines Briefs geltend machen. Weiterhin ist die Brieferteilung mit einem Arbeits- und Kostenaufwand verbunden, weil Grundbucheintragungen auf dem Brief vermerkt werden müssen[205]. Schließlich ersparen die Banken sich die Umstände, die die Aufbewahrung und Verwaltung des Briefs mit sich bringt[206]. In den „neuen Bundesländern“ wurden die Banken vom Bundesminister der Justiz gebeten, nur standardisierte Formulare für Grundpfandbestellungen zu verwenden und auf die Erteilung eines Briefs zu verzichten, damit weniger Arbeitsgänge nötig werden[207].

[203] Staudinger/Wolfsteiner, § 1154 Rn. 22 f.
[204] Westermann, Sachenrecht, § 106 IV 1; Staudinger/Wolfsteiner, § 1140 Rn. 3.
[205] Pleyer, DLK 1990, S. 448, 450; Kamps, DLK 1968, S. 68, 72.
[206] Huber, Die Sicherungsgrundschuld, S. 60.
[207] Stöcker, Die Eurohypothek, S. 28.

2.3 Grundschuld und Hypothek im deutschen Recht

Die Grundschuld ist ein Kreditsicherungsmittel, welches nur im deutschen Recht entwickelt wurde und in China kein Korrelat aufweist. Obwohl die isolierte Grundschuld im Gesetz als Vorbild ausgestaltet ist, wird sie in der Praxis selten vereinbart. Nichtsdestotrotz soll hier zunächst die Hypothek mit der isolierten Grundschuld anstatt der Sicherungsgrundschuld verglichen werden, um die grundsätzlichen Unterschiede herauszustellen.

2.3.1 Die isolierte Grundschuld und die Hypothek

Die Grundschuld setzt im Gegensatz zur Hypothek keine zu sichernde Forderung voraus, sondern gewährt das Verwertungsrecht am Grundstück hinsichtlich einer bestimmten Geldsumme „aus sich heraus“[208]. Die Grundschuld ist daher nicht als akzessorische Sicherheit einzustufen (vgl. § 1191 I BGB). Es handelt sich also bei ihr um eine selbständige, abstrakte dingliche Last. Nach § 1192 I BGB gelten die meisten hypothekenrechtlichen Vorschriften jedoch auch für die Grundschuld[209].

Bei der Bestellung der Grundschuld ergeben sich Abweichungen gegenüber der Hypothek nur insoweit, als für die Grundschuld der Bestand einer gesicherten Forderung nicht erforderlich ist.

Die Übertragung der Grundschuld erfolgt unter den Voraussetzungen der §§ 1154 f. BGB, wobei anstelle der Forderung die Grundschuld zu übertragen ist[210]. § 1153 BGB (Untrennbarkeit von Forderung und Hypothek) ist ausgeschlossen, weil keine Forderung besteht, die abgetreten werden könnte. Im Gegensatz zur Hypothek handelt es sich um einen ausschließlich rechtsgeschäftlichen, nicht um einen der Forderungsabtretung nachfolgenden gesetzlichen Erwerb. Bei der Verkehrshypothek kann – wie gesehen – die Hypothek nur mit der Abtretung der Forderung übergehen; die Abtretung ist formbedürftig (§ 1154 BGB). Bei der Grundschuld finden aber nicht ausschließlich sachenrechtliche Vorschriften Anwendung. Die Übertragung einer Grundschuld erfolgt gemäß §§ 398, 1192, 1154 BGB[211]. Daher ist die Grundschuldabtretung nicht anders zu behandeln als die Abtretung der Hypothekenforderung. Bei der Grundschuld können die gesicherte Forderung und die Grundschuld getrennt an verschiedene Personen abgetreten werden. § 1157 gilt auch für die Grundschuld[212].

Der Inhaber einer isolierten Grundschuld kann eine bestimmte Geldsumme aus dem Grundstück fordern, es also im Wege der Zwangsvollstreckung in Anspruch nehmen. Fällt die Grundschuld bei der Zwangsversteigerung aus,

---

[208] Westermann, Sachenrecht, § 114 I 1.
[209] Ausführlich dazu Goertz/Roloff, JuS 2000, S. 762 f.
[210] Soergel/Konzen, §§ 1191 Rn. 28.
[211] Reinicke/Tiedtke, Kreditsicherung, Rn. 1003 S. 378.
[212] Soergel/Konzen, §§ 1191 Rn. 3 m. w. N.

so stehen ihm keine Rechte mehr zu. Eine andere Möglichkeit für die Befreiung von der Grundschuld gibt es nur dann, wenn der Eigentümer den Gläubiger aus seinem sonstigen Vermögen befriedigt. In diesem Fall muss der Eigentümer die Grundschuld erwerben[213]. Im Vergleich dazu kann der Hypothekar vom Schuldner, Eigentümer oder einem Dritten durch Zahlung auf die Forderung befriedigt werden. Die Hypothek besteht auch nach der Zahlung, aber kann in eine andere Form umgewandelt werden. So erwirbt der Eigentümer eine Hypothek mit freiwilliger Zahlung als Eigentümergrundschuld (§§ 1143, 1163 I 2 BGB). Dieser Automatismus setzt eine inhaltliche Abhängigkeit von der gesicherten Forderung voraus.

2.3.2 Isolierte Grundschuld, Sicherungsgrundschuld und Hypothek

Laut Gesetzgeber setzt die Grundschuld eine Forderung nicht voraus. Deswegen kann die Grundschuld aus jedem denkbaren rechtlichen Grund begründet werden, anders als die Hypothek mit ihrem gesetzlich vorgeschriebenen Sicherungszweck. Auch in der Gesetzgebungsdiskussion wurde jedoch die Auffassung vertreten, dass eine Forderung nach der Abrede der Beteiligten durch die Grundschuld gesichert werden könne[214]. Heute spielt die isolierte Grundschuld in der Praxis eine sehr geringe Rolle. Vielmehr werden Grundschulden regelmäßig zur Sicherung einer Gläubigerforderung herangezogen, wobei Entstehen, Fortbestand und Verwertung weitestgehend isoliert zu betrachten sind. Bei einer solchen Gestaltung spricht man von einer Sicherungsgrundschuld. Die Sicherungsgrundschuld nähert sich vor allem durch die Rechtspraxis in einigen Beziehungen der Hypothek an, wobei aber noch der grundsätzliche Unterschied zwischen akzessorisch und nicht-akzessorisch besteht.
Der Ausgangspunkt des Unterschieds zwischen Sicherungsgrundschuld und Hypothek besteht darin, dass bei jener der Einfluss des schuldrechtlichen Schicksals der Forderung nicht unmittelbar durchschlägt. Die Geltendmachung des dinglichen Rechts wird dem Gläubiger erschwert, weil er als eigennütziger Treuhänder einer schuldrechtlichen Bindung seiner weitergehenden dinglichen Rechtsmacht unterliegt[215].

III. Erweiterung der Typen der Grundpfandrechte im chinesischen Recht

Das Gesetz über Sicherheiten umfasst nicht alle möglichen Sicherheiten.

---

[213] Baur/Stürner, Sachenrecht, § 44 Rn. 24; Reinicke/Tiedtke, Kreditsicherung, Rn. 972, S. 366; Reischl, JuS 1998, S. 614, 617.
[214] Mugdan, III, S. 435.
[215] BGH NJW 1989, 1732, 1733.

Auch dingliche Sicherheiten außerhalb des Gesetzes sind denkbar. Insbesondere ist das traditionelle Dian (Übereignung mit Rückkaufsrecht, vor allem von Immobilien) nicht erfasst, aber weiterhin zulässig. Außerdem gibt es im Gesetz nur einen Typ von Grundpfandrechten, nämlich die Hypothek. Der Gesetzgeber hat großes Gewicht auf die Hypothek gelegt, weil der Sicherungszweck ohne Übertragung des Besitzes erreicht werden kann. Die Bestellung der Hypothek beeinträchtigt damit nicht den Nutzungswert der Sache[216]. Dies hat große Bedeutung für die Entwicklung der Wirtschaft. In der Rechtspraxis und in der Literatur besteht eine Tendenz, die Unterfälle der Hypothek mit fortschreitender Öffnung der Wirtschaft zu erweitern und neue Typen des Grundpfandrechts zu entwickeln. Die Zulassung neuer Sicherheiten kommt sowohl Kapitalgebern als auch Kreditsuchenden entgegen. Das Oberste Gericht hat einen Teil der neu entstandenen Institute in den jüngeren Erläuterungen[217] (29.09.2002) anerkannt. Der vorgeschlagene Entwurf des Sachenrechts geht viel weiter und hat mehrere neue Typen systematisch geordnet, wie z. B. die Unternehmenshypothek, die Eigentümerhypothek und die Sicherungsübereignung am Grundstück.

3.1 Typen der Hypothek im Gesetz über Sicherheiten

Von einer Hypothek spricht das Gesetz über Sicherheiten, wenn der Schuldner oder ein Dritter an einem der in § 34 GüS aufgezählten Vermögensgegenstände, ohne den Besitz daran zu übertragen, eine Sicherheit für eine Forderung bestellt (§ 33 I GüS). Als geeignete Vermögensgegenstände nennt § 34 GüS nicht nur Grundstücke, sondern auch bewegliche Sachen sowie Sachgesamtheiten. Dies ermöglicht die Bestellung einer Hypothek an beweglichen Sachen und einer Unternehmenshypothek. Außerdem sind auch Rücksicherheiten (§ 4 GüS) sowie als Unterfall der Hypothek die Höchstbetragshypothek (§§ 59 ff. GüS) vorgesehen. In der Theorie spricht nichts gegen eine Hypothek auch an anderen Rechten. Während die §§ 75 ff. GüS ein Pfandrecht an Rechten ausdrücklich vorsehen, ist an eine Hypothek an anderen Rechten als Eigentum und Nutzungsrecht offensichtlich nicht gedacht, sie wird aber auch nicht ausge-

---

[216] Huixing Liang, Erörterung des chinesischen Sachenrechts, S. 814.

[217] Das Oberste Volksgericht ist befugt, die Fragen auszulegen, die zur konkreten Anwendung von Gesetzen oder Erlassen bei der Rechtsprechungstätigkeit des Gerichts gehören. In der Rechtpraxis werden neue Rechtsinstitute sehr oft durch Auslegung des Gerichts geschaffen. Diesen Auslegungen oder Erläuterungen kommt durch ihre Verbindlichkeit für alle untergeordneten Gerichte ein quasigesetzlicher Charakter zu; vgl. der Beschluss des Ständigen Ausschusses des Nationalen Volkskongresses über die Verstärkung der Arbeit der Gesetzesinterpretation (10.06.1981). Für Einzelheiten s. Heuser, Einführung in die chinesische Rechtskultur, S. 202 ff.

schlossen[218]. In einem Kommentar ist erwähnt, dass mehrere Besteller als „gemeinsame Besteller“ eine gemeinsame Hypothek an ihnen getrennt gehörenden Gegenständen bestellen können, deren Gesamtwert erst den Forderungsbetrag erreicht[219]. Dieses Modell entspricht nicht voll der deutschen Gesamthypothek. Schließlich hat der Gesetzgeber auch die gesetzliche Hypothek geregelt. Im Folgenden möchte ich die verschiedenen Hypotheken ausführlich darstellen.

3.1.1 Die Hypothek an beweglichen Sachen

Das deutsche Recht kennt die Hypothek an beweglichen Sachen nur im Hinblick auf bestimmte Gegenstände, namentlich Schiffe und Flugzeuge. Im Gegensatz dazu kann man im chinesischen Recht an sämtlichen beweglichen Sachen eine Hypothek bestellen, z. B. an Maschinen und Werkzeugen, Verkehrs- und Transportmitteln und anderen Vermögensgegenständen, die dem Besteller gehören (§ 34 I Nr. 2 GüS). Ein Grund hierfür liegt darin, dass das chinesische Recht nur eine sehr begrenzte Erstreckung der Hypothek auf „Nebensachen“ kennt. Im deutschen Recht wird das belastete Grundstück hingegen als eine wirtschaftliche Einheit angesehen[220]. Daher erfasst die Hypothekenhaftung wesentlich die Erzeugnisse, sonstige Bestandteile und das Zubehör (§§ 1120 ff. BGB). Zubehör sind bewegliche Sachen, die dazu bestimmt sind, dem wirtschaftlichen Zweck der Hauptsache zu dienen, und die zu ihr in einem dieser Bestimmung entsprechenden räumlichen Verhältnis stehen. Ob eine bewegliche Sache Zubehör ist, kommt entscheidend auf die Verkehrsanschauung an (§ 97 I BGB). Daher fallen die Maschinen und Werkzeuge, Verkehrs- und Transportmittel und anderen Vermögensgegenstände, die dem hypothekarisch belasteten Grundstück dienen, unter das Zubehör. In der modernen Industrie- und Handelgesellschaft gehören Maschinen und Werkzeug meist zu Fabriken oder Handelsunternehmen. Die Hereinnahme des Zubehörs in die hypothekarische Haftung eines Grundstücks ist mit ein Grund dafür, dass es im deutschen Recht an einer allgemeinen Hypothek an beweglichen Sachen fehlt.
Problematisch ist jedoch die Publizität bei der Hypothek an beweglichen Sachen. An Stelle der Übergabe bedarf es einer Eintragung. Wenn im chinesischen Recht bei Unternehmen Anlagen oder anderes bewegliches Vermögen mit einer Hypothek belastet werden, soll die Hypothek bei der Industrie- und Handelsverwaltungsbehörde des Ortes, an dem sich der Vermögensgegenstand befindet, eingetragen werden (§ 42 GüS).
Da an beweglichen Sachen sowohl eine Hypothek als auch ein Pfandrecht

[218] Münzel, http://www. mpipriv-hh.mpg.de.
[219] Dehua Tang, Neueste Erläuterung, Kommentar zu § 34, S. 90.
[220] Baur/Stürner, Sachenrecht, § 39 Rn. 1 ff.

oder ein Zurückbehaltungsrecht bestehen können, muss es auch Regeln für deren Zusammentreffen geben. Wenn die Hypothek und das Fahrnispfandrecht an demselben Gegenstand bestellt werden und Pfandgläubiger und Hypothekengläubiger die gleiche Person sind, spielt der Rang für beide keine wichtige Rolle. Fallen jedoch Pfandgläubiger und Hypothekengläubiger auseinander, kann es Komplikationen geben. Wurde in diesem Fall das Pfandrecht vom Hypothekar bestellt, geht das Pfandrecht der Hypothek vor. Ansonsten hängt der Rang der beiden Belastungen vom Zeitpunkt des Bestellungsakts ab. Da jedoch die Hypothek ohne Eintragung nur inter partes wirkt, muss sie zur Erhaltung ihres Rangs eingetragen sein, anderenfalls geht das Pfandrecht der Hypothek vor[221]. Im chinesischen Recht wird das Zurückbehaltungsrecht als ein gesetzliches Pfandrecht angesehen. Das gesetzliche Pfandrecht hat immer Vorrang vor dem rechtsgeschäftlichen Pfandrecht. Deswegen geht grundsätzlich das Zurückbehaltungsrecht der Hypothek vor. Damit wird es zum Privileg[222].

3.1.2 Rücksicherheiten

In § 4 GüS ist ein besonderer Typ von Sicherheiten vorgesehen. Wenn ein Dritter für den Schuldner dem Gläubiger eine Sicherheit gewährt, kann er vom Schuldner Rücksicherheiten fordern. Für Rücksicherheiten gelten die Vorschriften des Gesetzes für Sicherheiten. In der Erläuterung hat das Oberste Volksgericht diese Regelung weiter interpretiert. Rücksicherheitsgeber kann der Schuldner oder ein Dritter sein. Als Rücksicherheit kommen insbesondere Hypothek und Pfandrecht in Betracht. Stellt ein Dritter eine Rücksicherheit, dann kann es sich auch um eine Bürgschaft handeln (§ 2 Erläuterungen). Dazu ein Beispiel:
Fabrik S hat einen Konsortialkredit von 30 Millionen $ von den ausländischen Banken (B) aufgenommen. Die internationale Treuhand- und Investitionsgesellschaft (G) hat dafür Sicherheit geleistet, indem sie den ausländischen Banken eine unanfechtbare Bürgschaft (abstrakte Sicherheit) gegeben hat. Nunmehr vereinbart G mit S: S bestellt G eine Hypothek an dem Gebäude und den Maschinen von S als Rücksicherheit. Wenn bei Pfandreife S nicht rückzahlen kann, soll G dafür zahlen. Danach verlangt G von S den Ausgleich der Forderung, der von der Rücksicherheit gesichert wird. Damit ist G berechtigt, die Gegenstände zu verwerten und vorweg befriedigt zu werden[223].
Die Besonderheit liegt darin, dass die zu sichernde Forderung eine zukünftig möglicherweise entstehende Ausgleichspflicht ist.

[221] Huixing Liang, Erörterung des chinesischen Sachenrechts, S. 896.
[222] Huixing Liang, Erörterung des chinesischen Sachenrechts, S. 897.
[223] Guoguang Li, Interpretation und Anwendung, S. 50.

3.1.3 Die Unternehmenshypothek an Vermögensgesamtheiten und die Gesamthypothek

Die Hypothek ist wie im deutschen Recht grundsätzlich eine Einzelhypothek. Ohne ausdrückliche Erwähnung im Gesetzestext sind im GüS aber auch die Gesamthypothek oder die Hypothek an Vermögensgesamtheiten zulässig. Gemäß § 34 II GüS kann der Besteller an mehreren der im vorigen Absatz aufgeführten Vermögensgegenstände zusammen eine Hypothek bestellen. Die Rechtsnatur dieser Hypothek ist umstritten. Manche halten sie für eine Unternehmenshypothek an Vermögensgesamtheiten (caituandiya)[224]. Nach einer anderen Meinung handelt es sich um die Gesamthypothek[225]. Einer dritten Meinung zufolge kann man aus der Vorschrift die Anerkennung einer Unternehmenshypothek und einer Gesamthypothek ableiten[226]. Pfandgegenstände dieser Unternehmenshypothek wären bewegliche Sachen, die Unternehmensgrundstücke und Rechte[227], wobei die erfassten Gegenstände vorher bestimmt werden sollten. Allerdings soll es sich dennoch um eine Einzelhypothek handeln. Das Rechtsinstitut ist nicht vollständig geregelt. Die Erläuterung des Obersten Volksgerichts folgt der dritten Auffassung[228]. Die Gegenstände der Unternehmenshypothek müssen bei der Industrie- und Handelsverwaltungsbehörde registriert werden (§ 50 Erläuterungen). In der Rechtspraxis dürfen die Gegenstände dieser Unternehmenshypothek nicht übertragen werden und können ungesicherte Gläubiger nicht in sie vollstrecken. Im japanischen BGB kann diese Hypothek nur an den im Gesetz genannten Unternehmen, wie denen der Fabrikation, der Fischerei, des Bergbaus, des Straßenverkehrs, des Baugewerbes, bestellt werden. In dem jeweils erfassten Vermögensverband können Grundstücke, Gebäude, Schiffe, zum Unternehmen gehörige Anlagen, weiter Erbbaurechte, Ansprüche aus einem Mietvertrag, Grunddienstbarkeiten oder gewerbliche Schutzrechte u. ä. enthalten sein. Die Vorteile dieser Unternehmenshypothek liegen darin, „dass das Vermögen als Ganzes mitsamt den beweglichen Sachen mit einer Hypothek belastet werden kann und dass durch eine pauschale Bestellung der Hypothek das Verpfändungsverfahren in weitem Maße vereinfacht wird. Weiter kann der Hypothekengläubiger auch auf diese Weise den hypothekarisch gesicherten Gegenstand, das Unternehmen als solches, seiner eigenen ständigen Aufsicht unterstellen"[229].

---

[224] Huabin Chen, Sachenrecht, S. 643 f.; Jianyuan Cui, Jilin daxue shehui kexue xuebao 2/1996, S. 25 f.

[225] Yueming Xu, Erörterung des Instituts der Hypothek, S. 102; Mingrui Guo, Faxue 2/1996, S. 16 ff.

[226] Yueming Xu, Erörterung des Instituts der Hypothek, S. 102.

[227] Huixing Liang, Erörterung des chinesischen Sachenrechts, S. 901.

[228] Guoguang Li, Interpretation und Anwendung, S. 194.

[229] Kitagawa, Rezeption und Fortbildung des europäischen Zivilrechts in Japan, S. 61f.

Wegen der Akzessorietät der Hypothek kann eine Forderung im deutschen Recht nicht durch mehrere selbständige Hypotheken gesichert werden[230]. Es ist jedoch zulässig, eine Hypothek für eine Forderung an mehreren Grundstücken zu bestellen (§ 1132 I BGB). Bei der Gesamthypothek kann der Gläubiger sich aus jedem der haftenden Grundstücke in beliebiger Höhe befriedigen (§ 1132 BGB) und einzelne Grundstücke aus der Haftung entlassen (§ 1175 I 2 BGB). Damit ist sie für den Gläubiger vorteilhaft. Es handelt sich nach herrschender Meinung um ein einheitliches Recht, das an mehreren Grundstücken zur Gesamtschuld ausgestaltet wurde[231]. Die Gesamthypothek hat in der Praxis kaum Bedeutung und findet nur dort Anwendung, wo das Grundvermögen unter Miterben aufgeteilt wird oder der Grundbesitz zersplittert ist[232]. Wenn die Forderung so hoch ist, dass ein Grundpfandrecht an einem Grundstück nicht ausreicht, kann man neben einer Hypothek eine weitere Grundschuld oder eine Gesamtgrundschuld bestellen. Im chinesischen Recht kann je nach der Eintragung die Gesamthypothek sowohl ein einheitliches Recht, als auch ein Bündel mehrerer Rechte sein[233].

Gemäß der Auslegung des § 50 in der Erläuterung des Obersten Volksgerichts ist die Gesamthypothek wiederum in zwei Untertypen eingeteilt: zum einen die Gesamthypothek mit voller Mithaftung und zum anderen diejenige mit Haftung nach Bruchteilen. Bei letzterer haftet jedes dieser mehreren Grundstücke getrennt für einen Teil der Forderung – anders gesagt, der Gläubiger darf in jedes Grundstück nur in der Höhe, in der das Grundstück haftet, wegen der Forderung vollstrecken[234]. Die Gesamthypothek selbst sichert nur eine einheitliche Forderung.

Im deutschen Recht liegt die Schwierigkeit bei der Gesamthypothek im Tilgungs- und Regressproblem. Besonders wenn einer der Eigentümer den Gläubiger befriedigt, kann er aus der dinglichen Mithaftung keinen Ausgleich von den übrigen Eigentümern verlangen[235]. Wenn er und die Eigentümer eines der anderen Grundstücke bezüglich der persönlichen Forderung Gesamtschuldner sind, hat er Regressansprüche. Dann geht die Hypothek an den übrigen Grundstücken in Höhe dieses Ersatzanspruchs auf ihn über (§ 1182 BGB).

In der chinesischen Rechtspraxis wird das Wahlrecht des Gläubigers beschränkt; die mehreren Hypotheken haften nicht gleichrangig.

Wenn einer der Hypothekengeber den Gläubiger befriedigt hat, kann er, sofern er nicht selbst persönlicher Schuldner ist, von diesem Ersatz ver-

---

230 Baur/Stürner, Sachenrecht, § 36 Rn. 125.
231 Schwab/Prütting, Sachenrecht, Rn. 737.
232 Baur/Stürner, Sachenrecht, § 36 Rn. 126.
233 Guoguang Li, Interpretation und Anwendung, S. 196.
234 Guoguang Li, Interpretation und Anwendung, S. 196.
235 BGHZ 108, 179, 186; NJW-RR 1995, 589; MünchKomm/Eickmann, § 1173 Rn. 9.

langen; einen der anderen Hypothekengeber kann er insoweit in Anspruch nehmen, als dieser einen Teil der Haftung tragen soll (§ 75 III Erläuterungen). Haben zwei oder mehrere Hypothekengeber für dieselbe Forderung Sicherheit geleistet und verzichtet der Gläubiger auf die von einem Hypothekengeber geleistete Sicherheit, kann der andere Hypothekengeber das Volksgericht anrufen und beantragen, die Forthaftung seines Gegenstandes zu verringern oder aufzuheben (§ 75 I Erläuterungen). Des Weiteren gilt, dass wenn zwei oder mehrere Hypothekengeber für dieselbe Forderung Sicherheit geleistet haben und es an einer Vereinbarung über die Aufteilung der Haftung oder den Rang der Hypotheken fehlt oder eine solche nicht eindeutig ist, der Hypothekar an einem oder jedem Vermögengenstand das Hypothekenrecht geltend machen kann (§ 75 II Erläuterungen).
Normalerweise sollen die Schuldner, getreu den beiden Typen der Gesamthypothek, nach Bruchteilen haften oder mithaften. Aber wenn der Sicherungsgeber nach der Bestellung der Gesamthypothek für einen Dritten eine nachrangige Hypothek bestellt und der Gläubiger der Gesamthypothek sie zugleich an allen Gegenständen geltend macht, soll der Sicherungsgeber nur nach der Proportion des Grundstücks zum Gesamtwert aller Gegenstände haften. Wenn der Gläubiger nur aus einem Grundstück oder Gegenstand die Zahlung verlangt, kann der nachrangige Hypothekar in die Position dieses Gläubigers aufrücken, aber nicht über die Höhe des Haftungsumfangs dieses Gläubigers an jedem Grundstück[236]. Dieser Schutz des nachrangigen Hypothekars ist nicht gerechtfertigt, besonders wenn das Registersystem vollständig funktioniert. Der nachrangige Hypothekar kann vorher wissen, ob an diesem Gegenstand eine Hypothek bestellt wurde. Andererseits ist das Interesse des Gesamthypothekars beeinträchtigt.

3.1.4 Gesetzliche Hypothek

Die gesetzliche Hypothek entsteht allein aufgrund bestimmter Tatbestandsmerkmale und damit ohne rechtsgeschäftliche Einflussnahme des Gläubigers und des Immobiliareigentümers. Im chinesischen Recht sind zwei gesetzliche Hypotheken vorgesehen.
Beim ersten Typ findet in der Theorie eine Trennung von Boden und Gebäude statt. Wird an einem ordnungsgemäß erworbenen Haus auf staatseigenem Land eine Hypothek bestellt, so entsteht damit gleichzeitig eine Hypothek an dem Nutzungsrecht an diesem staatseigenen Land, soweit es von dem Haus in Anspruch genommen wird. Wird eine Hypothek an einem Nutzungsrecht an staatseigenem Land bestellt, das durch Überlassung erlangt worden ist, so muss gleichzeitig eine Hypothek an den

[236] Guoguang Li, Interpretation und Anwendung, S. 198.

Häusern bestellt werden, die sich zur Zeit der Bestellung auf diesem Land befinden. An Landnutzungsrechten von Unternehmen, Orten, Kleinstädten und Dörfern allein darf keine Hypothek bestellt werden. Wenn eine Hypothek an Fabrikgebäuden und anderen Baulichkeiten von Unternehmen von Orten, Kleinstädten und Dörfern bestellt wird, entsteht gleichzeitig eine Hypothek an dem Nutzungsrecht am Land, soweit es von diesen Baulichkeiten in Anspruch genommen wird (§ 36 GüS).

Der zweite Typ ist die Bauhandwerkerhypothek. Wenn der Besteller nicht den vereinbarten Preis zahlt, kann der Unternehmer den Besteller mahnen, innerhalb einer vernünftigen Frist zu zahlen. Zahlt der Besteller nicht innerhalb der Frist, kann der Unternehmer mit dem Besteller eine Umrechnung [des Ergebnisses] der Bauleistung in Geld vereinbaren, es sei denn, die Bauleistung eignet sich ihrer Natur nach nicht zur Umrechnung in Geld oder zur Versteigerung. Der Besteller kann auch beim Volksgericht beantragen, dass [das Ergebnis] der Bauleistung versteigert wird. Der Preis für die Bauleistung wird dann aus dem in Geld umgerechneten Wert bzw. Versteigerungserlös [des Ergebnisses] der Leistung vorweg beglichen (§ 286 im Vertragsgesetz 15.03.1999).

Zum Vergleich: In Deutschland kann der Unternehmer eines Bauwerks oder eines Teils eines Bauwerks nach § 648 BGB für seine Forderungen aus dem Vertrag entsprechend der jeweils geleisteten Arbeit die Bestellung einer Sicherungshypothek an dem Grundstück des Bestellers verlangen. Das ist ein gesetzlicher Anspruch. Aber diese Bauhandwerkerhypothek entsteht nicht kraft Gesetzes. Allerdings kann dieser Anspruch auf Eintragung durch Vormerkung gesichert werden. Diese Hypothek hat in der Praxis geringe Bedeutung, da zu dem Zeitpunkt, zu dem der Anspruch auf Eintragung entsteht, häufig schon der Grundstückswert zugunsten der Banken bis an die Beleihungsgrenze ausgeschöpft ist[237].

Die gesetzliche Hypothek wird im chinesischen Recht als ein Privileg verstanden[238]. Dies beeinträchtigt die Sicherheit des Rechtsverkehrs. Der Dritte kann sich nicht durch Einsicht in das Grundbuch verlässlich darüber informieren, ob am Landnutzungsrecht oder Gebäude schon eine gesetzliche Hypothek entstanden ist oder nicht.

3.1.5 Höchstbetragshypothek

Die Hypothek eignet sich nicht dafür, laufende, zum Zeitpunkt der Sicherungsbestellung nicht eindeutig bestimmbare Forderungen zu sichern, weil die enge Akzessorietät bei der Hypothek verlangt, dass die Forderung im Grundbuch eingetragen wird (§ 50 GüS, § 1115 BGB). Deswegen versuchte der Gesetzgeber, mit Hilfe der Höchstbetragshypothek (§ 59

[237] Schwerdtner, Jura 1986, S. 259, 260.

[238] Huixing Liang, Shanxi daxue xuebao 3/2001, S. 5 ff.

GüS, § 1190 BGB) solche Forderungen zu sichern. Diese Hypothek kann für beliebige Ansprüche aus beliebigem Rechtsgrund bestellt werden, wobei nur der Höchstbetrag fixiert werden muss. Als Höchstbetragshypothek bezeichnet es das Gesetz, wenn der Besteller und der Hypothekar vereinbaren, dass der Gegenstand der Hypothek bis zu einem bestimmten Höchstbetrag als Sicherheit für während einer bestimmten Frist fortgesetzt entstehende Forderungen dient (§ 59 GüS).
Im deutschen Recht ist die Höchstbetragshypothek nur als Buchrecht ausgestaltet; das Grundbuch stellt nur die Entstehung der zu sichernden Forderung als möglich in Aussicht. Die h. M. begnügt sich für die Bezeichnung der Forderung mit Angaben, die eine Bestimmung ermöglichen. Damit ist die materielle Sicherungsmöglichkeit durch die Höchstbetragshypothek weit ausgedehnt[239]. Die Eintragung schafft einen Rahmen für die aufgrund des eingetragenen Schuldgrundes durch Erlöschen und Entstehen wechselnden Ansprüche.
Die Anwendungsfälle für die Höchstbetragshypothek stellen im chinesischen wie im deutschen Recht dauernde Schuldverhältnisse dar, z. B. Kontokorrentkreditverhältnisse und Warenkreditverhältnisse. Diese Anwendungsbereiche sind im Gesetz über Sicherheiten vorgesehen. Auch Darlehensverträge können durch Höchstbetragshypotheken gesichert werden. Verträge, die Gläubiger und Schuldner darüber schließen, dass es während einer bestimmten Zeit fortgesetzt zum Austausch bestimmter Waren kommt, können ebenfalls von Höchstbetragshypothekenverträgen begleitet sein (§ 60 GüS).
Wie bei der Verkehrshypothek ist im deutschen Recht zwar auch bei der Höchstbetragshypothek eine Übertragung der Forderung mitsamt der Hypothek gemäß § 1153 I BGB möglich. Die Abtretung der Hypothek ändert den Forderungskreis nicht. Sollen die Ansprüche des Erwerbers (vorhandene und neu entstehende) gesichert werden, so ist eine Forderungsauswechslung nötig. Doch kann hier entgegen dieser Regelung die Forderung auch ohne die Hypothek übertragen werden (§ 1190 IV BGB). Damit kann der Gläubiger eine Forderung abtreten, ohne dass der Haftungsrahmen der Höchstbetragshypothek für ihn geschmälert wird. Im Vergleich dazu können Forderungen aus dem Hauptvertrag im chinesischen Recht der Höchstbetragshypothek nicht übertragen werden (§ 61 GüS), weil die Forderung nicht bestimmt ist[240]. Nach Meinung von Liang sollte diese Vorschrift abgeschafft werden. Die Höchstbetragshypothek sei in gewissem Maße nicht akzessorisch, bevor der Betrag der gesicherten Forderung festgestellt ist. Die Übertragung der gesicherten Forderung wirke sich nicht auf die Höchstbetragshypothek aus. Damit könne die

[239] Westermann, Sachenrecht, § 110 II, 1; Baur/Stürner, § 42 Rn. 20 f.
[240] Xun Xiao/Jingshan Huangpu, Erläuterung des Gesetzes über Sicherheiten der VR China, S. 172.

Höchstbetragshypothek weiter zur Sicherung anderer Forderungen dienen, die im Rahmen des Höchstbetrags entstehen werden[241].
Bleibt die Gläubigerforderung im deutschen Recht unter dem angegebenen Höchstbetrag, steht dem Gläubiger die Hypothek nur in Höhe der Forderung zu. Innerhalb dieser Grenze wechselt die Aufteilung in Fremdhypothek und Eigentümergrundschuld mit jeder Veränderung des Kreditverhältnisses (Zuständigkeitsakzessorietät)[242]. Der darüber hinausgehende Teil steht dem Eigentümer zu (§ 1163 I BGB). Beim Wegfall der Forderung entsteht eine Eigentümergrundschuld. Im chinesischen Recht greift in diesem Fall das Untrennbarkeitsprinzip ein.
Das japanische Recht hat die Akzessorietät der Höchstbetragshypothek weiter aufgelockert. Bevor der Betrag der gesicherten Forderung bestimmt ist, können der Umfang und die Person des Schuldners durch die Vereinbarung der Parteien mit der Zustimmung des nachrangigen Hypothekars geändert werden (§ 389d Jap. BGB). Andererseits kann die Höchstbetragshypothek selbständig übertragen werden. Im deutschen Recht kann auch die Forderung gegen mehrere Schuldner, die nicht in einer Rechtsgemeinschaft stehen, durch eine Höchstbetragshypothek gesichert werden. Ein Wechsel des Eigentümers ist für den Kreis der gesicherten Forderungen gleichgültig.
Eine Besonderheit weist die Höchstbetragshypothek im deutschen Recht noch bei den Zinsen auf. Gemäß § 1190 II BGB werden die aufgelaufenen Zinsen in den Höchstbetrag eingerechnet. Diese Regelung fehlt im chinesischen Recht.
In Deutschland weist die Höchstbetragshypothek viele Nachteile auf[243]. So gibt es keine gesonderte gesetzliche Zinssicherung, ein Brief kann nicht erteilt werden. Außerdem kann man nicht erkennen, ob die Höchstbetragshypothek valutiert ist. Insofern besteht eine Schwierigkeit für den Gläubiger bei der Prozessführung, der Versteigerung bzw. der Abtretung. Es fehlte ursprünglich auch an der Möglichkeit sofortiger Unterwerfung, weil § 794 I Nr. 5 ZPO eine „bestimmte" Geldsumme voraussetzte[244].
Die Höchstbetragshypothek im chinesischen Recht erschwert zwar nicht die Verwertung der Sicherheit. Bei der Abtretung bestehen jedoch Probleme. Es wird eine Feststellung der tatsächlich bestehenden Schuld benötigt. Im deutschen Recht erfolgt sie durch Vertrag. Ist sie einmal getroffen worden, dann wird der im Augenblick der Feststellung nicht valutierte Teil

---

[241] Huixing Liang, Erörterung des chinesischen Sachenrechts, S. 915, Fn. 1
[242] RGZ 120, 110; 125, 136, vgl. auch MünchKomm/Eickmann, § 1190 Rn. 9.
[243] Huber, Die Sicherungsgrundschuld, S. 53 f.
[244] BGH NJW 1983, 2262; OLG Frankfurt Rpfleger 1977, S. 220; Hornung, NJW 1991, S. 1649 u. Münch, DNotZ 1990, S. 596; nach der neuen Fassung des § 794 I Nr. 5 ZPO wird nicht mehr ein Anspruch auf Zahlung einer bestimmten Geldsumme vorausgesetzt. Baur/Stürner, Sachenrecht, § 40 Rn. 38.

der Hypothek endgültig zur Eigentümergrundschuld[245]. Im vorgeschlagenen Entwurf des Sachenrechts wird die japanische Regelung der gesetzlichen Feststellung übernommen (§ 344 ESRG, § 398 s, t Jap. BGB). Danach wird in einigen Fällen die Schuld als festgestellt vermutet, z. B. bei Ablauf der Frist des Höchstbetragshypothekenvertrags. Aber diese Frist darf nicht länger als 5 Jahre sein. Eine gesicherte Forderung kann dann nicht mehr erneut entstehen. Gemäß diesen Regelungen kann die Hypothek mitsamt der Forderung nach der Feststellung der Schuld übertragen werden. Die Höchstbetragshypothek ist wie eine normale Hypothek verzinslich. Damit hat die chinesische Höchstbetragshypothek schon viele Nachteile des deutschen Rechts überwunden.
Die Grundschuld im deutschen Recht ist auch für wechselnde und unbestimmte Kredite geeignet. Die Grundschuld vermeidet nicht nur die Nachteile der Höchstbetragshypothek, sondern bringt auch neue Vorteile für den Geldgeber. Die Bank kann in den AGB vorsehen, dass die Grundschuld alle beliebigen Forderungen gegen den Sicherungsgeber, die gerade bestehen, deckt, auch soweit sie in der Sicherungsvereinbarung nicht individuell aufgezählt sind[246]. In der Praxis hat die Grundschuld deshalb die Höchstbetragshypothek nahezu völlig verdrängt[247].
Die chinesische Literatur diskutiert demgegenüber nur eine andere rechtstechnische Lösung. Nachdem die Forderungen der Höchstbetragshypothek festgestellt sind, werden Zinsen, Strafgelder und Entschädigungen auch von der Höchstbetragshypothek gesichert. Dabei ist gleichgültig, ob sie zum Zeitpunkt der Feststellung der Höchstbetragshypothek entstanden sind oder nicht[248]. Durch diese Regelung kann die Höchstbetragshypothek teilweise den gleichen Vorteil wie die Grundschuld haben. Allerdings wird in der Rechtspraxis der Umfang des Höchstbetrags eingeschränkt. Die Forderungen, die nach Sicherheitsleistung, Pfändung im Verfahren der Zwangsvollstreckung, Konkurs des Schuldners oder Gläubigers entstehen, sind von dem Umfang der gesicherten Forderung ausgeschlossen (§ 81 Erläuterungen). Wenn die tatsächlich bestehenden Forderungen bei der Verwertung der Höchstbetragshypothek über den vorher eingetragenen Höchstbetrag hinausgehen, wird der überschießende Teil nicht vorweg befriedigt, sondern als normale Forderung angesehen. Der gesetzte Höchstbetrag ist maßgeblich (§ 83 II Erläuterungen). Veränderungen des Höchstbetrags und der Frist wirken nicht gegen den nachrangigen Hypothekar (§ 83 II Erläuterungen).
Bei der Höchstbetragshypothek können also die wirklich bestehenden Forderungen den Höchstbetrag übersteigen. Dann werden die Forderungen

245 Erman/Wenzel, § 1190, Rn. 13.
246 Huber, Die Sicherungsgrundschuld, S. 55; BGHZ 101, 29.
247 Westermann, Sachenrecht, § 110 I 1.
248 Huixing Liang, Erörterung des chinesischen Sachenrechts, S. 921.

nicht voll gesichert. Die wirklich bestehenden Forderungen können aber auch unter dem Höchstbetrag liegen, wodurch der weitere Kredit des Eigentümers beeinträchtigt wird und höhere Kosten entstehen.

3.2 Neue Typen des Grundpfandrechts in den Erläuterungen des Obersten Volksgerichts

3.2.1 Die mortgage

3.2.1.1 Die mortgage im englischen Recht und in Hongkong

Nach englischer Rechtsauffassung liegt das entscheidende Wesen der mortgage in der Übertragung eines legal oder equitable interest an einer Sache. Kennzeichnend ist die Übertragung, nicht die Belastung. Die mortgage wurde als Übertragung des Vollrechts entwickelt und wird bei beweglichen Sachen noch heute in dieser Weise verstanden. Die gesetzlichen Bestimmungen des Law of Property Act 1925 halten aber fest, dass das Eigentum beim Sicherungsgeber verbleibt und nicht mehr auf den Sicherungsnehmer übergeht[249]. Vor 1925 entsprach also die mortgage einem Grundpfandrecht im Sinne einer Sicherungsübereignung deutschen Rechts. Die heutige mortgage an einem Grundstück ist die Belastung eines Grundstücks als Sicherheit für eine fällige oder noch nicht fällige Schuld zugunsten des Gläubigers mit der Bestimmung, dass die Belastung bei Rückzahlung des Geldes aufgehoben werden soll.

In Hongkong versteht man die mortgage als ein Rechtsinstitut, bei dem der mortgagor dem mortgagee die ihm zustehende Rechtsposition überträgt, um die Kreditforderung zu sichern. Durch diese Übertragung der Rechtsposition erwirbt der mortgagee die Rechtsposition. Nach der Rückzahlung soll der mortgagee dem mortgagor diese Rechtsposition zurück übertragen[250]. Nach dem Inhalt der Rechtsposition wird die mortgage in Hongkong in zwei Typen eingeteilt. Ein Typ ist die mortgage am sich noch im Aufbauprozess befindenden Haus oder am mangels der Erledigung der Verwaltungsformalitäten nicht eingetragenen Haus. Danach wird die dem Sicherungsgeber im Hauskaufvertrag zustehende Rechtsposition (equitable title) an den Sicherungsgeber abgetreten. Der andere Typ ist die mortgage am schon fertig aufgebauten Haus. Danach kommt ein legal title zustande[251]. Am 1. November 1984 wurde der zweite Typ der mortgage mit der Conveyancing and Property Ordinance in Hongkong abgeschafft und in eine Legal Charge, die einer Hypothek entspricht, umgewandelt[252].

---

[249] Brink/Habel, Kreditsicherheiten in England, S. 104.
[250] Zonge Li, Immobilienrecht in Hongkong, S. 14.
[251] Zepei Li, Das Recht in Hongkong, S. 327.
[252] Qiong Lu, in: Erforschung des chinesischen Immobilienrechts, I, S. 306.

3.2.1.2 Die mortgage in China

Vom Hongkong ausgehend fand die mortgage auch auf dem Festland immer größere Verbreitung; inzwischen wird sie auch vom Gesetz anerkannt. Das Ziel dieses Rechtsinstituts ist die Sicherung des Baukredits, noch bevor der belastete Gegenstand entsteht. Auf diese Weise kann der Erschließer genügend Kapital für das Bauwerk bekommen, der Käufer muss den Kaufpreis nicht auf einmal bezahlen, und zugleich kann die Bank den Kredit in Raten zurückerhalten. Diesen Bedürfnissen entspricht die typische Hypothek nicht.

In der Rechtspraxis treten zwei Arten der mortgage auf. Eine ist die mortgage am noch im Aufbauprozess befindenden Haus; die andere ist die mortgage am schon fertig aufgebauten, aber nicht als Wohnungseigentumseinheit eingetragenen Haus[253].

Bei der Bestellung der mortgage wirken drei Parteien zusammen: Käufer, Verkäufer (der Erschließer des Grundstücks) und die Bank. Käufer und Erschließer schließen einen Vorkaufvertrag[254] über das Haus. Zwischen der Bank und dem Käufer kommt es zu einem Darlehensvertrag und einem Hypothekenvertrag. Die Kreditgewährung setzt voraus, dass der Käufer bereits mit dem Erschließer einen Kaufvertrag über das Haus geschlossen und schon einen Vorschuss bezahlt hat. In der Praxis wird zwischen Käufer und Erschließer durch eine auflösende Bedingung vereinbart, dass der Kaufvertrag von der Kreditvalutierung abhängen soll[255]. Die Höhe des Kredits entspricht dem noch nicht bezahlten Kaufpreis des Hauses. Die Bank überweist die Kreditsumme im Auftrag des Käufers direkt auf das Konto des Erschließers. Wenn der Erschließer diesen Betrag bekommt, wird seine Forderung als getilgt angesehen. Allerdings kann der Käufer nicht das Eigentum, sondern nur ein Vermögensrecht am sich noch im Aufbauprozess befindenen Haus in Höhe des schon gezahlten Kaufpreises erwerben.

In der Praxis verbürgt sich der Erschließer im Auftrag des Käufers der Bank gegenüber[256]. Wenn der Erschließer den Kredit für den Sicherungs-

---

[253] § 7 I AGB der Niederlassung der China Bank für Industrie und Handel in Shenzhen und § 10 I AGB der Niederlassung der China Bank für Aufbau in Shenzhen.

[254] Wenn der Erschließer die Häuser vorher verkaufen möchte, soll er einige bestimmte Genehmigungen erwerben, etwa Urkunde über Landnutzungsrecht, Erlaubnis für den Bau und für den Anfang des Baues, Genehmigungen des Verkaufes des Hauses usw., außerdem muss er schon 25% der gesamten Summe der zu investierenden Beträge investiert haben und der Kaufpreis wird beim beauftragten Finanzinstitut aufgenommen.

[255] Guoguang Li, Interpretation und Anwendung, S. 183.

[256] § 1 AGB der Niederlassung der China Bank für Aufbau in Shenzhen und § 1 AGB der Niederlassung der China Bank für Industrie und Handel in Shenzhen.

geber zurückgezahlt hat, lässt er sich die Sicherheit von der Bank (dem Sicherungsnehmer) übertragen[257]. Während des Bestehens der mortgage trägt der Erschließer das Risiko des Untergangs des Bauwerks. In der Praxis werden das Vermögen des Kreditnehmers (Käufers) und das zu bauende Bauwerk versichert[258].

3.2.1.3 Rechtsnatur der mortgage

In den Erläuterungen des Obersten Volksgerichts wird die mortgage als Hypothek bezeichnet. In der Begründung dafür wird diese „Hypothek" jedoch wie eine Sicherungsübereignung beschrieben[259]. Daher stellt sich die Frage nach der Rechtsnatur der mortgage.
Nach in China herrschender Meinung stammt die chinesische mortgage von der englischen mortgage ab und weist über weite Strecken Parallelen zur Sicherungsübertragung in Deutschland auf[260]. Dieses Verständnis beruht auf dem Recht Hongkongs vor 1981. Allerdings ist umstritten, was übertragen wird: das Vollrecht oder das Anwartschaftsrecht? Manche verstehen die mortgage so, dass der Käufer beim Kauf eines sich im Bauprozess befindlichen oder noch nicht als Wohnungs- eigentumseinheiten eingetragenen Bauwerkes schon einen Teil des Kaufpreises bezahlt hat und dann gemäß dem Grundstückskaufvertrag das Anwartschaftsrecht[261] an die Bank zur Sicherung der Kredite überträgt. Diese Konstruktion ähnelt der Sicherungsübereignung. Es wird aber nur das Anwartschaftsrecht übereignet. Lu ist der Meinung, die mortgage sei als Sicherungsübereignung zu bezeichnen, weil vor Rückzahlung des Kredits bei fertiggestelltem Haus das Eigentum am Haus der Bank gehört[262].
Einer anderen Ansicht zufolge sollen die beiden Fälle unterschiedlich behandelt werden. Beim ersten Fall wird die mortgage als Sicherungsabtretung erklärt[263]. Wenn die mortgage bestellt werde, befinde sich das Haus noch im Aufbauprozess. Daher könne die mortgage nicht als Hypothek qualifiziert werden, weil die Hypothekengegenstände noch nicht existier-

---

[257] § 12 XII AGB der Niederlassung der China Bank für Industrie und Handel in Shenzhen.

[258] § 10 II AGB der Niederlassung der China Bank für Aufbau in Shenzhen und § 8 AGB der Niederlassung der China Bank für Industrie und Handel in Shenzhen.

[259] Guoguang Li, Interpretation und Anwendung, S. 181.

[260] Guoguang Li, Interpretation und Anwendung, S. 181; andere Ansicht: Liming Wang, Faxue, 11/2000, S. 23; er meint, dass die mortgage ganz unterschiedlich von der Sicherungsübertragung sei.

[261] Nach dieser Meinung wird das Anwartschaftsrecht als eine Berechtigung, in der Zukunft in bestimmter Zeit das Eigentum des Gebäudes zu erwerben, verstanden. Qiong Lu, in: Erforschung des chinesischen Immobilienrechts, I, S. 308.

[262] Qiong Lu, in: Erforschung des chinesischen Immobilienrechts (I), S. 319.

[263] Yuan Ma, Neue Probleme und Rechtsprechung, S. 6.

ten. Vielmehr stehe dem Sicherungsgeber (Hauskäufer) die Forderung gegen den Erschließer erst zu, wenn er einen Teil des Kaufpreises bezahlt habe[264]. Beim zweiten Fall wird die mortgage als Sicherungsübereignung des Grundstücks konstruiert, weil der Sicherungsgeber der Bank das Eigentum daran übertrage[265]. Diese Konstruktion scheint aber beim zweiten Fall überflüssig zu sein, wenn das Rechtsinstitut der Hypothek ohnehin im Gesetz geregelt ist.

In der Praxis wird der Bank die gleiche Rechtsstellung wie dem Eigentümer eingeräumt. Nach den AGB der Bank kann die Bank (Sicherungsnehmer) über das belastete Haus bei einer Pflichtverletzung des Sicherungsgebers dinglich verfügen[266]. Erst wenn der Käufer den Kredit und die Zinsen zurückgezahlt hat und das Sicherungsgut zurück gewährt wird, erwirbt er das Eigentum am Haus[267]. Beide Formen der mortgage können aber gemäß dem bisherigen Gesetz in eine Hypothek umgewandelt werden, nachdem die aufgebauten Häuser für den Sicherungsgeber (Käufer) eintragungsfähig geworden sind.

3.2.1.4 Publizität

Die vom Ministerium für Aufbau erlassene Verwaltungsmaßnahme über die Hypothek der Immobilien in der Stadt[268] widmet sich dieser Form der mortgage und enthält auch Regelungen über die Publizität. Bei der „Hypothekenbestellung“ an noch nicht aufgebauten oder nicht in Bruchteilseigentum geteilten Häusern sollen die Kaufverträge vorgelegt werden (§ 3 IV) und das Registrierungsamt den Kaufvertrag zur Registrierung zu den Akten legen. Wenn die belasteten Immobilien während der Dauer der Hypothek fertig errichtet sind, sollen die Beteiligten, nachdem der Sicherungsgeber die Urkunde über die Grundstücksrechte erworben hat (§ 34 II), erneut die Registrierung der Hypothek vornehmen. Dadurch kann gewährleistet werden, dass die Rechte an dem sich im Bauprozess befindenden Bauprojekt und den noch nicht verteilten Grundstücken eintragungsfähig sind. Normalerweise werden die Originale der Kaufverträge und die zukünftig auszustellenden Urkunden über das Grundstück vom Sicherungsnehmer aufbewahrt[269]. Ohne die Kaufverträge und die Urkunden sind die belastete Forderung und das belastete Grundstück nicht übertragbar. Hierdurch wird ein Publizitätssystem errichtet.

---

[264] Jingyin Zhang, Rigistrierung der Hypothek, S. 33.

[265] Chuang Wang, Erörterung der Sicherungsübertragung, S. 131.

[266] § 11 II AGB der Niederlassung der China Bank für Aufbau Shenzhen und § 12 AGB der Niederlassung der China Bank für Industrie und Handel in Shenzhen.

[267] Guoguang Li, Interpretation und Anwendung, S. 181 f. u. S. 187.

[268] Bekannt gemacht am 05.09.1997.

[269] § 7 I AGB der Niederlassung der China Bank für Industrie und Handel in Shenzhen.

Fraglich ist jedoch, worauf sich die Eintragung bezieht: auf die Rechte des Käufers im Kaufvertrag oder das zur Sicherung übereignete Eigentum oder beides? Ersterenfalls würde nur eine Abtretung der Forderung auf der Forderungsurkunde registriert; im zweiten Fall würde eine bedingte Registrierung des Vollrechts vorgenommen, d. h., wenn inzwischen die Häuser fertiggestellt und eintragungsfähig geworden sind, würde die mortgage in der Rechtspraxis mit der Eintragung automatisch zur Hypothek an den Häusern. Wenn der Sicherungsgeber Vertragspflichten verletzt hat, erwürbe der Sicherungsnehmer das Vollrecht und wäre zur Verfügung über die Gegenstände der Hypothek berechtigt, gleichgültig, ob die mortgage schon in eine Hypothek umgeschrieben wurde oder nicht.

3.2.1.5 Zwingende Regelungen bei der mortgage

Um den Kredit zu 100 % zu sichern, existieren viele zwingende öffentlich-rechtliche Regelungen. Daneben werden Banken viele Sondervorteile eingeräumt. So kann z. B. der Kaufvertrag zwischen dem Erschließer und dem Käufer nicht ohne die Zustimmung der Bank geändert, abgetreten oder gekündigt werden[270]. Der Bank ist auch hier ein Surrogationsanspruch gegeben[271]. Wenn der Bank dadurch Schaden entsteht, dass der Käufer die Geltendmachung eigener fälliger Forderungen verzögert oder unterlässt, kann die Bank beim Volksgericht diese Forderungen eines Schuldners an dessen Stelle im eigenen Namen geltend machen (§ 73 I Vertragsgesetz)[272].

3.2.1.6 Die Hypothek am zu bauenden Bauwerk

Ein anderer Typ ist die Hypothek[273] am zu bauenden Bauwerk. Um Kredite für den weiteren Bau zu erhalten, wird dem Geldgeber (Bank) eine Hypothek am Landnutzungsrecht und am investierten Kapital ohne Übertragung des Besitzes zur Sicherung der Rückzahlung des Kredits bestellt. Hier geht es um Zwischenkredite für die Bauunternehmen. Im deutschen

[270] Guoguang Li, Interpretation und Anwendung, S. 187.

[271] Guoguang Li, Interpretation und Anwendung, S. 187.

[272] Darunter, dass, wie es in § 73 des Vertragsgesetzes heißt, "dem Gläubiger dadurch Schaden entsteht, dass der Schuldner die Geltendmachung eigener fälliger Forderungen verzögert oder unterlässt," ist zu verstehen, dass der Schuldner weder seine fällige Schuld gegenüber dem Gläubiger erfüllt, noch durch Klage oder im Schiedsverfahren gegenüber seinem Schuldner seine eine Geldleistung beinhaltende fällige Forderung geltend macht, so dass sich die fällige Forderung des Gläubigers nicht realisieren lässt (§ 13 Erläuterungen des Obersten Volksgerichts zu einigen Fragen des Vertragsgesetzes, Teil 1).

[273] Hier wird in der Literatur die mortgage als Hypothek genannt. Wiederum wird die Hypothek mit der mortgage verwechselt.

Recht kann die Sicherung eines Zwischenkredits[274] folgendermaßen erfolgen: der Eigentümer bestellt dem Zwischenkreditgeber die Hypothek und tritt ihm den Anspruch auf Auszahlung der Darlehensvaluta gegen den endgültigen Kreditgeber ab. Nach Vollendung des Baus zediert der Zwischenkreditgeber die Hypothek an den Gläubiger gegen Auszahlung der Valuta; der Eigentümer kann auch direkt die vorläufige Eigentümergrundschuld an den Zwischenkreditgeber abtreten. Allerdings wird in der Praxis häufig statt der Hypothek die Grundschuld zur Sicherung eines Zwischenkredits gewählt. Wenn die Hypothek am zu bauenden Bauwerk und die mortgage am sich im Bauprozess befindenden Haus nacheinander oder zugleich bestellt werden, besteht ein Konflikt zwischen beiden.

3.2.1.7 Vergleichbare Institute im deutschen Recht

Die oben genannten Erschließer des Grundstücks werden im deutschen Recht als Bauträger bezeichnet. Bauträger ist, wer gewerbsmäßig Bauvorhaben als Bauherr im eigenen Namen für eigene oder fremde Rechnung errichtet und dazu Vermögenswerte von Erwerbern verwendet[275], selbst aber nicht herstellt, sondern die anfallenden Arbeiten (im wesentlichen) durch selbständige Dritte ausführen lässt[276]. Auch Bereitstellung und Erschließung des Grundstücks erfolgen häufig durch den Bauträger.
Während die Kreditinstitute im deutschen Recht als Finanzierer des Bauträgers oder als Endfinanzierer des Erwerbers (Endverbrauchers) mitwirken können, wirken sie im chinesischen Recht regelmäßig als Endfinanzierer des Erwerbers (Endverbrauchers) mit. Dies beruht zum einen darauf, dass einerseits die Endverbraucher die Anzahlungen, mit Hilfe derer die Bautätigkeit finanziert wird, nicht gewährleisten können, andererseits der Wert der fertiggestellten Grundstücke höher ist als der der zu erschließenden Grundstücke. Deswegen wird die chinesische mortgage so ausgestaltet, dass der Kredit nur dem Käufer eingeräumt wird. Zum zweiten kann der Käufer vor der Aufteilung des Grundstücks kein Grundpfandrecht daran bestellen. Deswegen ist eine Fremdfinanzierung des Kaufpreises durch den Käufer in der Regel erst nach Aufteilung des Grundstücks möglich[277]. Im chinesischen Recht wird das Problem durch die Abtretung der Forderung und die bedingte Übereignung des Eigentums gelöst.

---

[274] Boehmer, ZAkDR 1940, S. 173 u. 240; Kollhosser, JA 1979, S. 176, 179 f.; MünchKomm/Eickmann, § 1163 Rn. 44 ff.; Rimmelspacher, JuS 1971, S. 14; Staudinger/Wolfsteiner, § 1163 Rn. 35 f.; Westermann, Sachenrecht, § 95 A I 4; Wilhelm, Sachenrecht, Rn. 790 S. 516; M. Wolf, Sachenrecht, Rn. 920; RGZ 153, 167; BGHZ 36, 84.

[275] Weirich, Grundstücksrecht, Rn. 192 f., S. 83.

[276] Brych/Pause, Bauträgerkauf und Baumodelle, S. 13; Schmitz, DLK 1990, S. 610.

[277] Vgl. Stöcker, Die Eurohypothek, S. 64.

Im deutschen Recht wird demgegenüber den Bauträgern regelmäßig ein Kredit eingeräumt, der durch eine Grundschuld gesichert wird. Dabei ist die Grundschuld der Hypothek überlegen, weil die Hypothek nicht die Probleme, die sich vor allem bei einer späteren Verteilung der Forderung auf die verschiedenen Grundstücke ergeben, lösen kann[278]. Üblicherweise steht das Globalrecht an erster Rangstelle und erschöpft schon den Beleihungswert des Grundstücks. Dies führt zu Problemen, wenn der Käufer einen Kredit aufnehmen möchte. In der Rechtspraxis wird so vorgegangen, dass die den Bauträger finanzierende Bank eine schuldrechtliche „Freistellungserklärung" abgibt. Ihrzufolge wird der jeweilige Eigentümer des betreffenden Grundstücks, sobald er seine Kaufpreisschuld getilgt hat, von der auf seinem Grundstück lastenden Grundschuld freigestellt[279]. Darüber hinaus ist im deutschen Recht auch eine Sicherungsübereignung von Grundeigentum möglich[280]. Die Sicherungsübereignung von Grundstücken spielt aber im deutschen Recht wegen der Existenz der Grundpfandrechte eine geringe Rolle. Außerdem kann sie viele zusätzliche Kosten verursachen, z. B. eine kostspielige notarielle Beurkundung (§ 311b I BGB) und die Steuerpflicht bei Sicherungsübereignung und Rückübereignung[281].
Schließlich ist zu beachten, dass in der deutschen Rechtspraxis der Erwerber hinsichtlich seiner Kaufpreiszahlung sehr gut geschützt wird[282]. Beispielweise wird der Kaufpreis erst fällig, wenn das Grundstück lastenfrei und bereits in verschiedene Parzellen bzw. in Wohnungseigentumeinheiten aufgeteilt ist und für den Käufer eine Auflassungsvormerkung eingetragen wird. Außerdem kann der fällige Kaufpreis beim Notar auf einem Treuhandkonto des Käufers hinterlegt werden oder der Käufer kann auf ein Treuhandkonto des Verkäufers beim Notar einzahlen[283]. Das chinesische Recht kennt jetzt ein Auftragskonto des Maklers.

3.2.2 Die Eigentümerhypothek

Nach römischrechtlichem Verständnis (nulli res sua servit) ist es so, dass das Grundpfandrecht erlöschen muss, wenn es mit dem Eigentum an der belasteten Sache in einer Person vereinigt ist. Ohne eine Forderung scheitert auch die Begründung bzw. Weiterexistenz des dinglichen Rechts. In den meisten Rechtsordnungen ist die Eigentümerhypothek unzulässig. Im deutschen Recht hingegen „erlischt ein Recht an einem fremden

[278] Stöcker, Die Eurohypothek, S. 67.
[279] Stöcker, Die Eurohypothek, S. 65 f.; Schmitz, DLK 1990, S. 610, 612.
[280] Baur/Stürner, Sachenrecht, § 22 Rn. 8, S. 249; BGHZ 130, 101.
[281] Serick, Neue Entwicklungen, S. 25; ders. Eigentumsvorbehalt II, S. 18 ff.
[282] Stöcker, Die Eurohypothek, S. 64.
[283] Stöcker, Die Eurohypothek, S. 64.

Grundstück nicht dadurch, dass der Eigentümer des Grundstücks das Recht oder der Berechtigte das Eigentum an dem Grundstück erwirbt" (§ 889 BGB). Dementsprechend kennt das BGB Eigentümerhypothek (§ 1177 II BGB) und Eigentümergrundschuld (§ 1177 I BGB). Solange die zu sichernde Forderung noch fehlt, steht die Hypothek dem Eigentümer selbst als (vorläufige) ursprüngliche Eigentümergrundschuld zu (vgl. § 1163 I 1, § 1177 I entspr. BGB)[284]. Eine Grundschuld kann, anders als eine Hypothek, von vornherein für den Eigentümer bestellt werden (§ 1196 I BGB). Dazu ist, abweichend von § 873 I BGB, außer der Eintragung im Grundbuch nur die einseitige Erklärung des Eigentümers gegenüber dem Grundbuchamt notwendig (§ 1196 II BGB). Wenn die gesicherte Forderung erlischt, wird eine Fremdhypothek zur (endgültigen) Eigentümergrundschuld (§§ 1163 I 3, 1177 I BGB)[285]. Der Eigentümer kann sich dadurch bestimmte Rangstellen offen halten und den Tauschwert seines Grundstücks mobilisieren, um ihn bei Bedarf sofort zu Kreditzwecken einzusetzen. Die Dispositionsfreiheit des Grundstückseigentümers ist dadurch ausgedehnt.

Beim Fehlen der dinglichen Einigung verneint die h. M. die Entstehung einer Eigentümergrundschuld. Zustimmung verdient jedoch die Gegenmeinung, nach der eine einseitige gültige Willenserklärung des Eigentümers genügt[286]. Bei der Briefhypothek setzt § 1163 II BGB für den Erwerb des Pfandrechts durch den Gläubiger weiter voraus, dass ihm der Brief übergeben wird. Die Eigentümergrundschuld ist wie eine Fremdgrundschuld zu behandeln, aber mit zwei Ausnahmen: zum einen kann der Eigentümer nicht selbst die Zwangsvollstreckung in sein Grundstück betreiben, zum anderen gebühren die Zinsen grundsätzlich nicht dem Eigentümer (§ 1197 BGB). Die Rechtsnatur des Eigentümergrundpfandrechts ist umstritten. Nach der h. M. ist es als selbständiges, beschränkt dingliches Recht an der eigenen Sache anzusehen[287].

Im chinesischen Recht wird die Eigentümerhypothek als Ausnahme im Gesetz geregelt. Wenn ein Vermögensgegenstand für mehr als zwei Gläubiger hypothekarisch belastet wird und die vorrangige Hypothek und das Eigentum an diesem Vermögensgegenstand einer Person zustehen, soll der

---

284 Jauernig/Jauernig, § 1163 Rn. 1.

285 Andere Sonderfälle siehe Baur/Stürner, Sachenrecht, § 46 Rn. 3 ff.

286 Wolff/Raiser, Sachenrecht, § 145 I 3; Baur/Stürner, Sachenrecht, § 36 Rn. 108; MünchKomm/Eickmann, § 1196 Rn. 3-5; Westermann, Sachenrecht, § 119 I 4; Wilhelm, Sachenrecht, Rn. 726; Jauernig/Jauernig, BGB, § 1113 Rn. 16; Soergel/Konzen, § 1113 Rn. 4; Kiefner, in: FS Hübner, S. 521. Teilweise wird auch vertreten, dass die Eigentümergrundschuld auch ohne Willenserklärung allein aufgrund der Eintragung entsteht, dazu Staudinger/Wolfsteiner, Einkl. zu §§ 1113 ff. Rn. 59 f., § 1196 Rn. 5.

287 Wolff/Raiser, Sachenrecht, § 147 I 3, V 6 c; Baur/Stürner, Sachenrecht, § 36 Rn. 124; Westermann, Sachenrecht, § 119 III; MünchKomm/Eickmann, § 1177, Rn. 3; Staudinger/Wolfsteiner, § 1177 Rn. 4 f.

Eigentümer dieses Vermögensgegenstands mit dieser Hypothek den nachrangigen Hypotheken vorgehen (§ 77 Erläuterungen). Diese neue Regelung wurde von Seiten der Rechtswissenschaft angeregt[288] und durchbricht die bewegliche Rangordnung. Wenn bei Vereinigung von Grundstückseigentum und Hypothek die erste Hypothek untergeht, rückt die nachrangige Hypothek nach der beweglichen Rangordnung auf[289]. Dabei werden die berechtigten Interessen des Eigentümers beeinträchtigt. Aus diesem Grund wird insoweit die Eigentümerhypothek erlaubt. Ob ihre Wiederverwendung möglich ist, bleibt ungeklärt.

Allerdings findet die ursprüngliche, vorläufige Eigentümergrundschuld keine Regelung. Ohne Eigentümergrundschuld müsste zu jeder weiteren Beleihung des Grundstücks eine neue Belastung begründet werden, was zu einem erheblichen Zeit- und Kostenaufwand und vor allem zum Verlust der belegten Rangstelle durch das automatische Aufrücken nachrangiger Gläubiger führte. Es ist bemerkenswert, dass in Deutschland der neu geschaffene gesetzliche Löschungsanspruch (§ 1179a BGB) das Aufrücken der nachrangigen Hypothek ermöglicht. In der Praxis war dieser Anspruch regelmäßig vorgemerkt worden[290].

Der chinesische Rangvorbehalt entspricht in seiner Funktion der ursprünglichen Eigentümergrundschuld. Nach § 34 ESRG darf der Inhaber eines Liegenschaftsrechts für ein dem Typ und Umfang nach bestimmtes Recht, das in Zukunft zu begründen ist, einen bestimmten Rang vorbehalten. Das dingliche Recht, für das der Rang vorbehalten wurde, entsteht erst, wenn es eingetragen wird, gleichzeitig bekommt das Recht den vorbehaltenen Rang.

3.3 Typen des Grundpfandrechts im Entwurf

3.3.1 Unternehmensverpfändung und floating charge

Die Unternehmensverpfändung kann am gesamten Vermögen eines Unternehmens bestellt werden. Wenn die Forderung des Gläubigers nicht getilgt wird, kann der Gläubiger bei der Verwertung des gesamten Vermögens bevorzugt befriedigt werden. Das Institut ähnelt der englischen floating charge und der französischen Generalhypothek[291]. Allerdings kann nur eine Gesellschaft dieses Unternehmenspfandrecht bestellen, die bei der Bank einen Kredit aufnimmt oder eine Gesellschaftsschuldverschreibung ausgibt (§ 352 ESRG).

Der deutsche Grundsatz der Spezialität gilt nicht nur hinsichtlich der

---

[288] Jianyuan Cui, Jilin daxue shehui kexue xuebao 2/1996, S. 26 f.

[289] Guoguang Li, Interpretation und Anwendung, S. 281.

[290] Staudinger/Wolfsteiner, § 1179a Rn. 1 ff.; § 1163 Rn. 5 ff.

[291] Huixing Liang, Entwurf über Sachenrecht in China, S. 687.

Forderung, sondern an sich auch für das Haftungsobjekt. Er bezweckt, die Kreditwürdigkeit des Grundpfandschuldners nur im gebotenen Maße einzuschränken. Die gesicherten Forderungen müssen genau individualisiert sein und der Höhe nach feststehen. Die Unternehmensverpfändung erfasst aber das gesamte Vermögen, einschließlich des Immobiliarvermögens des Schuldners, unabhängig davon, ob es sich um gegenwärtiges oder zukünftiges Vermögen handelt. Die Unternehmensverpfändung wirft bezüglich des mit erfassten Immobiliarvermögens einige Probleme auf. Denn an sich kann das Grundpfandrecht nur an einem ganz bestimmten Grundstück bestellt werden. Wie aber soll dann eine Unternehmensverpfändung zukünftig erworbene Grundstücke erfassen? Und, da ja das Immobiliarvermögen des Schuldners einbezogen ist, wie verhält sich diese Unternehmensverpfändung bei Grundstücken im Verhältnis zu anderen Grundpfandrechten?

3.3.2 Sicherungsübertragung von Grundstücken

Die mortgage ist kompliziert konstruiert und wird nur in einigen bestimmten Fällen angewendet. Obwohl sie ähnlich wie eine Sicherungsübertragung ausgestaltet ist, ist sie nicht ganz klar von der Hypothek unterschieden. Sie ist im vorgeschlagenen Entwurf des Sachenrechts nicht als Hypothek, sondern als Sicherungsübertragung geregelt. Daher ist der englische Begriff mortgage in den deutschen Begriff der Sicherungsübertragung zu übersetzen. Eine Sicherungsübertragung liegt vor, wenn der Schuldner oder Dritte dem Gläubiger Rechte am Sicherungsgegenstand zur Sicherung der Forderung übertragen. Nachdem die Forderung getilgt worden ist, soll der Sicherungsgegenstand dem Schuldner oder Dritten zurückgewährt werden. Wird die Forderung nicht getilgt, kann der Sicherungsnehmer bei der Verwertung des Sicherungsgegenstands bevorzugte Befriedigung erlangen (§ 408 ESRG). Die Rechte am Sicherungsgegenstand beziehen sich auf das gesetzmäßig übertragbare Vermögen und damit alle Vermögensrechte (§ 409 ESRG) wie z. B. Gebäude, Landnutzungsrechte, Bauernlandnutzungsrechte, bewegliche Sachen, im Bau befindliche Bauwerke, Wechselpapiere, Aktien, Urheberrechte und Forderungen[292].

Auch bei der Sicherungsübertragung wird Publizität verlangt. Bei beweglichen Sachen soll das Eigentum im Wege der Vereinbarung eines Besitzkonstituts übertragen werden. Bei Grundstücken soll die Übertragung von Eigentum und dinglichen Rechten eingetragen werden. Rechte (wie etwa aus Wechseln, Urheberrecht und Forderung) sollen nach deren jeweiligen Übertragungsmodalitäten übertragen werden. Wenn es eine Ur-

[292] Huixing Liang, Entwurf über Sachenrecht in China, S. 778.

kunde gibt, soll die Urkunde in den Besitz des Sicherungsnehmers gelangen (§ 411 ESRG). Damit erkennt der chinesische Gesetzgeber die Sicherungsübertragung an, und zwar nicht nur die Sicherungsübertragung beweglicher Sachen, sondern auch die Sicherungsübertragung von Grundstücken und schuldrechtlichen Rechten, also die Sicherungsabtretung. Dagegen ist dieses Institut im deutschen Recht das Ergebnis einer richterlichen Rechtsfortbildung, die sich durch Gewohnheitsrecht rechtliche Geltung verschafft hat. Die Sicherungsübereignung wird im deutschen Recht als ein treuhänderisches Rechtsverhältnis bezeichnet. Bei der Sicherungsübereignung erstreben die Parteien den Zweck, den Gläubiger wegen seiner Forderung zu sichern. Um diesen Zweck zu erreichen, wird der Sicherungsnehmer durch die Sicherungsübereignung Eigentümer und der Sicherungsgeber nur Inhaber schuldrechtlicher Ansprüche gegenüber dem Sicherungsnehmer. Damit wird dem Sicherungsnehmer überschießende Rechtmacht eingeräumt. Trotzdem wird der Sicherungsgeber in den Haftungsfällen so behandelt, als ob er Eigentümer wäre, z. B. beim Aussonderungsrecht in der Insolvenz des Sicherungseigentümers und beim Absonderungsrecht des Sicherungsnehmers in der Insolvenz des Sicherungsgebers[293].

Im ESRG wird der Rückgewähranspruch des Schuldners oder Dritter geregelt (§ 415): wenn der Schuldner vor (oder während) der vereinbarten Frist die Schuld getilgt hat, soll der Sicherungsnehmer das Vermögensrecht am Gegenstand dem Schuldner oder Dritten zurückgewähren. Tilgt der Schuldner nicht mit dem Ablauf der Frist die Schuld und macht der Gläubiger nicht das Sicherungsrecht innerhalb von 5 Jahren geltend, erlischt in der Regel dieser Rückgewähranspruch.

Das Rechtsinstitut ist vom EVK-Entwurf übernommen und weiter, vor allem im Hinblick auf das treuhänderische Eigentum, ergänzt worden. Dem Sicherungsnehmer wird im Konkurs des Sicherungsgebers das Absonderungsrecht zugestanden (§ 321 I), und er kann eine Widerspruchsklage erheben (§ 320). Das Aussonderungsrecht wird dem Sicherungsnehmer nicht eingeräumt (§ 321 I). Kann der Sicherungsgeber jedoch inzwischen die gesicherte Forderung tilgen, erlischt das Sicherungseigentum des Sicherungsnehmers (§ 321 I 1). Im Konkurs des Sicherungsnehmers hat der Sicherungsgeber ein Wahlrecht. Wenn er die gesicherte Forderung tilgt, erlischt das Sicherungseigentum des Sicherungsnehmers (§ 321 II 1). Wenn er sie hingegen nicht tilgt, gehören die Sicherungsgegenstände zur Konkursmasse (§ 321 II 2). Dabei ist nicht geregelt, ob eine teilweise Rückzahlung der Forderung angerechnet wird.

Durch die Sonderregelung in den Erläuterungen des Konkursrechts vom 18.07.2002 wird dem Käufer ein Absonderungsrecht in der Insolvenz des

[293] Huber, Die Sicherungsgrundschuld, S. 255 f.

Erschließers eingeräumt (§ 71 Nr. 4, Nr. 5), wenn die Urkunde noch nicht ausgestellt oder das Haus noch nicht eingetragen wurde. Hat der Käufer den Kaufpreis vollständig gezahlt, wurde ihm aber der Besitz des Hauses noch nicht übertragen, gehört das Haus nicht zur Konkursmasse. Wenn der Käufer das Haus schon besaß, hat er ein Absonderungsrecht, auch wenn er den Kaufpreis nicht vollständig bezahlt hat[294].
Weiter ist zu überlegen, ob die Funktion der Grundschuld durch eine Sicherungsübereignung ersetzt werden kann. Im deutschen Recht kann die Grundschuld durch Klauseln der Bank zur faktischen Sicherungsübertragung werden[295]. Dies begegnet jedoch erheblichen Bedenken. Die chinesische Literatur diskutiert das Akzessorietätsprinzip bei der Sicherungsübereignung sehr selten. Wenn die Sicherungsübereignung als bedingte Übereignung verstanden würde, wäre sie wieder akzessorisch. Dies ist aber von der Rechtspraxis nicht gewollt. Meiner Meinung nach sollte die Sicherungsübereignung in ihrer Struktur der Grundschuld angenähert werden. Die Sicherungsübereignung hat mit der Grundschuld folgende strukturelle Gemeinsamkeiten: Beide sind abstrakt, dinglich unabhängig von der gesicherten Forderung und haben fiduziarischen Charakter. Daher kann die Sicherungsübereignung auch die Umschuldung, die Neuvalutierung und den Konsortialkredit ermöglichen. Es besteht eine Gefahr für den Sicherungsgeber, wenn der Sicherungsnehmer über das Grundstück weiterverfügt. In diesem Fall hat der Sicherungsgeber nur einen schuldrechtlichen Anspruch. Allerdings kann er vorher den Rückgewähranspruch vormerken lassen, damit das Innerverhältnis nach außen durchschlägt. Schließlich ist es auch denkbar, dass sich die Bank das Grundeigentum übereignen lässt und dem Kreditnehmer das Grundstück vermietet. In Form der Mietzinsen wird der Kredit in Raten zurückgezahlt.
Schließlich ist einzuräumen, dass der EVK-Entwurf Sicherungsübereignung und Hypothek nicht ganz klar trennt. Der Grund dafür liegt hauptsächlich darin, dass das Kausalprinzip auf die Gestaltung der Sicherungsübereignung einwirkt. Dies wird im nächsten Kapitel ausführlich dargestellt.
Die Bedürfnisse der – in Deutschland chronisch unterkapitalisierten – Wirtschaft haben die Legitimierung und Ausformung der Sicherungsübereignung erzwungen[296]. Weiter ist zu bedenken, dass in Deutschland

[294] ZS II, Anwendung und Verständnis, S. 164 f.
[295] Versicherungspflicht, ordnungsgemäße Bewirtschaftung mit Weisungsrechten der Bank für Ausbesserungen und Erneuerungen; Zustimmungspflichtigkeit bei baulichen Änderungen; Verbot der Aufgabe oder Änderung der Benutzungsart; Reglementierung der Gebrauchsüberlassung durch den Eigentümer an Dritte; Zustimmungspflichtigkeit bei Veräußerungen oder doch Verpflichtung zur Weitergabe auch der abstrakten persönlichen Haftung an den Erwerber; dazu Stürner, in: FS Serick, S. 377, 381 f.
[296] Meier-Hayoz, JZ 1981, 417.

die Sicherungsübereignung von Mobilien die Regel, von Immobilien hingegen die absolute Ausnahme ist[297].

IV. Gründe für den Siegeszug der nicht-akzessorischen Grundschuld

4.1 Praktischer Anwendungsbereich von Verkehrshypothek und Grundschuld

Die Grundschuld spielte am Anfang eine untergeordnete Rolle, mit Ausnahme von Mecklenburg. Zwischen den Weltkriegen blieb die Hypothek das bevorzugte Grundpfandrecht[298]; weniger als 1% der 1939 gegebenen Industrieanleihen waren durch Grundschulden gesichert. Seit ca. 1920 hat sich „in ganz Deutschland die Kreditbeschaffung durch Sicherungsabtretung von Eigentümergrundschulden, die der kreditsuchende Grundeigentümer sich hat eingetragen lassen“[299], verbreitet. Nach dem Zweiten Weltkrieg wurden von den Geschäftsbanken zur Besicherung von Krediten im Allgemeinen keine Hypotheken, sondern nur noch Grundschulden verwendet[300]. Zur Sicherung von kurz- und mittelfristigen Krediten hat sich die Grundschuld bereits in der Zeit vor und vor allem nach dem Zweiten Weltkrieg durchgesetzt[301]. Im Segré-Bericht 1966 wurde festgestellt, dass die Hypothek weitgehend durch die Grundschuld verdrängt worden sei[302]. Seitdem wurde die Sicherungsgrundschuld zur zahlenmäßig dominierenden Sicherungsform auf dem Gebiet des Realkredits. Die Hypothek hat kaum noch Bedeutung[303]. So verwenden die deutschen Hypothekbanken, die öffentlichen Banken und Bausparkassen durchweg nur noch Grundschulden, nur in Ausnahmefällen Hypotheken[304]. Der Weg über eine Hypothekenbestellung, die mit einem abstrakten Schuldanerkenntnis verbunden ist, wird heute kaum mehr gewählt[305]. „Kurz- und mittelfristige Kredite der Kreditinstitute werden heute durchweg durch Grundschulden, und zwar in der Form der Briefgrundschuld gesichert. Dagegen bedient sich der langfristige Kredit (Anlagekredit) teilweise noch

[297] Baur/Stürner, Sachenrecht, § 22 Rn. 8; BGHZ 130, 101 ff.
[298] Wolff/Raiser, Sachenrecht, § 132 I 2.
[299] Wolff/Raiser, Sachenrecht, § 132 I 2.
[300] Dempewolf, NJW 1957, S. 1257.
[301] Stöcker, Die Eurohypothek, S. 29.
[302] Segré-Bericht, S. 159.
[303] Stöcker, Die Eurohypothek, S. 25; Buchholz, AcP 187 (1987), S. 107, 108; Eickmann, ZIP 1989, S. 137.
[304] Stöcker, Die Eurohypothek, S. 25, 27; in Ziffer 8.1 der Musterdarlehensurkunde des Verbandes deutscher Hypothekenbanken wurde nur die Grundschuld erwähnt, Bundesanzeiger Nr. 234 vom 14.12.1989, S. 5703.
[305] Stöcker, Die Eurohypothek, S. 27; Huber, Die Sicherungsgrundschuld, S. 54.

der Verkehrshypothek“[306]. In der Kreditpraxis überwiegt eindeutig die Grundschuld. Warum nun hat die Grundschuld in der deutschen Praxis solche Verbreitung gefunden? Der Grund dafür liegt in Änderungen bei der praktischen Ausgestaltung der Hypothek oder der Nichtakzessorietät.

4.2 Änderungen bei der praktischen Ausgestaltung der Hypothek – Typenerweiterung

In der deutschen Rechtspraxis unterlagen Verwendung und Ausgestaltung der Hypothek zahlreichen Änderungen. So wurde bei der Verkehrshypothek die Umlauffähigkeit verstärkt. Ohne das Bestehen der Forderung kann der Dritte die Hypothek auch gutgläubig erwerben. Bei der Höchstbetragshypothek wurde, um ihre Nachteile[307] zu beseitigen, ein neuer Typ entwickelt: die verdeckte Höchstbetragshypothek. Weiter kommt die Hypothek mitunter in Kombination mit einem abstrakten Schuldanerkenntnis in „abstrahierter“ Form vor. Der Gläubiger darf sie dann aber entsprechend der Sicherungsabrede nur nach Maßgabe der tatsächlich entstandenen Forderungen in Anspruch nehmen[308]. Diese Lösung bringt wieder viele Probleme und Gefahren für den Sicherungsgeber mit sich[309]. Bei der Sicherung feststehender Forderungen[310] sind Grundschuld und Hypothek nach richtiger Auffassung einander im Großen und Ganzen gleichwertig[311]. Allerdings sehen manche Autoren auch eine Überlegenheit der Grundschuld bei der Sicherung feststehender Forderungen. Bei der Grundschuld könne die gesicherte Forderung einfach durch formfreie Abänderung der Sicherungsabrede gegen eine andere ausgewechselt werden. Das erleichtere die Zwischenkreditsicherung[312]. Wenn der Darlehensgeber dem Grundstückseigentümer nach Rückzahlung des ur-

---

[306] Baur/Stürner, Sachenrecht, § 44 I Rn. 5; nach den Richtlinien der Deutschen Bundesbank, Bankenstatistik, S. 9, werden Forderungen und Verbindlichkeiten folgendermaßen abgegrenzt: kurzfristig (täglich fällig sowie vereinbarte Laufzeit oder Kündigungsfrist bis 1 Jahr einschließlich), mittelfristig (vereinbarte Laufzeit oder Kündigungsfrist von über 1 Jahr bis unter 4 Jahren) und langfristig (vereinbarte Laufzeit oder Kündigungsfrist von 4 Jahren und darüber; als langfristig gelten auch Darlehen, deren regelmäßige Tilgung – in etwa gleichen Teilbeträgen und Zeitabständen – sich über mindestens 4 Jahre erstreckt). Vgl. auch Wolff/Nette, GuG 1991, S. 183 f.: Kurzfristig (Laufzeit von bis zu drei Monaten), mittelfristig (Laufzeit von drei bis sechs Monaten) und langfristig (Laufzeit über sechs Monaten).

[307] Huber, Die Sicherungsgrundschuld, S. 53 f.

[308] Westermann, Sachenrecht, § 110 I 3.

[309] Huber, Die Sicherungsgrundschuld, S. 54.

[310] Deren Anwendungsbereich deckt das langfristige Anlagegeschäft, insbesondere die Baufinanzierung.

[311] Huber, Die Sicherungsgrundschuld, S. 56.

[312] Stockmayer, Die Grundschuld als Kreditsicherungsmittel, S. 88 f.; Seckelmann, Die Grundschuld als Sicherungsmittel, S. 48 ff.

sprünglich gesicherten Darlehens einen neuen Kredit gewähren wolle, könne er auch mit derselben Grundschuld gesichert werden. Huber findet das nicht richtig, weil die Eigentümergrundschuld für die Zwischenkredite zur Verfügung stehe und § 39 GBO keine Zwischeneintragung der Eigentümergrundschuld verlange[313]. Trotzdem wählen die Geschäftsbanken die Grundschuld, weil immer die Möglichkeit besteht, dass ihnen (z. B. aus Wechseldiskontierung, Sicherungsabtretung oder Kontoüberziehung) neben den gesicherten weitere Forderungen gegen den Darlehensnehmer erwachsen, die durch eine Hypothek nicht zu erfassen sind, wohl aber durch eine Grundschuld. Dabei wird die Eigentümergrundschuld auch als ein Typ der Grundschuld angesehen.
Für die Sicherung langfristiger Forderungen wurde in der Praxis der Wohnbaufinanzierung und des landwirtschaftlichen Investitionskredits die Tilgungshypothek entwickelt[314]. Ein Teil der Hypothek bei den Amortisationshypotheken wandelt sich mit jeder Rate in eine Eigentümergrundschuld (§§ 1163 I 2, 1177 BGB). Die Bildung einzelner Eigentümergrundschulden macht sich nachteilig bemerkbar, wenn während der Laufzeit der Hypothek das Grundstück mehrfach veräußert wird und die jeweils durch die Tilgungsleistung entstandenen Eigentümergrundschulden nicht mitübertragen werden. Nach Abschluss der Tilgungen soll die ehemalige Hypothek gelöscht und jetzt in unzählige Grundschulden aufgelöst werden[315]. Das bringt die Schwierigkeit mit sich, in kurzer Zeit die Bewilligungen aller Grundschuldgläubiger zu erhalten, wenn das Grundstück mehrfach übertragen würde[316].
Zusammenfassend entspricht die Hypothek nicht den Bedürfnissen der Kreditwirtschaft; auch besondere Ausgestaltungen führen nicht zu einer befriedigenden, die Interessenslage des Geldgebers ausreichend berücksichtigenden Lösung.

4.3 Die Nichtakzessorietät der Grundschuld

Die nicht akzessorische Grundschuld kann nicht nur die oben genannten Probleme, die durch besondere Formen der Hypothek nicht gelöst werden, befriedigend lösen, sondern auch die Anpassungsfähigkeit der Kreditvergabe an die Bedürfnisse von Darlehensgeber und -nehmer erhöhen. So ist insbesondere die unkomplizierte Forderungsauswechselung[317], die Kre-

---

[313] Huber, Die Sicherungsgrundschuld, S. 56 f.
[314] Vgl. Westermann, Sachenrecht, § 112 I.
[315] Westermann, Sachenrecht, § 112 II 1.
[316] Stockmayer, Die Grundschuld als Kreditsicherungsmittel, S. 89; Seckelmann, Die Grundschuld als Sicherungsmittel, S. 50.
[317] Stöcker, Die Eurohypothek, S. 32 ff.

ditaufstockung, die Umschuldung und die Neuvalutierung[318] ohne Rangverlust möglich. Der Sicherungsvertrag und der Darlehensvertrag können bei der Sicherungsgrundschuld jederzeit formlos abgeändert werden, ohne dass dies den Bestand der dinglichen Sicherheit tangiert[319]. In diesen Fällen spart die formlos mögliche Änderung von Sicherungs- und Darlehensvertrag Notar- und Grundbuchkosten.
Im Gegensatz zur Hypothek bedarf es bei der Übertragung einer Grundschuld nicht der Abtretung der gesicherten Forderung. Aufgrund ihrer Nicht-Akzessorietät ist die Übertragung auch wirksam, wenn die gesicherte Forderung nicht oder nicht mehr besteht. Die Grundschuld selbst kann Gegenstand der Abtretung sein (§§ 1192, 1154 BGB). Damit ist die Verkehrsfähigkeit erhöht.
Die Vorteile kommen nicht nur dem Sicherungsnehmer zugute, sondern sind etwa bei der Anpassung an geänderte Kundenwünsche gerade auch im Interesse des Sicherungsgebers bzw. Darlehensnehmers. Außerdem ermöglichen sie auch dem Eigentümer, den Kredit zu möglichst günstigen Konditionen bekommen zu können. Die fehlende Akzessorietät schafft ein eindeutiges und unkompliziertes Verhältnis zwischen dem Eigentümer und dem Gläubiger bei der Grundschuld, Einfachheit auf der dinglichen Ebene und Thesaurierung von Sicherungsreserven beim Gläubiger für schwer kalkulierbare künftige Entwicklungen[320]. Die Anforderungen, die der Kreditgeber an die Klarheit, Berechenbarkeit und leichte Handhabung seiner Sicherheit stellt, werden durch die nichtakzessorische Grundschuld besser befriedigt, als durch die für jede Veränderung im Kausalverhältnis anfällige Hypothek[321]. Ihre heutige Spitzenstellung gegenüber der Hypothek beruht auf dieser Eigenständigkeit[322].

V. Bewertung

Um den Kapitalgeber zu sichern, hat der chinesische Gesetzgeber einiges Gewicht auf die Erweiterung der Typen des Pfandrechts gelegt. Folge ist die Entwicklung vieler neuer Rechtsinstitute. Der Kreis der Gegestände, an denen eine Hypothek bestellt werden kann, wurde erweitert. Fraglich ist jedoch, inwieweit das Interesse und der Wille des Sicherungsgebers und -nehmers immer ausreichend berücksichtigt oder befriedigt sind. Zweifellos vermag die Höchstbetragshypothek den laufenden Kredit zu sichern und manche Nachteile, die im deutschen Recht vorkommen, zu vermeiden. Dies ist für Entwicklungsfinanzierungen sowie Kontokorrentverhältnisse

---

318 Stöcker, Die Eurohypothek, S. 37 ff.
319 Stöcker, Die Eurohypothek, S. 31, 32, 38.
320 Stürner, in: FS Serick, S. 380.
321 Heck, Sachenrecht, § 82 7; Huber, Die Sicherungsgrundschuld, S. 60.
322 Medicus, Bürgerliches Recht, Rn. 493, S. 320 f.; Tiedtke, Jura 1980, S. 407 f.

von großem Vorteil. Die chinesische mortgage kann im gewissen Maß den Kreditbedarf auf dem Gebiet der Bauwirtschaft decken. Schließlich räumt die Eigentümerhypothek dem Eigentümer eine gewisse Dispositionsfreiheit ein. In den neuen Erläuterungen des Obersten Volksgerichts ist auch ein selbständiges Pfandrecht mit Rücksicherheit durch Vereinbarung der Parteien möglich. Der Anwendungsbereich beschränkt sich jedoch in der Rechtspraxis auf das grenzüberschreitende Sicherheitengeschäft[323] und bezieht sich auf drei Personen und zwei Sicherheiten.

Bezüglich der Typen von Grundpfandrechten sollten die folgenden Maßnahmen getroffen werden:

a. Die Privilegien (die gesetzliche Hypothek und § 56 Erläuterungen) und Rangprivilegien sollten abgeschafft werden. Maßgeblich sollte der Zeitpunkt der Entstehung oder der Eintragung sein.

b. Es sollte eine feste Rangordnung im Verhältnis zu anderen Grundpfandrechten und zu allen anderen Belastungen des Grundstücks errichtet werden. Im Zusammenhang hiermit steht die Zulassung der Eigentümerhypothek. Eine Bestellung für den Eigentümer ist beispielsweise dann sinnvoll, wenn dieser mit mehreren Banken über eine Kreditgewährung verhandelt und nach seiner Entscheidung eine baldige Kreditauszahlung wünscht. Auf diese Weise kann der Eigentümer die für die Bestellung des Grundpfands erforderlichen formellen Erfordernisse zeitlich vorverlegen und sich so ein Grundpfand auf Vorrat bereitlegen.

c. Im chinesischen Recht fehlt eine Briefhypothek. Um die Übertragung der Hypothek zu erleichtern, sollte die Briefhypothek geschaffen werden. Der Gläubiger könnte die erleichterte Übertragungsmöglichkeit zu seiner Refinanzierung nutzen. Auf diese Weise könnten verschiedene Zwecke erfüllt werden: Treuhand und Konsortialbeziehungen zwischen mehreren an einer Finanzierung beteiligten Kreditinstituten ließen sich vergleichsweise praktikabel und ohne zeitliche Verzögerung praktizieren. Auch bei einer nur vorübergehenden Zwischenfinanzierung durch ein Drittinstitut wäre es so möglich, Rechtssicherheit für die Kreditgeber zu gewährleisten, ohne für einen möglicherweise nur kurzen Zeitraum Kostenbelastungen für den Sicherungsgeber hervorzurufen. Im deutschen Recht wird die Verkehrsfähigkeit der Grundpfandrechte durch die Erteilung eines Briefes erheblich erhöht.

An der geschilderten Entwicklung wird deutlich, dass die chinesischen Grundpfandrechte nicht nur vom kontinentalen Rechtssystem, sondern auch vom amerikanischen Rechtssystem sowohl auf der Ebene der konkreten Ausgestaltung als auch auf der Ebene der Rechtsmethodik beeinflusst wurden. Auf dem Gebiet der Hypothek sind viele Vorschriften für konkrete Probleme am amerikanischen Rechtssystem orientiert. Es fehlt an

---

[323] Guoguang Li, Interpretation und Anwendung, S. 30.

einem übergeordneten abstrakten Grundgerüst. Dabei geht es nicht nur um die Akzessorietät und das Abstraktionsprinzip, sondern auch um das Verhältnis zwischen Eigentümer und Hypothekar. Dies führt zu einer Vielfalt von Vorschriften und zum Konflikt zwischen vielen Regelungen. Der Gesetzgeber sollte eine einheitliche abstrakte Grundidee für die verschiedenen Grundpfandrechte entwickeln. Ein wichtiger Gesichtspunkt muss dabei die leichte Übertragbarkeit bei Wahrung der erforderlichen Rechtssicherheit sein. Die Umlauffähigkeit steht in einem engen Zusammenhang mit der Struktur des Grundpfandrechts. Auch die Möglichkeiten einer einfachen Refinanzierung der Bank sind in die Überlegungen einzubeziehen. Bislang fehlt im chinesischen Recht ein Grundpfandrecht, das den Gläubigerwechsel erlaubt, ohne dass die gesicherte Forderung berührt wird. Dies würde aber die Umschuldung eines Kredits erleichtern. Weiterhin unterstützte ein solches Grundpfandrecht die Entwicklung neuer Refinanzierungstechniken der Banken. Alle diese Möglichkeiten wurden im deutschen Recht durch das Rechtsinstitut der Grundschuld geschaffen, die auf Nichtakzessorietät beruht. Entscheidend für das Vordringen der Sicherungsgrundschuld war und ist gerade ihre Unabhängigkeit von der zu sichernden Forderung[324]. Auf lange Sicht sollte die Sicherungsübereignung in China als eine nicht akzessorische Sicherheit ausgestaltet werden, um die Bedürfnisse des Marktes, insbesondere der Kreditgeber, zu befriedigen. Es ist denkbar, dass die Sicherungsübereignung am Grundstück in kurzer Zeit die Funktionen der Grundschuld in gewissem Maß ersetzen kann. Daher müssen wir im folgenden Kapitel die Struktur des Grundpfandrechts, vor allem die Akzessorietät oder Nichtakzessorietät, erörtern.

---

[324] Vgl. Seckelmann, Die Grundschuld als Sicherungsmittel, S. 46; Stöcker, Die Eurohypothek, S. 30.

Kapitel IV: Die Struktur der Grundpfandrechte
— Abstraktionsprinzip, Sicherungszweck und Akzessorietät

Die Struktur der Grundpfandrechte im deutschen Recht wird als Dreistufen- Konstruktion[325] bezeichnet: bei der ersten Stufe geht es um die zu sichernde Forderung bzw. das ihr zugrundeliegende Vertragsverhältnis. Die zweite Stufe ist der schuldrechtliche Sicherungsvertrag als causa des Verfügungsgeschäftes, und die dritte Stufe betrifft die Begründung des Sicherungsrechts durch das Verfügungsgeschäft. Das Verhältnis zwischen zweiter und dritter Stufe bezeichnet man als Abstraktionsverhältnis. Der Sicherungsvertrag ist causa der dinglichen Sicherheit. Das abstrakte Verfügungsgeschäft ist unabhängig von dem ihr zugrunde liegenden Verpflichtungsgeschäft. Das gilt auch, wenn der Sicherungsvertrag und die Sicherungsübertragung zeitlich zusammenfallen und in einer Urkunde abgefasst sind. Die Verbindung von erster und dritter Stufe bezieht sich auf die Akzessorietät. Im deutschen Recht existieren zugleich akzessorische und nicht akzessorische Grundpfandrechte. Schließlich kann auch noch das Verhältnis zwischen der gesicherten Forderung und dem Sicherungsvertrag gesondert betrachtet werden.

Diese Dreistufen-Konstruktion ist dem chinesischen Recht fremd. In der chinesischen juristischen Literatur treten immer wieder Verständnisprobleme mit den Begriffspaaren Einheit und Trennung, Kausalität und Abstraktion sowie Akzessorietät und Nicht- Akzessorietät auf. Die Differenzierung zwischen Sicherungsvertrag, gesicherter Forderung und dinglichem Bestellungsakt ist im chinesischen Recht nicht so scharf ausgeprägt. Die dreistufige Struktur orientiert sich im deutschen Recht am Umlauf des Grundpfandrechts. „Das deutsche Recht erreicht durch die Kombination von Abstraktion, weithin fehlender Akzessorietät und der Möglichkeit gutgläubigen Erwerbs ein gegenüber kausalen Rechtsordnungen weitaus höheres Maß an Verkehrsschutz und fördert wegen der leichteren Refinanzierungsmöglichkeit die Kreditvergabe“[326]. Man darf auch nicht außer Acht lassen, dass die Sicherheit und Effizienz des Sicherungsgeschäfts, die Interessen des Schuldners, des Eigentümers und des Gläubigers gleichzeitig im Rahmen dieses Rechtsinstituts berücksichtigt werden müssen. Entsprechend dieser Struktur wird vor allem die Rolle der Grundpfandrechte als Kreditsicherungsmittel hervorgehoben.

---

[325] Stadler, Abstraktion, S. 562 f.

[326] Stadtler, Abstraktion, S. 618.

I. Kausalprinzip und Abstraktionsprinzip

1.1 Die allgemeinen Regeln bei der dinglichen Rechtsänderung

1.1.1 Konsensprinzip

Das Konsensprinzip fordert kein äußeres Zeichen für den Eigentumswechsel. Die Obligation, der Rechtsgrund, hat selbst unmittelbar dingliche Wirkung: z. B. überträgt der im Kaufvertrag erklärte Konsens (beim Stückkauf) zugleich das Eigentum, ohne Rücksicht auf die Übergabe der Sache oder die Zahlung des Preises[327] zu nehmen. Diese Gestaltung findet sich im französischen Recht sowie in den Rechten der skandinavischen Länder[328]. Aus dem Konsensprinzip ergibt sich logisch das Einheitsprinzip. Die für den Eigentumsübergang erforderliche Willenseinigung wird als bereits im schuldrechtlichen Vertrag selbst enthalten angesehen[329]. Ein Rechtsgeschäft ist abhängig von seiner causa[330].

1.1.2 Traditionsprinzip

Dagegen fordert das Traditionsprinzip als äußeres Zeichen für den Eigentumswechsel eine Übergabe (traditio) oder ein Übergabesurrogat. Dieses Prinzip kann sowohl mit dem Einheitsprinzip als auch mit dem Trennungsprinzip einhergehen[331]. Die erste Gestaltung entsprach der überwiegenden Auffassung der älteren gemeinrechtlichen Theorie und fand sich vor allem im preußischen Allgemeinen Landrecht aus dem Jahre 1794, die zweite findet sich im schweizerischen Recht[332]. Im Ergebnis sind beide Gestaltungen gleich. Es ist nur eine Besonderheit, dass das Verfügungsgeschäft im schweizerischen Recht rechtlich als selbständiges Rechtsgeschäft zu werten ist. Unter dem Einfluss des gemeinen Rechts hat sich die Schweiz grundsätzlich für das Trennungsprinzip entschieden[333]. Gemäß Art. 974, 975 ZGB ist die Eigentümerübertragung jedoch abhängig vom Kausalgeschäft[334]. Für die Übertragung beweglicher Sachen ist die Übergabe (Übertragung des Besitzes) erforderlich (Art. 714 ZGB). Das schweizerische Recht hat einen Mittelweg zwischen französischem Konsensprinzip und deutschem Abstraktionsprinzip gefunden. Es wird als Kausalprinzip bezeichnet. In der Schweiz wie in Deutschland ist die Eintragung in ein Grundbuchregister notwendige Voraussetzung für den Ei-

[327] Wacke, ZEuP 2000, S. 254.
[328] Larenz, Schuldrecht II 1, S. 16.
[329] Larenz, Schuldrecht II 1, S. 16.
[330] Stadler, Abstraktion, S. 19.
[331] Arez, JA 1998, S. 242.
[332] Larenz, Schuldrecht II 1, S. 16.
[333] Berner Komm. zum ZGB, Bd. IV, Art. 714 Rn. 14 ff.
[334] Rey, Grundriss des schweizerischen Sachenrechts I, Rn. 1509.

gentumserwerb (§ 873 I BGB, Art. 656 I, 971 ZGB); die Eintragung hat konstitutive Wirkung. Dagegen dient die Eintragung in Frankreich primär der Durchsetzbarkeit des Rechts gegenüber Dritten.

1.1.3 Abstraktionsprinzip

Im deutschen Recht gilt das Abstraktionsprinzip. Das Abstraktionsprinzip[335] im eigentlichen Sinne geht noch einen Schritt weiter. Ihm zufolge ist die Wirksamkeit sachenrechtlicher Vorgänge unabhängig davon, ob das wirtschaftlich zugrunde liegende schuldrechtliche Geschäft rechtswirksam ist[336]. Ausgangspunkt des Abstraktionsprinzips ist der Begriff der Vermögenszuwendung: „Jemand schafft einem anderen auf seine Kosten einen Vermögenvorteil“[337]. Danach kann das Rechtsgeschäft im deutschen Recht im Wesentlichen in zwei Typen eingeteilt werden: zum einen das Verpflichtungsgeschäft und zum anderen das Verfügungsgeschäft. Dieser Gegensatz verdankt juristisch abstrahiertem Denken seine Entstehung. Das Verpflichtungsgeschäft schafft Ansprüche und Verpflichtungen zwischen den Parteien. Dessen rechtliche Wirkungen beschränken sich auf die Vertragsparteien. Dagegen wirkt das Verfügungsgeschäft unmittelbar auf den Bestand eines Rechts und führt den mit dem Verpflichtungsgeschäft bezweckten rechtlichen Erfolg herbei. Nach der deutschen Rechtsvorstellung kann die Vertragspartei dadurch ihre Verpflichtungen erfüllen und so die rechtliche Zuordnung der geschuldeten Objekte verändern[338]. Im Ergebnis verbindet sich das Abstrakstionsprinzip mit dem Trennungsprinzip. Die oberstufigen Begriffe, das Verfügungsgeschäft und das Verpflichtungsgeschäft, werden konstruiert.

1.2 Die Diskussion der Rezeption des Abstraktionsprinzips im chinesischen Recht

Die Gegenüberstellung von Verpflichtungsgeschäft und Verfügungsgeschäft findet man im chinesischen Recht nur in einigen Lehrbüchern[339].

[335] Der „Vater“ des Abstraktionsprinzips ist Friedrich Carl v. Savigny (1779-1868), der für den Bereich der Übereignung beweglicher Sachen als erster die Lehre vom abstrakten „dinglichen Vertrag“ formulierte. Ursprünglich kommt sie aus dem römischen Recht. Ihre rasche Rezeption führte alsbald zur Anerkennung der Grundsätze auch bei der Grundstücksübereignung, bei der Begründung und Übertragung beschränkt dinglicher Rechte und beeinflusste letztlich auch die Zessions- und Stellvertretungsregelungen. Einzelheiten s. Stadler, Abstraktion, S. 46 ff.

[336] Büdenbender, JuS 1996, S. 665, 669.

[337] Serick, Eigentumsvorbehalt I, S. 50.

[338] Soergel/Stöcker, ZBB 2002, S. 412, 413.

[339] Shangkuan Shi, Sachenrecht, S. 18; Changqing Hu, AT des Zivilrechts, S. 189; Yi Wang, Dingliche Rechtsänderung, S. 108; Junhao Zhang, Lehrbuch des Zivilrechts, S.

Auch beim Begriff des Rechtsgeschäfts existieren zwei Untertypen: schuldrechtliches und dingliches Rechtsgeschäft. Trennungsprinzip und Abstraktionsprinzip werden grundsätzlich wie im deutschen Recht definiert. Aber nach einer Meinung enthält das dingliche Rechtsgeschäft nicht nur die dingliche Willenserklärung, sondern auch die gesetzlichen Publizitätsmittel (Übergabe und Eintragung)[340]. Aufgrund dieser Definition meinen manche, dass die Vorstellung eines selbständigen Rechtsgeschäfts nicht notwendig sei und diese Publizitätsmittel für den Schutz des Rechtsverkehrs ausreichten. Bei der Gesetzgebung des Sachenrechts werden die Probleme des dinglichen Rechtsgeschäfts sehr intensiv diskutiert[341].

1.2.1 Kritik am Konsensprinzip

Am Anfang jeder Diskussion über das Abstraktionsprinzip steht der Blick auf das Konsensprinzip, wie es Frankreich und Japan kennen. Diese Systeme werden von vielen Juristen kritisiert. Als Hauptargument wird angeführt, das Konsensprinzip stehe im theoretischen Widerspruch mit sich selbst. Denn gemäß diesem Prinzip kann man zwar schon mit dem Zustandekommen des Vertrages Eigentum erwerben, dieses wirkt aber nur inter partes. Dann ist aber fraglich, ob der Käufer echtes Eigentum erwirbt oder nicht, und ob das Eigentum gegenüber jedermann wirken kann, da es ohne diese Wirkung nicht als Eigentum angesehen werden kann[342]. Vor allem erscheint unlogisch, dass, wenn eine Sache zwei Mal an verschiedene Käufer verkauft wird, nur der Käufer auch Eigentum erwirbt, der den Besitz erlangt oder als Eigentümer eingetragen wird. Denn eigentlich müssten beide Verträge wirksam sein und beide Käufer das Eigentum erwerben.

1.2.2 Gibt es das dingliche Rechtsgeschäft im bisherigen chinesischen Recht?

Fraglich ist, ob es im bisherigen chinesischen Recht das dingliche Rechtsgeschäft gibt. Gemäß § 72 II der Allgemeinen Grundsätze des Zivilrechts der VR China (AGZ) gilt: wenn Vermögensgut nach einem Vertrag oder in anderen legalen Formen erlangt wird, geht das Vermö-

215; Xianzong Sun, Das heutige deutsche Sachenrecht, S. 57; Liming Wang, Sachenrecht, S. 45; Zaiquan Xie, Das Sachenrecht im Zivilrecht I, S. 68; Shiyong Tian, Das dingliche Rechtsgeschäft, S. 200 ff.

[340] Liming Wang, Sachenrecht, S. 45. Zaiquan Xie, Das Sachenrecht im Zivilrecht I, S. 68.

[341] Xianzong Sun, Das dingliche Rechtsgeschäft, in: on property law, S. 205.

[342] Yongjun Li, Falü kexue 2/2000, S. 56.

genseigentum im Zeitpunkt der Übergabe des Vermögens über, soweit das Gesetz nichts anderes bestimmt bzw. die Beteiligten nichts anderes vereinbaren. In §§ 60 II, III, 61 des Gesetzes der VR China über die Lenkung städtischer Immobilien (LSI) ist vorgesehen, dass die Übertragung des Grundstücks oder die Rechtsänderung, z. B. der Wechsel des Inhabers oder die Hypothekenbestellung, registriert werden muss.
Unter Hinweis auf die o. g. Regelungen wird vertreten, dass das bisherige Gesetz das dingliche Rechtsgeschäft stillschweigend anerkenne[343]. Die Gegenmeinung wird von Liang vertreten. Zentraler Streitpunkt ist die Frage, ob der „Vertrag" in § 72 AGZ sich nur auf den schuldrechtlichen Vertrag bezieht. Liang bejaht das und meint, dass die Übertragung des Eigentums die selbständige Folge dieses Vertrages sei. Dem ist jedoch zu entgegnen, dass die Gültigkeit der Übertragung von Eigentum die Übergabe des Gegenstandes oder die Eintragung im Grundbuch voraussetzt[344].
In § 133 des Vertragsgesetzes der VR China ist geregelt: Das Eigentum am Vertragsgegenstand geht mit der Übergabe des Gegenstands über, soweit gesetzlich nichts anderes bestimmt ist und die Parteien nichts anderes vereinbaren. Daraus ergibt sich die Möglichkeit, den Eigentumserwerb von einer Bedingung abhängig zu machen. Nach § 134 des Vertragsgesetzes können die Parteien im Kaufvertrag vereinbaren, dass das Eigentum am Vertragsgegenstand solange dem Verkäufer zusteht, als der Käufer seine Pflicht, den Preis zu zahlen, oder andere Pflichten nicht erfüllt hat. Diese Konstruktion des Eigentumsvorbehalts setzt die Anerkennung des dinglichen Rechtsgeschäfts voraus[345].
Ein weiteres Argument für die Existenz des dinglichen Rechtsgeschäfts ist das Institut der Verfügung eines Nichtberechtigten. Wenn ein nicht Verfügungsberechtigter über Vermögensgut eines anderen verfügt, so ist der Vertrag wirksam, wenn der Berechtigte genehmigt oder der nicht Verfügungsberechtigte nach Abschluss des Vertrages das Verfügungsrecht erlangt (§ 51 Vertragsgesetz). Dabei ist wieder fragwürdig, was der Vertrag hier bedeutet: Verfügungsgeschäft oder schuldrechtlicher Vertrag? Liang ist der Meinung, die Verfügung eines Nichtberechtigten führe zur Unwirksamkeit des schuldrechtlichen Vertrags[346]. Die Gegenmeinung besagt, dass sich „Vertrag" hier auf das Verfügungsgeschäft beziehe[347].

---

343 Xianzong Sun, Faxue yanjiu 3/1996, S. 82 f.; Liming Wang, Zhongguo faxue 3/1997, S. 68; Huanbin Chen, Forum d. ZRW VI, S. 112; Shiyong Tian, Das dingliche Rechtsgeschäft, S. 142 f.
344 Huixing Liang, Studien, S. 126 f.
345 Shiyong Tian, Das dingliche Rechtsgeschäft, S. 168 f.
346 Huixing Liang, Renmin Fayuanbao, 01.08.2000.
347 Yi Wang, Zhongwai faxue 3/2001 S. 278 f.; Chuang Wang, Renmin sifa 11/2000 S. 22 ff.

1.2.3 Trennungsprinzip

Das Trennungsprinzip ist für den deutschen Juristen eine logische Folge der Selbständigkeit des dinglichen Rechtsgeschäfts. Diese systematische Trennung zwischen dem Verpflichtungsgeschäft und der dinglichen Rechtsänderung wird als Trennungsprinzip bezeichnet[348]. Manche chinesische Juristen verstehen das Trennungsprinzip ebenfalls in diesem Sinne[349]. Nach der Gegenmeinung ist das Trennungsprinzip so zu verstehen, dass causa und Folge der dinglichen Rechtsänderung als zwei Rechtstatsachen anerkannt werden. Daraus ergibt sich, dass das Trennungsprinzip nicht notwendig die Existenz eines selbständigen dinglichen Rechtsgeschäfts voraussetzt[350].

1.2.4 Die Diskussion über das Abstraktionsprinzip in China

1995 hat Xianzong Sun einen Aufsatz über das dingliche Recht aus dem Buch „Einführung in die Rechtsvergleichung auf dem Gebiete des Privatrechts "[351] übersetzt, der eine umfassende Diskussion über das Abstraktionsprinzip ausgelöst hat. Die Diskussion begann mit der Bewertung dieses Rechtsprinzips.

Die Gegner des Abstraktionsprinzips bringen vor, dass ihmzufolge auch ein bösgläubiger Dritter das Eigentum erwerben könnte. Daher stimme es nicht mit dem Rechtsgefühl des Bürgers und dem Prinzip von Treu und Glauben überein[352]. „Dabei wird verkannt, dass einerseits schwere Mängel wie Drohung, Täuschung, Wucher, Knebelung, Gläubigergefährdung usw. auch das dingliche Geschäft als solches ergreifen und also nur im Wege gutgläubigen Erwerbs überwunden werden können, andererseits aber leichtere Mängel wie Inhaltsirrtum, Dissens, Formmangel usw. Dritte im selben Maße angehen, so dass es nicht ohne weiteres sachwidrig ist, wenn sie ihnen gegenüber nur bei sittenwidrigem Handeln zum Schaden des Veräußerers gemäß § 826 BGB durchschlagen"[353].

Von den Gegnern des Abstraktionsprinzips wird weiter vorgebracht, der Verkäufer verliere bei Nichtigkeit des Kaufvertrags oder beim Konkurs des Erwerbers das Eigentum an der Sache und habe nur Ansprüche aus ungerechtfertigter Bereicherung. Damit werde er ungerecht beeinträch-

[348] Baur/Stürner, Sachenrecht, § 5 Rn. 40.
[349] Yongqin Su, in: FS Dai, S. 296; Liming Wang, Sachenrecht, S. 47; Zaiquan Xie, Das Sachenrecht im Zivilrecht I, S. 69.
[350] Xianzong Sun, Faxue yanjiu 3/1999, S. 30 ff.
[351] Zweigert/Kötz, Einführung in die Rechtsvergleichung auf dem Gebiete des Privatrechts, 1. Aufl., § 15 S. 213 ff.
[352] Liming Wang, Zhongguo faxue 3/1997, S. 67 ff.; Huanbin Chen, Forum d. ZRW VI, S. 139.
[353] Canaris, in: FS Kitagawa, S. 59, 86.

tigt[354]. Deswegen solle das Abstraktionsprinzip nicht übernommen werden. Im Gegenzug schlagen diese Autoren vor, an Stelle des dinglichen Rechtsgeschäfts ein Rechtsinstitut des gutgläubigen Erwerbs an beweglichen Sachen und öffentlichen Glaubens der Eintragung beim Grundstück einzuführen[355]. Diese These geht vom Kausalsprinzip aus, welches besagt, dass die Nichtigkeit des schuldrechtlichen Rechtsgeschäfts auf das dingliche Rechtsgeschäft wirkt. Wenn der Käufer bei Nichtigkeit des schuldrechtlichen Rechtsgeschäfts den Gegenstand an den Dritten veräußert, handelt er aufgrund der vom Kausalprinzip bewirkten Nichtigkeit auch des dinglichen Erwerbsgeschäfts als Nichtberechtigter. Damit kann der Dritte das Eigentum gutgläubig erwerben. Dies gilt auch beim Grundstück, hier aber durch die Rechtswirkung des öffentlichen Glaubens der Eintragung. Man muss zugestehen, dass schon die bloße Möglichkeit eines gutgläubigen Erwerbs ohne volle Geltung des Abstraktionsprinzips der Sicherheit des Rechtsverkehrs dient. Indes: „Durch die Möglichkeit des gutgläubigen Erwerbs wird der Unterschied zwischen Abstraktions- und Kausalprinzip zwar verkleinert, aber keineswegs beseitigt[356]", denn die Funktion des Abstraktionsprinzips beschränkt sich nicht nur auf den Schutz Dritter. Außerdem setzt gutgläubiger Erwerb einen guten Glauben des Erwerbers voraus. In der Rechtspraxis sind aber der gute Glaube und dessen Zeitpunkt sehr schwer festzustellen, was zu vermehrten Streitigkeiten führt[357]. Dagegen spielt der gute Glaube unter dem Abstraktionsprinzip keine entscheidende Rolle. Daher geht der Verkehrsschutz durch das Abstraktionsprinzip weiter als der durch gutgläubigen Erwerb. Zudem braucht der Erwerber nicht zu prüfen, ob das Kausalgeschäft, aufgrund dessen der Veräußerer die Sache erworben hat, gültig war[358]. Mit einem Wort erhöht das Abstraktionsprinzip die Verkehrssicherheit und erspart Streit. Dabei wird in einem gewissen Maße die Gerechtigkeit dem Verkehrsschutz geopfert. Die Ungerechtigkeit liegt nicht nur darin, dass der bösgläubige Erwerber auch das dingliche Recht erwerben kann, sondern auch darin, dass der Veräußerer nach dem Abstraktionsprinzip im Konkurs des Erwerbers ungeschützt ist. Indes sind die Gläubiger auch schutzwürdig, die sich auf den Besitz oder die Eintragung verlassen.

---

[354] Zejian Wang, in: Lehre und Rechtsprechung I, S. 266; Huixing Liang, Studien, S. 123 ff.

[355] Liming Wang, Zhongguo faxue 3/1997, S. 67 ff.; Huixing Liang, Studien, S. 123. Diese Ansicht taucht auch in der deutschen Literatur auf. So ist z. B. Kegel der Meinung, zur Wahrung der Verkehrsschutzinteressen genügten schon die Vorschriften über den gutgläubigen Erwerb, ja das Abstraktionsprinzip führe gerade zum Schutz von Bösgläubigen (Kegel, in: FS Mann, S. 83 und S. 86).

[356] Wieling, ZEuP 2001, S. 301, 304.

[357] Xianzong Sun, Das dingliche Rechtsgeschäft, in: on property law, S. 205.

[358] Wieling, ZEuP 2001, S. 301, 304.

1.2.5 Die Regelungen im Entwurf des Sachenrechts

In der Rechtspraxis ist die Selbständigkeit des dinglichen Rechtsgeschäfts in gewissem Maß anerkannt. Ohne Eintragung wird die Gültigkeit des schuldrechtlichen Vertrags nicht beeinträchtigt. Aber die Rechtsänderung des dinglichen Rechts setzt notwendig die Eintragung voraus[359]. In § 6 des vorgeschlagenen Entwurfs des Sachenrechts (vgl. §§ 7, 15 S. 1 NVK-Entwurf) ist geregelt, dass Bestellung, Übertragung, Rechtsänderung und Aufhebung eines dinglichen Rechts am Grundstück aufgrund des Rechtsgeschäfts ohne Eintragung nicht gültig sind. Bestellung, Übertragung, Rechtsänderung und Aufhebung eines dinglichen Rechts an einem Schiff, Flugzeug oder Auto dürfen aufgrund des Rechtsgeschäfts ohne Eintragung nicht gegen den Dritten wirken. Bestellung, Übertragung, Rechtsänderung und Aufhebung eines dinglichen Rechts an einem anderen dinglichen Recht an beweglichen Sachen dürfen aufgrund des Rechtsgeschäfts erst zum Zeitpunkt der Übergabe rechtlich wirksam werden. Fraglich ist, worum es sich bei dem genannten Rechtsgeschäft handelt. Nach richtiger Ansicht ist hier der schuldrechtliche Vertrag gemeint[360].

Das auf dingliche Rechtsänderung gerichtete Grundgeschäft ist ab seinem erlaubten (legalen) Zustandkommen gültig. Wenn es nicht zur dinglichen Rechtsänderung führen kann, haftet die Partei, die dies zu vertreten hat, für die Vertragsverletzung (§ 7 ESRG). Weiter ist zu beachten, dass in § 28 die konstitutive Wirkung der Eintragung vorgesehen ist und in § 29 der Eintragung öffentlicher Glaube zuerkannt wird.

Hinter dieser Vorschrift stehen folgende Erwägungen: Die Grundgeschäfte, die auf dingliche Rechtsänderung gerichtet sind, sind meist Verträge und gehören daher zu den schuldrechtlichen Rechtsverhältnissen. Ihr Zustandekommen und ihre Gültigkeit folgen den Regelungen des Schuldrechts und des Vertragsrechts. Die dinglichen Rechtsänderungen an Immobilien werden nur wirksam, wenn sie im Grundbuch eingetragen sind. Die Rechtsänderungen im Fahrnissachenrecht setzen eine Übergabe voraus. Allerdings haben die Verträge allein keine dingliche Rechtsänderung zur Folge. Dies zeigen die Fälle des Wegfalls der Geschäftsgrundlage oder des zweimaligen Verkaufs derselben Sache. Wenn ein Käufer vorweg eine Eintragung erreicht oder die Sache übergeben bekommen hat, dann kann er die dinglichen Rechte erwerben und der andere nicht. Allerdings erwirbt der andere eine Forderung aus dem Vertrag. Deswegen unterscheidet sich die dingliche Rechtsänderung vom Vertrag. Dieses Prinzip ist im deut-

---

[359] Antwort des Obersten Volksgerichts an das Landgericht der Provinz Heilongjiang auf den Streit um den Vertrag über den Kauf eines Hauses zwischen den zwei Abteilungen der Verwaltungsbehörde der Immobilien und der Niederlassung der Bahngesellschaft Haerbin, in: Sammlung der juristischen Dokumente, 1990, 10. Heft.

[360] Zejian Wang, Freiheit und Beschränkung im Sachenrecht, s. www.civillaw.com.cn.

schen Recht als Trennungsprinzip bekannt[361].
Allerdings meint Zejian Wang, dass diese Vorschrift nicht dem Trennungsprinzip entspreche. Im deutschen Recht seien Verpflichtungsgeschäft und Verfügungsgeschäft getrennt. Das Trennungsprinzip bedürfe eines Verfügungsgeschäfts oder eines dinglichen Rechtsgeschäfts neben dem Verpflichtungsgeschäft. Im chinesischen Recht bestehe jedoch ein anderer Gegensatz: die dingliche Rechtsänderung und das Grundgeschäft[362]. Ohne Abstraktionsprinzip sei die Selbständigkeit des dinglichen Rechtsgeschäfts nicht mehr nötig[363].
Nach der herrschenden Meinung existiert im chinesischen Recht kein Abstraktionsprinzip; und es soll im kommenden Sachenrechtsgesetz auch nicht vorgesehen werden[364]. Daher wird teilweise vertreten, das chinesische Recht folge der schweizerischen Spielart des Traditionsprinzips[365].

1.3 Vindikation, Kondiktion und Schadensersatz beim nicht gültigen Sicherungsvertrag

1.3.1 Deutsches Recht

Im deutschen Recht gilt das Abstraktionsprinzip für die Hypothek sowie für die Grundschuld. Der Sicherungsvertrag ist die causa, eine formlose Vereinbarung, in der sich der Besteller dem Gläubiger gegenüber zur Bestellung oder Übertragung einer Hypothek verpflichtet. Ist die Sicherungsabrede unwirksam oder später in Fortfall geraten, berührt dies nicht die Wirksamkeit der Hypothekenbestellung oder ihrer Übertragung. Dies gilt auch für die Grundschuld. Auf dieser Abstraktionsebene besteht kein Unterschied zwischen Hypothek und Grundschuld. Ausnahmsweise kommt eine Besonderheit bei den Grundpfandrechten in Betracht: die Abstraktion ist insofern durchbrochen, als die Einreden aus dem Grundverhältnis kraft des § 1157 BGB dingliche Wirkungen entfalten.
Geht man von einem abstrakten Verfügungsgeschäft aus, so ist das Verfügungsgeschäft bei mangelhaftem Rechtsgrund wirksam und der ehemalige Eigentümer hat nur einen Bereicherungsanspruch[366]. Wenn die Sicherungsabrede nicht wirksam ist, hat der Sicherungsgeber einen Bereicherungsanspruch nach § 812 I 1 Alt. 1 BGB. Der Gläubiger muss das Erlangte herausgeben, die Grundschuld also auf den Eigentümer übertra-

[361] Huixing Liang, Entwurf über das Sachenrecht in China, S. 93.
[362] Zejian Wang, Freiheit und Beschränkung im Sachenrecht, s. www.civillaw.com.cn.
[363] Zejian Wang, in: Rechtslehre und Rechtsprechung I, S. 254; Ferrari, ZEuP 1993, S. 52 f.
[364] Huixing Liang, Studien, S. 123.
[365] Kaiguo Li, Erörterung der grundlegenden zivilrechtlichen Probleme, S. 298; Liming Wang, Zhongguo faxue 3/1997, S. 68.
[366] Kegel, in: FS Mann, S. 57, 65.

gen, in dessen Person sich die Fremdgrundschuld in eine Eigentümergrundschuld verwandelt[367]. Der Eigentümer kann vom Gläubiger auch den Verzicht auf die Grundschuld (§ 1169 BGB) verlangen. Der Verzicht muss in das Grundbuch eingetragen werden. Der Eigentümer erwirbt wiederum eine Eigentümergrundschuld (§§ 1192 I, 1168 BGB). Schließlich kann der Eigentümer auch vom Gläubiger die Aufhebung der Grundschuld verlangen. Umstritten ist, ob dem Eigentümer drei materiellrechtliche Ansprüche zustehen oder ob nur ein Anspruch mit verschiedenen Anspruchsgrundlagen besteht[368]. Aber auf jeden Fall hat er nur einen prozessualen Anspruch. Zur bislang wenig beachteten Frage, ob der schuldnerfremde Eigentümer den Sicherungsvertrag mit erweiterter Zweckerklärung als Dauerschuldverhältnis aus wichtigen Grund kündigen kann[369], ist Folgendes anzuführen: Der Sicherungsvertrag entfällt dann mit Wirkung ex nunc und die Rückabwicklung folgt Rücktritts- und nicht Bereicherungsrecht. In der Rechtspraxis kann der Sicherungsvertrag insbesondere wegen Sittenwidrigkeit (§ 138 I BGB) wie z. B. bei Knebelung unwirksam sein[370]. Allerdings darf man nicht außer Acht lassen, dass sich der Sittenverstoß oder die Treuwidrigkeit auch gegen das dingliche Verfügungsgeschäft richten kann und nicht nur gegen das Verpflichtungsgeschäft, so dass Kondiktionslagen u. U. gar nicht eintreten[371].

1.3.2 Chinesisches Recht

In den auf das Kausal- bzw. Konsensprinzip gestützten Rechtsordnungen ergeben sich aus dem ungültigen Verpflichtungsgeschäft auch unwirksame Verfügungsgeschäfte[372]. Dementsprechend steht dem Eigentümer die Vindikationsklage zu. Wenn eine Eintragung im Grundbuch erfolgte, steht dem Eigentümer ein Anspruch auf Löschung zu.

Zuerst ist fraglich, ob das Gesetz zwischen Sicherungsvertrag und Sicherungsrecht unterscheidet. Wenn die Parteien Vermögensgegenstände nach § 42 (Immobilien) mit einer Hypothek belasten, müssen sie den Gegenstand der Hypothek registrieren, und der Hypothekenvertrag wird mit dem Tag der Registrierung wirksam (§ 41 GüS). Eine Eintragung ist notwendige Voraussetzung. Es ist jedoch problematisch, ob die Unwirksamkeit sich nur auf den schuldrechtlichen Vertrag oder nur auf die Hypothek be-

[367] Tiedtke, Jura 1980, S. 407, 409.

[368] Huber, Die Sicherungsgrundschuld, S. 172 f.

[369] Gerth, BB 1990, S. 78 ff.

[370] OLG Hamm NJW 1994, 2623.

[371] Baur/Stürner, Sachenrecht, § 5 Rn. 51; BGH NJW 1997, 643. Über die weiteren Durchschlagsmöglichkeiten der Tatbestände der §§ 119, 123, 134 auf das dingliche Rechtsgeschäft, siehe Baur/Stürner, § 5 Rn. 7 ff.

[372] Koziol/Welser, Grundriß des bürgerlichen Rechts, S. 98.

zieht. Liang bejaht Letzteres[373]. Ohne Eintragung wirkt der Hypothekenvertrag vielmehr nur schuldrechtlich[374]. Wenn nach dem Abschluss des gemäß den gesetzlichen Bestimmungen zu registrierenden und demzufolge gültigen Hypothekarvertrags der Sicherungsgeber entgegen dem Prinzip von Treu und Glauben die Durchführung der Registrierung ablehnt und daher der Gläubiger geschädigt wird, soll der Sicherungsgeber zu Schadensersatz verpflichtet sein (§ 56 II Erläuterungen). Daraus kann man entnehmen, dass schuldrechtlich der Sicherungsvertrag als von der Hypothek getrennt angesehen wird; folglich gilt im chinesischen Recht bei Grundpfandrechten das Trennungsprinzip. Eine allgemeine dingliche Einigung oder ein dinglicher Vertrag tritt jedoch dabei nicht in Erscheinung. Aus dem Gesetz ist nicht direkt zu entnehmen, ob der Hypothek ein schuldrechtlicher Sicherungsvertrag zugrundeliegt und ob die Nichtigkeit der Sicherungsabrede zur Nichtigkeit der Hypothek führt. Diese Frage wird durch die Regelungen des gesetzlichen Schadensersatzes mittelbar geklärt.

Der gesetzliche Schadensersatz wird in § 5 II GüS geregelt. Wenn die Nichtigkeit des Sicherungsvertrages festgestellt wird und beim Schuldner, Sicherungsgeber und Gläubiger Verschulden vorliegt, haftet jeder entsprechend seinem Verschulden zivilrechtlich. In der neu erlassenen Erläuterung des Obersten Volksgerichts zum Gesetz über die Sicherheiten (29.09.2002) wird diese Vorschrift über den gesetzlichen Schadensersatz weiter konkretisiert. Wenn der Hauptvertrag zwar wirksam und nur der Sicherungsvertrag nichtig ist, den Gläubiger aber kein Verschulden trifft, dann haften der Sicherungsgeber und der Schuldner für den wirtschaftlichen Verlust des Gläubigers des Hauptvertrages solidarisch; wenn bei Gläubiger und Sicherungsgeber Verschulden vorliegt, darf der dem Sicherungsgeber auferlegte Anteil der zivilrechtlichen Haftung nicht die Hälfte des Anteils, den der Schuldner nicht erfüllen kann, überschreiten (§ 7 Erläuterungen). So dürfen z. B. gemäß § 60 III des Gesellschaftsgesetzes (29.12.1993) Vorstandsmitglieder und Geschäftsführer mit dem Vermögen der Gesellschaft nicht für Schulden von Gesellschaftern der Gesellschaft oder anderer Einzelpersonen Sicherheit leisten. Der gegen diese Vorschrift abgeschlossene Sicherungsvertrag ist nichtig, aber der Hauptvertrag ist gültig. Wenn der Gläubiger diese Umstände nicht kennt oder kennen kann, sollen der Sicherungsgeber und der Schuldner für den Verlust des Gläubigers solidarisch haften (§ 4 Erläuterungen). Fragwürdig ist jedoch, ob der Hauptvertrag unberührt wirksam sein kann, wenn der Sicherungsvertrag unwirksam ist. In der Praxis setzt die Auszahlung des Kredits eine gültige Sicherheit voraus. Eine weitere Frage ist, worin der Verlust des Gläubigers liegt. Wenn der Sicherungsvertrag unwirksam ist,

[373] Huixing Liang, Erörterung des chinesischen Sachenrechts, S. 825.
[374] Yueming Xu, Erörterung des Instituts der Hypothek, S. 199.

geht die Hypothek nach dem Kausalprinzip auch unter. Damit verliert der Gläubiger die Berechtigung der bevorzugten Befriedigung. Daher kann der Verlust des Gläubigers die vom Schuldner nicht geleistete Forderung sein. Schadensersatzforderungen sowie Verzugszinsen und Vertragstrafe fallen auch darunter.

Wenn die Nichtigkeit des Hauptvertrags zur Nichtigkeit des Sicherungsvertrags führt und den Sicherungsgeber kein Verschulden trifft, haftet der Sicherungsgeber nicht; wenn den Sicherungsgeber ein Verschulden trifft, darf der dem Sicherungsgeber auferlegte Anteil der zivilrechtlichen Haftung nicht ein Drittel des Anteils, den der Schuldner nicht erfüllen kann, überschreiten (§ 8 Erläuterungen). Wenn der Sicherungsgeber die Nichtigkeit des Hauptvertrags kennt, aber trotzdem dafür eine Sicherheit geleistet hat, dann liegt Verschulden des Sicherungsgebers vor. Haben beispielsweise A und B einen Vertrag über den Import von Autoeinzelteilen abgeschlossen und stellt D für die Forderungen des ausländischen Verkäufers B eine Sicherheit, wird aber nach dem Import festgestellt, dass keine Einzelteile, sondern die ganzen Autos eingeführt wurden und wird dieses Geschäft vom Zoll als Schmuggel verfolgt, dann werden die Autos beschlagnahmt. In diesem Fall ist der Hauptvertrag wegen Verstoßes gegen das Gesetz nichtig, was wiederum zur Nichtigkeit des Sicherungsvertrages führt. Wenn in diesem Fall der Sicherungsgeber den beabsichtigten Gesetzesverstoß weder kannte noch kennen konnte, trifft ihn kein Verschulden[375].

Wenn der Sicherungsgeber wegen der Nichtigkeit des Sicherungsvertrags dem Gläubiger auf Schadensersatz haftet, kann er vom Schuldner Ausgleich fordern oder im Rahmen des ihm obliegenden Schadensersatzes vom Rücksicherheitsgeber, sofern diesen ein Verschulden trifft. Der Sicherungsgeber kann im Falle seiner Haftung anderweitig Klage gegen Schuldner und Rücksicherheitsgeber erheben (§ 9 Erläuterungen). Der Schuldner haftet endgültig für den Schaden. Daher ist die Schadensersatzpflicht ihrer Rechtsnatur nach eine Art Bürgschaft.

Das Oberste Volksgericht geht allgemein davon aus, dass die Grundschuld fremde Verbindlichkeiten sichert, Eigentümer und Schuldner also nicht identisch sind. Ansonsten hält es die Regelungen nicht für sinnvoll. Indessen sind sie meines Erachtens bei der Rücksicherheit sehr wohl sinnvoll. Im Grunde genommen ist diese Vorschrift die logische Konsequenz des Kausalprinzips. Denn es hat zur Folge, dass mit der Nichtigkeit des Sicherungsvertrages auch das Sicherungsrecht untergeht. An die Stelle des Sicherungsrechts tritt die Schadensersatzpflicht (§ 7 Erläuterungen). Fraglich ist die Rechtsnatur dieses Schadensersatzes. Die herrschende Meinung sieht in ihr eine Form des Verschuldens beim Vertrag-

[375] Guoguang Li, Interpretation und Anwendung, S. 73.

schluss[376].
Aufgrund des öffentlichen Glaubens der Eintragung kann ein Dritter gutgläubig erwerben. Bei Geltung des Kausalprinzips würde das Grundbuch häufiger unrichtig werden als bei Geltung des Abstraktionsprinzips. Trotzdem wird der Dritte auch durch die Möglichkeit des gutgläubigen Erwerbs geschützt. Die Eintragung mit öffentlichem Glauben kann besonders bei der Übertragung der Hypothek durch Forderungsabtretung teilweise die Funktion des Abstraktionsprinzips ersetzen.
Gutgläubiger Erwerb wird im Entwurf geregelt. Nach den Regelungen des Obersten Volksgerichts kann der Dritte nur Schadensersatz verlangen, wenn bei Nichtigkeit des Sicherungsvertrags eine Hypothek durch Abtretung der Forderung übertragen wird. Dabei stehen diese Regelungen in Widerspruch mit dem Rechtsinstitut des gutgläubigen Erwerbs. Außerdem trägt der Dritte bei diesen Regelungen in der Tat ein eigenständiges Rechtsrisiko. Daher sollten diese Regelungen meiner Meinung nach abgeschafft werden.
Bei allen diesen Regelungen ist das Verschulden maßgeblich für die Schadenersatzpflicht. In der Rechtpraxis ist das Verschulden aber sehr schwer zu erkennen und zu beweisen. Problematisch ist auch, wie die Beweislast verteilt werden soll. Außerdem haftet der Sicherungsgeber auch ohne Verschulden nach § 7 S. 2 Erläuterungen auf Schadensersatz. Ein Grund für diese Verschiedenheit ist nicht ersichtlich.

1.4 Abstraktionsprinzip und nicht akzessorische Grundpfandrechte

1.4.1 Die strukturelle Voraussetzung der Sicherungsübereignung

Bei der Sicherungsübereignung verfolgen die Parteien den Zweck, den Gläubiger wegen seiner Forderung zu sichern. Um den Zweck zu erreichen, steht der Sicherungsnehmer im Innenverhältnis ähnlich wie ein Pfandgläubiger. Im Außenverhältnis wird er Eigentümer[377]. Die überschließenden Befugnisse stehen dem Sicherungsnehmer daher nur zu treuen Händen zu.
Im französischen Recht bewirken schon bestimmte Typen von Schuldverträgen auch eine dingliche Rechtsänderung, d. h., der (schuldrechtliche) Konsens bestimmt den Umfang der Übertragung der dinglichen Rechte. Sicherungsabrede und Sicherungsübereignung sollen nach dem Einheitsprinzip zusammenfallen. Unter diesem Prinzip ist die schuldrechtliche Bindung überschießender dinglicher Rechtsmacht logisch nicht zu konstruieren. Auch das Kausalprinzip führt dazu, dass die dingliche Rechtslage durch das Verpflichtungsgeschäft geändert wird. Deswegen wird

[376] Xiangjun Kong, Guarantee Law, S. 59.
[377] Reinicke/Tiedtke, Kreditsicherung, Rn. 449, S. 166.

vertreten, die schuldrechtliche Bindung überschießender dinglicher Rechtsmacht könne nur unter dem Trennungs- und Abstraktionsprinzip verwirklicht werden[378]. Diese Überlegung gilt auch für die Grundschuld. Aber der Machtüberschuss, den die Grundschuld dem Sicherungsnehmer verleiht, liegt nur darin, dass sie ein nichtakzessorisches Pfandrecht ist. Er tritt nur in Erscheinung, wenn der Wert des Sicherungsguts und der Grundschuld selbst den Wert der Forderung übersteigt oder der Kredit nicht valutiert wird.

1.4.2 Ausgestaltung der nicht akzessorischen Grundpfandrechte unter dem beschränkten Kausalprinzip

Dem chinesischen Sachenrecht liegt nicht das Konsensprinzip, sondern das Kausalprinzip zugrunde. Auch wird das Kausalprinzip in der chinesischen Literatur nicht so verstanden, dass das schuldrechtliche Rechtsgeschäft den Umfang der Übertragung der dinglichen Rechte bestimmt. Wenn das Trennungsprinzip platz greift, ist eine Beschränkung überschießender dinglicher Rechtsmacht mit schuldrechtlicher Wirkung bei der Grundschuld auch im chinesischen Recht möglich. Nichtsdestotrotz werden die Funktionen der nicht akzessorieschen Grundpfandrechte beeinträchtigt. Durch die Sicherungsübereignung erwirbt der Gläubiger das Sicherungseigentum und kann daher sein Eigentum im Grundbuch eintragen lassen und weiter verfügen. Der Dritte kann erwerben, auch wenn er bösgläubig ist. Aber wenn in diesem Fall der Sicherungsvertrag nichtig ist, schlägt dies nach dem Kausalprinzip auf die Sicherungsübereignung durch. Dann muss der Dritte gutgläubig sein, sonst kann er nicht unter Berufung auf den öffentlichen Glauben der Eintragung erwerben. Das Recht der Grundschuld wird auf der dinglichen Ebene nicht vereinfacht. Im Vergleich mit der Lösung unter dem Abstraktionsprinzip werden die Verkehrssicherheit und der Drittschutz beeinträchtigt. Es wäre deshalb zu überlegen, die Sicherungsübereignung in China ausnahmsweise dem Abstraktionsprinzip zu unterstellen. Aber eine derartige Ausnahme ließe sich kaum rechtfertigen und hätte einen systematischen Bruch zur Folge. Daher bin ich der Meinung, dass das Abstraktionsprinzip im chinesischen Recht für alle Arten von Verfügungen eingeführt werden sollte.

[378] Bormann, Wettbewerbsbeschränkungen durch Grundstücksrechte, S. 210.

II. Der Sicherungszweck – das Verhältnis zwischen gesicherter Forderung und Sicherungsvertrag

2.1 Rechtsgrund im Sinn des § 812 BGB bei der Sicherungsgrundschuld

Die vielen mit einem Rechtsgeschäft verfolgten Zwecke stehen nicht gleichwertig nebeneinander. Das Recht bestimmt aber nur typische Zwecke als Leistungszweck. Nicht jeder beliebige Zweck vermag eine Kondiktion auszuschließen, sondern nur ein solcher Zweck, der in einem der typischen, traditionell gewachsenen Tatbestände verkörpert ist[379]. Die Grundschuldbestellung ist Leistung. Die ihr zugrundliegenden Leistungszwecke können die causa solvendi, causa obligandi oder datio ob rem sein[380]. Dabei taucht die Frage auf, ob die zu sichernde Forderung den Rechtsgrund für die bestellte Grundschuld darstellt.

2.1.1 Die Lehre der Doppelcausa

„Die Verpflichtung zur Sicherheitenbestellung ist nicht Inhalt des Sicherungsvertrags, sondern dessen Voraussetzung", und wird vom Darlehensvertrag umfasst[381]. Soergel und Stöcker sehen daher im Darlehenvertrag die causa dessen, was in dem zweiten Vertrag bewirkt wird. Der Sicherungsvertrag wird von ihnen als sachenrechtlicher Vertrag zur Bestellung des Grundpfandrechts bezeichnet[382].

Der Sicherungsvertrag darf jedoch nicht isoliert gesehen werden. Vermehr ist auch das Verhältnis zwischen der gesicherten Forderung und dem Sicherungsvertrag in die Betrachtung einzubeziehen. Die Lehre der Doppelcausa besagt, dass das Sicherungsgeschäft auf zwei obligatorische Verträge – Darlehensvertrag und Sicherungsvertrag – aufgeteilt wird und sich dementsprechend Leistungscausa und Sicherungscausa getrennt auf den Darlehensvertrag und den Sicherungsvertrag verteilen.

Serick vertritt die Ansicht, die zu sichernde Forderung werde Bestandteil des inneren Rechtsgrundes der schuldrechtlichen Sicherungsabrede. Aber sie ist nicht die objektive causa der Sicherheitenbestellung im Sinne des § 812 BGB[383]. Diese Sicherungscausa wird von Serick als objektive causa bezeichnet. Der Sicherungsvertrag beantwortet die Frage, ob die Siche-

---

[379] Jung, in: Reichsgerichtspraxis, S. 159.

[380] Zeiss, AcP 164 (1964), S. 50, 55 f.

[381] Neuhof/Richrath, NJW 1996, S. 2894, 2896.

[382] Soergel/Stöcker, ZBB 2002, S. 412, 414.

[383] Serick, Eigentumsvorbehalt I, S. 59 f.; Buchholz analysiert die Absicht des Sicherungsgebers, die Kreditsicherheit zur Sicherung einer Forderung an den Sicherungsnehmer zu übertragen, als subjektive Leistungscausa. Buchholz, ZIP 1987, S. 891, 897.

rungsnehmer die Sicherheit behalten dürfen[384]. Liegt lediglich ein Darlehensversprechen vor, ist also die Valuta noch nicht ausbezahlt worden, so ist bei nichtiger Sicherungsabrede auch das Darlehensversprechen nichtig (§ 139 BGB). Dadurch hat der Sicherungsgeber dann einen Bereicherungsanspruch. Nach der Meinung von Schlechtriem ist die Pflicht zur Sicherheitenbestellung als Nebenpflicht im Darlehensvertrag anzusehen[385]. Aber das würde nichts ändern, da im Hinblick auf § 139 BGB Nichtigkeit dieses Teils des Darlehensvertrags eintreten würde.
Huber nimmt eine kausale Abhängigkeit zwischen Sicherungsvereinbarung und gesicherter Forderung an. Er ist der Meinung, dass die Forderung mittelbar, durch Vermittelung der Sicherungsvereinbarung, mit der Sicherheit zusammenhänge. Wenn die Forderung nicht bestehe, dann werde der Sicherungsvertrag sinnlos[386]. Die Gültigkeit der Sicherungsverpflichtung hängt vom Bestehen der zu sichernden Forderung ab. Daher findet das Recht der Bereicherung Anwendung[387].

2.1.2 Sicherungsabrede als causa

Der Grund für den Abschluss des Sicherungsvertrags und damit für die Verpflichtung zur Sicherheitenbestellung liegt natürlich außerhalb des Sicherungsvertrags, nämlich im Sicherungszweck[388]. Der Sicherungszweck gründet sich auf die zu sichernde Forderung und damit auf den Darlehensvertrag. Aber diese Kausalität macht den Darlehensvertrag nicht zum Rechtsgrund der Sicherheitenbestellung im Sinne des § 812 BGB, sondern die Verknüpfung wird nach Lage des Einzelfalls durch § 139 BGB gelöst[389]. Es fehlte bei Unwirksamkeit des Sicherungsvertrags gerade an einer wirksamen Verpflichtung, überhaupt eine Sicherheit zu bestellen. Damit enthält der Sicherungsvertrag den Rechtsgrund der Sicherheitsbestellung[390].

---

[384] Serick, Eigentumsvorbehalt I, S. 52.

[385] Schlechtriem, Schuldrecht, Besonderer Teil, Rn. 217.

[386] Huber, Sicherungsgrundschuld, S. 91; weiter spricht Huber nicht von der Leistungscausa und einer Sicherungscausa, sondern von der objektiven causa und der subjektiven causa. Der Sicherungsnehmer hat wegen Unwirksamkeit des Sicherungsvertrags keinen Anspruch auf ihre Überlassung (Fehlen der objektiven causa). Der vom Sicherungsgeber verfolgte Zweck, eine Forderung zu sichern, ist wegen Nichtbestehens dieser Forderung verfehlt oder erledigt (Fehlen der subjektiven causa): Huber, Sicherungsgrundschuld, S. 29.

[387] Westermann, Sachenrecht, § 115 III 4.

[388] Bülow, NJW 1997, S. 641, 643.

[389] BGH NJW 1994, 2885 = WM 1994, 1711; dazu Bülow, EWiR 1994, S. 959 u. Neuhof, WiB 1994, S. 832.

[390] Vgl. Baur/Stürner, Sachenrecht, § 45 Rn. 9; Serick, Eigentumsvorbehalt I, S. 57 ff.; Wolff/Raiser, Sachenrecht, § 132 II; v. Caemmerer, in: FS Lewald, S. 443, 456 f.; BGH NJW 1989, 1732, 1733 l. Sp.; NJW-RR 1996, 235.

2.1.3 Sicherungszweck als causa

Weitnauer leugnet die Notwendigkeit der schuldrechtlichen Sicherungsabrede und betrachtet den Sicherungszweck unmittelbar als causa der dinglichen Bestellung[391].

2.2 Sicherungszweck und Sicherungsvertrag

Der Sicherungszweck ist nicht auf die Verbindung mit der gesicherten Forderung gerichtet, sondern auf die Risikobegrenzung für den Fall der Zahlungsunfähigkeit des persönlichen Schuldners[392]. Deswegen verbindet sich der Sicherungszweck nicht immer mit dem Bestehen der Forderung. Auch ohne die gesicherte Forderung ist es möglich, dass der Sicherungszweck bestehen bleibt. Bei einer erweiterten Sicherungsabrede ist der Sicherungsnehmer solange nicht verpflichtet, die Grundschuld zurückzugewähren, als ihm irgendwelche Ansprüche gegen den persönlichen Schuldner zustehen. Soweit der Sicherungszweck bestehen bleibt, kann die Grundschuld auch zur Sicherung einer erneuten Darlehensaufnahme verwendet werden, nachdem die ursprüngliche Forderung erfüllt wurde. Bei Ausschluss der Leistungspflicht des persönlichen Schuldners wegen Unmöglichkeit gemäß § 275 BGB entfällt der Sicherungszweck der Grundschuld. Aber wenn diese Unmöglichkeit der Leistung des persönlichen Schuldners auf einem Verschulden des Sicherungsgebers beruht, dann entfällt der Sicherungszweck bei sachgerechter Abwägung der Interessen der Parteien nicht[393]. Eine andere Ausnahme begegnet beim rechtskräftigen Insolvenzplan. Sind Sicherungsgeber und persönlicher Schuldner nicht personenidentisch, fällt der Sicherungszweck wegen der Herabsetzung der Hauptschuld aufgrund eines rechtskräftigen Insolvenzplanes oder der Restschuldbefreiung nicht fort (§§ 254 II S. 1, 49 InsO). Schließlich ist mit der Verjährung der persönlichen Schuld kein Fortfall des Sicherungszwecks verbunden (§ 216 II 1 BGB).

Im schuldrechtlichen Bereich überschneiden sich Sicherungszweck und Sicherungsvertrag. Die Erledigung des Sicherungszwecks löst zwar den Rückgewähranspruch aus und ist für ihn Voraussetzung. Die Vereinbarung über den Sicherungszweck macht jedoch das wesensbestimmende Element aus. Daraus können sich vielfältige gesetzliche schuldrechtliche Rechte und Pflichten ergeben.

---

[391] Weitnauer, in: FS Serick, S. 389, 395.

[392] BGH WM 2000, 1443 = NJW 2000, 2499, 2500; Reithmann, DNotZ 1982, 67, 70 f.; Lopau, JuS 1976, S. 553, 557.

[393] Lettel, WM 2002, S. 788, 794.

2.3 Das Verhältnis zwischen gesicherter Forderung und Sicherungsvertrag bei der Hypothek

Die aus Verfehlung und Wegfall des Sicherungszwecks sich ergebenden Fragen sind bei der Hypothek solche der Akzessorietät. Der Sicherungszweck ist bei der Hypothek durch das Gesetz unmittelbar zum Bestandteil des dinglichen Rechts erhoben worden[394]. Die Frage, ob der sich aus der gesicherten Forderung ergebende Sicherungszweck den Rechtsgrund des Sicherungsvertrags darstellt, wird damit bedeutungslos, bleibt aber offen. Im chinesischen Gesetz führt die Nichtigkeit des Hauptvertrags, aus dem sich die zu sichernde Forderung ergibt, zur Nichtigkeit des Nebenvertrags, nämlich des Sicherungsvertrags (§ 5 I GüS). Wörtlich gesehen, ist der Sicherungsvertrag abhängig vom Darlehensvertrag. Der Vertrag wird dann in dieser Vorschrift mit der Forderung vermischt. Dem Zweck dieser Vorschrift nach handelt es sich aber nur um die Akzessorietät[395]. Von daher soll hier der Hauptvertrag als die zu sichernde Forderung ausgelegt werden[396]. In der Literatur werden der Vertrag und die sich aus ihm ergebende Forderung wie im deutschen Recht getrennt betrachtet. Außerdem steht die von dem Hauptvertrag ausgehende Forderung bei der Hypothek gesetzlich nicht mit dem Sicherungsvertrag, sondern nur mit der Sicherheit im Zusammenhang. Aber man darf nicht außer Acht lassen, dass diese chinesische Vorschrift vom Kausalprinzip ausgeht. Die Nichtigkeit des Hauptvertrags führt zur Nichtigkeit des Sicherungsvertrags, aber nicht unmittelbar zur Nichtigkeit des Grundpfandrechts. Das Grundpfandrecht ist im chinesischen Recht abhängig vom Bestand des Sicherungsvertrags. Im Ergebnis hat die Nichtigkeit des Hauptvertrags so die Nichtigkeit des Grundpfandrechts zur Folge. Daher führt die Wirkungslosigkeit (vor allem die Nichtigkeit) des Sicherungsvertrages und des Hauptvertrages zum Wegfall der Sicherheit. Das Grundpfandrecht erlischt automatisch. Der Sicherungsgeber haftet schuldrechtlich nur bei Verschulden (§ 5 I GüS).

Die Begriffe Sicherungszweck und „causa" werden im deutschen Recht scharf voneinander getrennt. Im chinesischen Recht scheint es nicht nötig, zwischen beiden Begriffen zu differenzieren, weil die gesicherte Forderung und der Sicherungsvertrag eine Grundlage für die Sicherheit bilden. Es stellt sich nicht die Frage, ob in diesen Fällen die zu sichernde Forderung der Rechtsgrund für die bestellte Sicherheit ist oder ob neben dieser Sicherungscausa noch ein anderer Rechtsgrund vorhanden ist. Bei der

---

[394] Vgl. Staudinger/Wiegand, § 1250 Rn. 1; Medicus, JuS 1971, S. 497, 499.

[395] Xiangjun Kong, Guarantee Law, S. 36; Institut für ZR, Erklärung des GüS, S. 6.

[396] Xiangjun Kong, Guarantee Law, S. 37; in der Rechtspraxis wird der Unterschied zwischen Vertrag und Forderung schon anerkannt, z. B. wenn ein Rücktritt vom Hauptvertrag vorliegt, soll der Sicherungsgeber noch zur Sicherung der zivilrechtlichen Haftung des Schuldners verpflichtet werden, es sei denn, im Sicherungsvertrag wurde anderes vereinbart (§ 10 Erläuterungen).

Hypothek scheint diese Struktur unproblematisch. Aber die isolierte Grundschuld wird aufgrund dieser Struktur als eine Grundschuld ohne causa gesehen, und nach dem Kausalprinzip kann man diese nicht wirksam bestellen. Umso interessanter ist es, dass trotzdem die Eigentümerhypothek vom chinesischen Gesetzgeber vorgesehen ist[397].

III. Akzessorietät – Nicht-Akzessorietät

3.1 Begriff

Die vorherrschende Lehrmeinung versteht unter Akzessorietät im engeren Sinn die Abhängigkeit eines Nebenrechts von einem Hauptrecht[398]. Für diese Abhängigkeit ist kennzeichnend, dass zum einen die Abhängigkeit nicht rechtsgeschäftlich durch eine Bedingung, sondern kraft Gesetzes hergestellt ist und sie zum anderen nur einseitig ist. Die Abhängigkeit wirkt nur in eine Richtung und nicht auch umgekehrt. Daher kann man das eine Recht als das „bestimmende, führende" bezeichnen; das andere Recht ist das „angelehnte, geführte"[399]. Im Zusammenhang mit Sicherungsrechten betrifft die Akzessorietät das Verhältnis zwischen dem Sicherungsrecht und der durch das Sicherungsrecht gesicherten Forderung. Beide Rechte dienen zwar demselben Zweck, dem Gläubiger insgesamt einmal Befriedigung zu verschaffen, aber die Tatsache, wer Gläubiger ist und unter welchen Voraussetzungen er die Befriedigung erhalten soll, regelt das Gesetz nur für das „führende" Recht[400]. Die Akzessorietät bedeutet also eine rechtstechnische Vereinfachung: Die den wirtschaftlichen Zweck des Primärverhältnisses (z. B. Kauf) berücksichtigende Regelung braucht nur für dieses Primärverhältnis getroffen zu werden. Sie wird dann durch die Akzessorietät auf das Sekundärverhältnis übertragen[401].

3.2 Die Akzessorietät bei der Hypothek und ihre Wirkungsweise

3.2.1 Typen der Akzessorietät

Medicus hat die Akzessorietätserscheinungen im Zivilrecht allgemein in folgende fünf Gruppen eingeordnet[402]: Akzessorietät in der Entstehung,

[397] Dieses Problem entsteht nicht nur in China, sondern auch in anderen „Kausaltheorieländern". Die Schwierigkeiten, die sich in der Praxis aus der fehlenden Trennung beider Geschäfte in „Kausaltheorieländern" ergeben können, werden in aller Regel mit der Technik eines Vorvertrags behoben. Soergel/Stöker, ZBB 2002, S. 412, 418.
[398] Medicus, JuS 1971, S. 497.
[399] Medicus, JuS 1971, S. 497.
[400] Medicus, JuS 1971, S. 497, 498.
[401] Habersack, JZ 1997, S. 857, 862 f.
[402] Medicus, JuS 1971, S. 497, 498 ff.

Akzessorietät im Umfang, Akzessorietät in der Zuständigkeit, Akzessorietät in der Durchsetzung und Akzessorietät im Erlöschen. Die Durchbrechung der Akzessorietät wird für möglich gehalten. Nach anderer Ansicht bedeutet die Akzessorietät bei der Hypothek nur, dass die Forderung bestimmt, ob das Recht Fremdhypothek in der Hand des eingetragenen Gläubigers oder Eigentümergrundschuld in der Hand des Eigentümers ist. Ferner bedeuten Zuständigkeitsveränderungen der Forderung Zuständigkeitsveränderungen der Hypothek[403]. Baur und Stürner sind der Auffassung, dass die Akzessorietät abgeschwächt werden kann[404].

3.2.1.1 Akzessorietät in der Entstehung

Das Pfandrecht entsteht nur, wenn die zu sichernde Forderung entsteht. Der Sicherungsnehmer muss der Gläubiger sein[405]. Freilich hat diese Entstehungsakzessorietät bei der Verkehrshypothek eine andere Bedeutung. Die Entstehung der zu sichernden Forderung ist nicht etwa Voraussetzung dafür, dass überhaupt ein Grundpfandrecht entsteht[406] (Eigentümergrundschuld, § 1163 I 1 BGB). Ein akzessorisches Sicherungsrecht kann auch für eine künftige Forderung bestellt werden. Vor dem Entstehen der Forderung allerdings ist es eine Eigentümergrundschuld. Rechtslehre und Rechtsprechung nehmen an, dass es mit der Entstehung der Forderung automatisch in eine Hypothek umgewandelt wird[407].

3.2.1.2 Akzessorietät im Umfang

Die Berechtigung des Gläubigers aus der Forderung ist maßgeblich für die Haftung des Gegenstandes der Hypothek. Nachträgliche Vereinbarungen, mit denen das Forderungsrecht abgeändert wird, wirken auch für die Hypothek. Verringern die Parteien den Forderungsbetrag, so folgt die Berechtigung des Gläubigers aus der Hypothek von selbst (§§ 1163 I 2, 1176 BGB). Mincke vertritt eine andere Auffassung. Nach seiner Meinung existiert eine Umfangsakzessorietät nicht, da die Hypothek das Eigentum an der Pfandsache unabhängig vom Wert der Forderung immer gleich belaste[408].

---

[403] Westermann, Sachenrecht, § 92 II 4 a.
[404] Baur/Stürner, Sachenrecht, § 36 III Rn. 73.
[405] RGZ 51, 43; 75, 250; 153, 169.
[406] Medicus, JuS 1971, S. 497, 498 f.
[407] Pöggeler, Jura 2001, S. 65, 67, Fn. 13
[408] Mincke, Die Akzessorietät des Pfandrechts, S. 32.

3.2.1.3 Akzessorietät in der Zuständigkeit

Das „führende" Recht bestimmt, wem das „geführte" zusteht[409]. Bei der Verfügung über die Forderung erwirbt der neue Gläubiger auch automatisch eine zu ihrer Sicherung bestellte Hypothek (§ 1153 I BGB). In den Fällen des gutgläubigen Erwerbs (§ 1138 BGB) scheint sich die Hypothek gegenüber der Forderung zu verselbständigen. Dadurch kommt es unter Umständen zu einer tatsächlichen Trennung von Forderung und Hypothek. Allerdings kann man § 1138 BGB auch als ein Festhalten an einem überhöhten Akzessorietätsgedanken verstehen[410]. Eine weitere Auflockerung des Akzessorietätsgrundsatzes ist durch die Möglichkeit der Forderungsauswechselung (§§ 1180, 1164 BGB) und des Verzichts auf die Hypothek, der zur Trennung von Forderung und Hypothek führt, gegeben.

3.2.1.4 Akzessorietät in der Durchsetzung

Einreden und Einwendungen gegen die persönliche Forderung werden aufgrund der Akzessorietät auf die Hypothek als dingliches Recht erstreckt (§ 1137 I BGB). Bei der Abtretung der Forderung kann der Eigentümer nur dann Dritten gegenüber die Einreden geltend machen, wenn die Einrede entweder aus dem Grundbuch oder aus dem Brief zu ersehen oder dem Erwerber bekannt war. Sind der Eigentümer und der persönliche Schuldner verschiedene Personen, so verliert jener eine Einrede nicht dadurch, dass dieser auf sie verzichtet (§ 1137 II BGB). Dabei gibt es im Wesentlichen zwei Abweichungen. Nach § 1137 I 2 BGB gilt die Akzessorietät nicht für die Einrede der beschränkten Erbenhaftung (§ 1975 BGB), und die Verjährung der persönlichen Forderung kann nicht gegen die dingliche Inanspruchnahme eingewendet werden (§ 216 BGB). Obwohl sich der Schuldner gegen die Durchsetzung der gesicherten Forderung mit der Einrede der Verjährung wehren kann, überträgt sich dieser Makel des Anspruchs nicht auf alle Sicherungsrechte. Der Erwerber erhält die Hypothek so, wie sie im Grundbuch ausgewiesen war. Damit ist es möglich, eine Hypothek gutgläubig einredefrei zu erwerben. Gegen die persönliche Forderung greifen die Einreden trotzdem durch (§§ 1137 I 1, 1138 BGB).

3.2.1.5 Akzessorietät im Erlöschen

Wenn das „führende" Recht erlischt, erlischt auch das „geführte"[411]. Indessen erlischt die Hypothek nicht, sondern wird nach §§ 1163 I 2, 1177 I 1 BGB regelmäßig zur Eigentümergrundschuld. Wenn ein ersatzberechtigter Dritter den Gläubiger befriedigt, so geht die Forderung auf ihn über (§

---

[409] Medicus, JuS 1971, S. 497, 499.
[410] Westermann, Sachenrecht, § 92 II 4 a.
[411] Medicus, JuS 1971, S. 497, 501.

1143 I 1 BGB). Wenn Gläubiger und Schuldner nicht widersprechen, kann der nicht ersatzberechtigte Dritte zahlen[412]. Ein beachtlicher Sonderfall bei der Hypothek ist § 1164 BGB: Hier bestimmt das Gesetz nicht den Übergang der Forderung, sondern den der Hypothek auf den leistenden persönlichen Schuldner. Dahinter steht, dass die Hypothek jetzt nicht mehr die alte Forderung des Gläubigers gegen den persönlichen Schuldner sichert, sondern die von ihr verschiedene Regressforderung. Im Falle des § 1164 BGB ist die Akzessorietät also aufgehoben. Das Gesetz ordnet selbst eine Forderungsauswechslung an[413]. Außerdem endet die Akzessorietät in der Insolvenz des Hauptschuldners. Auch wenn die Hauptforderung jetzt nur noch in Höhe der Quote und nach den Regeln des Insolvenzrechts durchsetzbar ist, kann das Sicherungsrecht in voller Höhe geltend gemacht werden.

3.2.2 Die Gründe für die Durchbrechung der Akzessorietät bei der Verkehrshypothek

Die Sonderregelungen bei der Entstehungsakzessorietät mindern die Konsequenzen des Prinzips des gleitenden Rangs. Sie lassen eine (meist vorläufige) Eigentümergrundschuld entstehen, damit spätere Belastungen nicht nachrücken können[414]. Außer dieser Sonderregelung zeigt sich vor allem eine Lockerung der Akzessorietät in der Möglichkeit des gutgläubigen Erwerbs und im Erlöschen. Diese Durchbrechung lässt sich auf zwei Gründe zurückführen: „In einigen Fällen gerät die Akzessorietät in Konflikt mit dem Sicherungszweck des akzessorischen Rechts"[415]. So löst z. B. § 1164 BGB ein besonderes Regressproblem, indem er die Akzessorietät zugunsten einer gesetzlichen Forderungsauswechslung aufgibt[416]. Der andere Grund liegt in der Erhöhung der Verkehrsfähigkeit der Hypothek: Eigentlich dürfte von demjenigen, der nur eine angebliche Forderung gem. § 1154 BGB abtritt, weder Forderung noch Hypothek erworben werden, wäre die Zuständigkeitsakzessorietät streng durchgeführt. Hier macht das Gesetz im Sinne der Verkehrsfähigkeit aber eine wichtige Ausnahme. Ohne sie würde kaum jemand eine auch hypothekarisch gesicherte Forderung erwerben wollen; eine Auswechslung der Gläubiger würde also faktisch nicht stattfinden können. Um dem vorzubeugen, sieht das Gesetz eine eigenartige Form des Vertrauensschutzes vor: Der gutgläubige Zessionar erwirbt zwar nicht die Forderung, wohl aber die eingetragene Hypothek[417].

---

[412] Baur/Stürner, Sachenrecht, § 38 Rn. 105.
[413] Medicus, JuS 1971, S. 497, 501.
[414] Medicus, JuS 1971, S. 497, 501.
[415] Medicus, JuS 1971, S. 497, 501.
[416] Medicus, JuS 1971, S. 497, 501.
[417] Medicus, JuS 1971, S. 497, 500.

3.2.3 Die Wirkungsweise der Akzessorietät

Der Zweck der Bestellung der Hypothek liegt darin, eine Erfüllung der Forderung zu sichern. Die Akzessorietät kann das Pfandrecht auf diesen Zweck beschränken. Der Sicherungsnehmer darf nicht die Pfandsache für andere Zwecke benutzen. Insofern dient die Akzessorietät in erster Linie dem Sicherungszweck.
Die Wirkung der Akzessorietät im Übergang und im Erlöschen der Hypothek ersetzt eine rechtsgeschäftliche Verfügung[418]. Ein Recht wird in Bindung an ein anderes und ohne Rechtsgeschäft kraft objektiven Rechts erworben und verloren. Die Erlöschensakzessorietät hat weiterhin zur Folge, dass das Recht als Fremdhypothek erlischt und es dem Eigentümer als Grundschuld zugewiesen wird. In dieser letzten Wirkung hat die Akzessorietät nicht mehr den Inhalt, dass die Forderung das Schicksal der Hypothek bestimmt. Dagegen hat die Entstehungsakzessorietät diese Wirkung nicht. Die Akzessorietät ist bei ihr nur eine Art Rechtsbedingung[419]. Allerdings wird die Notwendigkeit der Durchsetzungsakzessorietät bezweifelt, weil bei der Schuldübernahme und beim Schuldversprechen Einreden aus einem Rechtsverhältnis in einem anderen wirken können[420]. Die Einreden haben schon von sich aus die Kraft, über das Rechtsverhältnis, in dem sie entstanden sind, hinauszuwirken.

3.3 Akzessorietätsersatz bei der nicht-akzessorischen Grundschuld

Die Grundschuld ist nicht akzessorisch. Trotzdem besteht auch hier eine Verbindung zwischen der zu sichernden Forderung und dem Sicherungsrecht. Diese Verbindung wird zumindest mit Mitteln des Vertrags- und Bereicherungsrechts hergestellt. Darüber hinaus kann sie in bestimmtem Umfang noch durch besondere Abreden verstärkt werden[421]. Damit ist der Auffassung beizupflichten, nach der „Akzessorietätsgrundsatz und Sicherungsabrede die beiden Modi der Verknüpfung von gesicherter Forderung und sicherndem Recht sind“[422].

3.3.1 Der Rückgewähranspruch – Ersatz der Entstehungs- und Erlöschensakzessorietät

Wenn die Grundschuld bei Nicht-Bestehen der Forderung bestellt wird[423],

[418] Mincke, Die Akzessorietät des Pfandrechts, S. 31.
[419] Mincke, Die Akzessorietät des Pfandrechts, S. 30 f.
[420] Mincke, Die Akzessorietät des Pfandrechts, S. 33.
[421] Medicus, JuS 1971, S. 497, 503.
[422] Gernhuber, Bürgerliches Recht, S. 234.
[423] Eine Hypothek für eine Forderung, die nicht besteht und auch nicht mehr entstehen kann, kann der Sicherungsgeber wegen des Akzessorietätsprinzips dem Gläubiger ü-

hat der Eigentümer in aller Regel einen schuldrechtlichen Rückgewähranspruch. Die Grundschuld ist weiter dann grundsätzlich an den Eigentümer zurückzugewähren, sobald dieser den Kredit zurückgeführt hat und eine Sicherung weiterer Forderungen nicht vereinbart ist; gleiches gilt grundsätzlich für Teilleistungen[424]. Damit wird das Entstehen oder Bestehen einer Grundschuld auch an den Bestand einer zu sichernden Forderung geknüpft. § 1192 BGB wird so verstanden, dass eine Forderung nicht etwa nicht bestehen dürfte, sondern sie nicht bestehen müsse[425]. Allerdings verstößt eine Verknüpfung durch Vereinbarung einer Bedingung gegen den sachenrechtlichen Grundsatz des Typenzwangs und der Typenfixierung[426]. Sicherungszweck und Forderungsverknüpfung werden bei der Sicherungsgrundschuld nur durch schuldrechtliche Vinkulierung berücksichtigt.

Ob der Eigentümer mit dem Schuldner oder der Gläubiger der Forderung mit dem Grundschuldinhalber identisch ist, auf was, die Forderung oder die Grundschuld, der Eigentümer oder Schuldner zahlt, ob der Eigentümer Partei der Sicherungsabrede ist sowie ob der Dritte ein Ablösungsrecht hat, spielen für das Schicksal der Grundschuld eine entscheidende Rolle.

Wenn der Eigentümer, der nicht persönlicher Schuldner ist[427], auf die Grundschuld zurückzahlt, erwirbt er zwar eine Eigentümergrundschuld[428], jedoch erfolgt nicht ein gesetzlicher Forderungsübergang auf den zahlenden Eigentümer wie bei der Hypothek (§ 1143 I 1 BGB). In diesem Fall behilft sich die herrschende Meinung damit, aus dem Sicherungsvertrag zwischen Eigentümer und Grundschuldgläubiger mittels ergänzender Auslegung einen Anspruch auf Abtretung der gesicherten Forderung abzuleiten[429], der dem Zwangsvollstreckungsbegehren einredeweise (§ 273

---

berhaupt nicht verschaffen. Der Sicherungsgeber wird hier also schon unter dem Gesichtpunkt der Unmöglichkeit der Leistung frei. Die Bestellung einer Grundschuld ist zwar noch möglich. Aber das Recht kann nicht mehr, wie vereinbart, der Sicherung der in Aussicht genommenen Forderung dienen. Der Gläubiger, der trotzdem seine Bestellung verlangt, verletzt die Grenzen, die der vertraglich festlegte Sicherungszweck seinem Anspruch setzt. Huber, JuS 1972, S. 57, 59.

[424] BGH, MDR 1990, 706; Wolf, Sachenrecht, Rn. 693.

[425] Boemke-Albrecht, JuS 1991, S. 309, 311; MünchKomm/Eickmann, § 1191 Rn. 19.

[426] Baur/Stürner, Sachenrecht, § 45 II 3b Rn. 40; Medicus, Bürgerliches Recht, Rn. 495; Müller, Sachenrecht, Rn. 2066b; Wolf, Sachenrecht, Rn. 686; Staudinger/Wolfsteiner, § 1191 Rn. 4.

[427] Wenn der Eigentümer mit dem Schuldner identisch ist, ist es schwer festzustellen, ob der Eigentümer-Schuldner die Grundschuld oder die Forderung tilgen wollte. Wenn er auf die Forderung zahlt, steht ihm nur ein schuldrechtlicher Anspruch aus dem Sicherungsvertrag auf Rückübertragung der Grundschuld zu.

[428] Die Sicherungsgrundschuld steht zwar nicht vor der Valutierung, wohl aber nach der Rückzahlung der Grundschuldsumme durch den Eigentümer diesem als Eigentümergrundschuld zu. Schmidt, in: FS für Serick, S. 329, 332.

[429] Baur/Stürner, Sachenrecht, § 45 Rn. 82; Wolf, Sachenrecht, Rn. 691, 705; Pa-

BGB) entgegengehalten werden könne. Zahlt ein ablösungsberechtigter Dritter auf die Grundschuld, so geht die Grundschuld auf ihn über. Steht ihm ein Ablösungsrecht nicht zu, so entsteht eine Eigentümergrundschuld[430].

3.3.2 Ersatz der Zuständigkeitakzessorietät

Es ist klar, dass die Zuständigkeitsakzessorietät grundsätzlich bei der Grundschuld nicht schuldrechtlich ersetzt werden kann, weil die Grundschuld ein selbständiges dingliches Recht ist. Ein Mitlaufgebot dinglicher Natur kann nicht wirksam vereinbart werden. Die dahingehende sicherungsvertragliche Vereinbarung wirkt nur schuldrechtlich. Bei der Grundschuld können die gesicherte Forderung[431] und die Grundschuld getrennt an verschiedene Personen abgetreten werden. Die Praxis sucht dies gelegentlich zu verhindern, und zwar durch die zwischen dem Grundschuldgläubiger und einem nachfolgenden Grundpfandgläubiger getroffene Vereinbarung, die Grundschuld „nur einmal zu valutieren", d. h. nur zur Sicherung einer bestimmten Darlehensforderung zu verwenden[432]. Eine Trennung von Forderung und Grundschuld führt zu Komplikationen und ist daher unerwünscht.

3.3.3 Ersatz für die fehlende Umfangsakzessorietät

Die Grundschuld als Wertrecht bedarf nach ihrem wirtschaftlichen Zweck der Umfangsakzessorietät, um den Wert auf den Betrag zu begrenzen, den der Gläubiger zu seiner Sicherung beanspruchen kann. Obwohl man den Umfang der gesicherten Forderung verändern kann, richtet sich der Betrag der Grundschuld immer nach der endgültigen Forderung. Der Gläubiger muss bei endgültiger Übersicherung die entsprechende Grundschuld zurückgewähren[433].

3.3.4 Ersatz für die fehlende Durchsetzungsakzessorietät

Einen Ersatz für die fehlende Akzessorietät in der Durchsetzung enthält in aller Regel ebenfalls die Sicherungsabrede. Die Einreden aus der Sicherungsabrede wirken nur obligatorisch, aber direkt gegen das dingliche Recht. Der Eigentümer-Schuldner kann z. B., soweit die Forderung getilgt ist, das Unterlassen der Vollstreckung vom Gläubiger verlangen. Dann

landt/Bassenge, § 1191 Rn. 44; Erman/Wenzel, § 1191 Rn. 85.

[430] MünchKomm/Eickmann, § 1191 Rn. 108.

[431] Für die Abtretung der Forderung gelten die Regeln des Schuldrechts; sie bedarf daher keiner Form (§ 398 BGB).

[432] Kolbenschlag, DNotZ 1966, 475.

[433] Huber, Die Sicherungsgrundschuld, S. 180.

begründet diese Vereinbarung das Gegenrecht des Eigentümer-Schuldners. Obwohl die Grundschuld nicht in ihrem Bestand berührt wird, ist ihre Durchsetzbarkeit insoweit ausgeschlossen.
Die zu sichernde Forderung darf im Grundbuch nicht vermerkt werden, auch wenn es sich um eine Sicherungsgrundschuld handelt. Daher bezieht sich die legitimierende Kraft des Grundbucheintrags nicht auf die Forderung. Daraus folgt, dass der Eigentümer nicht die Einreden des Schuldners gegen die Forderung sowie die nach § 770 BGB einem Bürgen zustehenden Einreden gegen den Grundschuldgläubiger geltend machen kann, es sei denn, dass dem Eigentümer selbst solche Einreden aus dem Sicherungsvertrag zustehen[434].
§ 1157 BGB gilt auch für die Grundschuld[435]. Auf die Sicherungsgrundschuld ist § 1157 S. 1 BGB demnach folgendermaßen zu übersetzen: „Eine Einrede, die dem Eigentümer aufgrund des Sicherungsvertrags gegen die Grundschuld zusteht, kann auch dem neuen Gläubiger entgegengehalten werden“[436]. Damit können die auf das dingliche Recht wirkenden Einreden aus dem Sicherungsvertrag auch gegen den Dritterwerber fortgelten. Somit sind alle eintragbaren Einreden, die dem Eigentümer gegen die Grundschuld zustehen, also etwa die Rückgewährpflicht aus dem Sicherungsvertrag oder solche aus individuellen Vereinbarungen, wie etwa eine Stundung, als solche im Sinne von § 1157 BGB anzusehen.

3.3.5 Bewertung

Die Grundschuld unterscheidet sich von der Hypothek vor allem dadurch, dass bei der Grundschuld die Übertragungsakzessorietät ganz durchbrochen wird. Entstehungs- und Erlöschensakzessorietät werden grundsätzlich durch den Rückgewähranspruch ersetzt. Die Durchsetzungsakzessorietät wird deutlich verkürzt. Die Umfangsakzessorietät wird schuldrechtlich ausgestaltet. Im Vergleich zur Hypothek ist die Akzessorietät nach der gesetzlichen Ausgangslage gelockert; dies geht einher mit einer Praxis, die ungekehrt die Verbindung von Forderung und Grundschuld parallel dazu „verdinglicht“. Der Sicherungsvertrag bewirkt hier mit der Verdinglichung der sicherungsrechtlichen Einreden mehr als ein reines Schuldverhältnis[437]. Im Ergebnis wird die dingliche Grundschuld mit dem ihr zugrundeliegenden schuldrechtlichen Sicherungsvertrag in gewissem Maße verbunden, aber die Anwendbarkeit des § 139 BGB ist ausgeschlossen, würde doch andernfalls eine „heimliche“ Akzessorietät hergestellt.
Man darf also nicht außer Acht lassen, dass durch die Rechtsprechung das

[434] Baur/Stürner, Sachenrecht, § 44 V Rn. 19.
[435] Palandt/Bassenge, §§ 1157 Rn. 4, 1191 Rn. 9, 28, 31 m. w. N.
[436] Reischl, JuS 1998, S. 614, 619.
[437] Ahrens, AcP 200 (2000), S. 123, 125.

Bestehen, Erlöschen und der Umfang der Grundschuld vom Sicherungszweck abhängig werden und nicht wie bei der Verkehrshypothek von der Forderung abhängig sind. Der Sicherungszweck besteht auch bei Forderungsauswechselung[438], Kreditaufstockung, Umschuldung und Neuvalutierung. Auf der anderen Seite kann die Identität zwischen dem Inhaber des Sicherungsrechts und dem Inhaber der gesicherten Forderung nur bei der Grundschuld aufgelöst werden. Daher überwiegt die Grundschuld bei einem stillen Konsortium oder der Abwicklung großvolumiger MBS-Transaktionen, wo eine Trennung zwischen dem Inhaber des Sicherungsrechts und dem Inhaber der gesicherten Forderung stattfindet[439]. Die Hypothek versagt bei solchen Geschäften, auch wenn die Akzessorietät sehr weit gelockert wird.

IV. Akzessorietät im chinesischen Recht

Die chinesische Hypothek ist von der französischen und japanischen Hypothek, die vom römischen Recht geprägt sind, stark beeinflusst. Die strengen Entstehungs- und Erlöschensakzessorietäten sind gesetzlich ausgestaltet. Allerdings werden sie nicht systematisiert und im Ergebnis aufgelockert. Nach der herrschenden Meinung wird die Akzessorietät wiederum in drei Typen unterteilt: Akzessorietät in der Entstehung, in der Übertragung und im Erlöschen[440]. Umfangs- und die Durchsetzungsakzessorietät werden nicht gesondert diskutiert.

4.1 Darstellung der Akzessorietät im chinesischen Recht

4.1.1 Entstehungsakzessorietät

Das Gesetz sieht nicht ausdrücklich die Entstehungsakzessorietät vor. Aber man kann sie aus § 5 I GüS ableiten. Der Sicherungsvertrag ist ein Hilfsvertrag zum Hauptvertrag. Ist der Hauptvertrag wirkungslos, so ist es auch der Sicherungsvertrag. Hier bezieht sich der Hauptvertrag auf den Vertrag, aus dem die Forderung entsteht. Daher kann man das Gesetz so auslegen, dass das Grundpfandrecht bereits entsteht, nachdem ein Hauptvertrag geschlossen wurde. Es ist gleichgültig, ob ein Kredit ausgezahlt wird oder nicht. Allerdings ist es nicht möglich, dass das Grundpfandrecht bereits entstehen kann, bevor ein Hauptvertrag überhaupt geschlossen wird. Nach der Rechtspraxis muss die zu sichernde Forderung grundsätzlich bestimmt sein[441]. Allerdings können der Haftungsumfang und die Typen

[438] Stöcker, Die Eurohypothek, S. 32 ff.
[439] Soergel/Stöcker, ZBB 2002, S. 412, 417.
[440] Huixing Liang, Erörterung des chinesischen Sachenrechts, S. 815 f.; Yueming Xu, Erörterung des Instituts der Hypothek, S. 88 f.
[441] Guoguang Li, Interpretation und Anwendung, S. 214.

der Forderung nachträglich oder durch gesetzliche Vermutung bestimmt werden (§ 56 I Erläuterungen). Deswegen ist es auch möglich, ein Grundpfandrecht vor der Auszahlung zu bestellen. Es soll daher eine anfängliche Eigentümerhypothek bei Nichtvalutierung in Betracht kommen. Außerdem darf man nicht außer Acht lassen, dass besondere Vereinbarungen vom Gesetz erlaubt sind. Der Sicherungsvertrag setzt einen gültigen Hauptvertrag voraus. Aber wenn der Sicherungsvertrag etwas anderes bestimmt, gilt diese andere Bestimmung (§ 5 I 1 GüS), d. h. die Parteien können vereinbaren, dass die Sicherheit auch bei Nichtigkeit des Hauptvertrags wirksam bleibt. Dies gilt im Wesentlichen für die internationalen Sicherheiten[442]. Allerdings dürfte der Auffassung beizupflichten sein, nach der diese besondere Vereinbarung für alle Sicherheiten gelten kann[443]. Damit ist auch die Bestellung einer isolierten Grundschuld denkbar. Im Hinblick auf die Forderungsentstehung muss es dann einen schuldrechtlichen Akzessorietätsersatz geben.
Weiter ist der Ansicht zu folgen, nach der die Eigentümer- und die Höchstbetragshypothek nicht die Entstehung oder den Bestand der Forderung voraussetzen[444].

4.1.2 Übertragungsakzessorietät (Zuständigkeitsakzessorietät)

Die Hypothek kann nicht getrennt von der Forderung übertragen oder als Sicherheit für andere Forderungen verwendet werden (§ 50 GüS). Diese Vorschrift ist § 1153 II BGB ähnlich. Die gesetzliche Übertragung der Hypothek ist nicht ausdrücklich im Gesetz über Sicherheiten vorgesehen. Im Vertragsgesetz (15.03.1999) ist jedoch folgende Regelung getroffen: Wenn der Gläubiger Rechte überträgt, erlangt der Übertragungsempfänger [auch] die auf die Rechte bezüglichen Nebenrechte, soweit sie nicht ausschließlich dem Gläubiger persönlich zustehen (§ 81 Vertragsgesetz). Damit wird in diesen Fall die Zuständigkeitsakzessorietät anerkannt. Wird die zu sichernde Forderung geteilt oder ein Teil davon übertragen, können die dadurch entstehenden Gläubiger nach ihrem Anteil an der Forderung das Hypothekenrecht geltend machen (§ 72 I Erläuterungen). Diese Veränderung der Forderung führt nicht zur Veränderung der Hypothek. Vielmehr bleibt die Hypothek unberührt. Zwischen mehreren Gläubigern entsteht eine Gesamthypothek nach Bruchteilen[445]. Es wird davon ausgegangen, dass das Grundpfand dazu verwendet werden kann, mehrere Forderungen von verschiedenen Gläubigern zu sichern.

---

[442] Institut für ZR, Erklärung des GüS, S. 6.
[443] Xiangjun Kong, Guarantee Law, S. 37.
[444] Huixing Liang, Erörterung des chinesischen Sachenrechts S. 816; Yueming Xu, Erörterung des Instituts der Hypothek, S. 90 ff.
[445] Guoguang Li, Interpretation und Anwendung, S. 266.

Auf der anderen Seite kann die Schuld vom Schuldner geteilt oder ein Teil davon übertragen werden. In diesem Fall bleibt die Hypothek bestehen. Die Übernahme eines Teils der Schuld kann nur mit Zustimmung der Hypothekengeber, die nicht Schuldner sind, erfolgen (§ 72 II Erläuterungen). Selbstverständlich muss der Schuldner, wenn er die Vertragspflichten ganz oder teilweise einem Dritten überträgt, dazu das Einverständnis des Gläubigers einholen (§ 84 Vertragsgesetz). Damit kann die Hypothek dazu verwendet werden, mehrere Forderungen desselben Gläubigers zu sichern. In gewissem Maß ermöglicht dies Umschuldung und Neuvalutierung sowie den Konsortialkredit. Allerdings darf man nicht außer Acht lassen, dass eine solche Hypothek nicht anfänglich bestellt werden kann.

4.1.3 Umfangsakzessorietät

Gemäß § 39 Nr. 1 GüS muss der Hypothekenvertrag die Art und den Betrag der gesicherten Hauptforderung enthalten. Damit ist die Berechtigung des Gläubigers aus der Forderung maßgeblich für die Haftung des Gegenstandes der Hypothek. Aber bei nachträglichen Vereinbarungen fehlt es an Regelungen für den entsprechenden Teil der Hypothek. Man kann jedoch die Vorschriften über die Bürgschaft analog anwenden. Wenn der Gläubiger mit dem Schuldner eine Änderung des Hauptvertrags vereinbart, muss das schriftliche Einverständnis des Bürgen eingeholt werden. Ohne sein schriftliches Einverständnis trifft den Bürgen keine Bürgschaftshaftung mehr. Soweit im Bürgschaftsvertrag etwas anderes vereinbart ist, gilt die Vereinbarung (§ 24 GüS). Mit dem Einverständnis oder der vorherigen Vereinbarung kann die gesicherte Forderung geändert werden. Wenn diese Analogie zu Hilfe genommen wird, kann ein Umschuldungskredit oder ein Neuvalutierungskredit gewährt werden. Schließlich ist unklar, ob, wenn die Parteien den Forderungsbetrag verringern, einer solchen Verringerung die Berechtigung des Gläubigers aus der Hypothek von selbst folgt. § 71 I der Erläuterungen enthält eine besondere Regelung: wenn ein Teil der zu sichernden Forderung getilgt wird, bleibt die Hypothek bestehen. Der restliche Teil wird vom Gegenstand vollständig gedeckt. Dadurch ist die Umfangsakzessorietät durchbrochen. Aber der Freigabeanspruch ist vom Gesetz wohl nicht bewusst übersehen.

4.1.4 Durchsetzungsakzessorietät

Wenn die gesicherten Forderungen übertragen werden, soll der Übertragende dies dem Schuldner mitteilen (§ 79 Vertragsgesetz). Nachdem der Schuldner die Mitteilung von der Übertragung einer Forderung erhalten hat, kann er dem Erwerber die Einwendungen entgegensetzen, die er gegen den Übertragenden hat (§ 82 Vertragsgesetz, vgl. § 404 BGB). Einreden und Einwendungen gegen die Hypothek sind allerdings nicht ausdrücklich

geregelt. Es bleibt unklar, ob sich Einreden und Einwendungen gegen die persönliche Forderung aufgrund der Akzessorietät auf die Hypothek als dingliches Recht erstrecken. Aus § 5 GüS ergibt sich, dass die Umstände, kraft deren der Hauptvertrag nicht oder nicht mehr besteht, zur Wirkungslosigkeit der Hypothek führen. Dies macht in einigen Fällen die Frage nach der Wirkung von Einwendungen überflüssig. Das Erfordernis einer vorangehenden Mobiliarvollstreckung, welches in der deutschen Rechtpraxis oft vereinbart wird, ist im chinesischen Recht gesetzlich geregelt. Wenn für die gleiche Forderung eine Bürgschaft und dingliche Sicherheiten bestehen, haftet der Bürge [nur] für die Forderung außerhalb der dinglichen Sicherheiten. Wenn der Gläubiger auf dingliche Sicherheiten verzichtet, ist der Bürge im Umfang des Verzichts von der Bürgschaftshaftung befreit (§ 28 GüS). Die Einrede der Stundung und Nicht-Fälligkeit der Forderung wird in der Rechtpraxis anerkannt. Die Wirkung von Einreden gegen den Erwerber der Hypothek scheint problematisch, wenn die Hypothek mit der Forderung abgetreten wird. Hierzu gibt es keine einheitliche gesetzliche Regelung. In der Rechtspraxis kann die Hypothek durch Vereinbarung befristet werden. Dritten gegenüber wirkt diese Befristung jedoch nur, wenn sie registriert wird[446].
Die Verjährung der persönlichen Forderung kann auch im chinesischen Recht nicht gegen die dingliche Inanspruchnahme eingewendet werden. Der Gläubiger muss jedoch innerhalb von zwei Jahren nach der Verjährung der gesicherten Forderung die Grundpfandrechte geltend machen (§ 12 II Erläuterungen).

4.1.5 Erlöschensakzessorietät

§ 52 GüS behandelt die Erlöschensakzessorietät. Die Hypothek besteht nur mit der von ihr gesicherten Forderung. Wenn die Forderung erlischt, erlischt auch die Hypothek. Die strenge Erlöschensakzessorietät lässt für die Umschuldung, die Neuvalutierung und den Konsortialkredit geringen Raum. Eine Ausnahme von § 77 ist in den Erläuterungen geschildert. In diesem Fall erlischt die Hypothek im chinesischen Recht nicht, sondern wird zur Eigentümergrundschuld. Dies setzt aber voraus, dass der Eigentümer eine vorrangige Stellung hat.
Wenn ein Teil der Forderung erlischt, erlischt die Hypothek nicht ganz (§ 71 I Erläuterungen). §§ 71, 72 der Erläuterungen Statuieren ein Untrennbarkeitsprinzip, das China dem japanischen Recht (§§ 296, 305, 350 Jap. BGB) nachgebildet hat. Ursprünglich kommt das Prinzip aus Frankreich. Nach französischem Recht bleibt die Hypothek wegen ihrer grundsätzlichen Unteilbarkeit in vollem Umfang bis zum völligen Erlöschen der ge-

[446] Liming Wang, Faxue 11/2000, S. 22 ff.

sicherten Forderung bestehen[447]. Wenn ein Teil des belasteten Gegenstandes der Hypothek untergeht, sichert der verbleibende Teil die gesamte Forderung[448].
Beim Rücktritt vom Hauptvertrag gilt eine Ausnahme. Der Sicherungsgeber soll für eine eventuelle Schadensersatzpflicht des Schuldners nach wie vor haften, es sei denn, dass der Sicherungsvertrag eine andere Vereinbarung enthält (§ 10 Erläuterungen).
Die gesetzliche Mitübertragung der Sicherheit wird im chinesischen Recht nicht geregelt. Wenn der Eigentümer oder ein Dritter die Forderung oder Hypothek getilgt hat, erlischt die Hypothek. Ihm steht nur ein schuldrechtlicher Anspruch auf Ausgleich gegen den Schuldner zu.

4.2 Bewertung

Der chinesische Gesetzgeber hat bislang noch kein in sich geschlossenes, lückenloses System der Akzessorietät für die Hypothek entwickelt. Im Ergebnis besteht weder die streng akzessorische Hypothek noch ein nicht-akzessorisches Grundpfandrecht. Dazu kommt eine gesetzliche Regelung des Untrennbarkeitsprinzips, welche die Akzessorietät weiter lockert. Dadurch entsteht eine sehr eigenwillige chinesische Hypothek, die die Interessen des Eigentümers oder Schuldners nicht ausreichend schützt. Möglicherweise kann die chinesische Hypothek auch auf den klassischerweise einem nicht akzessorischen Grundpfandrecht vorbehaltenen Gebieten, namentlich im Konsortialkredit, eingesetzt werden. Bedenklich ist es, das Problem durch das Untrennbarkeitsprinzip oder durch ein Rangsystem[449] zu lösen. Darüber hinaus begegnet in der chinesischen Rechtspraxis die mortgage, um Baukredite zu sichern. Insbesondere die Umfangsakzessorietät, Übertragungsakzessorietät, Durchsetzungsakzessorietät und Erlöschensakzessorietät erfahren Durchbrechungen. Wenn die gesicherte Forderung teilweise in Raten erfüllt wird, bleibt die mortgage unberührt; der Sicherungsnehmer kann ohne die Zustimmung des Sicherungsgebers die Sicherungsgüter getrennt abtreten[450]; Stundung, Verlängerung der Frist usw. können nicht die Berechtigung des Sicherungsnehmers verhindern oder beeinflussen[451]; schließlich erlischt die mortgage nicht, wenn die gesicherte Forderung erfüllt wird, aber dies führt zur Entstehung von Rückgewährpflichten[452].

---

[447] Stadler, Abstraktion, S. 607.
[448] Zengjia Deng, JapanR, S. 245 f.
[449] Tingrui Lin, in: SachenR, S. 798.
[450] § 15 VI AGB der Niederlassung der China Bank für Aufbau in Shenzhen.
[451] §§ 6, 11, 12 AGB der Niederlassung der China Bank für Industrie und Handel in Shenzhen und §§ 6, 11 AGB der Niederlassung der China Bank für Aufbau in Shenzhen.
[452] § 10 AGB der Niederlassung der China Bank für Industrie und Handel in Shenzhen

V. Systematisierung der Akzessorietät und Rezeption der Grundschuld

5.1 Theorierezeption in China

Huixing Liang bezeichnet die Gesetzgebung seit 1980 als „Gesetzgebungsrezeption", die noch nicht abgeschlossen sei und in den nächsten 50 Jahren vollendet werde[453]. Allerdings setzt die „Gesetzgebungsrezeption" eine vollendete Theorierezeption voraus. Die deutschen Grundpfandrechte basieren insbesondere auf den folgenden Begriffen: Subjektives Recht, Zuwendung, Verfügungsgeschäft, Verpflichtungsgeschäft, causa, Abstraktionsprinzip, Sicherungszweck und Akzessorietät. Da nun aber Rechtsrezeption ohne Theorierezeption nicht gelingt, muss China, wenn es die Grundschuld übernehmen möchte, die betreffenden Begriffe, subjektives Recht, Verfügungsgeschäft, Verpflichtungsgeschäft, causa usw. systematisch klar erfassen. Dies würde die geltenden Gesetze dogmatisch bereinigen. Die Theorien können dazu dienen, einzelnes in einen allgemeineren Zusammenhang einzuordnen. Theorierezeption kann weiter zur Systembildung im Rezeptionsland beitragen und so auch einen Rahmen für die Lösung praktischer Einzelprobleme anbieten[454].
Die Problemlösungen sind in erster Linie aus dem Recht des Rezeptionslandes zu entwickeln und müssen in jedem Fall mit diesem vereinbar sein. Es kann dabei leicht zu Friktionen und Diskrepanzen kommen[455], wenn das bestehende Recht von den Juristen ausschließlich nach einer fremden Rechtsdogmatik, die von seinen Normkomplexen wenn nicht vollständig, so doch manchmal in wichtigen Punkten abweicht, umkonstruiert und umgebildet wird[456]. Das chinesische Recht erlebt derzeit eine Phase der Rechtsrezeption und versucht, ein eigenes neues System zu entwickeln, das an die Lebensbedürfnisse anknüpft und deshalb sach- und funktionsbezogen ist, wobei die rezipierten, fremden und ausländischen Theorien in das System des inländischen Rechts lediglich implantiert werden. Bisherige Gesetze oder Reglungen werden durch Reformen abgeschafft und die neuen ausländischen Gesetze übernommen. Friktionen und Diskrepanzen zwischen Bestehendem und Neuem kommen sehr oft vor. Die Rechtswissenschaft bemüht sich, die gültigen Gesetze umzukonstruieren und umzubilden. Allerdings liegt das Hauptproblem darin, dass die Theorien oder die Rechtsinstitute aus verschiedenen Ländern oder internationalen Konventionen kommen und oft miteinander nicht harmonieren. Andererseits darf man nicht außer Acht lassen, dass die deutsche Rechtswissen-

und § 10 IV AGB der Niederlassung der China Bank für Aufbau in Shenzhen.

[453] Huixing Liang, Forum d. ZRW V, S. 156 u. 159.

[454] Canaris, in: FS Kitawaga, S. 59, 64 f.

[455] Canaris, in: FS Kitawaga, S. 59, 71.

[456] Kitagawa, Rezeption und Fortbildung des europäischen Zivilrechts in Japan, S. 21.

schaft in besonderem Maße zur Entwicklung von Theorien mit sehr großer Abstraktionshöhe und entsprechend weitem Anwendungsfeld neigt[457]. Daher setzt die Theorierezeption notwendig rechtsvergleichende Forschungen voraus. Erst die Rechtsvergleichung mit ihrer wertenden Gegenüberstellung der Theorien aus verschiedenen Ländern erlaubt es, ein gutes qualifiziertes Rechtssystem zu entwickeln.

5.2 Systematisierung der Akzessorietät und Rezeption der Grundschuld

5.2.1 Systematisierung der Akzessorietät

Aufgrund der Unvereinbarkeit der nationalen Sachenrechte und der Unzulänglichkeit der kollisionsrechtlichen Lösungsansätze empfindet man in Europa die Notwendigkeit, ein einheitliches europäisches Grundpfandrecht zu schaffen. Stöcker schlägt vor, ein europäisches Grundpfandrecht nach dem Vorbild des Schweizer Schuldbriefs bzw. der deutschen Grundschuld zu gestalten. Dies erscheint jedoch nicht unproblematisch, da in den europäischen Zivilrechtsordnungen die Akzessorietät ein grundlegendes Strukturprinzip bildet. In den meisten Ländern ist die akzessorische Hypothek als Regelfall vorgesehen[458]. Ein nicht akzessorisches Grundpfandrecht ist demgegenüber innerhalb der EU, soweit ersichtlich, nur der deutschen sowie der schweizerischen Rechtsordnung bekannt[459]. Allerdings finden sich in den anderen Rechtsordnungen entweder gesetzliche Sonderformen gelockter Akzessorietät oder eine durch die Kreditpraxis entwickelte, dem Charakter eines nicht akzessorischen Grundpfandrechts sehr nahe kommende Ausgestaltung der Hypothek. Daher ist Wachter der Meinung, als einheitliches europäisches Grundpfandrecht sei ein elastisch ausgestaltetes, im Grundsatz akzessorisches Grundpfandrecht [460] zu schaffen.

Das chinesische Recht kennt die Akzessorietät schon heute. Deswegen muss in erster Linie dieses Prinzip Beachtung finden; mit ihm müssen neue Theorien vereinbar sein. Das Unteilbarkeitsprinzip bereitet insofern keine Schwierigkeiten, weil es nicht so weit vom Akzessorietätsprinzip entfernt ist. Außerdem bewirkt die Akzessorietät eine enorme rechtstechnische

[457] Canaris, in: FS Kitawaga, S. 59, 61 f.

[458] In Polen soll ein forderungsunabhängiges Grundpfandrecht eingeführt werden. In Slowenien wird ein nicht akzessorisches Grundpfandrecht in das Sachenrechtsgesetzbuch integriert. Katalonien wird auch ein nicht akzessorisches Grundpfandrecht schaffen: Ein am Schweizer Schuldbrief und an der deutschen Grundschuld orientiertes Grundpfand. Drewicz-Tulodziecka/Soergel/Stöcker, WM 2002, S. 891.

[459] Habersack, JZ 1997, S. 857, 861; Stadler, Abstraktion, S. 600 f.

[460] Wachter, WM 1999, S. 49, 60.

Vereinfachung[461]. „Die Akzessorietät entspricht dem mutmaßlichen Willen der Parteien und erspart diesen die Vornahme eines Rechtsgeschäfts, dessen Zweck sich auf die Anpassung an das Hauptrecht beschränkt"[462]. Sie dient vor allem auch dem Schutz des aus dem Nebenrecht Verpflichteten. Der Gläubiger kann das Nebenrecht nur insoweit in Anspruch nehmen, als ein Sicherungsbedürfnis besteht.[463] Aus meiner Sicht sollte in China daher zunächst die streng akzessorische Hypothek systematisch ausgestaltet werden. Dabei sind auch Eigentümerhypothek oder sogar Eigentümergrundschuld und ein Übergang der Hypothek auf Dritte vorzusehen, um auf dem Gebiet der Grundpfandrechte Dauerhaftigkeit und Stabilität zu schaffen.

5.2.2 Die Rezeption der Grundschuld

Durch die Erweiterung der Typen der Grundpfandrechte im chinesischen Recht können nur einige konkrete Probleme gelöst werden. Außerdem bleiben, obwohl die Sicherungsübereignung am Grundstück im chinesischen Recht schon auf den Weg gebracht ist, die folgenden Gesichtpunkte im Entwurf noch immer dunkel: Wie unterscheidet sich die Sicherungsübereignung von der Hypothek, wird das Vollrecht oder ein abgespaltenes Teilrecht übereignet, und ist es akzessorisch oder nicht akzessorisch? Um solche Fragen zu beantworten, ist es vor allem nötig, eine neue Theorie, nämlich die der Nichtakzessorietät, zu übernehmen. Bei der Grundschuld ist die Nichtakzessorietät von vornherein und vollständig durchgeführt. Grundschuld und Schuldbrief ermöglichen in der Tat eine rangwahrende und zudem formlose Forderungsauswechslung und erreichen eine hohe Verkehrsfähigkeit. Da dies zumindest aus Sicht des Kreditgebers unbestreitbar große Vorteile sind, sollten die weiteren Bemühungen auf die Schaffung eines nicht akzessorischen Grundpfandrechts konzentriert werden. Die Neutralität der Rechtsform und die Unabhängigkeit der Grundschuld von der Forderung lassen die Verwendung zu beliebigen Zwecken zu[464].

Aber zugleich darf man nicht die Risiken und Nachteile[465] der Grundschuld vergessen, z. B. das Risiko einer doppelten Inanspruchnahme des Schuldners und andere Missbrauchsgefahren. Zwar kann man im Sicherungsvertrag durch Verbote oder Beschränkungen der Übertragung mit nachfolgender Eintragung die Risiken vermindern. Im gleichen Maß wird aber der Vorteil der Verkehrsfähigkeit so wieder erheblich eingeschränkt.

[461] Becker-Eberhard, Die Forderungsgebundenheit der Sicherungsrechte, S. 37 f.; Medicus, JuS 1971, S. 497, 498.
[462] Habersack, JZ 1997, S. 857, 862.
[463] Habersack, JZ 1997, S. 857, 862 f.
[464] Westermann, Sachenrecht, § 92 II.
[465] Wachter, WM 1999, S. 49, 58 f.

Missbrauchsgefahren werden dadurch reduziert, dass bei der Geltendmachung des Grundpfandrechts der Brief durch den Gläubiger vorgelegt werden soll. Aber wenn der Gläubiger nur die Zahlung der Forderung verlangt, kann die Geltendmachung nicht von der Briefvorlage abhängig gemacht werden. Schließlich bleibt das Risiko, dass ein Gläubiger entgegen den Vereinbarungen im Sicherungsvertrag von einem Grundpfandrecht Gebrauch macht. Dies soll vor allem dadurch minimiert werden, dass der Kreis der Sicherungsnehmer auf Kreditinstitute beschränkt wird, die einer Bankaufsicht unterstehen, und eine Weiterübertragung auch nur an solche Sicherungsnehmer möglich sein soll.
Nicht ohne Grund bemüht sich daher die deutsche Rechtsprechung auf dem Gebiet der Grundschuld seit Jahrzehnten um eine Abwägung der betroffenen Interessen. Zu berücksichtigen ist dabei auf Seiten des Gläubigers dessen Sicherungsinteresse. Der Grundeigentümer hingegen ist daran interessiert, dass er zur Kapitalbeschaffung den in seinem Grundstück liegenden Wert in Geld umsetzen und trotzdem weiterhin das Grundstück nutzen kann. Die Interessen von Gläubiger und Eigentümer sind naturgemäß in vielen Punkten entgegengesetzt. Alle Interessierten müssen sich über das Bestehen und den Inhalt des Grundpfandrechts orientieren können. Was Dritten nicht bekannt sein kann, darf nicht gegen sie wirken. Die Interessen gutgläubiger Dritter müssen auf jeden Fall den Interessen des Gläubigers und des Eigentümers vorgehen. Es ist denkbar, eine gesetzliche Rahmenregelung des Sicherungsvertrags bei der Grundschuld zu errichten und in ihr die Interessen des Schuldnerschutzes mit dem Gesichtspunkt der Verkehrsfähigkeit abzuwägen[466].
Auch die Ursprünge der deutschen Grundschuld liefern gute Argumente für eine Rezeption dieses Rechtsinstituts in China. Denn ihre ursprüngliche Aufgabe bestand darin, der Landwirtschaft ein Kreditsicherungsmittel zur Verfügung zu stellen und ihr so neues Kapital zugänglich zu machen. Denn die Industrie konnte mit Aktien und Obligationen verkehrsfähige, leicht erwerbbare und veräußerliche Anlagetitel verwenden. Im Vergleich dazu fehlte dem einzelnen landwirtschaftlichen Grundbesitzer die Verbindung zum Markt. Die Grundschuld brachte zudem dem Anleger die Vorteile höherer Zinsen und die Möglichkeit, jederzeit das Kapital wieder zurückzuziehen[467]. Aus diesem Grund ist die Rezeption der Grundschuld in China zusätzlich gerechtfertigt, herrscht doch vor allem in ländlichen Gebieten in China zurzeit eine Kreditnot. Auch auf der technischen Ebene scheint es möglich, die Grundschuld einzuführen, weil eine besondere Vereinbarung immer erlaubt ist (§ 5 I GüS) und Ausnahmen von der Akzessorietät im Gesetz sehr oft vorkommen (§§ 55, 71, 72 Erläuterungen). Allerdings darf man nicht außer Acht lassen, dass es im Gesetz auch

[466] Vgl. Diskussionspapier, ZBB 1998, S. 264.
[467] Coing, in: Studien, S. 7, 10.

Hindernisse für eine Rezeption der Grundschuld gibt. So sind z. B. vielfältige Gründe für die Nichtigkeit oder den Wegfall der Grundpfandrechte im Gesetz zu regeln.

Kapitel V: Treuhänderische Sicherungsabrede und Gestaltungsfreiheit

Wie oben erörtert, ist es notwendig, eine nichtakzessorische Grundschuld im chinesischen Recht einzuführen. Diese Einführung der Grundschuld setzt indessen die Klärung einer Frage voraus: Wo liegen die Grenzen der Vertragsfreiheit bei der Typenfixierung, und wie weit kann oder soll die schuldrechtliche Sicherungsabrede auf die dingliche Rechtssubstanz der Grundpfandrechte einwirken? Eine allgemeine Betrachtung des Sicherungsvertrags soll im Folgenden darstellen, wie das Rechtsinstitut der Sicherungsgrundschuld in das chinesische Recht übertragen werden kann. Daher ist Gegenstand der Rechtvergleichung in diesem Kapitel hauptsächlich der Sicherungsvertrag bei der Sicherungsgrundschuld im deutschen Recht.

I. Die Sicherungsabrede

1.1 Allgemeines

Die Hypothek ist wegen ihres typischen Sicherungscharakters in China mehr als in Deutschland die gebräuchlichste Form der Grundpfandrechte. Sie wird normalerweise durch Rechtsgeschäft begründet. Im Vergleich dazu spielt die gesetzliche Hypothek eine geringe Rolle (§ 36 GüS)[468]. Jedes rechtsgeschäftliche Grundpfandrecht ist wie im deutschen Recht mit einer vertraglichen Sicherungsabrede verbunden. Der Mindestinhalt jeder Sicherungsvereinbarung ist die übereinstimmende Feststellung des Sicherungszweckes. Neben der Bestimmung der Sicherheit wird damit der Sicherungsumfang festgelegt. Bei der akzessorischen Hypothek muss in der Sicherungsabrede mindestens bestimmt werden, welches Hauptrecht überhaupt abgesichert werden soll. Bei der Sicherungsgrundschuld wird die Grundschuld durch diese Sicherungsabrede mit der durch sie gesicherten Forderung verknüpft. Daher wird der Sicherungsvertrag als Zweckerklärung bezeichnet. Der sachenrechtliche Teil des Sicherungsgeschäfts (Einigung, Schuldanerkenntnis und Vollstreckungsunterwerfung) wird in der deutschen Rechtspraxis durchweg nicht in der über den Sicherungsvertrag aufgesetzten Urkunde niedergelegt, sondern hierüber wird eine gesonderte Grundschuldbestellungsurkunde aufgesetzt[469]. Schon dies indiziert, dass die Sicherungsabrede als solche keinen dinglichen und damit inhaltsbestimmenden Charakter erlangen kann. Aber beide Urkunden unterliegen der Kontrolle nach den besonderen Regeln für Allgemeine

[468] Liming Wang, Sachenrecht, S. 683.

[469] Huber, Die Sicherungsgrundschuld, S. 75; Petri, Die Grundschuld als Sicherungsmittel, S. 5; Baur/Stürner, Sachenrecht, § 45 II Rn. 13.

Geschäftsbedingungen. Im Folgenden werden beide auch einheitlich untersucht.
Nach herrschender Meinung in Deutschland wird der Sicherungsvertrag nicht als gegenseitig, sondern als einseitig verpflichtender[470] oder unvollkommen zweiseitiger Vertrag mit Auftragselement[471] angesehen. Huber allerdings kommt unter Verweis auf den Sicherungszweck zu dem Ergebnis, dass es sich um einen zweiseitig verpflichtenden (also weder einen gegenseitigen noch einen unvollkommen zweiseitigen[472]) Vertrag handle[473]. Die Bestellung der Sicherheit ist eine entgeltliche Zuwendung; die Entgeltlichkeit liegt darin, dass die Sicherheit unter Umständen der Tilgung der gesicherten Forderung dient[474].

1.2 Die Parteien des Sicherungsvertrags

1.2.1 Deutsches Recht

Sicherungsgeber kann im deutschen Recht der Grundstückeigentümer, der persönliche Schuldner oder ein Dritter sein. Schwierigkeiten ergeben sich, wenn Schuldner und Eigentümer auseinander fallen und nicht beide den Sicherungsvertrag mit dem Kreditinstitut geschlossen haben. Steht z. B. dem Schuldner eine Fremdgrundschuld zu, kann er dem Kreditgeber die Sicherheit verschaffen[475]. Der Schuldner kann auch dann Sicherungsgeber sein, wenn ein Dritter die Grundschuld innehat, aber aufgrund einer Vereinbarung mit dem Dritten diese Grundschuld dem Kreditgeber abgetreten wird. Der Vertrag zwischen Schuldner und Kreditgeber bindet und berechtigt den Eigentümer nicht. Nach der Rechtsprechung bestimmt der Sicherungsgeber den Deckungsbereich der Grundschuld[476]. Clemente hingegen ist der Meinung, in aller Regel schließe der Schuldner den Sicherungsvertrag auch dann, wenn der Eigentümer dem Kreditgeber die Grundschuld bestelle oder ihm die Eigentümergrundschuld abtrete, weil nur der Schuldner nach Darlehenszusage zur Sicherheitenbestellung verpflichtet sei[477]. Nach der Meinung Hubers muss zwar der Sicherungsvertrag zwischen dem Eigentümer des belasteten Grundstücks und dem

[470] BGH NJW 1996, 55; Bülow, Recht der Kreditsicherheiten, Rn. 116; Weber, Sicherungsgeschäfte, §§ 2 III, 13 I 1.
[471] Westermann, Sachenrecht, § 115 II 1.
[472] Seckelmann, Die Grundschuld als Sicherungsmittel, S. 127 f.
[473] Huber, Die Sicherungsgrundschuld, S. 84.
[474] RGZ 6, 85; RGZ 9, 100, 103.
[475] Reinicke/Tiedtke, Kreditsicherung, S. 368; BGHZ 80, 228, 230.
[476] BGH WM 1989, 210, 211.
[477] Clemente, ZIP 1990, S. 969 f.

Gläubiger der Grundschuld abgeschlossen werden, ein Dritter könne aber daran beteiligt sein[478].
Das eben Gesagte gilt grundsätzlich auch für die Hypothek. Auf der Seite des Gläubigers müssen hier jedoch der Forderungsgläubiger und der Grundpfandrechtsinhaber identisch sein. Bei der Grundschuld können dagegen Forderungsgläubiger und Grundschuldgläubiger auseinander fallen, so z. B. wenn die Sicherungsgrundschuld nachträglich an einen Dritten abgetreten wird.
Die Frage, wer Partei des Sicherungsvertrags ist, ist entscheidend für den Rückgewähranspruch und die Einreden und kann nicht allgemein beantwortet werden, sondern nur im einzelnen Fall. Daher ist die Person des Sicherungsgebers stets aufgrund des im jeweiligen Einzelfall maßgeblichen, der Sicherungsabrede zu entnehmenden Parteiwillens unter Berücksichtigung der jeweils beabsichtigten Risikoverteilung zu ermitteln.

1.2.2 Chinesisches Recht

Bei der Hypothek kommt der Sicherungsvertrag zwischen dem Hypothekengeber und dem Hypothekar zustande. Verglichen mit dem Begriff der Hypothek in § 1113 I BGB[479] besteht die Gemeinsamkeit, dass der Eigentümer des hypothekarisch belasteten Grundstücks oder Vermögensguts und der Schuldner der gesicherten Forderung verschiedene Personen sein dürfen[480], Inhaber der Hypothek (Hypothekar) aber nur der Gläubiger der gesicherten Forderung sein kann. § 33 II GüS besagt, dass der Schuldner oder der Dritte der Hypothekengeber ist und der Gläubiger der Hypothekar.
Dem Hypothekengeber muss das Eigentum oder die Verfügungsbefugnis an dem Hypothekengegenstand zustehen (§ 34 GüS). Wenn der Dritte zugunsten des Schuldners eine Hypothek für den Gläubiger bestellt, ist das Einverständnis des Schuldners nicht erforderlich[481]. Ob der vom Schuldner verschiedene Eigentümer in aller Regel Partei des Sicherungsvertrags ist, bleibt unklar. Fälle, bei denen der Grundeigentümer nicht Partei des Sicherungsvertrags ist, kommen in der Rechtspraxis allerdings nicht vor. Aufgrund der Akzessorietät ist eine Personenverschiedenheit auf der Seite von Gläubiger und Sicherungsnehmer ausgeschlossen. Bei der chinesischen mortgage ist dies dagegen möglich, besonders wenn die übertrage-

---

[478] Huber, Die Sicherungsgrundschuld, S. 75.
[479] Im BGB wird die Hypothek so definiert: Ein Grundstück kann in der Weise belastet werden, dass an denjenigen, zu dessen Gunsten die Belastung erfolgt, eine bestimmte Geldsumme zur Befriedigung wegen einer ihm zustehenden Forderung aus dem Grundstücke zu zahlen ist.
[480] Xiao Chen, Theorie und Praxis des chinesischen Hypothekensystems, S. 60.
[481] Shangkuan Shi, Sachenrecht, S. 271.

nen Sicherungsgüter (Forderung oder Eigentum) weiter abgetreten werden.

1.3 Der regelmäßige Inhalt des Sicherungsvertrages

1.3.1 Chinesisches Recht

Der Inhalt des Hypothekenvertrags ist gesetzlich geregelt. Privatautonomie spielt eine geringere Rolle als im deutschen Recht. Er muss enthalten: 1. Art und Betrag der gesicherten Hauptforderung; 2. die Frist, in der der Schuldner die Verbindlichkeit erfüllen muss; 3. Bezeichnung, Menge, Qualität, Umstände und Lage des Gegenstands der Hypothek sowie Angaben dazu, wer Eigentümer oder Inhaber eines Gebrauchsrechts an dem Gegenstand ist; 4. Umfang der hypothekarischen Sicherung; 5. andere Punkte, deren Vereinbarung die Parteien für erforderlich halten. Wenn der Hypothekenvertrag nicht alle vorstehenden Bestimmungen enthält, kann er ergänzt werden (§ 39 GüS), er kann aber nicht schlicht für unwirksam erklärt werden[482]. Wenn im Hypothekenvertrag der Typ der gesicherten Hauptforderung und der Hypothekengegenstand nicht vereinbart oder unklar vereinbart sind und wenn sie nicht gemäß Hauptvertrag und Hypothekenvertrag nachträglich ergänzt werden oder gesetzlich vermutet werden können, entsteht keine Hypothek (§ 56 I Erläuterungen).
Betrachtet man die Rechtspraxis, besonders die mortgage beim Hauskauf, wird man überrascht feststellen, dass viele neue Klauseln vereinbart werden[483], z. B. Sicherungszweck, persönliche Mithaftung für den Hypothekenbetrag durch einen Dritten als Bürgen, gesicherter Umfang der Forderung, Erstreckung der Hypothekenhaftung auf den Ersatzbetrag vom Versicherer, Ausschluss der Durchsetzungsakzessorietät, Veräußerungsverbot für den Sicherungsgeber, Veräußerung der mortgage, Rückgewährpflicht der Immobilien an Dritte oder den Sicherungsgeber, Verwertungsklauseln (Rückkauf vom Dritten) und Unterwerfung unter die sofortige Zwangsvollstreckung. Schließlich wird auch sehr oft vereinbart, dass ohne die Zustimmung der Bank der Kaufvertrag über das Haus nicht geändert, übertragen oder gekündigt werden darf.

1.3.2 Deutsches Recht

Die Inhalte der Sicherungsabrede bei der Hypothek sind im deutschen Recht nicht gesetzlich geregelt. Es ist selbstverständlich, dass Sicherungsgeber und Sicherungsnehmer im Sicherungsvertrag identifiziert und

[482] Liming Wang, Sachenrecht, S. 684.
[483] AGB der Niederlassung der China Bank für Industrie und Handel in Shenzhen und AGB der Niederlassung der China Bank für Aufbau in Shenzhen.

der belastete Gegenstand, der Rang, der Betrag und der dingliche Zins bestimmt werden. Allerdings spielt die Privatautonomie bei der Hypothek eine geringere Rolle als bei der Grundschuld, weil für die Hypothek die gesetzlich vorgesehene dingliche Akzessorietät gilt. Dies führt dazu, dass in der Praxis das Hypothekenbestellungsformular keine Verwendung findet[484]. Anders ist dies bei der Sicherungsgrundschuld. Aus dem Sicherungszweck ergeben sich drei Abschnitte dieses Vertrages: die Bestimmung der Parteien des Sicherungsgeschäftes und des Sicherungsrechtes, der Sicherungszweck der Grundschuld und ergänzende Vereinbarungen. Dadurch werden die schuldrechtliche Seite und auch manche dinglichen Faktoren des forderungsunabhängigen dinglichen Sicherungsrechts konkretisiert. Dieser Sicherungsvertrag stellt auch ohne ausdrückliche Vereinbarung ein Treuhandverhältnis dar[485]. Nach den in der Bankpraxis gebräuchlichen Formularverträgen soll die Grundschuld zur Sicherung aller gegenwärtigen und zukünftigen Forderungen der Bank gegen den Schuldner aus der bankmäßigen Geschäftsverbindung oder einem sonstigem Rechtsgrund bzw. aus jedem Rechtsgrund dienen[486]. Die Erreichung des in der Zweckbestimmungsabrede festgelegten Sicherungszwecks soll durch eine Reihe von ergänzenden Vereinbarungen gewährleistet werden. Dazu gehören Verrechnungs-, Rückübertragungs-, Abtretungsverbote und Verwertungsabreden[487]. Darüber hinaus ist sehr oft eine Ergänzung um die persönliche Haftung für den Grundschuldbetrag in Gestalt des Schuldanerkenntnisses anzutreffen[488]. Der nachrangige Grundschuldgläubiger lässt sich den Rückgewähranspruch des Sicherungsgebers gegenüber dem vorrangigen Grundschuldgläubiger häufig abtreten, damit der künftige Sicherungsrahmen für ihn erweitert werden kann[489]. Zusammenfassend ist festzustellen, dass der Sicherungsvertrag im wesentlichen lediglich den Sicherungszweck, die Verwendung des Sicherheitenerlöses und die Rückgabe der Sicherheit regelt, die bei der Hypothek schon durch das im Gesetz umgesetzte Akzessorietätprinzip festgelegt sind.

1.4 Gesetzlicher Umfang der Forderung

Der Umfang der gesicherten Forderung ist in China im Gesetz geregelt. Durch die Belastung mit einer Hypothek werden Hauptforderung und Zinsen, Vertragsstrafen, Schadensersatzbeträge und die Kosten der Verwertung der Hypothek gesichert. Wenn im Hypothekenvertrag etwas an-

---

[484] Müll, Die Interessenjurisprudenz im Hypothekenrecht, S. 61.
[485] BGH WM 1996, 476 = NJW 1996, 2092, 2093; BGH NJW 1989, 210, 211.
[486] Eickmann, ZIP 1989, S. 137 ff.
[487] Pöggeler, Jura 2001, S. 65, 66 Fn. 2
[488] Eickmann, ZIP 1989, 137, 140 f.
[489] Stürner, in: FS Serick, S. 377, 380.

deres vereinbart ist, gilt die Vereinbarung (§ 46 GüS). Dagegen wird der Umfang der gesicherten Forderung im deutschen Recht grundsätzlich der Vertragsfreiheit überlassen. Wenn die Forderung im deutschen Recht verzinslich ist, soll der Zinssatz angegeben werden (§ 1115 I BGB), sonst wird die Hypothek als unverzinslich angesehen. Nach der Rechtslehre in China ist die Eintragung der Zinsen ebenfalls notwendig. Aber im Gesetz sind die Zinsen als gesetzlicher Umfang der gesicherten Forderung geregelt. Daher fallen die Zinsen auch ohne Eintragung unter die gesicherte Forderung. Allerdings darf der Berechtigte nur im Rahmen der gesetzlichen Zinsen das Vorrecht geltend machen[490]. Im deutschen Recht bedarf eine andere Nebenleistung (z. B. Zinseszinsen, § 248 II 2 BGB) auch einer Eintragung (§ 1115 I BGB). Im chinesischen Recht fehlt eine entsprechende Regelung. Weiter werden die Vertragsstrafe und Schadensersatzforderungen im chinesischen Recht auch in den gesetzlichen Umfang der gesicherten Forderung einbezogen, wobei eine Eintragung dafür nicht erforderlich ist[491]. Allerdings schadet dies der Publizitätsfunktion des Registers. Der Erwerber kann aus dem Grundbuch den Haftungsumfang der Hypothek nicht erkennen. Immerhin ist die vereinbarte Höhe der Vertragsstrafe vom Gesetz beschränkt. Wenn die vereinbarte Vertragsstrafe niedriger als der verursachte Schaden ist, kann eine Partei vom Volksgericht oder Schiedsgericht eine Erhöhung verlangen; wenn die vereinbarte Vertragsstrafe sehr viel höher als der verursachte Schaden ist, kann eine Partei verlangen, dass das Volksgericht oder Schiedsgericht sie angemessen senkt (§ 114 II Vertragsgesetz).

§ 1146 BGB ordnet die dingliche Haftung des Grundstücks für die Verzugzinsen an, unter der Voraussetzung, dass dem Eigentümer gegenüber die Verzugsfolgen vorliegen. In der chinesischen Rechtspraxis deckt die Hypothek auch die Verzugszinsen. Erstattet der Darlehensnehmer das Darlehen nicht fristgemäß, so ist der Darlehensgeber berechtigt, die Rückzahlung des Darlehens innerhalb einer [neu] bestimmten Frist zu fordern und gemäß den von der Bank bestimmten Sätzen zusätzlich Strafzinsen zu nehmen[492] (§ 16 Darlehensvertragsregeln). Die vereinbarten Verzugzinsen übertreffen normalerweise die gesetzlichen Zinsen. Auch wenn diese Verzugzinsen nicht im Grundbuch eingetragen werden, werden sie nach der h. M. stets von der Hypothek gesichert[493].

Die Kosten der Verwirklichung der Hypothek sind im chinesichen Recht ebenfalls durch die Hypothek gesichert. Sie enthalten die Kosten der Ver-

---

[490] Shangkuan Shi, Sachenrecht, S. 276; Huixing Liang, Erörterung des chinesischen Sachenrechts, S. 838.

[491] Huixing Liang, Erörterung des chinesischen Sachenrechts, S. 840.

[492] Darlehensvertragsregeln vom 28.2.1985.

[493] Shangkuan Shi, Sachenrecht, S. 276 f.; Huixing Liang, Erörterung des chinesischen Sachenrechts, S. 839.

steigerung und Verwertung, des Verfahrens beim Gericht und der Zwangsvollstreckung. Wenn Handlungen des Bestellers dazu führen, dass der Wert des Gegenstands der Hypothek sich verringert, hat der Hypothekar das Recht, vom Besteller zu verlangen, dass er diese Handlungen einstellt (§ 51 I GüS). Der Hypothekar kann beim Gericht das Gewährleistungsverfahren eröffnen. Auch die dadurch entstehenden Kosten fallen unter den Haftungsumfang der Hypothek[494]. Die Eintragung solcher Kosten scheint nicht möglich. Das Grundstück haftet auch im deutschen Recht ohne Eintragung für die gesetzlichen Zinsen (Verzugszinsen und Prozesskosten) sowie für die Kosten der Kündigung und der Rechtsverfolgung einschließlich der Kosten für die Zwangsvollstreckung (§ 1118 BGB). So werden im chinesischen Recht alle diejenigen Verfahrenskosten, die bei Realisierung des Schuldnervermögens entstehen, ebenso von den Grundpfandrechten befriedigt wie im deutschen Recht.

Ob im Fall der Nichtigkeit oder einer Leistungsstörung ein Bereicherungsanspruch gesichert ist, ist im deutschen Recht umstritten[495]. Nach der herrschenden Meinung kommt im Regelfall eine Eigentümergrundschuld zustande[496]. Aber nach der Meinung von Heck entsteht eine Fremdhypothek, die den Bereicherungsanspruch sichert[497]. Im chinesischen Recht fällt die Hypothek aufgrund der Nichtigkeit der Sicherungsabrede weg. In diesen Fällen entsteht kein Bereicherungsanspruch, es bleibt nur ein Ausgleich über das Schadensersatzrecht[498].

Schließlich ist zu beachten, dass bei der Grundschuld im deutschen Recht der Parteiwille über die gesicherte Forderung anhand des Sicherungszwecks zu erforschen ist. In der Regel werden Ansprüche auf Zinsen, der Ersatz eines Verzugsschadens und die Erstattung erforderlicher oder zweckmäßiger Kosten der Verwertung durch die Grundschuld gesichert[499]. Dagegen können sie grundsätzlich nicht vom Hypothekenumfang erfasst werden.

Die Bestimmungen des Haftungsumfangs in China sind also bei vergleichender Betrachtung sehr locker geregelt und verstoßen manchmal gegen das Publizitätsprinzip.

---

[494] Huixing Liang, Erörterung des chinesischen Sachenrechts, S. 841.

[495] Dafür Baur/Stürner, Sachenrecht, § 37 V, Rn. 47 ff.; dagegen Staudinger/Wolfsteiner, § 1113 Rn. 25.

[496] Palandt/Bassenge, § 1113 Rn. 12 f.; Jauernig, BGB, § 1113 Rn. 8; RG JW 1911, 653; Büdenbender, JuS 1996, S. 665, 667.

[497] Heck, Sachenrecht, § 84 II 4, so auch Soergel/Konzen, § 1113 Rn. 15 und BGH JZ 1991, 923, 926.

[498] Vgl. §§ 7-9 Erläuterungen des Obersten Volksgerichts zu einigen Fragen der Anwendung des GüS.

[499] Clemente, Recht der Sicherungsgrundschuld, § 2 I 3 Rn. 11.

II. Nichtigkeit der Sicherungsabrede

2.1 Sicherungsabrede im deutschen Recht

Die Sicherungsabrede wird in der deutschen Rechtspraxis hauptsächlich durch das Recht der allgemeinen Geschäftsbedingungen, das früher im AGBG enthalten war und sich seit der Schuldrechtsreform in den §§ 305 – 310 BGB findet, inhaltlich kontrolliert. Hinzu treten die Regeln über die Unwirksamkeit sittenwidriger Geschäfte.

2.1.1 Allgemeine Regelungen der Nichtigkeit

Die Regelungen über Nichtigkeit und Anfechtbarkeit im allgemeinen Teil gelten auch für die Sicherungsabrede. Dabei wird der Sittenverstoß in der deutschen Literatur sehr oft diskutiert. Als wichtiges Beispiel sei die schuldrechtliche Freigabeklausel, die die Sittenwidrigkeit[500] nach § 138 BGB oder die Unangemessenheit[501] nach § 307 BGB (§ 9 AGBG) einer Übersicherung beseitigen kann, genannt. Die schuldrechtlichen Vereinbarungen entscheiden in einer Gesamtbeurteilung über die Sittenwidrigkeit und Angemessenheit des dinglichen Geschäfts[502]. „In jedem Fall stehen schuld- und sachenrechtliches Geschäft für die Angemessenheitsbeurteilung in einer gegenseitigen Abhängigkeit“[503]. In WM 1964 S. 707 (710) scheint der BGH nicht zu bezweifeln, dass die Sittenwidrigkeit der gesicherten Forderung die Sittenwidrigkeit und Nichtigkeit des Sicherungsvertrags nach sich zieht. Beim beiderseitigen Sittenverstoß ist dies anderes. Die Vereinbarung, ein sittenwidriges Geschäft zu sichern, ist selbst nicht sittenwidrig[504].

2.1.2 Kontrolle der AGB

Im Vergleich mit dem Geldgeber hat der Sicherungsgeber eine schwächere wirtschaftliche Stellung, und der Kreditnehmer und Sicherungsgeber sind sich bei Abschluss des Formular-Kreditvertrages sicherlich – im Gegensatz zu den ausgebildeten Sachbearbeitern der Realkreditinstitute – der Nachteile in der Sicherungsabrede nicht immer bewusst. Deswegen werden die Klauseln nach den §§ 307 – 309 BGB inhaltlich kontrolliert. Dabei wurden zahlreiche feste Regeln für die Grundschuld kraft Richterrechts aufgestellt, die überwiegend dem Schutz der Sicherungsgeber dienen.
Die AGB-rechtliche Inhaltskontrolle erfasst den Sicherungsvertrag im

[500] BGHZ 26, 176; BGHZ 79, 16; BGH NJW 1998, 671 ff.
[501] Pfeiffer, WM 1995, 1565 f.; Reinicke/Tiedtke, Kreditsicherung, Rn. 494.
[502] Reinicke/Tiedtke, Kreditsicherung, Rn. 553.
[503] Wolf, NJW 1987, S. 2647, 2651.
[504] BGHZ 19, S. 205, 206 f.

Ganzen. Insbesondere auch die inhaltliche Gestaltung des Rückgewähranspruchs unterliegt der AGB-Kontrolle. So kann z. B. der Ausschluss der Rückübertragung den Sicherungsgeber grob unbillig benachteiligen[505].
Bei der Prüfung der AGB kommen insbesondere § 305 (deutliche Einbeziehung), § 305c I (inhaltlich außergewöhnliche Klauseln), § 305c II (Auslegungszweifel zu Lasten des Verwenders), § 307 (Benachteiligung gegen Treu und Glauben) sowie § 309 Nr. 12 (Veränderung der Beweislast) in Betracht. Ob der Schuldner und der Grundstückseigentümer identisch sind, spielt bei der Kontrolle der AGB in der Rechtsprechung eine entscheidende Rolle. Wenn der Schuldner und der Grundstückseigentümer identisch sind, ist eine weitergehende Klausel, welche die Sicherung aller bestehenden und künftigen Verbindlichkeiten des Schuldners gegenüber dem Kreditgeber aus ihrer Geschäftsverbindung vorsieht, nicht überraschend im Sinne des § 305c I BGB (§ 3 AGBG)[506] und benachteiligt den Sicherungsgeber nicht unangemessen. Die Sicherungsabrede kann aber nicht nachträglich formularmäßig erweitert werden[507]. Außerdem sind die Klausel über ein zusätzliches formularmäßiges abstraktes Schuldversprechen und die daraus folgende doppelte Unterwerfung zulässig, wenn Schuldner und Grundstückseigentümer identisch sind[508].
Wenn Schuldner und Grundstückseigentümer nicht identisch sind, bleibt „eine formularmäßige Zweckerklärung, die den Sicherungszweck über den durch den Anlass bestimmten Rahmen hinaus auf die sämtlichen gegenwärtigen und künftigen Ansprüche des Sicherungsnehmers gegen einen Dritten erweitert", überraschend, auch wenn vom Sicherungsgeber eine zusätzliche Formularerklärung unterschrieben wird, die auf die Zweckerweiterung hinweist; es bedarf eines individuellen Hinweises, der die Gewähr dafür bietet, dass der Sicherungsgeber sich der vollen Tragweite seiner Erklärung bewusst wird[509]. Dies gilt grundsätzlich auch für die Klausel über ein zusätzliches formularmäßiges abstraktes Schuldversprechen[510]. Allerdings ist zu beachten, dass der XI. Senat[511] des BGH entschieden hat, die formularmäßige Erstreckung des Sicherungszwecks einer Grundschuld auf alle künftigen Forderungen der kreditgebenden Bank gegen den mit dem Sicherungsgeber nicht identischen Kreditschuldner

[505] BGHZ 106, 375 ff.
[506] BGHZ 101, 30, 33; BGH ZIP 1997, 1229.
[507] BGHZ 99, 203, 206.
[508] BGHZ 99, 274, 284 ff.; NJW 1991, 286; 1677; 2559, 2560 f.; 1992, 971, 972.
[509] BGHZ 131, 55; vgl. auch OLG Karlsruhe WM 1999, 589 und OLG Hamm WM 1999, 2065.
[510] BGH NJW 1991, 1677; kritisch zu diesem formalen Ansatz Stürner, DNotZ 1992, S. 97 ff.
[511] ZIP 1997, 1538; vgl. auch OLG Hamm WM 1999, 2065, 2066; Rösler, WM 1998, 1377, 1379; Siol, WM 1996, 2217, 2220. Die Gegenmeinung vertreten Reinicke und Tiedtke, Reinicke/Tiedtke, Kreditsicherung, S. 375.

verstoße im Gegensatz zur unbeschränkten Bürgschaft und zum Schuldbeitritt nicht gegen § 307 BGB (§ 9 AGBG) – eine Frage, die sich naturgemäß nur dort stellt, wo das Überraschungsmoment, das ja sonst dieser Klausel die Wirksamkeit nimmt, restlos ausgeräumt ist.

2.2 Die Sicherungsabrede im chinesischen Recht

Im chinesischen Recht ist die Vertragsfreiheit mit dem Begriff der „Freiwilllligkeit" schon im Vertragsgesetz als Prinzip angesprochen. Aber die rechtlichen Gründe, die zur Nichtigkeit des Sicherungsvertrags führen können, sind vielfältig und schützen in erster Linie die staatlichen Interessen. Dadurch bleibt ein Eingriff des Staates in die Vertragsfreiheit immer möglich und kann der Gesetzgeber aus einem aktuellen politischen Grund das Interesse der Beteiligten willkürlich abwägen. Die Zahlen der Nichtigkeit reduzierten sich allmählich mit der Entwicklung der Wirtschaft und der Regulierung, und manche Regelungen wurden nach dem Maßstab der Marktwirtschaft korrigiert. Regelungen zur Nichtigkeit der Hypothek finden sich nicht nur im Gesetz über Sicherheiten, den AGZ[512] und dem Vertragsgesetz[513], sondern auch in den besonderen Gesetzen, z. B. dem Gesellschaftsgesetz. Außerdem kann die Sicherungsabrede auch aufgrund der Akzessorietät wegen der Nichtigkeit oder Nichtentstehung der gesicherten Forderung für nichtig erklärt werden. Nichtige Rechtsgeschäfte ha-

---

[512] In den folgenden Fällen sind Zivilhandlungen nichtig: 1. wenn sie von nicht Zivilgeschäftsfähigen ausgeführt werden; 2. wenn sie von beschränkt Zivilgeschäftsfähigen ausgeführt werden, die sie nach dem Recht nicht unabhängig ausführen können; 3. wenn eine Seite mit Tricks unter Täuschung oder Drohung oder unter Ausnutzung einer Notlage die andere Seite entgegen deren wahren Willen veranlasst hat, [diese Handlungen] auszuführen; 4. wenn sie in böswilliger Kollusion die Interessen des Staates oder von Kollektiven oder Dritten schädigen; 5. wenn sie dem Gesetz oder den allgemein gesellschaftlichen Interessen zuwiderlaufen; 6. wenn Wirtschaftsverträge Imperativplänen des Staates zuwiderlaufen; 7. wenn sie unter legaler Form rechtswidrige Zwecke verbergen. Unwirksame Zivilhandlungen haben vom Beginn der Handlung an keine gesetzliche Bindungskraft (§ 58 Vertragsgesetz).

[513] Wenn einer der folgenden Umstände vorliegt, ist der Vertrag nichtig: 1. wenn mit Täuschung oder Drohung durch eine Seite errichtete Verträge staatliche Interessen schädigen; 2. wenn in böswilliger Kollusion Interessen des Staates, von Kollektiven oder von Dritten geschädigt werden; 3. wenn eine legale Form ein rechtswidriges Ziel verbirgt; 4. wenn gesellschaftliche öffentliche Interessen geschädigt werden; 5. wenn zwingende Bestimmungen von Gesetzen oder verwaltungsrechtlichen Vorschriften verletzt werden (§ 52 Vertragsgesetz). Zu weiteren Unterschieden zwischen dem chinesischem Recht und dem deutschem Recht siehe Jiandong Shao, Chinesisches Zivil- und Wirtschaftsrecht, S. 18 ff. So wird z. B. die Anfechtung nicht wie im deutschen Recht als Gestaltungsrecht durch einseitige Erklärung gegenüber der anderen Partei ausgeübt.

ben vom Beginn der Handlung an keine gesetzliche Bindungskraft (§ 58 AGZ).

2.2.1 Interessen des Staates

Im chinesischen Recht sind die Interessen des Staates in den Augen des Gesetzgebers besonders schutzwürdig. Nach § 58 AGZ ist die Zivilhandlung nichtig, wenn sie in böswilliger Kollusion die Interessen des Staates oder von Kollektiven oder Dritten schädigt. Diese Regelung wurde 1999 ins Vertragsgesetz übernommen. In den AGZ werden die Täuschung oder Drohung als Gründe für Nichtigkeit vorgesehen. Dagegen werden sie allgemein im Vertragsgesetz als Anfechtungsgründe geregelt; nichtig ist der Vertrag jedoch dann, wenn unter dem Einfluss von Täuschung oder Drohung durch eine Seite geschlossene Verträge staatliche Interessen schädigen (§ 52 Nr. 1 Vertragsgesetz). Nach den AGZ sind Zivilhandlungen auch nichtig, wenn sie Wirtschaftsverträgen und Imperativplänen des Staates zuwiderlaufen. Diese Regelung enthält das Vertragsgesetz jedoch nicht.

2.2.2 Förmliches Rechtsgeschäft

Der Sicherungsvertrag ist im deutschen Recht nicht an eine bestimmte Form gebunden[514]. Die Parteien wählen allerdings schon aus Beweisgründen und zur eindeutigen Festlegung ihrer Rechte und Pflichten in der Regel die notarielle Beurkundung des Sicherungsvertrags. Im Gegensatz dazu müssen der Besteller und der Hypothekar im chinesischen Recht gemäß § 38 GüS einen schriftlichen Hypothekenvertrag abschließen. Es wird die Meinung vertreten, dass der Mangel der schriftlichen Form zur Unwirksamkeit des Sicherungsvertrags führt[515]. Wenn jedoch bei einem Vertrag, für den Gesetze, verwaltungsrechtliche Bestimmungen oder eine Vereinbarung der Parteien die Schriftform vorschreiben, die Parteien nicht die Schriftform verwenden, aber eine Partei bereits die Hauptpflicht erfüllt und die andere sie angenommen hat, kommt der Vertrag dennoch zustande (§ 36 Vertragsgesetz). Hierauf stützt sich eine andere Ansicht, nach der vor der Beachtung der Schriftform der Vertrag schwebend unwirksam ist[516]. Allerdings ist für die Grundpfandrechte bei der Registrierung die Vorlage des schriftlichen Sicherungsvertrages erforderlich.

---

[514] Vgl. BGH WM 1982, 443, 444.

[515] Huixing Liang, Erörterung des chinesischen Sachenrechts, S. 824.

[516] Xiangjun Kong, Guarantee Law, S. 231; Shibing Cao, Sicherheiten, S. 183, er unterscheidet Zustandekommen und Wirksamkeit des Vertrags. Auch ohne die förmliche Voraussetzung kann das Hypothekenrecht zustande kommen, und die Nichtigkeit des Vertrages kann durch die Registrierung der Hypothek geheilt werden.

2.2.3 Die öffentlichen Körperschaften als Sicherungsgeber

Nach dem Gesetz über Sicherheiten dürfen die öffentlichen Körperschaften keine Bürgschaft leisten. Es können also Staatsorgane, Schulen, Kindergärten, Krankenhäuser und andere Institutionseinheiten und gesellschaftliche Körperschaften, deren Ziel es ist, dem Allgemeininteresse zu dienen, nicht Bürge sein (§§ 8, 9 GüS). Eine Ausnahme existiert jedoch für Staatsorgane: Sie können Bürge sein, wenn mit Genehmigung des Staatsrats Darlehen ausländischer Regierungen oder internationaler Wirtschaftsorganisationen genutzt und weiterübertragen werden (§ 8 S. 2 GüS). Darüber hinaus hat das Oberste Volksgericht diese Regelung ausgedehnt. Öffentliche Körperschaften dürfen unabhängig von der konkreten Art keinerlei Sicherheiten leisten, weil die Sicherheitenbestellung eine geschäftliche Sache ist und nicht mit der Befugnis der öffentlichen Körperschaften übereinstimmt[517]. Der von den öffentlichen Körperschaften abgeschlossene Sicherungsvertrag ist grundsätzlich nichtig. Wenn dies zu Verlusten des Gläubigers führt, findet § 5 II GüS Anwendung (§ 3 S. 2 Erläuterungen), d. h. die öffentlichen Körperschaften sind bei Verschulden zum Schadenersatz verpflichtet. Aber diese Haftung der öffentlichen Körperschaften ist dadurch beschränkt, dass die Haftung die Erfüllung der Aufgaben solcher öffentlicher Körperschaften nicht beeinträchtigen darf[518].

2.2.4 Sicherheitsleistung der Vorstandsmitglieder oder der Geschäftsführer

Gemäß § 60 III des Gesellschaftsgesetzes (29.12.1993) dürfen Vorstandsmitglieder oder Geschäftsführer mit dem Vermögen der Gesellschaft nicht für Schulden von Gesellschaftern der Gesellschaft oder anderen Einzelpersonen Sicherheit leisten. In diesem Fall wird der Sicherungsvertrag für nichtig erklärt (§ 4 I Erläuterungen). Diese Regeln bezwecken den Schutz des Aktionärs und Gläubigers. Cao vertritt allerdings die Meinung, dass die Sicherheitsleistung bei Einverständnis des Vorstandes erlaubt werden soll[519].

2.2.5 Arglistige Hypothekenbestellung

Wenn der Schuldner mehrere Gläubiger hat, einem Gläubiger in böswilliger Kollusion am gesamten oder einem Teil seines Vermögens eine Hypothek bestellt, damit die Fähigkeit zur Erfüllung der anderen Schulden

---

[517] Guoguang Li, Interpretation und Anwendung, S. 53; Shibing Cao, Sicherheiten, S. 41.

[518] Guoguang Li, Interpretation und Anwendung, S. 56

[519] Shibing Cao, Sicherheiten, S. 49.

verliert und die Interessen eines anderen Gläubigers schädigt, dann können die geschädigten Gläubiger vom Gericht verlangen, diese Hypothekenbestellung aufzuheben (§ 69 Erläuterungen). Dabei ist die böswillige Kollusion die entscheidende Voraussetzung. Unklar bleibt, was die böswillige Kollusion ist. Cao ist der Auffassung, dass böswillige Kollusion vorliege, wenn ein Gläubiger mit dem Schuldner einen Sicherungsvertrag abgeschlossen hat, obwohl er schon Kenntnis davon hat, dass sein Schuldner mehrere Gläubiger hat und schon in die Gefahr der Zahlungsunfähigkeit geraten ist[520].

Im deutschen Recht kann der Gläubiger nach dem Anfechtungsgesetz (1999) außerhalb des Insolvenzverfahrens die ihn beeinträchtigenden Rechtshandlungen seines Schuldners anfechten. Die Gläubigeranfechtung setzt aber voraus, dass die Zwangsvollstreckung in das Vermögen des Schuldners aussichtlos ist (§ 2 Anfechtungsgesetz)[521]. Außerdem muss die Geldforderung des Anfechtungsgläubigers fällig und vollstreckbar tituliert sein[522]. Vorsätzliche Benachteiligung wird in § 3 des Anfechtungsgesetzes als ein Untertyp geregelt. Dabei ist der Gläubigerbenachteiligungsvorsatz die subjektive Tatbestandvoraussetzung der Gläubigeranfechtung. Der Leistungsempfänger muss auch zur Zeit der Handlung den Vorsatz des Schuldners kennen. Diese Kenntnis wird vermutet, wenn er wusste, dass die Zahlungsunfähigkeit des Schuldners drohte und dass die Handlung die Gläubiger benachteiligte (§ 3 I 2 Anfechtungsgesetz).

Im Vergleich zum deutschen Recht ist nur ein Fall vorsätzlicher Benachteiligung in China unvollkommen vorgesehen. Im chinesischen Recht ist es gleichgültig, ob der Anfechtungsgläubiger einen vollstreckbaren Schuldtitel erlangt oder nicht. Dies kann zu vermehrten Streitigkeiten über den Forderungsbestand führen[523]. Außerdem fehlen auch Regelungen über Rechtsnachfolger, Beweislastumkehr, Frist usw.

Es bleibt im chinsischen Recht unklar, wie sich das Verfahren der Gläubigeranfechtung und das Insolvenzverfahren zueinander verhalten (vgl. §§ 16-18 Anfechtungsgesetz). Allerdings gilt diese Vorschrift nicht für das Insolvenzverfahen. Nähere Ausführungen zur Insolvenzanfechtung folgen im nächsten Kapitel.

2.2.6 Kontrolle der AGB

Unter allgemeinen Geschäftsbedingungen versteht das chinesische Recht solche Klauseln, die von der Partei zur wiederholten Verwendung vorweg entworfen und nicht beim Abschluss des Vertrages mit der anderen Seite

---

520 Shibing Cao, Sicherheiten, S. 247.

521 Zeuner, Die Anfechtung in der Insolvenz, Rn. 356.

522 BGH NJW 1990, 1302, 1303; BGH NJW 1991, 496, 498.

523 Vgl. Zeuner, Die Anfechtung in der Insolvenz, Rn. 382.

ausgehandelt werden (§ 39 II Vertragsgesetz). Wenn beim Abschluss eines Vertrages allgemeine Geschäftsbedingungen verwandt werden, muss die Partei, welche die allgemeinen Geschäftsbedingungen stellt, wenn sie die Rechte und Pflichten der Parteien gegeneinander festsetzt, sich an den Gerechtigkeitsgrundsatz halten und eine vernünftige Art und Weise wählen, um die andere Seite auf Klauseln aufmerksam zu machen, welche die Haftung dieser [die Geschäftsbedingungen stellenden Partei] ausschließen oder einschränken, und auf Wunsch der anderen Seite diese Klauseln erklären (§ 39 I Vertragsgesetz, vgl. §§ 305, 307 BGB). Klauseln in allgemeinen Geschäftsbedingungen, bei denen einer der in §§ 52 und 53 bestimmten Umstände vorliegt oder welche die Seite, welche die Geschäftsbedingungen stellt, von ihrer Haftung befreien, die Haftung der anderen Seite erhöhen und Hauptrechte der anderen Seite ausschließen, sind unwirksam (§ 40 Vertragsgesetz, vgl. § 307 BGB). Allgemeine Geschäftsbedingungen müssen bei Streitigkeiten über ihre Auslegung im allgemein üblichen Sinne ausgelegt werden. Wenn mehrere Auslegungen möglich sind, müssen sie in dem Sinn ausgelegt werden, der für die Seite, die sie gestellt hat, nicht von Vorteil ist. Wenn allgemeine Geschäftsbedingungen mit Klauseln im Widerspruch stehen, die keine allgemeinen Geschäftsbedingungen sind, gelten die Klauseln, die keine allgemeinen Geschäftsbedingungen sind (§ 41 Vertragsgesetz, vgl. § 305c BGB).
Hierunter fallen in der chinesischen Praxis normalerweise nur Konsumentenverträge. Die Anwendung auf andere Verträge einschließlich des Sicherungsvertrags bleibt offen. In der Rechtspraxis kommen ungerechte Klauseln nicht selten vor. Sehr oft ist in der Sicherungsabrede bei der mortgage vereinbart, dass bei Übersicherung keine Freigabepflicht besteht. Durch den Sicherungsvertrag wird die Freiheit der Bewirtschaftung des Sicherungsgebers häufig sehr stark eingeengt. Er darf z. B. über den Sicherungsgegenstand nicht weiter verfügen (ihn vermieten, hypothekarisch belasten oder veräußern). Er darf nicht ohne die Zustimmung des Sicherungsnehmers den Inhalt einer Aktie verändern usw. Bei der mortgage kann der Sicherungsnehmer das Vollrecht erwerben und zur Verfügung berechtigt sein. Schließlich kann jede sogenannte „Pflichtverletzung oder ein anderer Grund" zum Verwertungsfall führen, z. B. wenn irgendwelche Vermögensgüter gepfändet werden oder würden oder der Sicherungsgeber den Sicherungsgegenstand nicht versichern lässt. Daher sollen solche Klauseln nach der Literatur nach den Regeln des Vertragsgesetzes kontrolliert werden[524].

[524] Chuang Wang, Erörterung der Sicherungsübertragung, S. 441.

III. Die treuhänderische Rechtsnatur des Sicherungsvertrages

3.1 Anspruchsgrundlagen und Pflichten des Grundschuldinhabers im deutschen Recht

3.1.1 Vertragsrechtliche oder bereicherungsrechtliche Ansprüche?

Die Sicherungsgrundschuld ist nicht akzessorisch. Nach allen Auffassungen hat der Sicherungsnehmer das Sicherungsgut mit Erledigung des Sicherungszwecks zurückzugewähren[525]. Auf den ersten Blick erscheint unklar, aus welcher Anspruchsgrundlage die Grundschuld zurückverlangt werden kann, wenn beispielsweise die zu sichernde Forderung nicht besteht oder weggefallen ist. Um die Interessen der beiden Parteien auszugleichen, zeigt sich in Rechtsprechung und Literatur immer wieder ein Schwanken zwischen vertraglichen und bereicherungsrechtlichen Ansprüchen.

Nach früherer Auffassung hat ein fehlender oder weggefallener Sicherungszweck Rückgewähransprüche nach dem Recht der unberechtigten Bereicherung zur Folge. Die Lehre der Doppelcausa erlaubt dabei trotz Wirksamkeit des Sicherungsvertrags die Kondiktion des Sicherungsgegenstands bei Nichtbestehen oder Wegfall der Forderung. Jäckle unterscheidet zwischen planmäßiger Kredittilgung und Störungsfällen. Bei planmäßiger Kredittilgung ergebe sich der Rückgewähranspruch aus der Sicherungsabrede. Bei den Störfällen sei die Sicherungsabrede als solche gegenstandlos, weil der Sicherungszweck verfehlt werde. Im Ergebnis ergebe sich der Rückgewähranspruch aus § 812 I 1 Alt. 1 BGB[526]. Weber geht ebenfalls vom Sicherungszweck aus und meint, dass bei Nichtbestehen der zu sichernden Forderung die Sicherungsabrede zwar gültig bleibe, aber der Sicherungszweck verfehlt werde. Deswegen beruhe der Rückgewähranspruch auf § 812 I 2 Alt. 2 BGB[527].

Die jetzt überwiegende Auffassung besagt zwar übereinstimmend, dass der Rückgewähranspruch sich aus der Sicherungsabrede ergebe[528]. In der Praxis wird ein Rückgewähranspruch in der Regel vertraglich vereinbart, was den Sicherungsgeber begünstigt. Aber es bestehen erhebliche Unter-

---

[525] BGH NJW 1989, 1732, 1733 l.Sp.; 1982, 2768, 2769; NJW-RR 1989, 173, 175 l. Sp.; NJW 1992, 1620; Westermann, Sachenrecht, § 117 II 2.

[526] Jäckle, JZ 1982, S. 50 55 f.; Huber, Die Sicherungsgrundschuld, S. 92, ist der Auffassung, dass die Verfehlung des Sicherungszwecks auch zur Rechtsgrundlosigkeit und Unwirksamkeit der Verpflichtung in der Sicherungsabrede führe, und wendet im Ergebnis Bereichungsrecht an.

[527] Weber, AcP 169 (1969), S. 236, 243 f.

[528] BGH WM 1985, 12 = ZIP 1985, 89, 91; BGH WM 1986, 763 = ZIP 1986, 900, 902; Staudinger/Wolfsteiner, Vorbem. zu §§ 1191 ff. Rn. 112; Palandt/Bassenge, § 1191 Rn. 17; Erman/Wenzel, § 1191 Rn. 61; Derleder, JuS 1972, S. 90, 93; Scholz, in: FS Möhring, S. 419, 422.

schiede in der Dogmatik. Baur und Zeiss wenden §§ 320 ff. BGB an[529]. Der Gegenmeinung zufolge besteht indes keine synallagmatische Verknüpfung zwischen Darlehensvertrag und Sicherungsabrede[530]. Vertreten wird auch, dass sich die Rückübertragungspflicht für diesen Fall durch Auslegung aus dem Sicherungsvertrag entnehmen lasse[531]. Buchholz verweist auf den Vorrang ergänzender Vertragsauslegung[532]. Tiedtke unterscheidet zwischen vorläufiger und endgültiger Nichtvalutierung. Erst wenn die Nichtentstehung der Forderung endgültig sicher sei, könne der Rückgewähranspruch aufgrund der Sicherungsabrede geltend gemacht werden[533]. Schließlich wird auch der treuhänderische Charakter der Sicherungsabrede herausgestellt (§§ 133, 157 BGB)[534]. Übereinstimmung besteht jedoch darüber, dass, wenn die Sicherungsabrede selbst nichtig, unwirksam oder aufgehoben ist, der Sicherungsgeber gemäß § 812 I BGB Rückgewähr verlangen kann[535].

3.1.2 Störung der Geschäftsgrundlage oder Treuhand bei Übersicherung?

Auch bei der unplanmäßigen Übersicherung stellt sich die Frage nach der dogmatischen Einordnung des Rückgewähranspruchs. Nach einer Auffassung ergibt sich ein Rückgewähranspruch des Sicherungsgebers allein aufgrund des Rechtsinstituts über die Störung der Geschäftsgrundlage[536]. Allerdings ist die Anwendung der Regeln über die Störung der Geschäftsgrundlage nur unter sehr strengen Voraussetzungen möglich. Dies führte dazu, dass die Grundschuld nur bei extremer Übersicherung zurückgewährt werden kann. Daher bevorzugt eine andere Auffassung die Anwendung der Regelungen über treuhänderische Geschäfte. Aufgrund der fiduziarischen Rechtsnatur der Sicherungsabrede wird hiernach der Grundschuldinhaber verpflichtet, den endgültig nicht nötigten Teil einer Sicherungsgrundschuld zurückzugewähren, auch wenn keine ausdrückli-

---

[529] Baur, Sachenrecht, § 45 II 2 b; BGH BB 1967, 1144 = WM 1967, 955; Zeiss, AcP 164 (1964), S. 50, 70 f.; Jäckle, JZ 1982, S. 50; gegen §§ 320 ff. Wilhelm, Sachenrecht, Rn. 859.

[530] Huber, Sachenrecht, S. 84, 93 f.; Jäckle, JZ 1982, S. 50, 52.

[531] Huber, JuS 1972, S. 57, 59, Fn. 17.

[532] Buchholz, ZIP 1987, S. 891, 897 ff.

[533] Tiedtke, Jura 1980, S. 409, 410.

[534] Baur/Stürner, Sachenrecht, § 45 II Rn. 9 f., S. 515, 519; Lettel, WM 2002, S. 788, 791.

[535] BGH WM 1985, 12; BGH WM 1989, 1412; Baur/Stürner, Sachenrecht, § 45 II 2 d Rn. 25; Buchholz, ZIP 1987, S. 891, 892.

[536] Staudinger/Wolfsteiner, Vorbem. zu §§ 1191 ff. Rn. 26; Merkel, in: Schimansky/Bunte/Lwowski, Bankrechts, § 94 VIII 8 c. aa. Rn. 399.

che Vereinbarung vorliegt[537].

In der Sache bemühen sich alle Lehren nur darum, den Kreis der Befugnisse der Parteien, vor allem des Sicherungsnehmers, festzulegen. Wer über die Regeln zur Geschäftsgrundlage geht, gesteht dem Grundschuldgläubiger eine sehr starke Stellung zu. Wer hingegen Vertragsrecht, insbesondere die Grundgedanken der Treuhand, zur Anwendung kommen lässt, beschränkt den Grundschuldgläubiger in stärkerem Maße. Unabhängig vom dogmatischen Ansatzpunkt wird der Sicherungsgeber dann gut geschützt, wenn ihm ein vertraglicher Rückgewähranspruch eingeräumt wird.

3.2 Die Funktion des Sicherungszwecks

Nicht der Sicherungszweck, sondern die Sicherungsabrede ist Rechtsgrundlage des Rückgewähranspruches. Der Sicherungszweck ist jedoch Rechtsgrund der Sicherungsabrede und Maßstab für die Rechte und Pflichten der Vertragsparteien. Ahrens vertritt die Meinung, nicht der Sicherungsvertrag, sondern der vertraglich ausgestaltete Sicherungszweck bestimme das Außenverhältnis zu Dritten, weil der Sicherungsvertrag bei der Sicherungsgrundschuld grundsätzlich nur schuldrechtlich wirkt und eine Inhaltsbestimmung des betreffenden Rechts als Sicherungsmittel nur durch das Gesetz begründet bzw. ermöglicht werden könne[538]. Daher könne nur der Sicherungszweck einerseits über die Relativität der ihn begründenden Abrede und die dingliche Rechtslage hinaus eine zusätzliche Wirkung entfalten, so z. B. das Aussonderungsrecht des Sicherungsgebers im Konkurs des Sicherungsnehmers. Andererseits könne der Sicherungszweck auch einen beschränkenden Effekt mit sich bringen, z. B. ein Absonderungsrecht des Sicherungsnehmers im Konkurs des Sicherungsgebers[539]. Aber „keine eigenständliche Verdinglichung des Sicherungszwecks über die gesetzlich ausdrücklich zur Verfügung gestellten Vorgaben hinaus ist denkbar“[540].

Meiner Meinung nach kann der Sicherungsvertrag als Treuhand eine dingliche Wirkung, vor allem bei der Abtretung der Grundschuld oder Forderung, entfalten. Bei Divergenz auf der Passivseite muss der Eigentümer sich aufgrund des Sicherungszwecks auf die gesetzlichen Vorschriften berufen. Außerdem bezieht sich die dingliche Wirkung hauptsächlich auf Beschränkungen der Rechte des Grundschuldinhabers.

---

[537] Lettel, WM 2002, S. 788, 793; Nobbel, ZIP 1996, S. 657, 661.

[538] Ahrens, AcP 200 (2000), S. 123, 129.

[539] Ahrens, AcP 200 (2000), S. 123, 130.

[540] Ahrens, AcP 200 (2000), S. 123, 134.

3.3 Treuhänderische Rechtsnatur des Sicherungsvertrags im deutschen Recht

3.3.1 Die Treuhand

Coing definiert die Treuhand für den rechtsgeschäftlichen Bereich folgendermaßen: „Das Wesen der rechtsgeschäftlichen Treuhand besteht darin, dass jemand durch Rechtsgeschäft verpflichtet ist, bestimmte Rechte, die ihm selbst zustehen oder über die er verfügen kann, nicht im eigenen, sondern in fremdem Interesse zu halten und auszuüben“[541]. Dabei wird die fremdnützige Treuhand (auch uneigennützige oder reine Treuhand genannt) und von der eigennützigen (gemischten) Treuhand unterschieden. Während die fremdnützige Treuhand Verwaltungszwecken dient, bezweckt die eigennützige Treuhand vor allem die Sicherung von Forderungen. Coing weist darauf hin, dass die rechtsgeschäftliche Treuhand zwei konstituierende Elemente besitzt, nämlich das „persönliche Element“, bestehend aus der „Bindung des Treuhänders durch die Treuhandabrede“, und das „sachliche Element“, bestehend aus dem dinglichen Rechtsgeschäft, welches die Verfügungsmacht des Treuhänders herstellt[542].
„Die Eigennützigkeit der Sicherungstreuhand hindert Treuepflichten zugunsten des Treugebers nicht“[543]. Die Sicherungstreuhand beruht wie jedes Treuhandverhältnis auf einem Auftrag oder einem Geschäftsbesorgungsvertrag, der hier Tatbestandselement des Sicherungsvertrages ist. Die Vorschriften des Auftragsrechts gelten für das Verhältnis zwischen Sicherungsgeber und Sicherungsnehmer im Rahmen der Sicherungsabrede[544]. Die in der Praxis wichtigsten Anwendungsfälle der Sicherungstreuhand sind die Sicherungsübereignung und die Sicherungsabtretung. Fraglich ist, ob die Sicherungsgrundschuld nach dem Vorbild der Sicherungsübereignung und Sicherungsabtretung als eine „fiduziarische“ bezeichnet werden kann[545].

3.3.2 Treuhänderische Rechtsnatur des Sicherungsvertrags bei der Sicherungsgrundschuld

Durch Vergleich mit der Sicherungsübereignung kam Huber zu dem Ergebnis, dass der Sicherungsvertrag bei der Grundschuld keine „qua-

[541] Coing, Treuhand, S. 85.
[542] Coing, Treuhand, S. 85 ff.
[543] Henssler, AcP 196 (1996), S. 37, 42.
[544] BGH WM 1994, 1477 = NJW 1994, 2886, 2886; BGH NJW 1993, 2041, 2042.
[545] Manche Autoren bejahen dies, s. z. B. Westermann, Sachenrecht, § 115 II 2 b; Stockmayer, Die Grundschuld als Kreditsicherungsmittel, S. 41; Seckelmann, Die Grundschuld als Sicherungsmittel, S. 64; Felgentraeger, in: FS Gierke, S. 140, 146.

si-dinglichen" Wirkungen habe[546]. Da die Umwandlung[547] einer obligatorischen in eine „quasi-dingliche" Rechtsposition das eigentlich charakteristische Moment der fiduziarischen Treuhand sei[548], sei die Sicherungsgrundschuld kein fiduziarisches Recht[549]. Nicht bestreitet er aber, dass wegen der Nichtakzessorietät der Machtüberschuss im Falle der Nichtvalutierung in Erscheinung tritt[550].

Nach richtiger Ansicht ist die Treuhand generell dadurch gekennzeichnet, dass dem Rechtsinhaber eine überschießende Rechtsmacht zusteht[551], nämlich der Überschuss an rechtlichem Können im Außenverhältnis im Vergleich zum rechtlichen Dürfen im Innenverhältnis. Daraus ergibt sich die Notwendigkeit, dem Treugeber eine bestimmte „quasi-dingliche" Rechtsposition zu geben und damit die Rechtsmacht des Treuhänders zu beschränken.

Die h. M. bejaht die treuhänderische Rechtsnatur der Sicherungsgrundschuld. Der Überschuss an Rechtsmacht, die der Sicherungsnehmer hierdurch erlangt, macht ihn zum Treuhänder des Sicherungsgebers in Ansehung des sicherungshalber gewährten Gegenstandes[552]. Bei der Sicherungsgrundschuld stellt sich der Überschuss der Rechtsmacht vor allem als Nichtakzessorietät dar. Dadurch wird dem Sicherungsnehmer eine Verfügungsmacht über die Grundschuld eingeräumt. Wenn der Sicherungsnehmer die Grundschuld nicht abtritt oder planmäßig auszahlt bzw. nicht erheblich übersichert ist, kommt die Tatsache der überschießenden Rechtsmacht nicht zum Tragen. Jedoch ist nicht zu bestreiten, dass das dingliche Rechtsgeschäft der Grundschuldbestellung eine dingliche Verfügungsmacht über die Grundschuld zur Folge hat, die nicht an das Schicksal der Forderung gebunden ist. Bei „Divergenzfällen auf der Passivseite" besteht eine Nähe zu den fiduziarischen Rechtsverhältnissen, weil der Eigentümer an der Begründung der Sicherungsabrede ja gerade nicht teilnimmt[553].

Obwohl das BGB kein eigenes Treuhandrecht ausbildet, ist der Siche-

---

546 Dazu Huber, Die Sicherungsgrundschuld, S. 256 ff.; Siebert, Treuhandverhältnis, S. 163; Serick, Neue Entwicklungen, S. 49.

547 Umwandlungsprinzip, s. Serick, Neue Entwicklungen, S. 148.

548 Huber, Die Sicherungsgrundschuld, S. 85; Beispielsweise enthält die fiduziarische Treuhand bei der Sicherungsübereignung nicht nur schuldrechtliche Beziehungen der Parteien, sondern auch die vermögensrechtliche Zuordnung des Treugutes. Siebert, Treuhandverhältnis, S. 18 ff.; A. Friedmann, in: Juristentag, S. 862, 870.

549 Huber, Die Sicherungsgrundschuld, S. 259; Huang, Einwendungen und Einreden gegenüber der Grundschuld, S. 84 ff., vertritt dieselbe Meinung wie Huber.

550 Huber, Die Sicherungsgrundschuld, S. 258.

551 Henssler, AcP 196 (1996), S. 37, 45.

552 Siebert, Treuhandverhältnis, S. 372; Coing, Treuhand, S. 81; Medicus, Bürgerliches Recht, Rn. 490 ff.; RGZ 91, 225.

553 Ahrens, AcP 200 (2000), S. 123, 127.

rungsvertrag als Treuhand vom BGH gewohnheitsrechtlich anerkannt. Der BGH hat diese gesetzliche Rückgewährpflicht auf zwei Überlegungen gestützt: zum einen die fiduziarische Rechtsnatur der Sicherungsabrede über die Bestellung nicht akzessorischer Sicherungsrechte und zum anderen die Interessenlage der Vertragsparteien. Dies gilt auch für die Sicherungsgrundschuld[554].

3.3.3 Die Rechtswirkungen der treuhänderischen Sicherungsabrede

Im Innenverhältnis wird der Treuhänder schuldrechtlich gebunden. Aufgrund der Sicherungsabrede darf der Sicherungsnehmer die treuhänderisch zu seinen Gunsten bestellte Grundschuld nur nach Maßgabe der Sicherungsabrede geltend machen[555]. Die Geltendmachung und Verwertung seitens des Sicherungsnehmers werden in diesem Verhältnis an bestimmte Voraussetzungen geknüpft.
Der Sicherungsnehmer als Treuhänder erlangt durch die Grundschuldbestellung eine (potentielle) überschießende Rechtsmacht im Außenverhältnis. Fraglich ist, ob und gegebenenfalls wie die überschießende Rechtsmacht des Treuhänders im Außenverhältnis eingegrenzt und damit die Stellung des Treugebers verstärkt werden kann. Grundmann plädiert für eine Wechselwirkung. Das Treugutverhältnis könne schuldrechtliche Drittwirkungen und damit Außenwirkungen entfalten. Umgekehrt stehe das Pflichtenprogramm im Innenverhältnis unter dem Einfluss der Vorgaben, die sich aus dem Außenverhältnis ergeben[556]. Wiegand betrachtet das Treuhandeigentum als eigenständige, zweckgebundene Eigentumsform[557].
Die erste Lösung beruht auf der scharfen Gegenüberstellung von obligatorischen und dinglichen Rechten, die die Verbotsnorm des § 137 BGB gewährleistet, und auf der sich dadurch notwendigerweise ergebenden Einordnung der Treubindung des Treuhänders als einer rein obligatorischen Verpflichtung, die ihre Rechtsgrundlage in der Treuhandabrede (pactum fiduciae) hat. Die obligatorische Verpflichtung des Treuhänders darf sich wegen § 137 BGB nicht im Sinne einer dinglichen Bindung an die Treuhandzwecke auswirken. Indes wird die Drittwirkung der Treuhandabrede als Ausnahme anerkannt. Die von § 1157 BGB erfassten Einreden können Dritten gegenüber wirken. In der Folge entfaltet die schuldrechtliche Sicherungsabrede dingliche Wirkung. Dies verstößt auch nicht gegen

---

554 BGH WM 1998, 227 = NJW 1998, 671 ff.; Baur/Stürner, Sachenrecht, § 45 II 2 b cc (2) Rn. 32.
555 Clemente, Recht der Sicherungsgrundschuld, § 4 I Rn. 262.
556 Grundmann, Der Treuhandvertrag: insbesondere die werbende Treuhand, § 8, S. 343 ff.
557 Wiegand, AcP 190 (1990), S. 112, 136.

§ 137 BGB, da es hier nicht um einen Fall der Veräußerung geht. Die ganz h. M. stützt die These einer partiellen Verdinglichung auf den anerkannten Schutz des Treugebers in Insolvenz und Zwangsvollstreckung[558].
Die zweite Lösung korrigiert im Wege der Rechtsfortbildung den überkommenen abstrakten Eigentumsbegriff und muss eine komplette Veränderung der Sachenrechtsstruktur mit sich bringen[559]. Henssler sieht in der Vereinbarung einer Resolutivbedingung den methodologisch seriösesten Ausweg, um den Treugeber zu schützen. Es könne - und müsse - vereinbart werden, dass das Treugut bei vertragswidrigem Verhalten an den Treugeber zurückfalle[560]. Bei Grundstücksrechten, wo ja die Vereinbarung einer Bedingung nicht immer gangbar ist, bleibe die Sicherung des Rückübertragungsanspruchs durch eine Vormerkung[561].
Aufgrund des Überschusses der Rechtsmacht des Sicherungsnehmers werden wir mit der konkreten Frage konfrontiert, ob der Treugeber bei der Sicherungsgrundschuld durch die Gewährung des Aussonderungsrechts bzw. des Interventionsrechts nach § 771 ZPO zu schützen ist. Dies ist nach der Gesetzeslage nicht ganz eindeutig. Jedenfalls kann er gemäß §§ 1157, 1169 BGB als Eigentümer dem Pfändungsgläubiger die Einreden, die ihm aus dem Sicherungsvertrag gegen den Grundschuldgläubiger zustehen, entgegenhalten[562]. Im Ergebnis genießt er einen ähnlichen Rechtsschutz wie der Sicherungsgeber bei der Sicherungsübereignung. Im Insolvenzfall räumt § 1169 BGB dem Sicherungsgeber als Grundeigentümer ein Aussonderungsrecht und § 49 InsO dem Sicherungsnehmer ein Absonderungsrecht ein.

3.4 Das treuhänderische Rechtsverhältnis im chinesischen Recht

In China ist das dingliche Recht bedingungsfreundlich. Zudem fehlt dem Sachenrecht jede dogmatische Autonomie. Daher können beide oben genannten Lösungen zugleich in Betracht kommen, um die Treuhand einzuordnen. Bezüglich der Rezeption der Treuhand überwiegt jedoch die erste Lösung. Um die Rechtsmacht des Sicherungsnehmers schuldrechtlich und dinglich zu beschränken, ist durch ein Gesetz, das zum 1.1.2001 in Kraft trat, im chinesischen Recht die Sicherungstreuhand eingeführt worden. Dieses Gesetz bezweckt eigentlich, das Recht treuhänderisch verwalteter Wirtschaftszweige zu regeln. Aber in der Sache werden allgemeine Regelungen über die Treuhand festgelegt. Treuhandverhältnisse werden in § 2 des chinesischen Treuhandgesetzes als „diejenigen

---

558 Gernhuber, JuS 1988, S. 355, 358 ff.
559 Wiegand, AcP 190 (1990), S. 112.
560 Henssler, AcP 196 (1996), S. 37, 69.
561 Henssler, AcP 196 (1996), S. 37, 70.
562 Huber, Die Sicherungsgrundschuld, S. 135 ff.

Rechtsgeschäfte" vorgesehen, „die im Vertrauen eines Treugebers in den Treuhänder gründen und mittels deren jener Eigentumspositionen auf diesen überträgt und dieser sie im eigenen Namen verwaltet oder darüber verfügt und dies gemäß den Intentionen des Treugebers für einen Begünstigten oder ein vorgegebenes Ziel"[563]. Obwohl der chinesische Gesetzgeber die Treuhand als einen Vertrag versteht, wirkt die Treuhand auch gegenüber Dritten (§§ 14-18 sowie 22). Besondere Beachtung verdient, dass eine Interessenwahrungspflicht und eine Sorgfaltpflicht (§§ 25-28) des Treuhänders vorgesehen sind. Es ist aber nicht zu bestreiten, dass die Sicherungstreuhand, besonders der Sicherungsvertrag bei der Grundschuld, vom Gesetzgeber nicht in den Blick genommen worden waren. Die Sicherungsübertragung oder die Grundschuld sollten beide auf der Treuhand beruhen. Sonst wird der Sicherungsgeber, der mehr Macht überträgt, zum Opfer. Insoweit besteht eine planwidrige Regelungslücke. Durch ergänzende Auslegung dürfte die Sicherungstreuhand aus dem Treuhandgesetz abgeleitet werden können. Aber für den Sicherungsvertrag bei der Sicherungsgrundschuld bleiben nur die Interessenwahrungspflicht und die Sorgfaltpflicht übrig. Rechtsvergleichend darf man nicht außer Acht lassen, dass das deutsche Recht die dingliche Wirkung der Treuhand sehr zurückhaltend und grundsätzlich nicht allgemein, sondern nur punktuell anerkennt.

Ein neues, nicht akzessorisches Grundpfandrecht ist in Polen eingeführt worden. Bezüglich der treuhänderischen Sicherungsabrede wird für den Sicherungsvertrag ein Mindestinhalt vorgesehen[564]. Meines Erachtens ist jedoch dieser Weg nicht die beste Lösung. Das Innenverhältnis der Treuhand ist als Systematisierungsansatz ungeeignet. Es steht den Parteien frei, wie sie schuldrechtlich und im Rahmen des Formenzwangs auch sachenrechtlich ihre Rechtsbeziehungen regeln. Durch die Errichtung des Treuhandverhältnisses wird der Treuhänder einheitlich nicht nur schuldrechtlich, sondern auch dinglich beschränkt.

IV. Schuldrechtliche Beschränkungen des Treuhänders

4.1 Schuldrechtliche Beschränkungen des Treuhänders durch die treuhänderische Sicherungsabrede

4.1.1 Der gesetzliche schuldrechtliche Rückgewähranspruch

Der Sicherungsnehmer unterliegt zuerst als eigennütziger Treuhänder einer schuldrechtlichen Bindung seiner weitergehenden dinglichen

[563] Grundmann, RIW 2003, S. 166 ff.

[564] Drewicz-Tulodziecka/Soergel/Stöcker, WM 2002, S. 891, 895.

Rechtsmacht[565]. In der Rechtspraxis leitet die Rechtsprechung die treuhänderischen Pflichten des Sicherungsnehmers, vor allem den Rückgewähranspruch, aus der Sicherungsabrede ab. Eine Pflicht des Sicherungsnehmers zur Rückgewähr einer Sicherungsgrundschuld ist stets gegeben, wenn und soweit der wirksam vereinbarte Sicherungszweck für die Bestellung der Sicherungsgrundschuld endgültig nicht mehr besteht[566]. Dieser Rückgewähranspruch entsteht nach h. M. schon mit Abschluss des Sicherungsvertrages, und zwar aufschiebend bedingt durch den Fortfall des Sicherungszwecks[567]. Der Anspruch des Sicherungsgebers auf Teilfreigabe einer Grundschuld ist aber formularmäßig nicht als derartige Bedingung ausgestaltet [568]. Der Rückgewähranspruch des Schuldner-Eigentümers besteht auch im Falle der Zwangsversteigerung fort und richtet sich bei Erlöschen der Grundschuld auf den Erlös. Die Rückgewährpflicht folgt notwendig aus dem Sinn der Sicherungsabrede, auch dann, wenn im Vertrag hierüber nichts Besonderes gesagt ist[569], d. h. diese Rückgewährpflicht ist schon gesetzlich anerkannt. Selbstverständlich ist es notwendig, dass der Verpflichtete des Rückgewähranspruchs Partei der Sicherungsabrede sein muss. Bei der gemeinsamen Abtretung von Forderung und Grundschuld ist der Zessionar beispielsweise nicht Partei des ursprünglichen Sicherungsvertrages, so dass nach Erledigung des Sicherungszwecks ein vertraglicher Rückgewähranspruch nicht besteht.
Zurückzugewähren ist die Grundschuld an den Sicherungsgeber, der der Grundstückseigentümer, der persönliche Schuldner oder ein Dritter sein kann. Der vertragliche Anspruch auf Rückgewähr geht inhaltlich auf die Rückübertragung der Grundschuld (§§ 1192 I, 1154 BGB), auf Verzicht (§§ 1192, 1168 I BGB) oder auf Aufhebung (§§ 1192, 1183, 875 BGB)[570]. Dies gilt auch für den Rückgewähranspruch aus §§ 812 ff. BGB oder §§

[565] BGH NJW 1989, 1732, 1733; Baur/Stürner, Sachenrecht, § 45 Rn. 8; Wilhelm, Sachenrecht, Rn. 1275.

[566] BGH WM 1996, 133 = NJW-RR 1996, 234, 235; BGH WM 1993, 849; BGH WM 1992 566; BGH WM 1992, 566; BGH WM 1991, 723, 724; BGH WM 1989, 490, 491; BGH NJW 1986, 763 = NJW 1986, 2108, 2110.

[567] Baur/Stürner, Sachenrecht, § 45 II 2 b bb Rn. 28; Clemente, Recht der Sicherungsgrundschuld, § 71 Rn. 384 u. § 7 V Rn. 419; BGH NJW 1982, 2768, 2769; 1985, 800; ZIP 1986, 900; BGHZ 106, 375, 378; NJW 1989, 1732, 1733; 1991, 1821; NJW-RR 1994, 847 r. Sp.

[568] Merkel, in: Schimansky/Bunte/Lwowski, Bankrecht, § 94 VIII 5 Rn. 343.

[569] Kowalski, Die Grundschuld in modernen Grundbuchverkehr, S. 29; Komanns, Das Grundpfandrecht als fiduciarische Sicherheit, S. 21; Dempewolf, Der Rückübertragungsanspruch bei Sicherungsgrundschulden, S. 17; Seckelmann, Die Grundschuld als Sicherungsmittel, S. 138 ff.; Westermann, Sachenrecht, § 114 II 1 b; BGH WM 1998, 227, 230; BGH WM 1990, 305; BGH WM 1986, 763.

[570] BGH WM 1967, 566, 568; BGH ZIP 1985, 89, 91; BGH ZIP 1986, 1452, 1453; BGH ZIP 1989, 700, 701.

1169, 1192 I BGB[571].
Die Rückgewährpflicht stellt folglich die notwendige Konsequenz aus der gespaltenen Interessenlage dar. Die Frage, wann und von wem die Rückgewähr einer Grundschuld verlangt werden kann, lässt sich nur unter Berücksichtigung aller Umstände des Einzelfalles beantworten[572].

4.1.2 Treuhänderische Pflichten

Geht man von einem Treuhandverhältnis aus, so begründet dieses nicht nur den Rückgewähranspruch, sondern ist auch Quelle für andere, auf dem Vertrauensgedanken beruhende Rechte und Pflichten.

4.1.2.1 Interessenwahrungspflicht

Es ist umstritten, ob der Sicherungsnehmer stets bestrebt sein muss, im Interesse des Sicherungsgebers (des Eigentümers) das beste Verwertungsergebnis zu erzielen[573]. Nach der bejahenden Ansicht ergebe sich aus der fiduziarischen Rechtsnatur der Sicherungsgrundschuld, dass der Sicherungsnehmer im Verwertungsfall die Interessen des Sicherungsgebers nach besten Kräften wie ein Auftragnehmer wahren müsse[574]. Zur Begründung beruft man sich vor allem auf Urteile des Reichgerichts und des Bundesgerichtshofs, die in Fällen der Sicherungsübereignung[575] und der Sicherungsabtretung von Hypothekenforderungen[576] ergangen sind und in denen die Gerichte eine gewisse Interessenwahrungspflicht des Sicherungsnehmers angenommen haben. Darüber hinaus soll der Gläubiger der Sicherungsgrundschuld verpflichtet sein, die Grundschuld in voller Höhe selbst geltend zu machen, auch soweit er sie zur Befriedigung der gesicherten Forderung nicht benötigt. Nach der anderen Lehre der Treuhand muss der Sicherungsnehmer, falls nichts anderes vereinbart ist, das Interesse des Sicherungsgebers an möglichst vorteilhafter Verwertung berücksichtigen[577]. Es bestehe aber keine Verpflichtung des Gläubigers, Teilleistungen des mehrfach schuldenden Schuldners gerade auf die gesicherten Forderungen zu verrechnen oder zuerst auf Sicherheiten des Schuldners zuzugreifen. Hieran kritisiert Huber, diese Lehre sei viel zu weit gefasst und unbestimmt und trage mehr zur Missdeutung als zum

---

[571] BGH ZIP 1989, 1174, 1176 f.; Clemente, Recht der Sicherungsgrundschuld, Rn. 403.
[572] Clemente, Recht der Sicherungsgrundschuld, § 7 V Rn. 419.
[573] BGH NJW 1997, 2514; hierzu Clemente, EWiR 1997, S. 975.
[574] Räbel, NJW 1953, S. 1274, 1278; Stockmayer, Die Grundschuld als Kreditsicherungsmittel, S. 40 ff., 46, 82, 83; Kolbenschlag, WM 1958, S. 1434.
[575] BGH,WM 1956, 563; BGH WM 1956, 1091.
[576] RGZ 59, 190, 192; RGZ 76, 345, 347.
[577] Baur/Stürner, Sachenrecht, § 45 III Rn. 51, S. 525.

Verständnis der wirklichen Rechtslage bei. Die Interessenwahrungspflicht beruhe auf dem allgemeinen Grundsatz von Treu und Glauben[578].

4.1.2.2 Rückgewährpflicht der Zinsen der Grundschuld

Weiter ist strittig, ob der Grundschuldinhaber auch die zu seiner Sicherung nicht notwendigen Zinsen der Grundschuld in der Zwangsversteigerung treuhändisch geltend machen muss. Sorgt er für ihre Berücksichtigung, erfasst der Rückgewähranspruch ihre Auskehr[579]. Die überwiegende Auffassung verneint eine dahingehende Verpflichtung des Grundschuldinhabers, weil bei vorausgegangener Rückgewähr (§ 1197 II BGB) dem Eigentümer Zinsen ebenfalls nicht zustehen würden[580].

4.1.2.3 Schuldrechtliches Veräußerungsverbot

Wenn der bisherige Gläubiger nur die Grundschuld vor der Fälligkeit der gesicherten Forderung zur Verwertung abtritt, verstößt er, wenn nichts anderes vereinbart ist, gegen den Sicherungszweck aus dem Sicherungsvertrag. Dieses Veräußerungsverbot schützt den Sicherungsgeber schuldrechtlich vor einer doppelten Inanspruchnahme aus Grundschuld und Forderung durch zwei verschiedene Berechtigte[581]. Das Verbot der Verfügung vor Verwertungsreife ist jedoch kein dinglich wirkendes Abtretungsverbot (§ 399 BGB). Ein Verstoß führt zu Schadenersatzpflichten, z. B. bei Doppelinanspruchnahme[582], aber das Verfügungsgeschäft ist wirksam[583]. Clemente allerdings ist der Meinung, dass die Grundschuld mangels Zustimmung des Sicherungsgebers nur zusammen mit der gesicherten Forderung verwertet werden kann[584].

4.2 Gesetzlicher Schutz des Eigentümers bei Divergenz „auf der Passivseite“

Wenn der Eigentümer Partei der Sicherungsabrede ist, wird er gegenüber dem Sicherungsnehmer oder Erwerber aus der Sicherungsabrede geschützt. Es kommt jedoch vor, dass der Eigentümer von Anfang an keine Partei des Sicherungsvertrags ist. Man spricht dann von einem primären Diver-

---

[578] Huber, Die Sicherungsgrundschuld, S. 239.

[579] BGH NJW 1981, 1505 ff.

[580] OLG München NJW 1980, 1051 m. Anm. Vollkommer; str. s. a. Eckelt WM 1980, S. 454; Stöber ZIP 1980, S. 976; Baur/Stürner, I, ZVR, Rn. 36, 37 m. Nw.

[581] BGH ZIP 1986, 1454, 1456; vgl. auch Gaberdiel, EWiR 1986, S. 1101.

[582] BGH NJW 1982, 2768, 2769; NJW-RR 1987, 139, 121 r. Sp.

[583] BGH WM 1991, 86, 87.

[584] Clemente, Recht der Sicherungsgrundschuld, Rn. 540.

genzfall „auf der Passivseite“[585]. Hierzu kann es kommen, wenn der obligatorische Schuldner bei der erstmaligen Bestellung einer Grundschuld diese Abrede selbst getroffen hat oder auch wenn der Schuldner dem Gläubiger eine ihm zustehende oder von ihm zu beschaffende Fremdgrundschuld am Grundstück eines Dritten abgetreten hat[586]. Ein solcher Fall ist weiter auch möglich, wenn das belastete Grundstück veräußert wird (sog. sekundäre Divergenzfälle „auf der Passivseite“).
Wie ist es aber, wenn der die Grundschuld bestellende Eigentümer nicht Partei des Sicherungsvertrags ist? Im ersten Fall können Außenwirkungen der Treuhandabrede auch aus der Figur des Vertrages mit Schutzwirkung zugunsten Dritter folgen[587]. Im zweiten Fall kann der neue Eigentümer Rechte aus der Sicherungsabrede nur dann geltend machen, wenn er in diese rechtgeschäftlich eingetreten ist oder ihm einzelne Ansprüche abgetreten worden sind[588]. Ausnahmsweise kann der Rückgewähranspruch stillschweigend an den Erwerber abgetreten werden, wenn er ein dem Verkäufer von dritter Seite gewährtes Darlehen in Anrechnung auf den Kaufpreis übernimmt[589]. Nach der Meinung von Ahrens kann dem Eigentümer „über die eigentliche Parteienstellung in Bezug auf den Sicherungsvertrag hinaus“ eine Einrede gegen den dinglichen Gläubiger gestattet werden, weil „verdinglichte Rechtspositionen durch einen Übergang eines anderen dinglichen Rechts (hier: des Grundstückseigentums)“ nicht aufgehoben werden können[590].
§ 1169 BGB findet auch Anwendung, wenn bei gemeinsamer Abtretung von Grundschuld und Forderung der Zessionar nicht in die Sicherungsabrede mit dem ursprünglichen Grundschuldinhaber und Zedenten eintritt[591]. Bei der isolierten Abtretung der Forderung wird dem Eigentümer ein Rückgewähranspruch eingeräumt, wenn der Sicherungszweck fort-

[585] Baur/Stürner, Sachenrecht, § 45 IV 1 Rn. 72 ff. Häufig wird eine ausdrückliche Bestimmung über die Person des Sicherungsgebers nicht getroffen. Hierzu vertritt der BGH (BGH WM 1989, 210, 211 = WuB I F 3. – 6. 89 Bülow) die Auffassung, dass in aller Regel der Darlehensnehmer auch dann, wenn die Grundschuld auf einem Grundstück laste, das einem Dritten gehöre, als Sicherungsgeber anzusehen sei. Die Interessen des Grundstückeigentümers werden durch dieses pauschale Auslegungsergebnis nicht berücksichtigt. Daher ist notwendig, dass ihm ein dinglicher Anspruch aus § 1169 gegeben wird.
[586] BGHZ 88, 228, 230/231.
[587] Henssler, AcP 196 (1996), S. 37, 86; Ahrens, AcP 200 (2000), S. 123, 135 ff.
[588] BGHZ 104, 30; BGH WM 1990, 576; BGH WM 1989, 1926, 1927; BGH WM 1986, 763, 765; BGH NJW 2003, 2673 m. Anm. Stürner/Kern, LMK 2003, S. 184; Räbel, NJW 1953, S. 1249; Huber, Die Sicherungsgrundschuld, S. 132 f.
[589] BGH WM 1991, 723, 725; BGH NJW 1991, 1821, 1822; 1983, 2503; Huber, Die Sicherungsgrundschuld, S. 133, für eine Schuldübernahme durch den Erwerber; Baur/Stürner, Sachenrecht, § 45 IV Rn. 79.
[590] Ahrens, AcP 200 (2000), S. 123, 141.
[591] BGH NJW 1985, 800, 801.

fällt[592]. Allerdings ist zu beachten, dass § 1169 BGB nur für den Eigentümer gelten kann. Wenn der Schuldner, der mit dem Grundeigentümer nicht identisch ist, als Sicherungsgeber bei der Abtretung der Grundschuld auftritt, kann er nicht unmittelbar gemäß § 1169 BGB den Rückgewähranspruch geltend machen. Ihm steht hingegen § 1157 BGB zur Verfügung. Jedoch ist streitig, ob die Forderung auch dann erlischt, wenn der Sicherungsgeber nicht selbst der persönliche Schuldner ist und gegen diesen einen Regressanspruch hat, oder ob in diesem Fall nur eine Einrede entsteht[593].

4.3 Gesetzliche Regelungen auf dem Gebiet des Schuldrechts

Allein durch die Ausgestaltung der Treuhand können nicht alle Probleme bezüglich der Beschränkung des Sicherungsnehmers gelöst werden. Das treuhänderische Rechtsverhältnis unterliegt auch dem Schuldrecht. So ist es möglich, dass der Rückgewähranspruch wegen Störung der Geschäftsgrundlage (§ 313 BGB)[594] oder nach einem Vergleich gemäß § 779 BGB zwischen dem mit dem Sicherungsgeber nicht identischen persönlichen Schuldner und dem Gläubiger geltend gemacht werden kann. Die isolierte Forderungsabtretung führt nicht unbedingt zum Entfallen des Sicherungszwecks[595]. Gemäß § 404 BGB hat der Sicherungsgeber jedoch auch gegenüber dem Erwerber die Einrede, dass die gesicherte Forderung nur Zug-um-Zug gegen die Rückgewähr der Grundschuld erfüllt werden muss[596]. Schließlich kann der Schuldner aufgrund der Sicherungsabrede die Aushändigung der für die Umschreibung bzw. Löschung der Grundschuld erforderlichen Urkunde verlangen (Zurückbehaltungsrecht gem. § 273 BGB), wenn der Rückgewähranspruch des Sicherungsgebers fällig ist[597]. Die Ausübung eines Zurückbehaltungsrechts seitens des Sicherungsnehmers ist ausgeschlossen[598], weil dies gegen die treuhänderische Sicherungsabrede, und zwar den Sicherungszweck, verstößt. Im übrigen verbleibt der allgemeine Schutz über §§ 138, 823 ff. BGB.

4.4 Gestaltungsfreiheit und ihre Grenzen

Bei der Sicherungsabrede wird den Parteien viel Raum für eine privatautonome Ausgestaltung gelassen, die auch von gesetzlichen Regelungen auf dem Gebiet des Schuldrechts abweichen kann. Allerdings findet die Pri-

---

592 BGHZ 108, 237, 243.
593 RGZ 150, 371, 374; Seckelmann, Die Grundschuld als Sicherungsmittel, S. 118.
594 Clemente, Recht der Sicherungsgrundschuld, Rn. 281.
595 BGH WM 1991, 86, 87.
596 BGH NJW 1991, 1821.
597 Clemente, Recht der Sicherungsgrundschuld, Rn. 277.
598 Clemente, Recht der Sicherungsgrundschuld, Rn. 275.

vatautonomie ihre Grenzen dort, wo sie der treuhänderischen Rechtsnatur entgegensteht. Bei der planmäßigen, anfänglichen Übersicherung wird der Wille der Parteien beachtet. Wenn das Rechtsgeschäft im Zeitpunkt seines Abschlusses nach seinem Gesamtcharakter (z. B. Inhalt, Beweggrund und Zweck) mit den guten Sitten nicht vereinbar ist, ist es nichtig[599].
Der Rückgewähranspruch kann nicht vertraglich ausgeschlossen werden[600], weil die Rückgewährpflicht aus der treuhänderischen Rechtsnatur des Sicherungsvertrags folgt. Dagegen kann er durch Vereinbarung beschränkt werden. So ist es z. B. möglich, die Abtretung des Rückgewähranspruches gemäß § 399 BGB auszuschließen oder von der Zustimmung des Sicherungsnehmers abhängig zu machen[601]. Außerdem ist eine Beschränkung des Rückgewähranspruchs auf bestimmte Formen der Rückgewähr auch möglich, wenn der Grundstückseigentümer zugleich der persönlicher Schuldner und Sicherungsgeber ist[602]. In der Praxis wird der Anspruch auf Rückgewähr einer Grundschuld häufig als Kreditsicherungsmittel eingesetzt.
Andererseits muss die dinglich fixierte Eigenschaft der Grundschuld, vor allem die Nichtakzessorietät, beachtet werden. Was Eigenschaft der Grundschuld ist, ist allerdings auslegbar. Eine Meinung besagt, dass die Erfüllung der Forderung zur auflösenden Bedingung der Grundschuld gemacht werden kann[603]. Einer anderen Ansicht nach kann § 1142 BGB auf die Grundschuld nicht unmittelbar angewandt werden[604]. Die vertragliche Verknüpfung mit der Fälligkeit der Forderung entsprechend § 1142 I BGB ist jedoch möglich; diese Verknüpfung kann durch Bezugnahme auf die Eintragungsbewilligung zum Grundschuldinhalt gemacht werden. Daraus ergibt sich die weitere Frage, welche dinglichen Inhalte, die über die Nichtakzessorietät hinaus bestehen und nicht der Vertragsfreiheit unterliegen, bei der Sicherungsgrundschuld ausgestaltet werden sollen.

---

599 BGH NJW 1998, 2047.

600 Nobbe, ZIP 1996, S. 657, 661; Clemente, Recht der Sicherungsgrundschuld, § 7 II (Rn. 399 a. E.).

601 BGH WM 1990, 464. Der Erwerber, besonders bei der Veräußerung des Grundstückes, wird dadurch geschützt, dass dem Sicherungsgeber für den Fall eines berechtigten Interesses ausdrücklich ein Anspruch auf Zustimmung des Sicherungsnehmers eingeräumt wird; Gaberdiel, Kreditsicherung durch Grundschulden, Rn. 13. 4. 8; Reimann, WM 1990, S. 1985, 1987, der jedenfalls allgemeine Bedenken gegen eine Einschränkung der Abtretbarkeit des Rückgewähranspruchs als nicht berechtigt ansieht.

602 Staudinger/Wolfsteiner, § 1191 Rn. 122; Gaberdiel, Kreditsicherung durch Grundschulden, Rn. 13. 4. 6; a. A. Clemente, Recht der Sicherungsgrundschuld, § 7 VII Rn. 428 ff.

603 Lettel, WM 2002, S. 788, 791.

604 Röbel, NJW 1953, S. 1247, 1248.

4.5 Rückgewährpflicht bei der mortgage im chinesischen Recht

Der Sicherungsnehmer bei der chinesischen mortgage hat keine Interessenwahrungspflicht, und er kann ohne die Zustimmung des Sicherungsgebers die Sicherungsgüter getrennt abtreten[605]. Nachdem der Sicherungsgeber die Forderung ganz zurückgezahlt und alle Pflichten aus der Sicherungsabrede erfüllt hat, soll der Sicherungsnehmer das Sicherungsgut zurückgewähren und die von ihm besetzten Urkunden und Kaufverträge zurückgeben. Zuvor soll die Registrierung gestrichen werden[606]. Gesetzliche Rückgewähransprüche gewährt der Sicherungsvertrag nicht.

V. Dingliche Beschränkung des Treuhänders durch die treuhänderische Sicherungsabrede

Der Treuhänder wird bei der Sicherungsübereignung wird nicht nur schuldrechtlich, sondern auch dinglich durch den Sicherungsvertrag beschränkt. „Dinglich" ist hier die Position des Treugebers, er ist dinglich gegen abredewidrige Verfügungen des Treuhänders abgesichert. Entsprechend ist der Sicherungsvertrag hier eben mehr als ein reines Schuldverhältnis: er bewirkt die Verdinglichung der sicherungsrechtlichen Einreden. Der Treuhänder wird auch durch gesetzliche Regelungen bzw. freiwillige Eintragung dinglich beschränkt. „Bei der Sicherungsgrundschuld wird der Einfluss schuldrechtlicher Absprachen durch § 1157 BGB verstärkt und wegen der Möglichkeit zur grundbuchmäßigen Eintragung auch mit dinglicher Wirkung gegenüber Rechtsnachfolgern ausgestattet"[607].

5.1 Einreden gegenüber dem Zessionar

5.1.1 Anwendbarkeit des § 1157 BGB

Es ist in der deutschen Literatur umstritten, ob § 1157 BGB auf die Grundschuld anwendbar ist. Buchholz verneint die Anwendbarkeit[608] und verweist den Eigentümer gegenüber dem unredlichen Erwerber auf die exceptio doli (§ 826 BGB)[609]. Aufgrund dieser Lehre können die Einreden nur inter partes wirken. Diese Anschauung beruht auf der scharfen Trennung zwischen dinglichem Recht und obligatorischem Recht. Die Anwendung des § 1157 BGB sei mit der dinglichen Rechtsnatur der Grundschuld unvereinbar[610]. „Das Dogma muss aber weichen, wenn es den

---

[605] § 15 VI AGB der Niederlassung der China Bank für Aufbau in Shenzhen.

[606] § 10 AGB der Niederlassung der China Bank für Industrie und Handel in Shenzhen und § 10 IV AGB der Niederlassung der China Bank für Aufbau in Shenzhen.

[607] Wolf, NJW 1987, S. 2647, 2651; Baur, JA 1987, S. 161, 167.

[608] Buchholz, AcP 187 (1987), S. 107 ff.

[609] Buchholz, AcP 187 (1987), S. 107, 139 f.

[610] Vgl. Wolf, Sachenrecht, S. 525 ff.

Anforderungen der Gerechtigkeit und praktischen Bedürfnissen widerstreitet“[611]. Nach dem Wortlaut des § 1157 BGB und nach der h. M. kann § 1157 BGB auf die Grundschuld angewandt werden[612]. Der Eigentümer werde „unbillig benachteiligt“, wenn man seinen Schutz gegen den Rechtsnachfolger auf den Fall der unerlaubten Handlung beschränke[613].
Der Zessionar tritt zwar nicht mit der Abtretung in die Sicherungsabrede mit dem ursprünglichen Grundschuldinhaber und Zedenten ein, gemäß § 1157 BGB wirken aber die schuldnerbezogenen Einwendungen und Einreden des Grundstückseigentümers, die diesem gegenüber dem ersten Gläubiger aufgrund der schuldrechtlichen Sicherungsabrede als eigentümerbezogene Einreden zustanden, auch gegen den Zessionar, sofern sie sich aus dem Grundbuch (Brief) ergeben oder dem Zessionar bekannt sind (§ 1157 S. 2 BGB)[614]. Daher wirken die Einreden gegenüber dem Zessionar nur dann, wenn er arglistig ist, und die dinglichen Befugnisse des Grundschuldinhabers werden durch die vertraglichen Einreden auf den Sicherungszweck beschränkt. Der Eigentümer steht in einer besseren Position. Zugleich wird aber auch die Verkehrsfähigkeit der Grundschuld gewährleistet.

5.1.2 Die Einreden gegen den Erwerber der Grundschuld

Man versteht unter „Einrede“ im Bürgerlichen Gesetzbuch nur die „rechtshemmenden Tatsachen“. Die „rechtshindernden Tatsachen“, die „rechtshemmenden Tatsachen“ und die „rechtsvernichtenden Tatsachen“ werden den Einwendungen im weiteren Sinne zugerechnet[615]. § 1157 BGB bezieht sich nur auf die Einreden, „die zur Zeit der Abtretung bereits gegeben waren, nicht dagegen auf die Einreden, die erst durch Zahlungen entstanden, die nach Abtretung der Grundschuld an den Zedenten auf die gesicherte Forderung geleistet wurden“[616].
Die Einreden des Eigentümers im Sinn des § 1157 BGB müssen sich aus den schuldrechtlichen Beziehungen zwischen Grundschuldinhaber und Eigentümer ergeben. Die Einrede der Vorlage und Aushändigung der Grundschuldurkunde (§§ 1192 I, 1144 I, 1160 I BGB) fällt deswegen nicht

---

[611] Bemerkungen der großherzoglich Mecklenburg-Schwerinschen Regierung zu den Entwürfen eines Bürgerlichen Gesetzbuchs für das Deutsche Reich und eines Einführungsgesetzes zu diesem Gesetzbuch, Erster Band, 1891, S. 242 f., zitiert nach Huber, in: FS Serick, S. 195, 203.
[612] Huber, in: FS Serick, S. 195 ff.; BGH WM 1967, 566, 567.
[613] Mugdan, III, S. 986; Huber, in: FS Serick, S. 195, 203.
[614] Buchholz, AcP 187 (1987), S. 107 ff.; BGH WM 1967, 566, 567.
[615] Brox, AT des BGB, Rn. 656 ff.; Hübner, AT des BGB, Rn. 443 ff.; Köhler, AT, § 8 Rn. 10 ff.
[616] Huber, FS Serick, S. 195, 196.

in den Anwendungsbereich des § 1157 BGB[617]. Demgegenüber fällt die Einrede der unerlaubten Handlung, die aus einem persönlichen Rechtsverhältnis zwischen dem Eigentümer und dem bisherigen Gläubiger entspringt, unter § 1157 S. 1 BGB. Außerdem erfasst § 1157 BGB den Fall, in dem es an einer wirksamen Bestellungsverpflichtung fehlt, denn diese Einrede stammt nicht direkt aus der gesicherten Forderung, sondern aus dem sonstigen Rechtsverhältnis zwischen Eigentümer und Gläubiger[618]. Umstritten ist, ob der Fall des anfänglichen Nichtbestehens der gesicherten Forderung dazu gehört, wenn z. B. der der gesicherten Forderung zugrundeliegende Vertrag nichtig oder das zu sichernde Darlehen nicht ausgezahlt worden ist[619].

Nach seinem Wortlaut gilt § 1157 S. 1 BGB nur für Einreden gegen das dingliche Recht. Darunter fallen die Einreden, die sich aus besonderen Vereinbarungen ergeben, z. B. die Stundung des Grundpfandrechts, die Befristung des Verwertungsrechts, die Beschränkungen der Vollstreckungsbefugnis, die Bestimmung der Verwertungsreihenfolge, die Einrede der Vorausklage oder die Vereinbarung der vorrangigen Befriedigung aus einem bestimmten Eigentumsanteil an dem Grundstück[620].

Alle Einreden, die aus der Sicherungsabrede hervorgehen, können dem Erwerber der Grundschuld entgegengesetzt werden. Dazu gehören das Verbot der Doppelinanspruchnahme, die Fälligkeit der gesicherten Forderung, die Vorausklage aus der Forderung und die planmäßige Kredittilgung sowie die Nichtvalutierung usw. Allgemein gesagt: wenn die Sicherungsgrundschuld nicht in Übereinstimmung mit dem Sicherungszweck geltend gemacht wird, steht dem Sicherungsgeber eine Einrede zu. Die Frage, wie weit Einreden gegen die persönliche Forderung auf die Grundschuld einwirken können, wird vom Gesetz der Rechtsprechung und Rechtswissenschaft überlassen.

Steht dem Eigentümer eine dauernde Einrede zu, kann er vom Gläubiger verlangen, dass dieser auf die Grundschuld verzichtet (§ 1169 BGB)[621]. Bei der Bereicherungseinrede kommt auch ein Rückgewähranspruch in Betracht. Steht aber das Nichtbestehen der vermeintlich gesicherten Forderung nicht endgültig fest, so hat der Sicherungsgeber grundsätzlich keinen Rückgewähranspruch, sondern lediglich die Einrede des nicht erfüllten Vertrages gegen den Sicherungsnehmer. Diese Einrede steht dem Sicherungsgeber auch dann zu, wenn der Rückgewähranspruch abgetreten wird, eine inhaltliche Änderung erfährt oder verjährt ist.

---

617 Lamp, JA 1987, S. 1, 10.

618 Lamp, JA 1987, S. 1, 9; MünchKomm/Eickmann, § 1157, Rn. 7.

619 Huang, Einwendungen und Einreden gegenüber der Grundschuld, S. 173 m. w. N.

620 BGH NJW 1986, 1487 f.

621 RGZ 91, 218, 225 f.; BGH NJW 1985, 800, 801; Huber, Die Sicherungsgrundschuld, S. 136.

Den Einreden sind daher durch die §§ 1157, 1169 BGB dingliche Wirkungen verliehen, wodurch die Rechte des Sicherungsnehmers sehr stark am Sicherungszweck ausgerichtet werden[622].

5.1.3 Die Kenntnis des Zessionars

In der Praxis ist die Feststellung der Kenntnis des Zessionars sehr wichtig, manchmal aber auch sehr schwierig. Normalerweise reicht die Kenntnis über den Sicherungscharakter der Grundschuld nicht aus. Der Zessionar muss, um bösgläubig zu sein, den Sicherungscharakter und die Tatsache der Nichtvalutierung oder einen bereits bestehenden Rückübertragungsanspruch kennen, wenn sich solche Tatsachen nicht aus dem Grundbuch (Brief) ergeben. Dann wirken die gegenüber dem Zedenten bestehenden Einreden auch gegenüber dem Zessionar (§ 1157 S. 2 BGB)[623]. Daraus folgt, dass der Erwerber der Grundschuld sich um die Forderung nicht zu kümmern braucht. In manchen Fällen wird so der Schuldner zum Opfer des Verkehrsschutzes. Daher muss – und kann – der Schuldner sich vor Doppelzahlung schützen, indem er die Forderung nur gegen Rückabtretung der Grundschuld und Rückgabe des Grundschuldbriefs bezahlt[624]. Beispielsweise steht dem Schuldner bei Bezahlung der gesicherten Forderung an den bisherigen Gläubiger nach Abtretung von Forderung und Grundschuld die Zug-um-Zug-Einrede zu. Bei der Bezahlung der gesicherten Forderung an den Zessionar sind zwei Unterfälle zu unterscheiden: Wenn der Schuldner auf die Grundschuld zahlt, entsteht eine Eigentümergrundschuld und die Forderung erlischt oder ihr steht zumindest eine dauernde Einrede entgegen; wenn er auf die Forderung zahlt, kann er Rückgewähr der Grundschuld Zug um Zug verlangen. Bei der isolierten Abtretung der Grundschuld bleibt die Forderung bestehen, und der Zessionar erwirbt die Grundschuld einredefrei, jedenfalls einredefrei zum Fälligkeitstermin der Forderung.
Zusammenfassend ist festzustellen, dass der Schutz des Eigentümers und die Verkehrsfähigkeit der Sicherungsgrundschuld im deutschen Recht gleichzeitig berücksichtigt werden. Der Schuldner muss sich vor Doppelzahlung schützen. Wenn er dies versäumt, hat er nur Schadensersatzansprüche.

5.1.4 Bewertung und Vergleich mit der Rechtslage in China

Die eigentümerbezogenen Einreden aufgrund des § 1157 BGB sind nur

622 Huber, Die Sicherungsgrundschuld, S. 33 f., 265.
623 BGHZ 103, 72, 82; Derleder, JuS 1971, S. 90, 93; Olzen/Wank, Zivilrechtliche Klausurenlehre mit Fallrepetitorium, S. 420; Reichl, JuS 1998, S. 614, 620.
624 H. Westermann, Sachenrecht, § 116 IV.

gegenüber dem Erwerber der Grundschuld einseitig verdinglicht. Sie können jedoch grundsätzlich nicht auf den neuen Eigentümer übergehen. Die Verdinglichung der eigentümerbezogenen Einreden wird durch den § 1157 BGB lediglich in ähnlich unvollkommenem Maße geschaffen, wie dies für schuldrechtliche Ansprüche mit Hilfe einer Vormerkung nach § 883 BGB möglich ist[625]. Für das betroffene Grundpfandrecht führt in der Tat bereits die Existenz der eigentümerbezogenen Einreden eine Umgestaltung der dinglichen Berechtigung herbei[626]. Allerdings bedarf die dingliche Veränderung wegen einer eigentümerbezogenen Einrede keiner Eintragung. Aus dieser Tatsache ist zu folgern, dass § 1157 BGB „ein Hebel zur Durchbrechung der sachenrechtlichen Typenzwangsordnung ist"[627]. Die Einreden, die ursprünglich nur zwischen dem Eigentümer und dem Gläubiger wirken, werden durch § 1157 BGB verdinglicht und zum Inhalt des dinglichen Rechts gemacht. Daher ist es von Bedeutung, wo der Wirkungsbereich des § 1157 BGB seine Grenze findet. § 1157 S. 1 BGB durchbricht ausnahmsweise die Abstraktheit des den Grundpfandrechten zugrundeliegenden Schuldverhältnisses und lässt die Erstreckung der Wirkung der daraus bestehenden Einreden auf Dritte zu.

Ob die eigentümerbezogenen Einreden ohne Eintragung dem bösgläubigen Dritten gegenüber wirken, bleibt im chinesischen Recht unklar. Diese Regelung scheint unter dem Kausalprinzip überflüssig, weil das dingliche Geschäft von dem kausalen Rechtsgeschäft abhängig ist. Im geltenden chinesischen Recht fehlt jedoch dafür eine entsprechende Regelung. Beachtlich ist, dass die Einreden bei der mortgage, z. B. die Stundung, nicht gegenüber dem Sicherungsnehmer geltend gemacht werden können[628]. Überraschenderweise wird hier dem Abstraktionsprinzip gefolgt.

---

625 Zenker, Die Einreden des § 1157 BGB, S. 39 f.

626 Zenker, Die Einreden des § 1157 BGB, S. 41; Huber, Die Sicherungsgrundschuld, S. 263.

627 Zenker, Die Einreden des § 1157 BGB, S. 12.

628 § 13 AGB der Niederlassung der China Bank für Industrie und Handel in Shenzhen.

5.2 Dinglicher Schutz des Eigentümers durch Eintragung

5.2.1 Eintragung der Einreden

Die genannten, einer „Verdinglichung" zugänglichen Einreden sind eintragungsfähig und können auch auf dem Brief vermerkt werden[629]. Nicht eintragbar ist das einredebegründende Rechtsverhältnis, sondern nur die sich konkret aus dem Sicherungsvertrag ergebende Einrede (§ 1157 BGB)[630]. Durch Eintragung solcher Einreden wird den Interessen des Eigentümers sehr wirksam Rechnung getragen. Eine wirklich hieb- und stichfeste Garantie gegen gutgläubigen einredefreien Erwerb der Grundschuld bietet nur die Eintragung im Grundbuch.

5.2.2 Vormerkung des Rückgewähranspruchs

Der Rückgewähranspruch kann vorgemerkt werden. Sobald der Rückgewähranspruch fällig ist, verliert die Zession dem Sicherungsgeber gegenüber die Wirksamkeit (§ 883 II 1 BGB). Der Anspruch hat im Sicherungsvertrag seine feste Grundlage; seine Entstehung hängt nur von der Voraussetzung der Erledigung des Sicherungszwecks und nicht mehr vom Willen des Schuldners ab. Natürlich führt die Vormerkung dazu, dass die Grundschuld im Ergebnis forderungsabhängig ist, im praktischen Ergebnis fast genauso wie im Fall der Sicherungshypothek.

5.2.3 Errichtung des flexiblen Registrierungssystems in China

Notwendiger Inhalt der Registrierung im chinesischen Recht ist: Name und Adresse des Hypothekengebers und des Hypothekennehmers, Natur, Typ, Zustand und Eigentumslage an den Hypothekengegenständen, der Betrag der gesicherten Forderung, Zinsen, die Frist der Rückzahlung, das Datum des Antrags auf Registrierung der Hypothek und das Datum der Registrierung usw.[631] Im deutschen Recht sind im Grundbuch einzutragen: die Bezeichnung der Grundpfandrechte, Hypothek oder Grundschuld usw., der Gläubiger, Geldbetrag der Forderung (§ 1115 BGB), Zinsen und sonstigen Nebenleistungen. Fehlen die aufgezählten Erfordernisse im deutschen Recht, ist die Eintragung unwirksam. Wenn Zinsen und Nebenleistungen nicht angegeben sind, ist die Eintragung wirksam, aber das Grundstück haftet nicht dafür[632].

Im Vergleich zum deutschen Eintragungssystem fehlt dem chinesischen

---

[629] Palandt/Bassenge, § 1191 Rn. 31; MünchKomm/Eickmann, § 1157 Rn. 15; Staudinger/Wolfsteiner, § 1191 Rn. 8 f.; a. A. OLG Köln OLGZ 1969, 419 (dagegen Huber, BB 1970, S. 1233 und Lopau, JuS 1972, S. 502).

[630] Huber, Die Sicherungsgrundschuld, S. 140.

[631] Huixing Liang, Erörterung des chinesischen Sachenrechts, S. 827.

[632] Westermann, Sachenrecht, § 95 2 a ee.

Registrierungssystem die zulässige Bezugnahme auf die Eintragungsbewilligung. Der Kreis der eintragungsfähigen Rechte ist sehr begrenzt. Es scheint im chinesischen Recht unmöglich, schuldrechtliche Ansprüche oder Einreden eintragen zu lassen. Dagegen ist die Bezugnahme auf die Eintragungsbewilligung[633] im deutschen Recht vorgesehen. Durch Bezugnahme werden vor allem die Kündigungs- und Zahlungsbedingungen und die zahlreichen Verpflichtungen des Eigentümer-Schuldners eingetragen, soweit ihre Verletzung Kündigungsgrund ist. Wenn allerdings schuldrechtliche und dingliche Klauseln in einer Vereinbarung in bunter Folge aufgeführt werden, kann die Bezugnahme zur Umgehung des Abstraktionsgrundsatzes führen. In der Praxis werden derartige Eintragungsanträge abgelehnt[634]. Bei der Sicherungsgrundschuld wird es den Berechtigten überlassen, ob und inwieweit die Einreden eingetragen werden. Schließlich ist zu beachten, dass die Vormerkung des Rückgewähranspruchs die Interessen der Beteiligten sehr gut berücksichtigt[635].
Daher sollte in China ein flexibleres Eintragungssystem eingeführt werden, in dem nicht nur dingliche Rechte, sondern auch schuldrechtliche Ansprüche eintragungsfähig sind.

VI. Typenfixierung und Gestaltungsfreiheit

6.1 Der Grundsatz der Typenfixierung

6.1.1 Deutsches Recht

Da die dinglichen Rechte wegen ihrer Absolutheit und Dauerhaftigkeit mehr auf das Rechtsleben wirken, als die obligatorischen Rechte, hält das deutsche Recht in zweifacher Hinsicht eine Typisierung für notwendig: Typenzwang, d. h. numerus clausus der Sachenrechte, und Typenfixierung, d. h. Festlegung ihres Inhalts[636]. In den Motiven zum BGB kommt der Typenzwang in der Formulierung zum Ausdruck, dass Beteiligte nur solche Rechte begründen können, deren Begründung das Gesetz zulasse[637]. Daraus folgt, dass der Inhalt der dinglichen Rechte grundsätzlich nicht der Parteivereinbarung unterliegt, d. h. drittwirksame Rechtspositionen können nicht durch individuelle Parteivereinbarungen geschaffen werden[638]. Daher wird das Sachenrecht in der frühen Zeit so charakterisiert: „Was

[633] Die in Bezug genommene Urkunde ist auch Inhalt des Grundbuchs. Dies gilt auch für § 892.
[634] Schöner/Stöber, Grundbuchrecht, Rn. 1980 f.
[635] Eichstädt, Die Vormerkung, JuS 1990, S. 429 ff.
[636] Baur, JA 1987, S. 161; Baur/Stürner, Sachenrecht, § 1 Rn. 7.
[637] Mugdan III, S. 3.
[638] Wiegand, in: FS Kroeschell, S. 623, 641.

nicht erlaubt ist, ist verboten“[639]. Ergänzend ließe sich sagen: Was nicht vorgesehen ist, kann nicht im Wege der Vertragsfreiheit zum dinglichen Inhalt gemacht werden. Nur im Rahmen der gesetzlich festgelegten Typen wird den Beteiligten Gestaltungsfreiheit zugestanden[640].

Es ist jedoch fraglich, worin die Legitimation der Typisierung liegt: Dient sie nur der Rechtsklarheit und dem Verkehrsschutz, oder auch der inhaltlichen Kontrolle? Welche dinglichen Inhalte sollen durch das Gesetz fixiert werden? Stürner vertritt die Meinung, dass der Typisierungszweck grundsätzlich auf die Rechtsklarheit und die Verkehrsfähigkeit unter allen Beteiligten beschränkt sei[641], weil das Wirtschaftsleben aufgrund seiner Vielgestaltigkeit und Dynamik eines möglichst hohen Differenzierungsgrades des Rechts bedürfe. Das typenfixierte Sachenrecht sei nicht dazu geeignet, wenn es gleichzeitig die hohe Verkehrsfähigkeit der Rechtsgüter gewährleisten solle. Das Schuldrecht könne sich dagegen mehr an konkrete Interessenlagen anpassen[642]. Das Sachenrecht biete nur „standardisierte Bausteine“ und überlasse es Schuldrecht und Wirtschaftrecht, „für den richtigen Bauplan und damit die gerechte Zuordnung dinglicher Positionen“ zu sorgen[643]. Die Rechtsentwicklung in Deutschland habe die ordnungsrechtlichen Probleme mit schuldrechtlichen und wirtschaftlichen Mitteln zu lösen versucht, anstatt mit sachenrechtlichen Differenzierungsversuchen[644]. Im Ergebnis würden so die dinglichen Inhalte verkürzt oder vereinfacht.

Zusammengefasst wird die Typenfixierung so verstanden, dass das dingliche Recht insofern beschränkt ist, als „der Inhalt der möglichen dinglichen Berechtigungen mindestens in den Umrissen durch das Gesetz festgelegt werden muss“[645]. Der Grundsatz der Typenfixierung zielt nur auf den Wesensgehalt der dinglichen Berechtigungen ab[646]. Schuldrechtliche Vereinbarungen über die nicht wesentlichen Inhalte sind grundsätzlich zulässig. „Der Parteiwille und die Gestaltungsfreiheit haben Vorrang vor der Autonomie des Sachenrechts, sofern und soweit nicht schützenswerte Dritte oder höherwertige Allgemeininteressen entgegenstehen“[647]. Unter diesem Verständnis können die Möglichkeiten zukünftiger Rechtsent-

---

[639] Heck, Sachenrecht, § 23 1.

[640] Flume, AT des BGB II, S. 14; Larenz, Schuldrecht I, § 4 II 2 a; Larenz/Wolf, AT des BGB, § 34 Rn. 47; Westermann, Sachenrecht, § 3 III 1; MünchKomm/Rinne, Rn. 11 Einl. zu Band 6.

[641] Stürner, AcP 194 (1994), S. 265, 278; Baur/Stürner, Sachenrecht, § 1 II Rn. 8 ff.

[642] Stürner, AcP 194 (1994), S. 265, 276.

[643] Stürner, AcP 194 (1994), S. 265, 275 f.

[644] Stürner, AcP 194 (1994), S. 265, 274 f.

[645] Baur/Stürner, Sachenrecht, § 1 II Rn. 7.

[646] Staudinger/Seiler, Einl. vor §§ 854 ff. Rn. 40.

[647] Wiegand, AcP 190 (1990), S. 134 f.

wicklungen nicht durch die Typisierung eingeengt werden[648]. Fortentwicklungen durch Gestaltungsfreiheit, die der Rechtsklarheit und Rechtssicherheit nicht zuwiderlaufen, werden zugelassen.

6.1.2 Chinesisches Recht

Der Typenzwang und die Typenfixierung des deutschen Sachenrechts gelten vergleichbar auch in China. Beteiligte können dingliche Rechte nur im Rahmen des Gesetzes begründen (§ 5 ESRG)[649]. Im chinesischen geltenden Recht bezweckt der Typenzwang jedoch überwiegend die inhaltliche Abgrenzung von Freiheitsräumen, um unwillkommene Gestaltungen schon hier auszugrenzen. Er wird so zum Instrument staatlicher Kontrolle. Der Gesetzgeber versucht bisweilen, selbst und ohne Berücksichtigung des Willens der Beteiligten die Interessenlage zu erwägen und zu entscheiden, d. h. ohne in der Praxis einen freien Raum für die Beteiligten einzuräumen. Daher ist der Inhalt der dinglichen Rechte ausführlich durch das Gesetz festgelegt. Daraus folgt, dass schuldrechtliche und dingliche Gestaltungsfreiheit erheblich durch dingliche Bestimmungen beschränkt werden. Im Vergleich dazu sind bei der Grundschuld im deutschen Recht nur wesentliche dingliche Elemente festgeschrieben. Die restlichen Inhalte bleiben offen, und die Parteien können sie privatautonom bestimmen. Dieser Weg scheint dem chinesischen Gesetzgeber zu unsicher und ist für ihn daher bislang kaum vorstellbar.

6.2 Typenfixierung auf dem Gebiet der Grundpfandrechte

6.2.1 Deutsches Recht

Aufgrund des Trennungsprinzips wird die Gestaltungsfreiheit in schuldrechtliche und dingliche Gestaltungsfreiheit eingeteilt. Auf dem Gebiet der Grundpfandrechte räumt das Gesetz den Parteien in bestimmten Fragen inhaltliche, also dingliche Gestaltungsfreiheit ein. Bei der Hypothek wird eine stufig abschwächende akzessorische dingliche Verbindung durch das Gesetz fixiert. Außerdem lässt das Gesetz die Unwandlung von verschiedenen Grundpfandrechten[650] durch dingliche Vereinbarung zu. Daher ist

---

[648] Die Entwicklung des Treuhandrechts außerhalb der Kreditsicherung hat dazu geführt, dass der obligatorischen Bindung des Treuhandvermögens zunehmend Drittwirkung zugestanden wurde. Nachweise bei Coing, Treuhand; Wiegand, in: FS Coing II, S. 565 ff.

[649] Vgl. auch Huabin Chen, Sachenrecht, S. 69 f.

[650] Die Umwandlung einer Grundschuld in eine Hypothek oder einer Hypothek in eine Grundschuld (§ 1198 BGB) ist also keine Umwandlung des Rechts, sondern lediglich seines Inhalts. Blomeyer, Hypotheken und Grundschulden, S. 31; MünchKomm/Eickmann, § 1198 Rn. 1 f.

die inhaltliche Gestaltungsfreiheit in gewissem Maß schon im Rahmen des Gesetzes gegeben. Darüber hinaus können einige dinglichen Inhalte auch durch besondere Vereinbarung bestimmt werden, z. B. die Fälligkeit oder die Variabilität des Zinssatzes der Grundschuld. Die dingliche Gestaltungsfreiheit ist dennoch wegen der Absolutheit und Typenfixierung stark beschränkt und bedarf der Publizität durch Eintragung.
Aufgrund des Abstraktionsprinzips haben die schuldrechtlichen Rechtsgeschäfte grundsätzlich keine Rechtswirkung auf die dinglichen Rechte. Schuldrechtliche Gestaltungsfreiheit unterliegt nur der schuldrechtlichen Kontrolle. Aber einerseits wäre es inkonsequent zu erlauben, dass die Beteiligten am dinglichen Rechtsverkehr mittels eines schuldrechtlichen Vertrags die zwingenden Bestimmungen umgehen, andererseits verändern schuldrechtliche Vereinbarungen durch § 1157 BGB auch die dinglichen Inhalte der Grundpfandrechte. Daher muss die schuldrechtliche Gestaltungsfreiheit durch die wesenbestimmenden Inhalte der Grundpfandrechte begrenzt werden. Damit stellt sich die Frage, welche Vorschriften bei Grundpfandrechten, vor allem bei der Grundschuld, zwingenden Charakter haben. Gemäß § 134 BGB ist ein Rechtsgeschäft, das gegen ein gesetzliches Verbot verstößt, nichtig, nicht nur dinglich, sondern auch schuldrechtlich.

6.2.1.1 Der zwingend fixierte dingliche Inhalt

6.2.1.1.1 Die wesentlichen Inhalte des Verwertungsrechts

Merkmal der Grundpfandrechte ist das vorrangige Verwertungsrecht[651]. Huber sieht das Verwertungsrecht bei der Grundschuld als die schuldrechtliche Befugnis zur Verwertung der Sicherheit an. Sie sei für den Sicherungsnehmer das eigentliche Kernstück der Sicherungsvereinbarung; sie folge aus dem Sinn des Vertrages, ohne dass ein besonderer Hinweis im Text des Vertrages erforderlich wäre[652]. Meiner Meinung nach ist das Verwertungsrecht der dingliche Inhalt der Grundpfandrechte. Das Verwertungsrecht ergibt sich eigentlich nicht aus der Sicherungsabrede, sondern aus dem Sinn des Grundpfandrechts selbst. Allerdings es ist zulässig, dass manche Inhalte des Verwertungsrechts bei der Sicherungsgrundschuld durch schuldrechtliche Vereinbarung bestimmt oder ergänzt werden.
Die Nutzung des Grundstücks kann jedoch nicht durch Vereinbarung zum Inhalt der Hypothek gemacht werden[653]. Ferner ist umstritten, ob sich der

[651] Baur/Stürner, Sachenrecht, § 36 II 2 Rn. 68; Soergel/Konzen, Vorb. § 1113 Rn. 1; Wilhelm, Sachenrecht, Rn. 690.
[652] Huber, Die Sicherungsgrundschuld, S. 82.
[653] Baur/Stürner, Sachenrecht, § 1 II Rn. 7 f.

Gläubiger nur oder in erster Linie aus der Grundschuld befriedigen muss. Die h. M. hat dies verneint[654]. Ihr zufolge ist es unzulässig, die Verwertungsbefugnis des Grundschuldinhabers dinglich auf die Höhe des Bestands der Forderung zu begrenzen[655]. Eine dahingehende schuldrechtliche Vereinbarung ist indes zulässig, da solche schuldrechtlichen Vereinbarungen nicht das Wesen der Grundpfandrechte gefährden. Allerdings erzeugen sie keine dingliche, sondern lediglich eine obligatorische Wirkung. Fraglich ist, wie weit die Inhalte vereinbart werden können oder dürfen und was der wesentliche Inhalt des Verwertungsrechts ist. Zutreffend wird gesagt, dass ein völliger Ausschluss der Verwertungsbefugnis schon den Wesensgehalt der Grundpfandrechte beeinträchtige und eine Umgestaltung der Grundpfandrechte herbeiführe. Daher wirkt eine solche Vereinbarung weder dinglich noch schuldrechtlich[656].

6.2.1.1.2 Verfallverbot

Zu den zwingenden Inhalten gehört auch das Verfallverbot (§ 1149 BGB). Gemäß § 1149 BGB können der Gläubiger und der Eigentümer nicht vor der Fälligkeit der Forderung zum Zweck der Befriedigung vereinbaren, dass das Eigentum am Grundstück dem Gläubiger übertragen wird. Gegen § 1149 BGB verstoßende Vereinbarungen können weder mit dinglicher Wirkung noch mit bloß schuldrechtlicher Wirkung begründet werden[657].

6.2.1.1.3 Ausschluss über Veräußerungsbefugnis

Die Verpflichtung des Eigentümers, das Grundstück nicht zu veräußern oder nicht weiter zu belasten, ist gemäß § 1136 BGB nichtig, weil sie dem Eigentümer die wirtschaftliche Entschließungsfreiheit nimmt[658]. Diese Vorschrift geht damit über § 137 S. 2 BGB hinaus.

6.2.1.2 Abweichende Dispositionen über die unwesentlichen dinglichen Inhalte

Bei den Vorschriften, die nicht unmittelbar die Wesensmerkmale dinglicher Berechtigungen betreffen, bestehen weitere Freiräume für abwei-

[654] Kowalski, Die Grundschuld in modernen Grundbuchverkehr, S. 26; s. aber die Meinung von Huber: „es ist der Sinn des Sicherungsvertrags, dass der Gläubiger in erster Linie aus der Forderung befriedigt werden soll; nur im Notfall soll er auf die Sicherheit zurückgreifen ", Huber, Die Sicherungsgrundschuld, S. 79.
[655] KG JW 1932, 1759.
[656] Huang, Einwendungen und Einreden gegenüber der Grundschuld, S. 61.
[657] MünchKomm/Eickmann, § 1149 Rn. 2; Staudinger/Wolfsteiner, § 1149 Rn. 1.
[658] BGH MDR 1966, 756.

chende Dispositionen[659]. Es ergibt sich aus dem Abstraktionsprinzip, dass die den Typenrahmen überschreitenden Vereinbarungen keine dingliche Wirkung, sondern schuldrechtliche Wirkung entfalten[660]. Außerdem ist zu beachten, dass, wenn der Sicherungsnehmer solchen Vereinbarungen zuwiderhandelt, dies dem Eigentümer eine Einrede an die Hand gibt.

6.2.1.2.1 Die Zwangsvollstreckung in das Grundstück

Die Bestimmung des § 1147 BGB ist kein zwingendes Recht, weil lediglich ganz allgemein das Recht auf die Verwertung des Grundstücks den wesentlichen Inhalt des Grundpfandrechts bildet, nicht hingegen gerade der Anspruch auf die Zwangsvollstreckung in das Grundstück. Daher könnten die Parteien bei der Bestellung eines Grundpfandrechts eine Abrede treffen, die Verwertungsbefugnis zu beschränken, z. B. in Form eines Ausschlusses der Vollstreckungsbefugnis oder einzelner Vollstreckungsakte, einer Stundung oder Befristung der Grundschuld, in Form von Einschränkungen der Vollstreckungsbefugnis durch Bedingungen, einer Bestimmung der Verwertungsreihenfolge bei Gesamtgrundpfandrechten, einer Beschränkung der Verwertungsbefugnis auf einen besonderen Zweck usw.[661]

6.2.1.2.2 Der Haftungsumfang

Da Haftungsgegenstand der dingliche Inhalt des Grundpfandrechtes selbst ist, darf man nicht den Umfang der Haftung dinglich abändern. „Enthaftungsvereinbarungen" zwischen Hypothekar und Eigentümer, z. B. ein Haftungsausschluss bzgl. einzelner Verwertungsobjekte, haben keine dingliche Wirkung[662]. Eine darauf gerichtete Vereinbarung kann jedoch eine schuldrechtliche Verpflichtung nach sich ziehen[663]. Ein Erwerber, dem der frühere Eigentümer seine Rechte aus einer solchen Vereinbarung abgetreten hatte, kann sich auf diese Enthaftungsvereinbarung berufen[664].

6.2.1.2.3 Abwehrrechte des Gläubigers

Zwischen Erwerb und Pfandreife der Hypothek gibt das Gesetz dem Gläubiger die Möglichkeit, wertmindernde Eingriffe in die Substanz des Grundstücks und in das Zubehör abzuwehren oder ausgleichen zu lassen

---

659 Staudinger/Seiler, Einl. vor §§ 854 ff. Rn. 41.
660 Staudinger/Seiler, Einl. vor §§ 854 ff. Rn. 40 ff.
661 Huang, Einwendungen und Einreden gegenüber der Grundschuld, S. 53 ff.
662 RGZ 125, 362, 365.
663 RGZ 125, 362, 365.
664 Baur/Stürner, Sachenrecht, § 39 I Fn. 2.

(§§ 1133 bis 1135 BGB)[665]. Wenn die Sicherheit der Hypothek durch die Verschlechterung des Grundstücks gefährdet ist, kann der Gläubiger eine angemessene Frist zur Beseitigung der Gefährdung setzen und nach dem Ablauf der Frist die Wiederherstellung der Sicherheit zu verlangen. Kommt der Eigentümer dem Verlangen nicht nach, kann der Gläubiger sein Verwertungsrecht vorzeitig geltend machen. Verschulden ist nicht erforderlich. Dem Gläubiger wird auch ein gegen den Eigentümer und Dritte wirksames Recht auf Unterlassung von Eingriffen, die die Sicherheit der Hypothek gefährden würden, eingeräumt (§ 1134 BGB). Ein Anspruch auf Beseitigung der Beeinträchtigung ist im § 1133 BGB vorgesehen; ob dieser in Verbindung mit § 1135 BGB auch auf Zurückschaffung wirtschaftswidrig entfernter Zubehörstücke geht, ist streitig[666]. § 1135 BGB ist nicht auf Verfügungen über Früchte oder Pacht- und Mietzinsforderungen anwendbar, weil insoweit die §§ 1121 ff. BGB bereits hinreichenden Schutz für den Gläubiger gewähren[667]. Diese Abwehrrechte des Gläubigers können auch schuldrechtlich verändert werden.

6.2.2 Gesetzlich fixierte dingliche Inhalte der Grundpfandrechte im chinesischen Recht

Das Konsensprinzip und das Kausalprinzip führen dazu, dass der Umfang der schuldrechtlichen Vereinbarungen direkt den Umfang der dinglichen Inhalte bestimmt. Daher widerspricht das Konsensprinzip der Typenfixierung. Ohne Abstraktionsprinzip können die Rechtsklarheit und der Verkehrsschutz als weitere Zwecke einer Typisierung nicht verwirklicht werden[668]. Dies erklärt, warum es im preußischen ALR keinen numerus clausus der dinglichen Rechte gab[669]. Im chinesischen Recht werden Kausalprinzip und Typisierung dennoch zugleich vom Gesetz angeordnet. Dabei darf man nicht außer Acht lassen, dass das Kausalprinzip im Entwurf durch die Anerkennung des Trennungsprinzips modifiziert wird. Daher bestimmt das Kausalgeschäft im Gegensatz zu Rechtsordnungen mit reiner Geltung des Konsensprinzips nicht den Umfang des dinglichen Rechtsgeschäfts. Das Kausalprinzip beschränkt sich grundsätzlich nur darauf, dass die Nichtigkeit des schuldrechtlichen Rechtsgeschäfts zur Nichtigkeit des dinglichen Rechtsgeschäfts führt. Dadurch wird dingliche Gestaltungsfreiheit ermöglicht. Allerdings können Einreden, die sich aus

[665] Westermann, Sachenrecht, § 99 I 1.
[666] Vgl. Münchkomm/Eickmann, § 1135 Rn. 16 m. w. N.
[667] Westermann, Sachenrecht, § 99 I 2; Wolff/Raiser, Sachenrecht, § 138 II 2.
[668] Stürner, AcP 194 (1994), S. 265, 278.
[669] ALR I 2 § 135: „Wenn demjenigen, der ein persönliches Recht zu einer Sache hat, der Besitz derselben auf den Grund dieses Rechtes eingeräumt wird, so entsteht dadurch ein dingliches Recht auf die Sache".

der Sicherungsabrede ergeben, gegenüber Dritten wirken. Die dingliche Gestaltungsfreiheit besteht im Hinblick auf Vereinbarungen über die Verwaltung des Miteigentums, die Dauer des Nutzungsrechts, den Umfang der durch die Hypothek gesicherten Forderung usw.[670]
Wenn der Vertrag gegen zwingende gesetzliche Bestimmungen verstößt, ist er wie im deutschen Recht nichtig (§ 52 Nr. 5 Vertragsgesetz). Die im Gesetz übermäßig typisierten dinglichen Inhalte der Hypothek werden für zwingend gehalten. Gegen den Typenzwang verstoßende schuldrechtliche Vereinbarungen werden daher als absolut unwirksam, also nicht nur schuldrechtlich, sondern auch dinglich wirkungslos, angesehen, es sei denn, das Gesetz enthält eine besondere Bestimmung[671]. Allerdings ist die Umdeutung der Rechtshandlung möglich, wenn diese Rechtshandlung die Tatbestände andere Rechtshandlungen erfüllt[672]. Diese Lehre wird vom Entwurf übernommen (§ 4 II, III ESRG). Nach der Begründung sind die gegen dingliche Inhalte verstoßenden Rechtshandlungen dinglich zwar unwirksam, aber ihre Kausalgeschäfte sollen wirksam sein[673]. Es werden auch die Fälle erfasst, in denen das schuldrechtliche Rechtsgeschäft gegen den Typenzwang verstößt, beispielsweise ein dingliches Vorkaufsrecht vereinbart wird. Eine solche Vereinbarung kann nicht dinglich, aber schuldrechtlich wirken, da im chinesischen Recht kein dingliches Vorkaufsrecht typisiert wird. Vereinbarungen über einzelne Veränderungen der dinglichen Inhalte werden nicht von dieser Regelung erfasst, z. B. ein Ausschluss der Vollstreckungsbefugnis, ein Ausschluss einzelner Vollstreckungsakte, eine Stundung der Grundpfandrechte, Befristung oder Bedingungen der Grundpfandrechte. Es ist zweifelhaft, ob solche Vereinbarungen, die den Typenrahmen überschreiten, schuldrechtlich wirksam werden können.

6.2.2.1 Der zwingend fixierte dingliche Inhalt

Vom Gesetz werden vielfältige dingliche Inhalte der Hypothek als zwingend angesehen. Beispielsweise darf die vom Besteller gesicherte Forderung den Wert des Gegenstands der Hypothek nicht übersteigen (§§ 35 I GüS, 51 Erläuterungen); manche Vermögensgüter dürfen nicht hypothekarisch belastet werden (§ 37 GüS, §§ 52, 53 Erläuterungen); es gilt ein Verfallsverbot (§ 40 GüS, § 57 Erläuterungen); eine Hypothekenbestellung bricht nicht das Mietverhältnis (§ 48 GüS, §§ 65, 66 Erläuterungen); eine Veräußerung des belasteten Grundstücks unterliegt Beschränkungen (§ 49 GüS, § 67 Erläuterungen); wenn der Hypothekar das Nutzungsrecht

670 Zejian Wang, Sachenrecht im Zivilrecht, S. 27.
671 Yubo Zheng, Sachenrecht im Zivilrecht, S. 17.
672 Zaiquan Xie, Sachenrecht im Zivilrecht, S. 46.
673 Huixing Liang, Entwurf über Sachenrecht in China, S. 104.

an zugeteiltem staatseigenem Land verwertet, muss zuerst aus dem Erlös der Versteigerung die Überlassungsgebühr an den Staat gezahlt werden (§ 56 GüS). Zwingend sind weiter die Regeln über die arglistige Hypothekenbestellung (§ 69 Erläuterungen), das Abwehrrecht des Sicherungsnehmers (§ 51 GüS, § 70 Erläuterungen) sowie die Reihenfolge zwischen mehreren bevorzugten Rechten (§§ 76, 79 Erläuterungen). Manche dinglich zwingenden Inhalte haben überhaupt nichts mit dem Wesen der Hypothek zu tun, sondern werden aus politischen Gründen fixiert oder sollen nur vorübergehend gelten.

6.2.2.1.1 Beschränkter Umfang der belastbaren Gegenstände

An manchen Vermögensgegenständen ist nach dem Gesetz die Bestellung einer Hypothek ausgeschlossen. Aus § 3 S. 2 der Erläuterungen kann man ableiten, dass die Hypothekenbestellung am Vermögen bestimmter öffentlicher Körperschaften verboten ist. Gemäß § 37 Nr. 3. GüS ist es nicht erlaubt, eine Hypothek an der Erziehung, der medizinischen Behandlung und Gesundheitspflege und anderen öffentlichen Aufgaben dienenden Anlagen von Schulen, Kindergärten, Krankenhäusern und anderen auf die Interessen der Allgemeinheit gerichteten Institutionen und sozialen Körperschaften zu bestellen. Dieses Verbot wird durch die Erklärungen des Obersten Volksgerichts gelockert. An den nicht öffentlichen Aufgaben dienenden Anlagen kann man eine Hypothek zur Sicherung der Schulden solcher Körperschaften bestellen (§ 53 Erläuterungen).
Nicht erlaubt ist auch die Bestellung einer Hypothek an Landnutzungsrechten an Ackerland, Wohnungsland, Selbstbehaltland, Selbstbehaltbergen und anderem kollektiveigenem Land (§ 37 Nr. 2 GüS). Eine Ausnahme besteht für Hypotheken am Nutzungsrecht an Bergen, Schluchten, Hügeln, Sandbanken und anderem Ödland (§ 34 Nr. 5 GüS). Allerdings ist die Hypothekenbestellung an der Wohnung der Bauern gültig, solange die Natur des kollektiven Eigentums und die (landwirtschaftliche) Verwendung nicht geändert werden. Am der Wohnung zugrundeliegenden Grundstück kommt die Hypothek indes nicht zustande[674].
Außerdem ist die Hypothekenbestellung an Gebäuden unwirksam, deren Erbauung durch ein gesetzmäßiges Verfahren als gegen ein Gesetz oder eine Verordnung verstoßend feststellt wurde (§ 48 Erläuterungen).
Schließlich setzt die Hypothekenbestellung Verfügungsbefugnis voraus. Wenn die Vermögensgegenstände nach dem Gesetz versiegelt, gepfändet oder unter Verwaltung gestellt sind (§ 34 Nr. 3 GüS), ist die Hypothekenbestellung verboten. Außerdem können, wenn das Eigentum oder Nutzungsrecht an bestimmten Vermögensgegenständen unklar oder im Streit ist, diese Vermögensgegenstände nicht zur Sicherung einer Forde-

[674] Shibing Cao, Sicherheiten, S. 190.

rung eingesetzt werden (§ 34 Nr. 4 GüS). Es ist ersichtlich, dass sich solche Regelungen über die Interessen Dritter und damit des Rechtsverkehrs hinwegsetzen.

6.2.2.1.2 Beschränkung der Verkehrsfähigkeit des belasteten Gegenstandes

Im chinesischen Recht wird die Verkehrsfähigkeit des belasteten Gegenstandes geopfert, um bei Pfandreife die Befriedigung durch die Sicherungsgegenstände zu gewährleisten.
Die vom Besteller gesicherte Forderung darf den Wert des Gegenstands der Hypothek nicht übersteigen (§ 35 I GüS). Wenn nach der Bestellung einer Hypothek an einem Vermögensgegenstand dessen Wert größer ist als die gesicherte Forderung, können auf dem Mehrbetrag weitere Hypotheken bestellt werden, sie dürfen aber den Mehrbetrag nicht übersteigen (§ 35 II GüS). Wenn während der Dauer der Hypothek der Besteller einen registrierten Hypothekengegenstand überträgt, muss er dies dem Hypothekar mitteilen und dem Übertragungsempfänger zur Kenntnis bringen, dass die übertragene Sache mit einer Hypothek belastet ist. Teilt er dies dem Hypothekar nicht mit oder bringt er es dem Übertragungsempfänger nicht zur Kenntnis, ist die Übertragung unwirksam. Wenn der Preis des übertragenen Gegenstands der Hypothek deutlich unter dessen Wert liegt, kann der Hypothekar verlangen, dass der Besteller eine entsprechende [zusätzliche] Sicherheit leistet. Kommt der Besteller diesem Verlangen nicht nach, kann er den Gegenstand der Hypothek nicht übertragen (§ 49 GüS).
Das Oberste Volksgericht hat allerdings eine Veränderung dieser gesetzlichen Ausgangslage vorgenommen: Wenn der Besteller die Veräußerung dem Hypothekar nicht mitteilt oder dem Übertragungsempfänger nicht zur Kenntnis bringt, ist die Übertragung eines registrierten Gegenstands nicht unwirksam, aber die Hypothek daran bleibt unberührt. Fehlt es jedoch an einer Registrierung der Hypothek, erlangt der Erwerber einen unbelasteten Gegenstand; die Hypothek wirkt nicht gegen den Erwerber (§ 67 Erläuterungen).
Das Verwertungsrecht im deutschen Recht bedeutet weder für das Grundstück noch für die sonstigen Gegenstände ein Veräußerungsverbot. Das BGB verhindert die Belastung bestimmter schutzwürdiger Vermögenswerte nicht dadurch, dass es ihnen die Verkehrsfähigkeit nimmt. Vielmehr schränkt es die Verfügungsbefugnis des Berechtigten ein. Nach § 137 BGB ist eine rechtsgeschäftliche Verfügungsbeschränkung Dritten gegenüber nichtig, und die Vereinbarung der Unveräußerlichkeit hat nur schuldrechtliche Wirkung. § 1136 BGB verhindert einen weiteren Schritt zu einer zu weitgehenden schuldrechtlichen Bindung. Eine Vereinbarung, durch die

sich der Eigentümer dem Gläubiger gegenüber verpflichtet, das Grundstück nicht zu veräußern oder nicht weiter zu belasten, ist nichtig[675].

6.2.2.1.3 Verwertungsrecht

Der Eigentümer ist im chinesischen Recht vom Augenblick der Leistungsbefugnis des Schuldners an berechtigt, die Hypothek abzulösen. Der Teil, welcher den Forderungsbetrag übersteigt, bleibt Eigentum des Bestellers; ein Fehlbetrag wird vom Schuldner beglichen. Das Recht des Gläubigers auf Zwangsversteigerung ist nicht als wesentlicher Inhalt der Hypothek anzusehen. Der freihändige Verkauf und andere Arten der Verwertung sind jedoch dinglich geregelt.

6.2.2.1.4 Abwehrrechte des Hypothekars bei Beeinträchtigung des Sicherungsgegenstands

Wenn Handlungen des Bestellers eine Gefahr für den Wert des Gegenstands der Hypothek begründen, kann der Hypothekar vom Besteller verlangen, dass er diese Handlungen einstellt. Kommt es tatsächlich zu einer Verringerung des Werts des Gegenstands der Hypothek, kann der Hypothekar vom Besteller verlangen, dass er den Wert des Gegenstands der Hypothek wiederherstellt oder entsprechend der Wertminderung eine [zusätzliche] Sicherheit leistet. Trifft den Besteller kein Verschulden an der Wertminderung, so kann der Hypothekar nur im Umfang des Schadensersatzes, den der Besteller für die Schädigung erlangt hat, eine Sicherheit verlangen. Der verbleibende Teil des Werts des Gegenstands der Hypothek ist weiterhin Sicherheit für die Forderung (§ 51 GüS). In den Erläuterungen des Obersten Volksgerichts werden dem Sicherungsgeber weitere Ansprüche eingeräumt. Wenn das Verlangen der Wiederherstellung oder Sicherheitsleistung im Fall des § 51 GüS verweigert wird, kann der Hypothekar die Erfüllung der gesicherten Forderung verlangen oder aus der Hypothek vorgehen (§ 70 Erläuterungen).

[675] Westermann, Sachenrecht, § 99 II 1.

6.2.2.2 Abweichende Dispositionen bei unwesentlichen dinglichen Inhalten

Manche Fragen, die im deutschen Recht grundsätzlich der Vertragsfreiheit überlassen werden, führt das chinesische Recht einer gesetzlichen Regelung zu, so z. B. den Umfang der gesicherten Forderung (§ 46 GüS). Meiner Meinung nach sollten solche Inhalte nicht als dingliche Inhalte der Hypothek verstanden werden. Außerdem ist bei manchen Regelungen offen, ob sie durch Vereinbarung abgeändert oder beschränkt werden können oder nicht. Dies gilt Beispielsweise für die Regelungen über die Übertragungsakzessorietät (§ 50 GüS), Erlöschensakzessorietät (§ 52 GüS), die Reihenfolge der Befriedigung bei der Verwertung (§ 54 GüS), die Verwertungsart (§ 53 GüS) sowie den Haftungsumfang (§§ 55, 58 GüS, §§ 62-64, 80 Erläuterungen). In der Praxis sind Klauseln über Verwertungsart, Einräumung des Verwaltungsrechts und Unterberechung der Akzessorietät durch Vereinbarung zulässig[676]. Es bleibt dunkel, ob solche Vereinbarungen schuldrechtliche oder dingliche Wirkungen entfalten.

Umstritten ist, ob das Verwertungsrecht befristet werden kann. Die überwiegende Meinung bejaht dies. Die Begründungen lassen sich wie folgt zusammenfassen: 1. Im Sachenrecht kann nur das Eigentum nicht befristet werden, andere beschränkte dingliche Rechte können befristet werden[677]; 2. Nach § 15 Nr. 5 GüS müssen Bürgschaftsverträge die Dauer der Bürgschaft enthalten. Diese Regelung kann entsprechend angewandt werden; 3. Die Befristung der Hypothek ist vom Gesetz nicht verboten und soll der Vertragsfreiheit der Parteien überlassen werden; 4. Die Hypothek kann vor der Erfüllung oder dem Erlöschen der gesicherten Forderung erlöschen[678]. Nach der herrschenden Meinung ist die Befristung eintragungsfähig. Mit Eintragung wird die Befristung Dritten gegenüber wirksam. § 25 II GüS regelt die Rechtswirkung der Befristung bei der Bürgschaft. Wenn während der vertraglich bestimmten und der gesetzlichen Dauer der Bürgschaft[679] der Gläubiger gegen den Schuldner keine Klage erhebt und kein Schiedsverfahren beantragt, wird der Bürge von der Haftung aus der Bürgschaft frei (vgl. § 25 II GüS). Nach einer Meinung findet diese Vorschrift Anwendung auf die Hypothek. Eine andere Ansicht besagt[680], solange die gesicherte Forderung existiere, bestehe auch die Hypothek. Die Dauer der Hypothek richte sich nach dem Bestehen der Forderung. Gemäß

---

[676] AGB der Niederlassung der China Bank für Industrie und Handel in Shenzhen und AGB der Niederlassung der China Bank für Aufbau in Shenzhen.

[677] Zhi He, Rechtsprechung und Anwendung des Sicherheitsgesetzes, S. 308.

[678] Liming Wang, Faxue 11/2000, S. 22 ff.

[679] Wenn die Dauer der Bürgerschaft nicht vereinbart ist, dauert die Bürgschaft 6 Monate von dem Tag an, an dem die Frist für die Erfüllung der Forderung endet (§ 25 I GüS).

[680] Yunling Zhai, Zhengfa luntan 2/1999 S. 23 ff.

§ 25 II GüS könne die Dauer der Hypothek kürzer als die Dauer der Forderung sein. Deswegen sei die Klausel über die Dauer der Hypothek unzulässig. Der ersten Auffassung ist zu folgen.

VII. Bewertung

Im deutschen Recht ist Ausgangspunkt des Privatrechts die Privatautonomie. Das Gesetz stellt dem Rechtsträger verschiedene Instrumente zur Verfügung, um seine Bedürfnisse zu befriedigen. Darüber hinaus werden die Interessen Dritter und damit des Rechtsverkehrs geschützt. Durch diese Zielsetzung wird ein dynamisches Rechtssystem herausgebildet und den Beteiligten eine umfangreiche Gestaltungsfreiheit zugestanden.

Allgemein gesehen orientieren sich die dinglichen Inhalte der Grundpfandrechte im deutschen Recht grundsätzlich am Sicherungszweck. Sie sind im Gesetz enthalten, entweder als zwingende dingliche Inhalte durch Typenzwang oder Typenfixierung, oder als nicht zwingende dingliche Inhalte. Aufgrund der treuhänderischen Sicherungsabrede entfalten § 1157 BGB und § 1169 BGB eine dingliche Wirkung gegen den Dritten. Außerdem können Einreden auch aus dem Sicherungszweck abgeleitet werden. So entsteht z. B., wenn die Tilgung auf die Grundschuld zulässig ist und beim Schuldner-Eigentümer der Wille zur Doppeltilgung anzunehmen ist, eine Eigentümergrundschuld, und die Forderung erlischt[681]. Dies wirkt auch gegenüber dem Dritten. Die Typisierung im deutschen Recht soll primär der Rechtsklarheit und damit dem Verkehrsschutz dienen. Nur die elementaren, entscheidenden dinglichen Inhalte werden sehr einfach in Umrissen durch das Gesetz fixiert. Eine differenzierende Zweckbeurteilung bei den Grundpfandrechten soll dem Schuldrecht überlassen werden, weil Freiheit stets ein hohes Differenzierungspotential und Beweglichkeit verlangt[682]. Die Verschuldrechtlichung des Sachenrechts führt zu größerer Differenzierung und Flexibilität, und die sachenrechtlichen Kontrollen durch Typenfixierung werden zunehmend von schuldrechtlichen Kontrollmechanismen, z. B. den Regeln über Allgemeine Geschäftsbedingungen und treuhänderische Rechtsverhältnisse, ersetzt[683].

Bei der Sicherungsgrundschuld ist zu beachten, dass durch Vertragsauslegung und Ausgestaltung des treuhänderischen Rechtsverhältnisses einige schuldrechtliche Rechtsbeschränkungen des Sicherungsnehmers ge-

---

[681] Baur/Stürner, Sachenrecht, § 45 Rn. 46, Fn. 2; krit. Tiedtke, NJW 1997, S. 851, 852. „Hingegen bleibt ohne besondere Doppeltilgungsbestimmung die Forderung grundsätzlich bestehen, falls der vom Schuldner verschiedne Eigentümer leistet." (BGHZ 105, 154, 157; 80, 228, 230; NJW 1980, 2198; 1987, 838, 839; NJW-RR 1990, 813, 814; NJW 1991, 1821; Reinicke, WM 1987, S. 485).

[682] Stürner, FS Serick, S. 377, 378.

[683] Wiegand, AcP 190 (1990), S. 112, 134.

wohnheitrechtlich anerkannt werden. Bei der Divergenz „auf der Passivseite“ kann der Eigentümer sich grundsätzlich aber nicht auf den treuhänderischen Sicherungsvertrag berufen.
Im Gegensatz dazu begegnen im chinesischen Privatrecht häufig und in den verschiedenen Formen hoheitliche Eingriffe. Damit wird die Ausgestaltung der Grundpfandrechte, besonders die Rezeption der Grundschuld, von Anfang an mit zwei Hindernissen konfrontiert. Zum einen gibt es die vielfältigen Regelungen der Nichtigkeit, durch die sich der Staat mehr Eingriffsmöglichkeiten vorbehält und nach seiner Willkür oder je nach dem politischen oder wirtschaftlichen Bedarf kurzsichtig die Interesselage beurteilt. Die staatlichen Interessen werden immer als Privilegien hervorgehoben. Deswegen sollten bei der Rechtsrezeption in erster Linie die hoheitlichen Eingriffsbefugnisse beschränkt oder abgeschafft werden. Zum anderen besteht übermäßige Typenfixierung durch eine strenge gesetzliche Inhaltskontrolle. Der Gesetzgeber belässt der Vertragsfreiheit nur einen engen Raum. Die sachenrechtlichen Regeln zur Typenfixierung werden als zwingende Verbotsvorschriften angesehen. Jede gegen das Gesetz verstoßende Vereinbarung ist absolut unwirksam, nicht nur dinglich, sondern auch schuldrechtlich. Die Erweiterung der Gestaltungsfreiheit im chinesischen Sachenrecht setzt daher auch voraus, dass die zwingenden gesetzlichen Regelungen, egal ob schuldrechtlich oder dinglich, so einfach wie möglich gehalten werden[684]. Unter Berücksichtigung der Grundsätze des Sachenrechts sollten die wesentlichen Inhalte der dinglichen Rechte durch das Gesetz nur als „Baustein“ fixiert werden.
Meiner Meinung nach sollte die Inhaltskontrolle der Grundpfandrechte in China den Mechanismen der vertragsrechtlichen Kontrolle überlassen werden. Dabei sind der Sicherungszweck und das treuhänderische Rechtsverhältnis entscheidend. Daher sollte die Sicherungstreuhand gesetzlich geregelt werden. Außerdem sollten die Grundpfandrechte der AGB-Kontrolle unterliegen. Schließlich ist auch den Interessen Dritter Rechnung zu tragen. Vor allem sollte der Publizitätsgrundsatz gewahrt werden. Ein flexibles und am Verkehrschutz orientiertes Registrierungssystem sollte errichtet werden, damit eine Wirkung bestimmter dinglicher Inhalte der Grundpfandrechte gegenüber Dritten gerechtfertigt werden kann.
Um den Eigentümer bei der Fremdgrundschuld zu schützen, durchbricht im deutschen Recht § 1157 BGB in beschränktem Umfang das Abstraktionsprinzip und die Typenfixierung. Die Ablehnung des Abstraktionsprinzips in China beruht auf dem Gedanken des Eigentümerschutzes. Es stimme nicht mit dem Rechtsgefühl des Bürgers und dem Prinzip von Treu und Glauben überein, wenn ein bösgläubiger Dritter trotz der Nichtigkeit

[684] Vgl. Stürner, FS Serick, S. 377, 380.

des schuldrechtlichen Rechtsgeschäfts als Folge Abstraktionsprinzips doch auch das Eigentum erwerben könnte[685]. Daher entscheidet sich der jetzt diskutierte Entwurf für eine Kombination aus Kausalprinzip und Trennungsprinzip. Dies hat jedoch zur Folge, dass alle Einreden des Eigentümers auch gegen Dritte wirken. Im Ergebnis wird der gutgläubige Dritte nicht geschützt. Meiner Meinung nach sollte China stattdessen die Rechtstechnik des § 1157 BGB als Vorbild heranziehen. Einerseits werden der Verkehrsschutz und die Gestaltungsfreiheit durch das Abstraktionsprinzip gewährleistet; andererseits wird das Interesse des Eigentümers punktuell durch die Durchbrechung des Abstraktionsprinzips berücksichtigt. Schließlich sollte China das Rechtsinstitut der Sicherungstreuhand, das schuldrechtliche und dingliche Inhalte enthält, übernehmen.

[685] Liming Wang, Zhongguo faxue 3/1997, S. 67; Huanbin Chen, Forum d. ZRW VI, S. 139.

Kapitel VI: Die Verwirklichung der Hypothekenhaftung

1. Der Haftungsverband

Für den Kreditgeber spielt der Wert des zu beleihenden Objekts eine wichtige Rolle. Im Sicherungsfall hat der Grundpfandgläubiger ein Interesse daran, die Grenzen seiner Sicherheit so weit wie möglich zu ziehen, denn eine solche Haftungserstreckung erhöht den Wert des Haftungsobjekts und damit der Sicherheit[686]. Die Erweiterung der Haftung begünstigt auch den Grundstückseigentümer. Durch Veräußerung der wirtschaftlichen Einheit wird insgesamt ein höherer Erlös erzielt. Die Verfügung des Eigentümers über einzelne Gegenstände oder die Verwertung im Rahmen eines auf dem Grundstück betriebenen Haushalts, Wirtschafts- oder sonstigen Geschäftsbetriebs wird durch die Erweiterung der Haftung grundsätzlich nicht behindert. Der Eigentümer hat die Hypothek gerade zu dem Zweck aufgenommen, das Grundstück mit Hilfe des zugrundeliegenden Kredits besser bewirtschaften zu können. Schließlich wird auch berücksichtigt, dass der gutgläubige Dritterwerber der veräußerten Gegenstände, die zum Haftungsverband zählen, zu schützen ist[687]. Bei Gutgläubigkeit sollten diese Gegenstände nicht nachträglich aus der Hypothek in Anspruch genommen werden. Daher muss der Gesetzgeber sich darum bemühen, die Interessen des Hypothekengläubigers, des Eigentümers und des Erwerbers belasteter Gegenstände zu bewerten und auszugleichen. In Deutschland ist der Haftungsverband der Grundpfandrechte in den §§ 1120 ff. BGB geregelt. Im chinesischen Recht wird die Interessenlage der Beteiligten nicht so gut wie im deutschen Recht ausgeglichen. Insbesondere die Verfügungsbefugnis des Grundstückseigentümers ist beeinträchtigt, demzufolge auch der Dritterwerber nicht geschützt.

1.1 Grundgedanke – Das Grundstück als wirtschaftliche Einheit

1.1.1 Deutsches Recht

1.1.1.1 Wirtschaftliche Funktionseinheiten von Sachen

Im deutschen Recht werden die Sachen grundsätzlich in zwei Typen eingeteilt, in die beweglichen Sachen und die Grundstücke. Dabei wird der Gedanke der wirtschaftlichen Einheit umgesetzt. Die zusammengesetzte Sache ist in ihrem Wert zu schützen und zu erhalten[688]. Im Vordergrund steht die Überlegung, dass wirtschaftliche Werte, die durch die Verbindung

---

[686] Siebert, in: FS Gieseke, S. 60, 62, 65.
[687] Stenz, Der Haftungsverband, S. 9.
[688] Stenz, Der Haftungsverband, S. 64.

mehrerer Sachen entstehen, schützenswert sind. Dies geschieht primär dadurch, dass sämtliche Teile einer Sache einheitlichen Regeln unterworfen werden, wobei untergeordneten Gegenständen die Sonderrechtsfähigkeit genommen wird. Zu diesem Zweck wird eine zusammengesetzte Sache in wesentliche und einfache Bestandteile aufgespalten (§ 93 BGB)[689]. Nach § 94 BGB zählen zu den wesentlichen Bestandteilen eines Grundstücks[690] die mit dem Boden fest verbundenen Sachen sowie die Erzeugnisse des Grundstücks, soweit sie noch mit dem Boden verbunden sind[691]. Während unwesentliche Bestandteile sonderrechtsfähig bleiben[692], teilen die wesentlichen Bestandteile stets das rechtliche Schicksal der Hauptsache, was zur Folge hat, dass sie nicht Gegenstand gesonderter Vereinbarungen sein können. Eine bewegliche Sache, die mit einem Grundstück nur zu einem vorübergehenden Zweck oder in Ausübung eines dinglichen Rechts an dem fremden Grundstück verbunden wird, ist Scheinbestandteil. Sie bleibt rechtlich selbständig.

1.1.1.2 Das Grundstück als wirtschaftliche Einheit bei den Grundpfandrechten

Wenn diejenigen Gegenstände von der Grundpfandhaftung nicht ergriffen würden, die zur Bewirtschaftung des Grundstücks erforderlich sind oder die sich aus der Nutzung des Grundstücks ergeben, wäre die Verwertbarkeit des Grundstücks sehr beeinträchtigt[693]. Daher wird das Grundstück im deutschen Recht zugunsten des Hypothekars als wirtschaftliche Einheit angesehen. Neben dem Grundstück (einschließlich der Bestandteile und Erzeugnisse) und seinem Zubehör (§ 1120 BGB) werden ausdrücklich die Haftung der Miet- und Pachtzinsforderungen (§§ 1123 ff. BGB) sowie der Versicherungsforderungen (§§ 1127 ff. BGB) erwähnt. Die Haftung der Hypothek erfasst auch die wiederkehrenden Ansprüche aus subjektiv-dinglichen Rechten (§ 1126 BGB), z. B. die Ansprüche aus einer Re-

[689] Das Reichsgericht hat wie folgt definiert: „Als Bestandteile einer Sache sind diejenigen körperlichen Gegenstände anzusehen, die entweder von Natur eine Einheit bilden oder durch Verbindung untereinander ihre Selbständigkeit dergestalt verloren haben, dass sie fortan, solange die Verbindung dauert, als ein Ganzes, als eine einheitliche Sache erscheinen". RGZ 63, 171, 173.

[690] Ergänzt wird die Vorschrift durch § 95 I 2 BGB, wonach Gebäude dann nicht zu den Grundstücksbestandteilen zählen, wenn sie in Ausübung eines Rechtes vom Berechtigten mit einem fremden Grundstück verbunden sind.

[691] S. Kapitel I.

[692] RGZ 69, 117, 120; 158, 362, 369. An den einfachen Bestandteilen können nach deutschem Recht bereits vor der Trennung vom Grundstück Sonderrechte begründet werden. Nicht wesentliche Bestandteile haften nur dann, wenn an ihnen kein Sondereigentum besteht. MünchKomm/Eickmann, § 1120 Rn. 13.

[693] Baur/Stürner, Sachenrecht, § 39 Rn. 2.

allast. Die Hypothek wird dadurch nicht zum „Unternehmenspfand“[694]. Das Grundpfandrecht erfasst die gewöhnlichen Bestandteile – im Gegensatz zu den wesentlichen Bestandteilen, die stets haften — dann nicht, wenn besondere dingliche Rechte, die an ihnen bestehen, einer Haftung entgegenstehen[695].

Es ist gleichgültig, ob Bestandteile, Erzeugnisse oder Zubehör schon bei Bestellung des Grundpfandrechts vorhanden waren oder erst später hingekommen sind. Hier spielt nicht die Eigentümerstellung, sondern der Gedanke der wirtschaftlichen Einheit eine entscheidende Rolle.

1.1.2 Chinesisches Recht

1.1.2.1 Wirtschaftliche Funktionseinheiten von Sachen

Auch das chinesische Recht sieht in der zwischen unbeweglicher Sache und beweglicher Sache bestehenden wirtschaftlichen Beziehung den für die Zuordnung entscheidenden Faktor. Aber aus historischen Gründen werden die Rechtsverhältnisse am Grundstück im chinesischen Recht getrennt vom Bauwerk oder Haus geregelt.

Der Begriff des „wesentlichen Bestandteiles“ ist zwar dem chinesischen Gesetz fremd. Die mit ihm einhergehende Unterscheidung wird aber von der Rechtswissenschaft akzeptiert[696]. Als wesentliche Bestandteile sieht sie aber nur die mit dem Boden fest verbundenen Sachen. Die mit dem Boden verbundenen Erzeugnisse des Grundstücks sind ausgeschieden. Im chinesischen Recht fehlt der Begriff der Scheinbestandteile, die lediglich für eine befristete Zeit oder zur Probe mit dem Grundstück verbunden werden. Auch wenn die Sache im chinesischen Recht nur für kurze Zeit mit dem Grundstück verbunden ist, führt dies zum Verlust der Sonderrechtsfähigkeit. Die nicht sehr scharf ausgestalteten Begriffe können in der Praxis zu einem unzumutbar engen oder einem extrem weiten Umfang der mithaftenden Gegenstände führen.

Ob sämtliche Teile einer Sache einheitlichen Regeln unterworfen werden sollen, wird im Gesetz nicht geregelt. Bei der Veräußerung einer Sache mit Zubehör geht indes das Zubehör zusammen mit dem Eigentum an der Sache über[697]. Meiner Meinung nach gilt der hier zugrundeliegende Gedanke der wirtschaftlichen Einheiten auch für die Beziehung zwischen Bestandteilen und Hauptsache.

---

694 Westermann, Sachenrecht, § 96 I 2.

695 Vgl. RGZ 135, 197, 201.

696 Huabin Chen, Sachenrecht, S. 64.

697 § 87 der versuchsweise durchgeführten Leitlinien des Obersten Volksgerichts zu einigen Fragen der Anwendung der AGZ.

1.1.2.2 Das Grundstück als wirtschaftliche Einheit bei den Grundpfandrechten

Grundsätzlich begreift auch das chinesische Recht im Zusammenhang mit der grundpfandrechtlichen Haftung das Grundstück als wirtschaftliche Einheit. Unter den Begriffen der „natürlichen Früchte“ und „juristischen Früchte“ werden Erzeugnisse und Zubehör sowie Miet- und Pachtzinsforderungen von der Hypothekenhaftung erfasst. Außerdem trifft die Hypothekenhaftung auch Versicherungsforderungen als Surrogate der unbeweglichen Sache.
Es ist auch zu beachten, dass im chinesischen Recht zwar die Gebäude grundsätzlich als selbständige Gegenstände angesehen werden, sich aber die Hypothek am Landnutzungsrecht automatisch auf das Gebäudeeigentum und die Hypothek am Gebäudeeigentum auf das Landnutzungsrecht erstreckt (§ 36 I II GüS).

1.2 Die Haftung des Grundstücks

1.2.1 Deutsches Recht

Hauptgegenstand der grundpfandrechtlichen Belastung ist im deutschen Recht gemäß § 1113 I BGB das jeweilige Grundstück. Mit der Hilfe des Sachbegriffes (§§ 93 ff. BGB) wird der Rahmen der grundpfandrechtlichen Haftung abgesteckt. Alle anderen Gegenstände haften also nur als Folge der Grundstückshaftung. Gebäude sind nach § 94 I BGB wesentliche Bestandteile des Grundstückes. Ein Haus kann nur in Verbindung mit einem Grundstück oder einem Erbbaurecht Gegenstand einer Hypothek sein. Die wesentlichen Bestandteile eines Gebäudes sind auch Grundstücksbestandteile.
Die dinglichen Rechte, die mit dem Eigentum an einem Grundstück verbunden sind, gelten gemäß § 96 BGB als dessen Bestandteile und werden daher automatisch von der Bestandteilshaftung erfasst[698]. Verkehrsfähigkeit ist Voraussetzung der Belastbarkeit. Ein Recht kann daher gemäß § 1274 II BGB nur dann mit einem Pfandrecht belastet werden, wenn es übertragbar ist. Zwar gilt die Vorschrift nicht ausdrücklich für Grundpfandrechte, aber sie kann im Wege der Analogie auf Grundpfandrechte angewandt werden[699]. Nach nicht unumstrittener Ansicht ist im deutschen Recht die Bestellung eines Grundpfandrechtes an einer Dienstbarkeit grundsätzlich nicht möglich[700]. Eine Sicherheit hieran kann alleine mittels Verpfändung des Rechts bestellt werden. An persönlichen Dienstbarkeiten

[698] Vgl. Westermann, Sachenrecht, § 97 II 1.
[699] Stenz, Der Haftungsverband, S. 31.
[700] Stürner, AcP 194 (1994), S. 265.

oder dinglichen Vorkaufsrechten können keine Pfandrechte bestellt werden.

1.2.1.1 Die Belastung des Erbbaurechts

Das Erbbaurecht als grundstücksgleiches Recht kann gemäß § 12 ErbbauVO Gegenstand von Grundpfandrechten sein[701]. Die aufgrund eines Erbbaurechts errichteten Gebäude sind nicht Bestandteile des Grundstücks, sondern des Erbbaurechts. Folglich führt die Belastung des Rechtes auch zur Belastung des Gebäudes[702], aber nicht zur Belastung des Grundstücks[703]. Das Gebäude haftet nicht für die Hypotheken am Grundstück, sondern nur für die Hypotheken am Erbbaurecht. Das Grundpfandrecht am Gebäude erlischt mit dem Untergang des Erbbaurechts. Danach werden die Bestandteile des Erbbaurechts gemäß § 12 III ErbbauVO Bestandteile des Grundstücks.

1.2.1.2 Die Belastung des Miteigentums

Während das Recht eines jeden Miteigentümers auf die ganze Sache geht, ist der Belastungsgegenstand nur ein ideeller Bruchteil des Eigentumsrechtes (§ 1114 BGB)[704]. Bei der Zwangsvollstreckung wird nur der Miteigentumsanteil versteigert[705]. Im Fall des Gesamthandeigentums bestehen keine einzelnen Eigentumsanteile; daher findet § 1114 BGB keine Anwendung[706]. Das Wohnungseigentum als Miteigentumsanteil am Grundstück verbunden mit Sondereigentum am Gebäude ist grundsätzlich denselben rechtlichen Gestaltungen unterworfen wie ein gewöhnlicher Eigentumsanteil nach Bruchteilen.

1.2.1.3 Veränderungen des Grundstückes

Veränderungen des Grundstückes in seiner Substanz oder der Zusammensetzung seiner Bestandteile wirken sich auf den Haftungsgegenstand aus. Bei der Abschreibung besteht die Hypothek an der zum Grundstück verselbständigten Fläche entsprechend der dinglichen Natur der Hypothek

---

[701] Westermann, Sachenrecht, § 94 I 1.
[702] Baur/Stürner, Sachenrecht § 29 Rn. 30; Erman/Hagen, § 1120 Rn. 2; Palandt/Bassenge, § 1120 Rn. 4.
[703] OLG Hamm, NJW 1969, 2052.
[704] Stenz, Der Haftungsverband, S. 26.
[705] Baur/Stürner, I, ZVR, Rn. 34.14 ff.
[706] RGZ 117, 257, 267.

fort, so dass eine Gesamthypothek entsteht. Bei der Zuschreibung einzelner Parzellen im deutschen Recht werden diese Bestandteil des Hauptgrundstückes, deswegen erstreckt sich das auf dem Hauptgrundstück eingetragene Grundpfandrecht auf die hinzugewonnenen Bestandteile (§ 1131 BGB), umgekehrt erstrecken sich die am zugeschriebenen Teil haftenden Hypotheken aber nicht auf das Hauptgrundstück. Bei der Vereinigung (§ 890 I BGB) bleiben die bisher selbständigen Flächen unterschiedlich belastet.

1.2.2 Chinesisches Recht

Grundsätzliche Unterschiede systematischer Art zwischen beiden Ländern bestehen bei der isolierten Belastbarkeit von Grundstücksteilen oder Bauwerken. Während im deutschen Recht die Bestandteilslehre zum Zuge kommt, treten im chinesischen Recht die eigentumsrechtlichen Regeln an die Stelle der Bestandteilslehre.

1.2.2.1 Gegenstände der Hypothek

Ein großer Unterschied zwischen beiden Ländern liegt zuerst darin, dass Gegenstand einer Hypothek im chinesischen Recht nicht nur ein Grundstück oder grundstücksgleiches Recht, sondern auch beweglichen Sachen sein können. Die Haftung der beweglichen Sachen und Rechte ist dagegen im deutschen Recht nur Folgeerscheinung. Außerdem ist zu beachten, dass das Eigentum am Grundstück dem Staat zusteht und nicht übertragbar, damit auch nicht belastbar ist. In bezug auf das Grundstück kann daher nur ein wie Eigentum wirkendes Landnutzungsrecht hypothekarisch belastet werden[707].

An folgenden Vermögensgegenständen kann im chinesischen Recht eine Hypothek bestellt werden: An Häusern und anderen mit dem Land verbundenen Sachen, die dem Besteller gehören; an Maschinen und Werkzeug, Verkehrs- und Transportmitteln und anderen Vermögensgegenständen, die dem Besteller gehören; an Nutzungsrechten an staatseigenem Land, an Häusern und anderen mit dem Land verbundenen Sachen, über die der Besteller zu verfügen berechtigt ist; an staatseigenen Maschinen und Werkzeugen, Verkehrs- und Transportmitteln und anderen Vermögensgegenständen, über die der Besteller zu verfügen berechtigt ist; am Gebrauchsrecht an den Bergen, den Schluchten, den Hügeln, den Sandbanken und anderem Ödland, [dessen Bewirtschaftung] der Besteller rechtmäßig übernommen hat, bei Einverständnis des Überlassenden [des

[707] Siehe Kapitel I.

Übernahmerechts] mit der Bestellung der Hypothek; an anderen Vermögensgegenständen, an denen nach dem Recht eine Hypothek bestellt werden kann (§ 34 I GüS). Es ist zu beachten, dass gemäß § 34 II GüS der Besteller an mehreren der im vorigen Absatz aufgeführten Vermögensgegenstände zusammen eine Hypothek bestellen kann. Dies ermöglicht die Bestellung einer Unternehmenshypothek. Daher kann es zur Konkurrenz zwischen der Hypothek an einem Grundstück und der Hypothek an einer beweglichen Sache sowie zur Konkurrenz zwischen Unternehmenshypothek und Pfandrecht kommen. Die Rechtstechnik der Haftungserstreckung auf Zubehör kommt nur sehr eingeschränkt zum Einsatz.

1.2.2.2 Die Belastung des Erbbaurechts

Im chinesischen Sachenrecht wird zwar nur die Bestellung von Grundpfandrechten am Landnutzungsrecht oder Gebäudeeigentum erwähnt. Allerdings ist es auch möglich, am Landnutzungsrecht ein Erbbaurecht zu konstruieren. Damit kann das Erbbaurecht als grundstückgleiches Recht auch der hypothekarischen Belastung unterworfen werden.

1.2.2.3 Die Belastung des Miteigentums

Das Miteigentum ist durch die gleichen Merkmale gekennzeichnet wie im deutschen Recht. Der Miteigentümer kann nur an seinem Anteil am gesamten Vermögen zur Sicherung einer Forderung eine Hypothek bestellen (§ 54 I Erläuterungen). Wird das Gesamthandseigentum mit einer Hypothek belastet, soll allerdings der Sicherungsgeber die Zustimmung der anderen Gesamthandseigentümer einholen. Andernfalls wird die Bestellung für unwirksam erklärt. Die Zustimmung ist jedoch entbehrlich, wenn die anderen Gesamthandseigentümer die Bestellung kennen oder kennen müssen und keinen Widerspruch eingelegt haben (§ 54 II Erläuterungen).

1.2.2.4 Veränderungen des Grundstückes

Nachträglich errichtete Bauwerke erweitern in beiden Rechtsordnungen den Haftungsgegenstand, unabhängig davon, wer das Bauwerk errichtet hat. Allerdings wird nach chinesischem Recht ein Gebäude, das nach Abschluss eines Hypothekenvertrags über städtische Immobilien auf diesem Land neu errichtet wurde, nicht von der Hypothek erfasst. Muss die mit der Hypothek belastete Immobilie versteigert werden, können zulässigerweise auf diesem Land neu errichtete Gebäude mit der Immobilie zusammen versteigert werden; der Hypothekar ist jedoch nicht berechtigt, sich aus dem Erlös für die neu errichteten Gebäude bevorzugt zu befriedigen (§ 55 GüS).

1.3 Die Haftung der „natürlichen Früchte“ und „juristischen Früchte“

1.3.1 Chinesisches Recht

Wenn die Frist für die Erfüllung der Verbindlichkeit abgelaufen ist und der Schuldner sie nicht erfüllt hat, so dass der mit der Hypothek belastete Gegenstand vom Volksgericht gepfändet worden ist, hat der Hypothekar vom Tag der Pfändung an das Recht, die vom belasteten Gegenstand getrennten natürlichen Früchte und diejenigen juristischen Früchte zu erhalten, welche der Besteller aus dem Gegenstand erlangen kann. Solange der Hypothekar die Tatsache der Pfändung nicht dem Schuldner solcher Forderungen mitgeteilt hat, die „juristische Früchte“ darstellen, erstreckt sich die Wirkung der Hypothek nicht auf diese Früchte. Aus den Früchten müssen zunächst die Kosten der Erlangung der Früchte gedeckt werden (§ 47 GüS). Die Begriffe „Früchte“, „natürliche Früchte“ und „juristische Früchte“ sind bisher im chinesischen Recht nicht definiert, sondern aus § 69 des taiwanesischen Zivilgesetzbuches übernommen worden. Danach beziehen sich „natürliche Früchte“ bei der Hypothek auf die Früchte von Pflanzen und die Erzeugnisse des Grundstücks; „juristische Früchte“ beziehen sich bei der Hypothek auf die Mietzinsen aus Mietverhältnissen, Erbbaurecht und Erbpachtrecht[708].

Bevor die Hypothekengegenstände nicht gepfändet worden sind, bleiben die getrennten „natürlichen Früchte“ Eigentum des Hypothekengebers und werden nicht von der Haftung erfasst. Nach der Pfändung des Hypothekengegenstandes werden dagegen die von diesem getrennten „natürlichen Früchte“ von der Rechtswirkung der Hypothek erfasst[709]. Bezüglich der „juristischen Früchte“ muss dem Drittschuldner (z. B. Mieter) die Pfändung angezeigt werden, sonst erstreckt sich die Hypothek nach chinesischem Recht nicht auf diese Forderungen. Ohne Anzeige wirkt die Hypothekenhaftung an den „juristischen Früchten“ nach taiwanesischem Recht (§ 864) nicht gegen den zur Zahlung verpflichteten Drittschuldner, d. h. er kann wirksam an den Hypothekengeber zahlen.

[708] Zaiquan Xie, Das Sachenrecht im Zivilrecht, S. 589 f.

[709] Mingrui Guo, Theorie und Praxis des Gesetzes über Sicherheiten, S. 164.

1.3.2 Deutsches Recht

Im deutschen Recht wird die Haftung der Erzeugnisse und der Miet- und Pachtzinsforderungen getrennt geregelt.

1.3.2.1 Haftung der Erzeugnisse und unwesentlichen Bestandteile

Die Hypothek erstreckt sich nach § 1120 BGB auf die von dem Grundstück getrennten Erzeugnisse und sonstigen Bestandteile, soweit sie nicht mit der Trennung nach den §§ 954 – 957 BGB in das Eigentum eines anderen als des Eigentümers oder Eigenbesitzers des Grundstücks gelangt sind. Die nicht getrennten Erzeugnisse sind wesentliche Grundstücksbestandteile und unterliegen damit dem Haftungsverband des Grundpfandrechtes (§ 94 I BGB).

Hat der Eigentümer dem Pächter das Grundstück überlassen, wird dieser mit der Trennung Eigentümer der haftfrei bleibenden Ernte, § 956 BGB. Dies gilt auch bei einem Nießbrauch, der vor dem Grundpfandrecht bestellt wurde. Umstritten ist, ob die Regelung des § 1120 BGB für den rangschlechteren Nießbraucher gilt[710].

Für getrennte landwirtschaftliche Erzeugnisse kann nur die Zwangsverwaltung angeordnet werden (§ 148 I mit § 21 I ZVG). Getrennte Bestandteile aller Art können auch im Wege der Mobiliarzwangsvollstreckung beschlagnahmt werden, es sei denn, dass sie Zubehör geworden sind (§ 865 II ZPO).

1.3.2.2 Die Haftung der Miet- und Pachtzinsforderungen

Der Grundgedanke liegt darin, dass dem Grundpfandgläubiger im Falle der Vermietung oder Verpachtung des Grundstücks an Dritte die Möglichkeit der Nutzung der Immobilie und der Fruchtziehung entgeht. Zum Ausgleich soll er auf Miet- und Pachtzinsforderungen zugreifen können[711]. Die Haftung solcher Forderungen beruht damit letztlich auf dem Surrogationsgedanken. Dies gilt auch für das vermietete Zubehör.

Die Haftung beginnt mit der Eintragung der Grundpfandrechte. Sind die rückständigen Miet- und Pachtzinsforderungen für die Zeit nach der Bestellung der Hypothek noch zu entrichten, werden sie von der Hypothek erfasst. Die künftigen fälligen Miet- und Pachtzinsforderungen unterliegen auch dieser hypothekarischen Haftung (§ 1123 I BGB)[712].

Nach § 1123 II BGB wird die Haftung der Miet- und Pachtforderung ein

---

[710] Vgl. dazu RGZ 68, 13; 81, 150; Heck, Sachenrecht, § 88; Staudinger/Wolfsteiner, § 1123 Rn. 7; Baur/Stürner, Sachenrecht, § 39 Rn. 25 f.; Westermann, Sachenrecht, § 98 I 1; Wolff/Raiser, Sachenrecht, § 135 II; Erman/Wenzel, § 1120, Rn. 4.

[711] Motive 3, S. 658.

[712] Staudinger/Wolfsteiner, § 1123 Rn. 11; vgl. Palandt/Bassenge, § 1123 Rn. 1.

Jahr nach Fälligkeit frei, falls sie nicht vorher durch Anordnung der Zwangsverwaltung oder durch Einzelvollstreckung zugunsten des Grundpfandgläubigers beschlagnahmt werden. Bei im voraus zahlbaren Miet- und Pachtforderungen kann die Haftung aber nur in den zeitlichen Grenzen von § 1123 II 2 erlöschen. Diese Fristenlösung trägt somit sowohl den Interessen des Grundpfandgläubigers an der Erhaltung seiner Sicherheit als auch der fehlenden Offenkundigkeit verpfändeter Forderungen Rechnung.

Bis zum Zeitpunkt der Beschlagnahme kann der Grundpfandschuldner über Miet- und Pachtzinsforderungen frei verfügen (§ 1124 I 1 BGB). Die wirksame Verfügung, insbesondere die Einziehung der Forderung durch den Eigentümer, führt zum Freiwerden, aber nur in den zeitlichen Grenzen von § 1124 II BGB. Eine Zahlung über diesen Zeitraum hinaus setzt den Mieter (Pächter) der Gefahr der Doppelzahlung aus; auch eine Aufrechnung ist insoweit ausgeschlossen (§ 1125 BGB). Hätte der Grundstückseigentümer diese Forderungen abgetreten, dann wäre die Grundpfandhaftung erloschen (§ 1124 I S. 2, 1. HS BGB).

Problematisch scheint die Konkurrenz zwischen Pfändungspfandrecht der persönlichen Gläubiger und Grundpfandrecht hinsichtlich dieser Forderungen. Wenn die Beschlagnahme nicht vom Grundpfandgläubiger vorgenommen ist, so geht das Pfändungspfandrecht dem Grundpfandrecht im Rang vor (§ 1124 I S. 1, 2. HS BGB).

Im deutschen Recht werden Miet- und Pachtzinsforderungen nur im Falle der Zwangsverwaltung von der Beschlagnahme erfasst[713], nicht aber im Rahmen einer Zwangsversteigerung (§§ 148, 21 ZVG).

1.3.3 Rechtsvergleich

In beiden Ländern ist unerheblich, ob die Bestandteile erst nach der Bestellung des Grundpfandrechts entstanden sind. Ungetrennte Bestandteile werden in beiden Rechtsordnungen stets von der Hypothekenhaftung erfasst.

Beide Rechtsordnungen stimmen zwar grundsätzlich darin überein, dass Zinserträge dem Grundpfandgläubiger – unter bestimmten Voraussetzungen – zugute kommen können. Der wesentliche Unterschied zwischen beiden Systemen liegt jedoch im Beginn der grundpfandrechtlichen Haftung: während das Sicherungsrecht an den Miet- und Pachtzinsforderungen im deutschen Recht bereits mit der Eintragung des Grundpfandrechtes entsteht und somit gegenüber anderen Sicherungsrechten vorrangig sein kann, gewährt das chinesische Recht erst nach erfolgter Beschlagnahme effektiven Schutz, so dass im chinesischen Recht der Grundstückseigentümer bis zur Beschlagnahme frei verfügen kann; einer dem § 1123 II BGB

[713] Zeller/Stöber, § 21 Rn. 3.

entsprechenden Enthaftungsregel bedarf es daher nicht.
Dieser Unterschied ist die Folge verschiedener dogmatischer Ansatzpunkte. Im deutschen Recht beruht die Haftung der Miet- und Pachtzinsforderungen auf dem Surrogationsgedanken[714]. In § 1123 II BGB hat der Gesetzgeber bei der Abwägung der Interessen des Grundpfandgläubigers mit den Interessen seines Schuldners einen Kompromiss in Form einer zeitlichen Beschränkung der Haftungsdauer gefunden. Nach chinesischem Verständnis sind die Miet- und Pachtzinsforderungen hingegen nicht wirtschaftlich gesehen Teil des Grundstückes, sondern lediglich Resultat bestimmter Rechtsgeschäfte.

1.4 Die Haftung des Zubehörs

1.4.1 Der Begriff des Zubehörs im deutschen Recht

Zubehör sind diejenigen beweglichen Sachen, die dem wirtschaftlichen Zweck der Hauptsache dienen [715] und zu ihr in einem dieser Bestimmung entsprechenden räumlichen Verhältnis stehen[716], ohne Bestandteil der Hauptsache selbst zu sein (§ 97 BGB). § 97 II BGB verlangt eine auf Dauer gerichtete Bindung des Zubehörstückes an die Hauptsache, wobei maßgebend hierfür die Verkehrsanschauung im konkreten Fall ist. Das Zubehör bewahrt seine körperliche Individualität und rechtliche Eigenständigkeit. Der deutsche Zubehörbegriff erfasst damit einen größeren Kreis von zugeordneten Gegenständen. Einerseits wird die Bodenkreditfähigkeit von Industriegrundstücken erheblich erweitert, weil ein großer Teil der Unternehmenssubstanz in die Realsicherheit miteinbezogen werden kann; andererseits gibt es eine Tendenz der Rechtsprechung, den Zubehörbegriff einzuschränken[717]. Die Kreditpraxis wird wohl in vielen Fällen neben dem Grundpfandrecht zusätzliche Mobiliarsicherheiten verlangen müssen.

1.4.2 Der Begriff des Zubehörs im chinesischen Recht

In China ist der Begriff des Zubehörs nicht gesetzlich vorgegeben. Auch in der Praxis ist weder klar, welche Sachen zum Zubehör gehören, noch wie zwischen wesentlichem Bestandteil und Zubehör differenziert werden soll[718]. In der Literatur unterscheidet sich das Zubehör vom Bestandteil

---

[714] Motive 3, S. 658.
[715] Das Zubehörstück fördert die Verwendung der Hauptsache oder hilft dabei, den ihr zugedachten Zweck zu erreichen. RGZ 86, 326, 327; MünchKomm/Holch, § 97 Rn. 15; Palandt/Heinrichs, § 97 Rn. 4; Soergel/Mühl, § 97 Rn. 19.
[716] Genügend ist ein lockerer örtlicher Bezug. BGH LM § 97 Nr. 3; RGZ 51, 272, 274.
[717] BGHZ 85, 234, „Speditionsunternehmerfall"; BGH Rpfleger 1994, 266 (Baumaschinen auf den Baustellen nicht Zubehör des Betriebsgrundstücks).
[718] Huabin Chen, Sachenrecht, S. 65 f.

dadurch, dass es eine selbständige Sache ist und funktionell der Hauptsache dient. Außerdem müssen das Zubehör und die Hauptsache derselben Person gehören[719]. Nach der Rechtslehre kann das Zubehör auch Liegenschaften umfassen. So sind die außerhalb der Wohnung gebaute Toilette und der Autostellplatz Zubehör der Wohnung. Dieser Unterschied zum deutschen Recht hat seinen Ursprung darin, dass im deutschen Recht nach dem Einheitsprinzip das Grundstück und das auf ihm stehende Gebäude eine einheitliche Sache sind. Im chinesischen Recht werden sie demgegenüber als zwei Sachen angesehen.
Nach h. M. in Taiwan werden die Maschinen und die Werkzeuge, die Verkehrs- sowie die Transportmittel als Zubehör des Grundstück nicht von der Hypothekenhaftung erfasst[720], sondern unterliegen als selbständige Gegenstände der Hypothek an beweglichen Sachen. Dies entspricht der bisherigen gesetzlichen Regelung in China (vgl. § 34 Nr. 2 GüS).
Im chinesischen Recht wird der Kreis der selbständig belastbaren Hypothekgegenstände immer stärker erweitert. Dies führt zu einer Vielfalt neuer Typen von Hypotheken. Allerdings kann man dadurch nicht die unerlässlichen begrifflichen Grundlagen ersetzen.

1.4.3 Rechtsvergleich

Bewegliche Sachen können zu Grundstückzubehör werden, ohne dass es dabei darauf ankommt, wer ihr Eigentümer ist. Jedoch zählen bewegliche Sachen, die zwar Zubehör sind, aber nicht dem Grundstückseigentümer gehören, in Deutschland nicht zum Haftungsgegenstand (§ 1120 BGB)[721]. § 865 II S. 1 ZPO gewährleistet den notwendigen Schutz vor einer unwirtschaftlichen Zerschlagung der wirtschaftlichen Einheit durch Mobiliarvollstreckungen der ungesicherten Gläubiger. Zubehör kann im Wege der Mobiliarvollstreckung (also zugunsten „gewöhnlicher" Gläubiger) nicht gepfändet werden (§ 865 I ZPO), sondern unterliegt nur der Zwangsvollstreckung in die unbewegliche Sache. Entsprechend mindern sich die Zugriffsmöglichkeiten dinglich nicht gesicherter Gläubiger. Eine entsprechende Regelung fehlt in China.
Gehört das Zubehör im chinesischen Recht zu einem Vermögensgegenstand, geht es zusammen mit dem Eigentum am Vermögensgegenstand über. Haben die Beteiligten jedoch etwas anderes vereinbart und ist dies nicht rechtswidrig, wird nach der Vereinbarung verfahren (§ 87[722]). Daraus wird

---

719 Liang/Chen, Sachenrecht, S. 315.
720 Zaiquan Xie, Sachenrecht im Zivilrecht, S. 584 f.
721 MünchKomm/Eickmann, § 1120 Rn. 28; Soergel/Konzen, § 1120 Rn. 5; Palandt/Bassenge, § 1120 Rn. 7.
722 Versuchsweise durchgeführte Leitlinien des Obersten Volksgerichts zu einigen Fragen der Anwendung der AGZ.

abgeleitet, dass die Pfändung aufgrund der Hypothek sich auch auf das Zubehör erstreckt[723]. Nach der überwiegenden Meinung setzt die Haftung des Zubehörs voraus, dass vor der Hypothekenbestellung Dritte keine dinglichen Rechte am Zubehör erlangt haben[724].

Eine zeitliche Limitierung der Zubehörhaftung kennt das deutsche Gesetz nicht. Die Haftung tritt unabhängig davon ein, ob die bewegliche Sache vor oder nach der Eintragung des Grundpfandrechtes in das Grundbuch Zubehöreigenschaft erlangt hat[725]. Demgegenüber ist in der chinesischen Literatur sehr umstritten, ob die Hypothek sich auf Gegenstände, die erst nach der Hypothekenbestellung Zubehör werden, erstrecken kann[726]. Guo ist der Meinung, dass die Zubehöreigenschaft schon bei der Hypothekenbestellung existieren muss. Eine andere Ansicht besagt, dass sich die Rechtswirkung der Hypothek auf das Zubehör des Hypothekengegenstands erstreckt, unabhängig davon, ob ein Gegenstand vor oder nach der Hypothekenbestellung zu Zubehör wurde. Das geltende Recht folgt der ersten Meinung. Die Rechtswirkung der Hypothek erstreckt sich allein auf das Zubehör des Hypothekengegenstands, das vor der Bestellung der Hypothek bestand. Wenn aber Hypothekengegenstand und Zubehör getrennt zwei oder mehreren Personen gehören, erstreckt sich die Rechtswirkung der Hypothek sich nicht auf das Zubehör des Hypothekengegenstandes (§ 63 Erläuterungen).

Grundstückszubehör können nach deutschem Recht auch unter Eigentumsvorbehalt erworbene Gegenstände sein. Der überwiegende Teil des Schrifttums[727] sowie die Rechtsprechung[728] erstrecken die Grundpfand-

---

[723] Huixing Liang, Erörterung des chinesischen Sachenrechts, S. 843.

[724] Mingrui Guo, Theorie und Praxis des Gesetzes über Sicherheiten, S. 159.

[725] RGZ 53, 350, 352; Planck/Strecker, § 1120 Anm. 3 b; Wolff/Raiser, Sachenrecht, § 135 III Fn. 18; BGH WM 1979, 1183; Räfle, WM 1983, S. 806, 810.

[726] Insgesamt gibt es in Taiwan drei Meinungen: Die erste Meinung verneint die Erstreckung der Hypothekenhaftung, weil sie mit dem Willen der Parteien nicht übereinstimme und das Interesse der anderen Gläubiger beeinträchtige; die zweite differenziert: wenn das nachträglich entstandene Zubehör eine bewegliche Sache ist, dann kann es von der Hypothekenhaftung erfasst werden; ist es hingegen ein unbewegliche Sache, dann kann die Hypothek sich ohne Eintragung nicht darauf erstrecken; nach der dritten Meinung schließlich erstreckt sich die Hypothek grundsätzlich auf alle Zubehörstücke, ausgenommen dann, wenn dies das Interesse der anderen Gläubiger beeinträchtigt. Das muss der Gläubiger beweisen. Die letzte Meinung ist herrschend. Die Hypothek soll sich auf das Zubehör, das erst nach der Hypothekenbestellung entsteht, erstrecken, weil Zubehör mit der Hauptsache in wirtschaftlichem Zusammenhang steht. Zaiquan Xie, Sachenrecht im Zivilrecht, S. 582 ff.; Huixing Liang, Erörterung des chinesischen Sachenrechts, S. 844.

[727] Baur/Stürner, Sachenrecht, § 39 IV 1 Rn. 36; Lübtow, JuS 1963, S. 171 ff.; Klinkhammer/Rancke, JuS 1973, S. 666, 669; Westermann, Sachenrecht, § 114 II 2; Erman/Wenzel, § 1120 Rn. 9; MünchKomm/Eickmann, § 1120 Rn. 38; Palandt/Bassenge, § 1120 Rn. 8; Soergel/Konzen, § 1120 Rn. 5.

rechte auch auf das Anwartschaftsrecht des Grundstückseigentümers. Der Sicherungsnehmer kann – falls der Vorbehaltsverkäufer die Versteigerung nicht stoppt (§ 771 ZPO) – die Haftung im Rahmen der Erlösverteilung nur in dem Umfang geltend machen, in dem das Anwartschaftsrecht durch die Zahlungen auf den Kaufpreis werthaltig ist. Von Marotzke wird allerdings das Bestehen eines Anwartschaftsrechts als selbständig übertragbares und mit Pfandrechten belastbares Recht abgelehnt[729]. Überwiegend wird vertreten, dass die Belastung der Anwartschaft auch nach Erlangung des Volleigentums mit dem bisherigen Rang bestehen bleibt[730].

Obwohl das Rechtsinstitut des Eigentumsvorbehalts in China schon geregelt ist (§§ 133, 134 Vertragsgesetz), fehlen noch die Regelungen über die Typen des Eigentumsvorbehalts und das Anwartschaftsrecht. Nach der Lehre in China wird dem Vorbehaltskäufer eine Rechtsposition ähnlich dem Anwartschaftsrecht in Deutschland eingeräumt[731]. Es bleibt jedoch offen, ob die Grundpfandrechte sich auf das Anwartschaftsrecht des Grundstückseigentümers erstrecken.

Zejian Wang ist dagegen der Meinung, dass der Vorbehaltskäufer Eigentum an Vorbehaltsgegenständen erwirbt. Der Vorbehaltsverkäufer kann die Vorbehaltsgegenstände zurückverlangen und veräußern, wenn der Vorbehaltskäufer die Vertragspflichten verletzt. Mit dem Erlös der Veräußerung kann der Vorbehaltsverkäufer den fälligen und nicht bezahlten Teil der Forderung verwirklichen[732]. Dieser Meinung nach erfasst die Hypothekenhaftung selbstverständlich die unter Vorbehalt gekauften Sachen.

1.5 Enthaftung der Nebensachen

1.5.1 Deutsches Recht

Einerseits soll die wirtschaftliche Bewegungsfreiheit des Eigentümers nicht durch die Haftung des Grundstücks gelähmt werden, andererseits ist diese Haftung nur potentiell – ob und wann der Hypothekar auf das Grundstück zugreift, ist offen. §§ 936, 932 II BGB ermöglichen im deutschen Recht grundsätzlich lastenfreien Erwerb, jedoch nur unter der Voraussetzung, dass der Erwerber in Hinblick auf die Belastung gutgläubig ist. Außerdem betreffen sie nur Veräußerungen durch den Eigentümer. §§ 1121, 1122 BGB ermöglichen dem Eigentümer die weitere Bewirtschaftung des

---

728 BGHZ 35, 85; 75, 221; BGH NJW 1970, 2212, 2215; BGH WM 1984, 1606.

729 Marotzke, AcP 186 (1986), S. 490, 495.

730 Soergel/Konzen, § 1120 Rn. 5; Staudinger/Wolfsteiner, § 1120 Rn. 41; vgl. auch Baur/Stürner, Sachenrecht, § 39 Rn. 35 ff.

731 Junhao Zhang, Lehrbuch des Zivilrechts, S. 81; Yi Wang, Anwartschaftsrecht, Falü Kexue 4/1996, S. 53; Weixing Shen, Einführung über das Anwartschaftsrecht, Qinghua Faxue 1/2002, S. 172.

732 Zejian Wang, in: Lehre und Rechtsprechung, S. 177 ff.

Grundstücks, allerdings nur in den Grenzen ordnungsmäßiger Wirtschaft bis zum Zeitpunkt der Beschlagnahme. Um dieses gespannte Verhältnis zwischen Eigentümer und Hypothekar zu regeln, wird die grundpfandrechtliche Haftung mit Hilfe der drei Begriffe Veräußerung[733], Entfernung[734] und Beschlagnahme[735] begrenzt. Entfernung und Veräußerung bilden dabei nicht alternative, sondern kumulative Enthaftungsvoraussetzungen.

Steht die Beschlagnahme am Schluss der Reihe, geht sie ins Leere (§ 1121 I BGB). Veräußerung und Entfernung vom Grundstück vor der Beschlagnahme beseitigen die Haftung[736], auch wenn sie wirtschaftswidrig sind, § 1121 I BGB[737]. Bei schuldhaftem Handeln kommt weiter auch die Schadensersatzhaftung nach §§ 823 I, II i. V. mit §§ 1135, 1133 f., 826 BGB in Betracht[738]. Schließlich tritt die Enthaftung unabhängig davon ein, ob der Erwerber eines Zubehörstückes oder Grundstückserzeugnisses Kenntnis vom Bestehen eines Grundpfandrechtes hat[739]. Diese Regelung gilt auch für den Fall, dass die Nebensache zunächst vom Grundstück entfernt und erst danach – aber noch vor der etwaigen Beschlagnahme – veräußert wird.

Nach der erfolgten Beschlagnahme durch Anordnung der Zwangsversteigerung (anders bei der Zwangsverwaltung) erlaubt im deutschen Recht § 23 I 2 ZVG die Enthaftung von beweglichen Sachen im Rahmen einer ordnungsgemäßen Wirtschaft und § 23 II ZVG in engem Umfang sogar einen gutgläubigen lastenfreien Erwerb. Ist die Entfernung das letzte Ereignis, kann der Dritte nur dann die Sachen lastenfrei erlangen, wenn er sie vom Grundstück entfernt und zu diesem Zeitpunkt noch hinsichtlich der Beschlagnahme gutgläubig ist (§ 1121 II BGB)[740]. Die Gutgläubigkeit

---

[733] Die eigentumsrelevanten Maßnahmen der Zwangsvollstreckung sind neben der rechtsgeschäftlichen Eigentumsübertragung auch als Veräußerung im Sinne des § 1121 BGB anzusehen. Planck/Strecker, § 1121 Anm. 2 b; Staudinger/Wolfsteiner, § 1121 Rn. 7.

[734] Unter Entfernung ist das tatsächliche und auf Dauer angelegte Wegschaffen von grundpfandrechtlich haftenden Gegenständen vom Grundstück zu verstehen. MünchKomm/Eickmann, § 1121 Rn. 18; Palandt/Bassenge, § 1121 Rn. 2; Planck/Strecker, § 1121 Anm. 3; RGZ 144, 152, 155.

[735] Gemäß § 20 I ZVG ist die Beschlagnahme der Beschluss, durch welchen die Zwangsversteigerung bzw. die Zwangsverwaltung angeordnet wird. Sie hat die Wirkung eines Veräußerungsverbots im Sinne der §§ 136, 135 I BGB.

[736] Plander vertritt die Auffassung, dass ein gutgläubig-lastenfreier Erwerb nach § 936 BGB durch eine bloße Veräußerung prinzipiell nicht möglich ist. Plander, JuS 1975, S. 345, 348.

[737] Plander, JuS 1975, S. 345, 347; Staudinger/Wolfsteiner, § 1121 Rn. 16; Westermann, Sachenrecht, § 97 III 3.

[738] Vgl. BGH NJW 1973, 999.

[739] H. M.; Staudinger/Wolfsteiner, § 1121 Rn. 16; Erman/Wenzel, § 1121 Rn. 5.

[740] Plander, JuS 1975, S. 345, 349 ff.; Soergel/Konzen, § 1121 Rn. 4; Westermann,

muss bis zum Eintritt des letzten Merkmales des Enthaftungstatbestandes fortdauern[741]. Wenn die mithaftende Sache zunächst von dem Grundstück entfernt und erst danach beschlagnahmt und veräußert worden ist, kann eine Enthaftung bereits durch die bloße Entfernung nach § 1122 BGB eintreten. Wird eine mithaftende Sache erst nach der Beschlagnahme vom Grundstück entfernt und danach veräußert, kommt die Enthaftung gemäß § 1122 BGB nicht in Betracht. Wenn die Veräußerung an letzter Stelle steht, ist der gute Glaube des Erwerbers hinsichtlich der Beschlagnahme schon bei Entfernung der Sache erforderlich (§§ 135, 136 BGB). Nach § 23 II ZVG schadet schon die Kenntnis des Erwerbers vom Versteigerungsantrag und ab Eintragung des Versteigerungsvermerks gilt die Beschlagnahme als bekannt.

Weiter ist zu beachten, dass die Zubehörstücke nach § 1122 II BGB ohne Veräußerung und Entfernung von der Haftung frei werden, wenn die Zubehöreigenschaft innerhalb der Grenzen einer ordnungsmäßigen Wirtschaft vor der Beschlagnahme aufgehoben wird[742]. Ferner ist die Enthaftung auch möglich durch die Vereinigung, Vermischung oder Verarbeitung der mithaftenden Gegenstände.

Schließlich tritt ein besonderes Problem der Enthaftung beim Anwartschaftsrecht auf. Es ist sehr umstritten, ob die Kaufvertragsparteien auch ohne Zustimmung des Hypothekengläubigers das Anwartschaftsrecht aufheben und dadurch die Hypothekenhaftung beseitigen können[743]. Dabei besteht ein Interessenkonflikt zwischen dem Inhaber des Anwartschaftsrechtes und dem Grundpfandgläubiger. Der Bundesgerichtshof hat zugunsten des ersteren entschieden. Das mit dem Pfandrecht belastete Anwartschaftsrecht kann daher auch ohne Zustimmung des Pfandgläubigers aufgehoben werden[744]. In der chinesischen Literatur wird dieses Problem überhaupt nicht erwähnt.

Sachenrecht, § 97 III 4.

[741] Erman/Wenzel, § 1121 Rn. 6; MünchKomm/Eickmann, § 1121 Rn. 31; Plander, JuS 1975, S. 345, 350; Wolff/Raiser, Sachenrecht, § 135 II 1.

[742] Ausführlich Stenz, Der Haftungsverband, S. 160.

[743] BGH NJW 1985, 376; ausführlich Zimmermann, Die Haftung des Grundstückszubehörs für die Grundpfandrechte, S. 34 ff.

[744] BGHZ 92, 280. Zustimmend Baur/Stürner, Sachenrecht, § 59 Rn. 37; MünchKomm/Eickmann, § 1120 Rn. 39; Palandt/Bassenge, § 1120 Rn. 8; Wilhelm, NJW 1987, S. 1785, 1787 f. Kritik dazu bei Kollhosser, JZ 1985, S. 370, 372 f.

1.5.2 Chinesisches Recht

Das Sicherungsinteresse geht im chinesischen Recht dem Bewirtschaftungsinteresse des Eigentümers grundsätzlich vor. Auch das Erwerbsinteresse Dritter steht prinzipiell dahinter zurück. Durch §§ 1121, 1122 BGB wird eine Verfügungsmöglichkeit des Eigentümers im deutschen Recht trotz Beschlagnahme eröffnet. Das chinesische Recht kennt keine entsprechenden Regelungen. Nach der Beschlagnahme verliert im chinesischen Recht der Eigentümer die Verfügungsbefugnis. Allerdings kommen Probleme des lastenfreien Erwerbs vor, wenn eine Veräußerung vor der Beschlagnahme, aber eine Entfernung nach der Beschlagnahme erfolgt, oder umgekehrt. Auf jeden Fall ist die Gutgläubigkeit des Erwerbers bezüglich der Beschlagnahme schutzwürdig. Außerdem führt die Hypothekenbestellung im chinesischen Recht eine Veräußerungsbeschränkung des Grundstücks herbei. Es ist nicht klar, ob die Veräußerungsbeschränkung sich auch auf die mithaftenden Nebensachen bezieht.

1.6 Die Haftung der Versicherungsforderung

Die Hypothek erstreckt sich in beiden Ländern auch auf Geld oder sonstige Sachen, die der Eigentümer durch den Untergang oder die Verschlechterung als Ersatz für die Sicherheit erhalten hat. Im deutschen Recht ist diese Surrogation jedoch grundsätzlich auf die Versicherungsforderung beschränkt. Die Versicherungsforderung ist die Geldleistung, die der Versicherer bei Eintritt des Versicherungsfalles an den Eigentümer des Grundstückes oder Bauwerkes erbringt.

1.6.1 Chinesisches Recht

Die Hypothek erlischt mit dem Verlust des Gegenstandes der Hypothek. Der sachenrechtliche Bestimmtheitsgrundsatz bedingt, dass sich das Recht des Gläubigers nur auf ein ganz bestimmtes Sicherungsobjekt bezieht. Ein für den Verlust erlangter Ersatzbetrag muss aber als mit der Hypothek belastetes Vermögen behandelt werden (§ 58 GüS). Es ist sehr fragwürdig, ob eine neue Hypothek oder ein Pfandrecht am Ersatzbetrag entsteht. Dabei bezieht der „Verlust“ sich nicht nur auf den kompletten Untergang, sondern auch auf die Sachbeschädigung und Enteignung der Hypothekengegenstände[745]. Daher können das Surrogat Schadensersatzbeträge aus Deliktsrecht oder Vertragsrecht, Entschädigungsleistungen der Versicherung und Entschädigungsleistungen wegen der Enteignung sein[746]. Nach der Rechtslehre kann der Drittschuldner nicht in einer gegenüber dem

[745] Huixing Liang, Erörterung des chinesischen Sachenrechts, S. 848.
[746] Huixing Liang, Erörterung des chinesischen Sachenrechts, S. 849.

Hypothekar wirksamen Weise an den Hypothekengeber zahlen. Wenn die Forderung noch nicht fällig ist, kann der Hypothekar die Hinterlegung der Entschädigungsbeträge verlangen[747]. Diese Lehre wird vom Obersten Volksgericht akzeptiert. Auch kann der Hypothekar vom Volksgericht verlangen, für die Versicherungsleistungen, Schadensersatzbeträge und Entschädigungsbeträge Sicherstellungsmaßnahmen zu treffen (§ 80 Erläuterungen). Bei Fälligkeit darf der Hypothekar aus den Versicherungsleistungen, Schadensersatzbeträgen und Entschädigungs- beträgen bevorzugt befriedigt werden.

1.6.2 Deutsches Recht

In der Regel ist der Grundstückseigentümer verpflichtet, die belasteten Gegenstände zu versichern. Das Grundpfandrecht erstreckt sich grundsätzlich auch auf die Forderung gegen den Versicherer, wenn Gegenstände versichert worden sind, die „der Hypothek unterliegen" (§ 1127 I BGB). Die heute herrschende Meinung vertritt die Auffassung, dass sich das Grundpfandrecht im Wege der Surrogation an der Versicherungsforderung fortsetzt[748]. Die Versicherungssumme als dingliches Surrogat ersetzt die zerstörte Sache auch hinsichtlich ihrer Sicherungsfunktion. Die Hypothek erfasst aber nicht Schadensersatzansprüche des Eigentümers wegen Beschädigung des Grundstücks.[749] § 1127 BGB beruht nicht auf einem allgemeinen Prinzip der dinglichen Surrogation[750]. An einer Ersatzforderung des Eigentümers nach § 823 BGB hat der Hypothekengläubiger kein dingliches Recht.

a. Die Rechtsstellung des Grundpfandgläubigers bei der Gebäudeversicherung ist dadurch verstärkt, dass ihm in der Regel mit Abschluss des Versicherungsvertrages vor der Beschlagnahme eine pfandgläubigerähnliche Stellung gewährt wird[751]. Inhaber der Forderung bleibt damit der Versicherte. Ist das Grundpfandrecht noch nicht fällig, so kann gemäß § 1128 BGB[752] die Auszahlung nur an den Grundpfandgläubiger und den Versicherten gemeinsam erfolgen. Ist demgegenüber die Pfandreife eingetreten, so kann der Grundpfandgläubiger die Zahlung an sich selbst

---

747 Huixing Liang, Erörterung des chinesischen Sachenrechts, S. 850 f.

748 Baur/Stürner, Sachenrecht, § 39 Rn. 60; Palandt/Bassenge, § 1127 Rn. 1; Staudinger/Wolfsteiner, § 1127 Rn. 2.

749 BGH WM 1989, 952 = ZIP 1989, 761.

750 Baur/Stürner, Sachenrecht, § 39 VI 1 Rn. 60; MünchKomm/Eickmann, § 1127 Rn. 1.

751 RGZ 122, 131, 133; Wolff/Raiser, Sachenrecht, § 135 V 2; Soergel/Konzen, § 1128 Rn. 2; Palandt/Bassenge, § 1128 Rn. 2; Westermann, Sachenrecht, § 98 II 3.

752 § 1128 BGB betrifft Versicherungen, die eine Gebäudebeschädigung oder –zerstörung aufgrund von Explosion oder Feuer abdecken. Glas- und Spiegelscheibenversicherungen werden nicht erfasst. MünchKomm/Eickmann, § 1128 Rn. 4.

verlangen. Gemäß § 1128 I BGB ist die befreiende Leistung des Versicherers an den Versicherten davon abhängig, dass der Schadensfall dem Grundpfandgläubiger zuvor angezeigt worden ist und dieser der Zahlung innerhalb eines Monats nach Anzeige nicht widersprochen hat. Wenn der Gläubiger dem Versicherer das Grundpfandrecht angemeldet hat, dann ist gemäß Absatz 2 die Leistung des Versicherers nur mit Zustimmung des Grundpfandgläubigers möglich. § 1128 III BGB enthält ein relatives Veräußerungsverbot im Sinne des § 135 BGB[753]. Wird der versicherte Gegenstand wiederhergestellt oder Ersatz beschafft, so wird der Anspruch aus der Versicherung haftfrei (§ 1127 II BGB, Enthaftung), denn die neuen bzw. ausgebesserten Gegenstände werden automatisch von der Haftung erfasst.[754]

b. § 1129 BGB betrifft die Zubehörstücke, die als bewegliche Sachen selbständig versichert sind, und verweist zur Bestimmung des Haftungsumfanges auf die §§ 1123 II 1, 1124 I und III BGB. Demnach sind die hier betroffenen Versicherungsforderungen wie Mietzinsforderungen zu behandeln. Die Versicherungsforderung unterliegt bis zum Zeitpunkt der Beschlagnahme keinerlei Beschränkungen. Ein Jahr nach Fälligkeit wird die Forderung frei, §§ 1129, 1123 II 1 BGB.

Solche Regelungen haben zur Folge, dass der Versicherer zwar gegenüber dem Versicherungsnehmer von seiner Leistungspflicht ganz oder teilweise frei wird, gegenüber dem Gläubiger aber in vollem Umfange leistungspflichtig bleibt.

II. Verwertung der Grundpfandrechte

Übereinstimmend knüpft man in beiden Ländern an Grundpfandrechte die gleichen Rechtsfolgen. Durch die Hypothekenbestellung wird dem Grundpfandgläubiger das Recht eingeräumt, sich gegebenenfalls aus dem Wert des Grundstückes zu befriedigen. Nach der Pfandreife ist der Hypothekar gegenüber Dritten an der Sache bevorrechtigt und befugt, sein Recht geltend zu machen. Aus dem Akzessorietätsgrundsatz ergibt sich, dass mit der Kündigung oder Fälligkeit[755] der persönlichen Forderung stets auch die Hypothek fällig ist. Dann muss der Schuldner-Eigentümer freiwillig leisten. Leistet der persönliche Schuldner oder Eigentümer bei der Fälligkeit der gesicherten Forderung nicht freiwillig, kann die Hypothek notfalls auch zwangsweise realisiert werden. Für die Verwertung der Grundschuld gilt die gleiche Regelung wie bei der Verwertung der Hypothek. Nach § 1197 I BGB kann jedoch der Eigentümer die Zwangsvoll-

[753] BGH VersR 1984, 1137; Palandt/Bassenge, § 1128 Rn. 2.

[754] MünchKomm/Eickmann, § 1127 Rn. 15.

[755] Huber ist der Meinung, dass die Rechtmäßigkeit der Verwertung die Valutierung der Grundschuld voraussetzt. Huber, Die Sicherungsgrundschuld, S. 226.

streckung zum Zwecke der Befriedigung nicht betreiben, damit Manipulationen des Eigentümers verhindert werden[756]. Der Gläubiger des Eigentümers kann allerdings die Eigentümergrundschuld pfänden[757].

2.1 Verwertung der Grundpfandrechte und Verfallverbot

2.1.1 Modalitäten der Verwertung der Grundpfandrechte

Die Modalitäten der Verwertung der Grundpfandrechte sind in beiden Ländern unterschiedlich geregelt. Gemäß dem deutschen Recht kann der Grundpfandgläubiger sich bei Pfandreife nur im Wege der Zwangsvollstreckung aus dem Grundstück befriedigen (§ 1147 BGB). Damit ist eine dingliche Vereinbarung jeder Art privater Vollstreckung ausgeschlossen. Durch diese Beschränkung der Verwertungsmodalitäten wird verfahrensrechtlich gewährleistet, dass der Sicherungsnehmer bei der Sicherungsgrundschuld die konkurrierende Rechtszuständigkeit des Grundeigentümers berücksichtigen muss. Dabei lässt das Gesetz großen Raum, damit der Sicherungsgeber seine Rechte und Interessen selbst wahren kann[758].
Im Vergleich dazu hat der Grundpfandgläubiger im chinesischen Recht viele Möglichkeiten, außerhalb des Zwangsvollstreckungsverfahrens Befriedigung zu erlangen. Wenn der Schuldner die Verbindlichkeit nicht erfüllt, ist der Gläubiger berechtigt, den belasteten Vermögensgegenstand unter Anrechnung seines Werts zu übernehmen oder sich aus dem Preis des versteigerten oder freihändig verkauften Vermögensgegenstandes bevorzugt zu befriedigen (§ 33 I 1 GüS). Der Gläubiger kann mit dem Besteller vereinbaren, auf welche Weise die Verwertung zu erfolgen hat; kommt keine Vereinbarung zustande, so kann der Hypothekar beim Volksgericht Klage erheben (§ 53 GüS, vgl. § 89 II AGZ)[759]. Im Vertrag über die Bestellung einer mortgage wird dem Sicherungsnehmer (der Bank) ein dahingehendes Wahlrecht eingeräumt, dass er als Eigentümer über den Sicherungsgegenstand verfügen oder als Hypothekar den Sicherungsgegenstand verwerten kann. Sehr oft wird auch vereinbart, dass sich der Hausverkäufer verpflichtet, den Sicherungsgegenstand zurückzukaufen, wenn der Sicherungsgeber die Forderung nicht erfüllt hat[760].
Freihändiger Verkauf ist im deutschen Recht dagegen nur beim Pfandrecht geregelt. Hat das Pfand einen Börsen- oder Marktpreis, so kann der Pfandgläubiger den Verkauf aus freier Hand durch einen zu solchen Verkäufen öffentlich ermächtigten Handelsmakler oder durch eine zur öffent-

---

[756] Vgl. dazu Tempel, JuS 1967, S. 215.
[757] Baur/Stürner, Sachenrecht, § 46 Rn. 11 ff.
[758] Huber, Die Sicherungsgrundschuld, S. 260.
[759] Huixing Liang, Erörterung des chinesischen Sachenrechts, S. 877.
[760] § 12 II AGB der Niederlassung der China Bank für Industrie und Handel in Shenzhen, siehe auch Kapitel III.

lichen Versteigerung befugte Person zum laufenden Preise bewirken (§§ 1221, 1228 BGB). In der Praxis stehen dem Grundpfandgläubiger aber auch in Deutschland im Verwertungsfall meist alternative Möglichkeiten zur Realisierung seiner Ansprüche offen. Da die Zwangsvollstreckung bei Grundstücken einen großen Aufwand an Zeit und Kosten mit sich bringt, kommt es nicht selten zu einem freihändigen Verkauf der Sicherheiten. Es ist üblich, dass der Gläubiger sich vereinbarungsgemäß dadurch befriedigt, dass er statt der Vollstreckung die Grundschuld an einen Dritten veräußert[761]. Aber auch wenn im Sicherungsvertrag keine ausdrückliche Bestimmung getroffen wird, ist die Verwertung durch den Grundschuldverkauf im Zweifel zulässig[762]. Huber fügt als weitere Voraussetzung hinzu, dass „der Sicherungsnehmer den Sicherungsgeber von seiner Absicht, die Grundschuld verwertungshalber zu veräußern, vorher in Kenntnis setzen und ihm Gelegenheit geben muss, die Sicherheit auszulösen"[763].

2.1.2 Verbot des Verfalls

Jede Art privater Vollstreckung ist im deutschen Recht ausgeschlossen. § 1149 BGB verbietet Verfallabreden wegen ihres zumeist wucherischen Charakters. Der Schuldner wird davor geschützt, das Eigentum an seinem Grundstück zu verlieren und hierfür als Gegenleistung nur die Tilgung seiner erheblich geringeren Schulden zu erhalten[764]. Für die Anwendbarkeit des Verbots ist es unerheblich, ob dem Gläubiger nur das Recht eingeräumt wurde, das Grundstück in Zahlung zu nehmen, oder ob er berechtigt sein soll, das Grundstück zu einem bestimmten Preis zu übernehmen und den etwaigen Überschuss auszuzahlen[765].
Ebenfalls unerheblich ist, ob der Eigentumsübergang automatisch als antizipierte bedingte Übereignung eintritt (dingliche Verfallabrede) oder ob nur ein schuldrechtlicher Übereignungsanspruch besteht[766]. Im Ergebnis bedeutet dies, dass eine Vereinbarung über die freihändige Verwertung nicht vor Fälligkeit der gesicherten Forderung verbindlich getroffen werden kann[767]. Nach Fälligkeit sind schuldrechtliche Vereinbarungen im Sinne von § 1149 BGB zulässig.

---

[761] Huber, Die Sicherungsgrundschuld, S. 240 ff.; Scholz, Das Recht der Kreditsicherung, Rn. 343.
[762] RG JW 1928, 2784; RG JW 1936, 2310; BGH NJW-RR 1987, 291; Huber, Die Sicherungsgrundschuld, S. 240; dagegen Clemente, Recht der Sicherungsgrundschuld, Rn. 546; Palandt/Bassenge, § 1191, Rn. 41; zweifelnd MünchKomm/Eickmann, § 1191 Rn. 51.
[763] Huber, Die Sicherungsgrundschuld, S. 242.
[764] Tiedtke, ZIP 1996, S. 57, 59.
[765] Serick, Eigentumsvorbehalt III, § 38 III 3 e; Gaul, AcP 168 (1968), S. 351, 372.
[766] MünchKomm/Damrau, § 1229 Rn. 2.
[767] Huber, Die Sicherungsgrundschuld, S. 252.

Es ist zu beachten, dass zwischen dem Gläubiger und dem Schuldner als dem Eigentümer des Grundstücks eine Vereinbarung getroffen werden kann, durch die der Eigentümer des Grundstückes sich verpflichtet, dem Gläubiger das Grundstück zu übereignen, wenn er seinen Verpflichtungen aus einem bestimmten Kreditgeschäft nicht nachkommt. Aus einer solchen Vereinbarung ergibt sich eine Sicherungsübereignung des Grundstücks[768]. Im chinesischen Recht wird nur die vorher vereinbarte Übereignung verboten. Beim Abschluss eines Hypothekenvertrags dürfen Hypothekar und Besteller im Vertrag nicht vereinbaren, dass, wenn die gesicherte Forderung fällig und der Hypothekar nicht befriedigt worden ist, das Eigentum am Gegenstand der Hypothek auf den Gläubiger übergeht (§ 40 GüS, § 57 Erläuterungen). Solche Übereignungsklauseln können nur nach Fälligkeit der Forderungen vereinbart werden und dürfen andere Hypothekare nicht beeinträchtigen[769]. Es ist jedoch erlaubt, dass der Hypothekar bei Pfandreife durch eine Übertragung des Gegenstands der Hypothek unter Anrechnung von dessen Wert befriedigt wird. In diesem Fall ist es gleichgültig, ob die Vereinbarung vor oder nach der Fälligkeit getroffen wurde. Im Vertrag über die Bestellung einer mortgage erwirbt allerdings der Sicherungsnehmer das Eigentum am Haus; nach der Fertigstellung kann er als Eigentümer weiter darüber verfügen[770]. Bei der Sicherungsübereignung des Grundstücks besteht eine Gefahr für den Schuldner, vor der das Verfallverbot gerade schützt. Dieses Verfallverbot ist daher im chinesischen Recht sehr weit aufgelockert. Die Vereinbarung über den Verfall ist wie im deutschen Recht auch nichtig und die anderen Inhalte der Sicherungsabrede bleiben unberührt.

2.2 Der Vollstreckungstitel

2.2.1 Duldungspflicht oder Erfüllungspflicht des Eigentümers

Die Klage aus dem Grundpfandrecht wird im deutschen Recht von der Klage aus der gesicherten Forderung unterschieden. Die Voraussetzungen beider Klagen können unterschiedlich sein. Allerdings kann auch aus dem Urteil aus der Forderungsklage in das Grundstück vollstreckt werden. Bei der Grundschuld kann der Grundschuldgläubiger, um die Vollstreckung betreiben zu können, gegen den Eigentümer-Schuldner eine Leistungsklage (auf „Zahlung aus dem Grundstück“ oder Duldung der Zwangsvollstreckung wegen eines bestimmten Geldbetrags) erheben. Der grundlegende Unterschied zwischen beiden Vollstreckungsmöglichkeiten be-

[768] Baur/Stürner, Sachenrecht, § 40 Rn. 25 f.; BGHZ 130, 101 ff.
[769] Huixing Liang, Erörterung des chinesischen Sachenrechts, S. 875.
[770] § 11 IV AGB der Niederlassung der China Bank für Aufbau in Shenzhen, siehe auch Kapitel III.

steht darin, dass der dingliche Titel lediglich zur Vollstreckung in das Grundstück selbst und die mithaftenden Gegenstände berechtigt, der persönliche Titel dagegen sowohl das Grundstück als auch das restliche Vermögen des Schuldners erfassen kann. Wenn der Eigentümer nicht zugleich der Schuldner ist, lautet der gegen den Eigentümer gerichtete Vollstreckungstitel nur auf Duldung der Zwangsvollstreckung wegen der in der Hypothek genannten Geldsumme aus dem Grundstück. Nach der herrschenden Meinung hat der Grundpfandgläubiger im deutschen Recht keinen unmittelbaren Leistungsanspruch, sondern einen Anspruch auf Duldung der Zwangsvollstreckung[771]. Die herrschende Meinung vertritt die Auffassung, der Eigentümer als solcher schulde überhaupt nichts, lediglich das Grundstück hafte; dem Grundschuldgläubiger stehe lediglich ein Verwertungsrecht, kein Zahlungsanspruch zu[772]. Dem Sicherungsnehmer ist die isolierte Verwertung der Grundschuld gestattet; nach h. M. soll der Verkaufserlös auf die gesicherte Forderung verrechnet werden[773]. Das hat die Konsequenz, dass der Sicherungsnehmer, soweit der beim Verkauf der Grundschuld erzielte Erlös zur Deckung der Forderung nicht ausreicht, weiterhin aus der Forderung vorgehen kann; der Ausfall trifft also den Sicherungsgeber und persönlichen Schuldner. Dieses Prinzip ist in der Vereinbarung über den Sicherungszweck enthalten und besagt, dass alles, was vom Eigentümer des belasteten Grundstücks auf die Grundschuld bezahlt wird, auf die gesicherte Forderung angerechnet werden muss.

Sobald der Gläubiger durch die Zwangsvollstreckung befriedigt ist, geht auch die persönliche Forderung unter. Wird der Gläubiger nicht (vollständig) befriedigt, bleibt die Forderung insoweit bestehen.

Während der Hypothekengläubiger nach deutschem Recht wählen kann, ob er aus dem dinglichen Recht gegen den Eigentümer auf Duldung der Zwangsvollstreckung in das Grundstück klagt oder aber den Schuldner aus der Forderung auf Zahlung in Anspruch nimmt, hat er nach chinesischem Recht lediglich die Möglichkeit, den persönlichen Schuldner und den Grundeigentümer zusammen zu verklagen. Im chinesischen Recht wird die dingliche Klage nicht von der persönlichen Klage unterschieden. Dogmatisch gesehen muss der Hypothekar bei Fälligkeit das Hypothekenrecht geltend machen und kann sich danach an das restliche Vermögen

---

[771] RGZ 93, 234, 236; Baur/Stürner, Sachenrecht, § 40 IV Rn. 28; v. Lübtow, in: FS Lehmann I, S. 338 ff.; Müller, Sachenrecht, Rn. 1502; Wolff/Raiser, Sachenrecht, § 131 I.

[772] Westermann, Sachenrecht, § 94 II 3; Schwab/Prütting, Sachenrecht, § 53 Rn. 621.

[773] Palandt/Bassenge, § 1191 Rn. 41; Wolff/Raiser, Sachenrecht, § 132 Nr. 10, S. 534; Seckelmann, Die Grundschuld als Sicherungsmittel, S. 81 ff., 115 ff.; Küchler, Die Sicherungsgrundschuld, S. 102 ff.; Komanns, Das Grundpfandrecht als fiduciarische Sicherheit, S. 55, 57.

des Schuldners insofern halten, als die Forderung vom Erlös der Verwertung des Hypothekengegenstandes nicht befriedigt ist[774]. In den Erläuterungen des Obersten Volksgerichts wird dies folgendermaßen ausgedrückt: Wenn der Erlös, der durch Anrechnung des Wertes, Versteigerung oder freihändigen Verkauf des Hypothekengegenstandes erzielt wurde, niedriger als der vereinbarte Wert bei der Hypothekenbestellung ist, soll die Befriedigung nach diesem verwirklichten Wert des Hypothekengegenstandes erfolgen. Der nicht befriedigte Teil (der Forderung) wird vom Schuldner erfüllt (§ 73 Erläuterungen). Der Eigentümer am Vermögensgegenstand ist nicht nur zur Duldung der Zwangsvollstreckung verpflichtet, sondern darüber hinaus zur Erfüllung, wobei sich die Verpflichtung auf den Wert des Grundstückes beschränkt. Hierin liegt ein großer Vorteil des deutschen Grundpfandgläubigers, der nicht nur aus dem dinglichen Titel allein in das Grundstück vollstrecken, sondern darüber hinaus aus dem persönlichen Titel auch auf das restliche Vermögen des Schuldners zugreifen kann. Der Gläubiger hat im deutschen Recht eine Doppelstellung: Er kann Zahlung aufgrund der Forderung und Zahlung aus dem Grundstück verlangen.
Wenn der Wert des Gegenstands der Hypothek angerechnet oder wenn der Gegenstand versteigert oder freihändig verkauft wird, fällt der den Betrag der Forderung übersteigende Teil des Erlöses in das Eigentum des Bestellers; ein Fehlbetrag wird vom Schuldner beglichen (§ 53 GüS, vgl. § 89 II AGZ). Ein Dritter, der als Sicherheit für den Schuldner eine Hypothek bestellt hat, hat nach der Verwertung der Hypothek durch den Hypothekar das Recht, vom Schuldner Erstattung zu verlangen (§ 57 GüS). Die Hypothek ist untergegangen.

[774] Huixing Liang, Erörterung des chinesischen Sachenrechts, S. 870 f.; Liming Wang, Faxue, 11/2000, S. 22 ff.; anderer Ansicht ist Chuancai Wang, Zhongguo gongshang guanli yanjiu, 3/2000, S. 28 ff.: er meint, der Hypothekar könne wählen, die Hypothek zu verwirklichen oder in das allgemeine Vermögen die Zwangs-vollstreckung zu betreiben.

2.2.2 Vollstreckbare Urkunden

Zu jeder Zwangsvollstreckung ist ein Vollstreckungstitel erforderlich. Aber nicht jede Zwangsvollstreckung setzt ein im Erkenntnisverfahren ergangenes Urteil voraus[775]. Das Gesetz hat aus Zweckmäßigkeitgründen neben dem Urteil auch andere Titel, z. B. die vollstreckbaren notariellen Urkunden (§ 794 I Ziff. 5 ZPO), anerkannt. So kann der Schuldner sich selbst der Zwangsvollstreckung unterwerfen, womit gewissermaßen die vollstreckungsrechtlichen Wirkungen eines Urteils vorweggenommen sind und der nur den Zahlungszeitpunkt verzögernde zukünftige Prozess erspart wird[776]. Den Titel durch Klage zu erwirken, kann längere Zeit in Anspruch nehmen. Die Zwangsvollstreckung geht meistens mit dem wirtschaftlichen Zusammenbruch eines Darlehensnehmers einher, der zur Zins- und Tilgungsleistung nicht mehr in der Lage ist. Durch die Unterwerfung unter die sofortige Zwangsvollstreckung wird ein langfristiger Zinsverlust aus dem Darlehensvertrag vermieden. Das ist auch sinnvoll, wenn während der u. U. langen Laufzeit einer Grundschuld der Eigentümer des Grundstücks wechselt. Allerdings bleibt stets ein nachträgliches Erkenntnisverfahren möglich, das der Kontrolle ungerechtfertigter Vollstreckung dient (§§ 797 IV, 767 ZPO)[777].

Grundsätzlich richtet sich die Unterwerfung unter die sofortige Zwangsvollstreckung auf Zahlung einer bestimmten Geldsumme. Allerdings kann sich der Eigentümer des Grundstücks bei der höhenmäßig bestimmten Grundschuld vorab der sofortigen dinglichen Zwangsvollstreckung unterwerfen, ohne einen bestimmten schuldrechtlichen Forderungsbetrag zu nennen. Bei einer Höchstbetragshypothek ist der Anspruch nicht bestimmt, nur ausnahmsweise gibt es feststehende Teilbeträge[778]. Daher ist bei einer Höchstbetragshypothek nach h. M. eine Unterwerfung unter die sofortige Zwangsvollstreckung grundsätzlich unzulässig[779].

Die Unterwerfung unter die sofortige Zwangsvollstreckung muss vom Schuldner in der Urkunde erklärt werden[780]; sie kann nicht angefochten und nur mit Zustimmung des Gläubigers widerrufen werden. Nach h. M. ist sie eine Prozesshandlung[781]. Eine dingliche Unterwerfung wirkt, wenn sie im Grundbuch eingetragen ist, auch gegen die Rechtsnachfolger im Eigentum (§ 800 ZPO)[782]. Die Unterwerfung ist teilbar, wenn sie zum Teil

---

[775] Baur/Stürner, Zwangvollstreckungsrecht, § 1 III.

[776] Baur/Stürner, Zwangvollstreckungsrecht, § 16 IV.

[777] Zur Beweislast BGH WM 2001, 1035 m. Anm. Stürner/Kern, WuB VI E § 767 ZPO 2. 01.

[778] BayObLG NJW-RR 1989, 1467; vgl. Hornung, NJW 1991, 1649 m. w. N.

[779] BGHZ 88, 65.

[780] Vgl. Opalka, NJW 1991, S. 1796.

[781] BGH NJW 1985, 2423 m. w. N.

[782] Baur/Stürner, Sachenrecht, § 37 V Rn. 55; BGHZ 73, 156.

unwirksam ist[783]. Häufig wird im gewerblichen Realkredit neben der Vollstreckungsunterwerfung wegen der Hypothek bzw. Grundschuld und der Unterwerfung wegen der kausalen Forderung auch noch verlangt, dass der Eigentümer ein abstraktes Schuldversprechen in Höhe des Grundpfandrechts abgibt und sich auch insoweit der Vollstreckung unterwirft (§§ 780, 781 BGB)[784].
Dem Kreditnehmer verbleibt stets die Möglichkeit, die Verwertung des Grundstücks hinauszuzögern, indem er eine Vollstreckungsabwehrklage nach §§ 795, 767 ZPO mit der Begründung erhebt, dass die gesicherte Forderung nicht oder nicht in der geltend gemachten Höhe bestehe.
Auch im chinesischen Recht kann die Urkunde als Vollstreckungstitel wirken. Wenn nach Fixierung in Schuldurkunden, die von den Notariaten als vollstreckbare Urkunden aufgenommen werden, eine Seite nicht leistet, kann die andere beim zuständigen Volksgericht Vollstreckung beantragen (§ 218 I 1 Zivilprozessrecht). Wenn die Urkunden, die die Zahlungsansprüche aus der Forderung oder die Ansprüche auf Herausgabe der Sache verkörpern, nicht beanstandet werden, kann das Notariat sie als vollstreckbar bestätigen (§ 4 Nr. 5 Vorschriften für die notarielle Beurkundung[785]). Daraus folgt die Möglichkeit, dass die Vollstreckungsunterwerfung bei der Hypothek als vollstreckbarer Titel gelten kann. Allerdings kommt die Vollstreckungsunterwerfung in der chinesischen Rechtspraxis sehr selten vor, da den Parteien viele Modalitäten der Verwertung der Hypothek zur Verfügung stehen und der dingliche Titel nicht selbständig herausgebildet ist. Bei der chinesischen mortgage wird allerdings sehr oft vereinbart, dass der Sicherungsgeber oder der Bürge sich der Zwangsvollstreckung unterwirft[786].

2.3 Die Zwangsvollstreckung in das Grundstück

2.3.1 Das Zwangsvollstreckungsverfahren

In China muss der Gerichtsvollzieher, der einen schriftlichen Antrag auf Vollstreckung erhält, den Vollstreckungsschuldner in einer Vollstreckungsmitteilung anweisen, in einer bestimmten Frist zu erfüllen; wenn innerhalb der Frist nicht erfüllt wird, ist das Volksgericht berechtigt, einen Teil des Vermögens, mit dem der Vollstreckungsschuldner seine Pflichten erfüllen muss, zu versiegeln, zu pfänden, zu sperren, zu versteigern oder freihändig zu verkaufen. Wenn das Volksgericht die vorgenannten Maßnahmen ergreift, muss es [dazu] einen Beschluss erlassen (§§ 220, 223 I 1,

[783] BGH NJW 1989, 831, 833.
[784] Baur/Stürner, Zwangvollstreckungsrecht, § 16 IV 1, c), cc).
[785] 13.04.1982.
[786] § 15 X AGB der Niederlassung der China Bank für Aufbau in Shenzhen.

II Zivilprozessgesetz). Das chinesische Recht kennt kein einstweiliges Verfügungsverbot. Das Buchamt ist aber verpflichtet, die Vollstreckung zu unterstützen (§ 103 Zivilprozessgesetz). Im Entwurf des zivilrechtlichen Zwangsvollstreckungsgesetzes[787] wird das Grundbuch nach der Pfändung gesperrt (§ 218 EZVG). Die Pfändung führt außerdem zum absoluten Veräußerungsverbot[788]. Der gutgläubige Erwerb ist damit ausgeschlossen. Wie in Deutschland kann der persönliche Gläubiger in China auch die Zwangsvollstreckung in das unbewegliche Vermögen beantragen. Nach der Pfändung kann der persönliche Gläubiger die Zwangsversteigerung oder den freihändigen Verkauf beantragen. Ist das verwertete unbewegliche Vermögen mit Grundpfandrechten belastet, sollen die Grundpfandgläubiger bevorzugt aus dem Erlös befriedigt werden[789]. Allerdings müssen sie den Beitritt zum Verteilungsverfahren beantragen (§§ 93, 94 Erläuterungen der Zwangsvollstreckung). Im deutschen Recht ist der persönliche Gläubiger ebenfalls dem dinglichen Gläubiger nachgeordnet (vgl. § 10 I Ziff. 5 ZVG)[790].

2.3.2 Typen der Zwangsvollstreckung

Zwangsversteigerung und Zwangsverwaltung eines Grundstücks können im deutschen Recht gemeinsam oder getrennt angeordnet werden (§ 866 II ZPO). Mit der Zwangsversteigerung greift der Gläubiger auf die Substanz, mit der Zwangsverwaltung auf die Nutzungen des Grundstücks zu. Das Vollstreckungsgericht muss das Grundbuchamt um die Eintragung der Anordnung der Zwangsversteigerung ersuchen (§ 19 ZVG). Die Zwangsverwaltung führt zu weitergehender Beschlagnahme, nicht nur des Zubehörs, sondern auch der Erzeugnisse sowie der Miet- und Rechtszinsforderungen. Durch den Beschluss wird dem Eigentümer die Verwaltung und die Benutzung des Grundstücks entzogen (§ 148 II ZVG). Dagegen ergreift die Zwangsversteigerung nicht Miet- und Pachtzinsforderungen (§§ 20 II, 21 ZVG) sowie das Recht des Pächters auf Fruchtgenuß (§ 21 III ZVG). Soweit sich die Hypothek auch auf bewegliche Sachen erstreckt, kann der Hypothekar eine Verwertung dieser Gegenstände – ausgenommen das Zubehör – auch im Wege der Mobiliarvollstreckung bewirken (§ 865 I, II ZPO).
Die Zwangsvollstreckung in China setzt dagegen die Pfändung oder Ver-

[787] Die zweite Fassung des Entwurfs wurde 2001 abgefasst, abgedruckt in „Der Entwurf und die Begründung des Zwangsvollstreckungsrechts" I, Deyong Shen (Hrsg.), S. 140 ff.
[788] Yuling Yang, Zwangsvollstreckung, S. 671.
[789] § 40 Erläuterungen der Zwangsvollstreckung des Obersten Volksgerichts (18.07.1998).
[790] Baur/Stürner, Zwangsvollstreckungsrecht, S. 449.

siegelung voraus. Nach der Pfändung verliert der Schuldner nicht das Eigentum, sondern den Besitz und die Verfügungsbefugnis. Die Pfändungswirkung erstreckt sich auf das Zubehör und die natürlichen Früchte[791]. Nach § 193 II EZVG können die Erzeugnisse des unbeweglichen Vermögens im Wege der Mobiliarvollstreckung gepfändet werden, wenn sie vom unbeweglichen Vermögen getrennt sind. Zur Verwertung des gepfändeten Gegenstandes sind drei Möglichkeiten vorgesehen, nämlich Zwangsversteigerung (§ 226 Zivilprozessrecht[792]), freihändiger Verkauf (§ 223 Zivilprozessrecht) und Übereignung an den Gläubiger (§ 301 Erläuterungen über Zivilprozessrecht[793]). Wenn der Vollstreckungsschuldner innerhalb der vom Gericht bestimmten Frist nicht erfüllt, kann das Volksgericht das versiegelte oder gepfändete Vermögen den betreffenden Einheiten zur Versteigerung oder zum freihändigen Verkauf übergeben (§ 226 Zivilprozessrecht). Wenn für die Versteigerung eine selbständige Versteigerungsstelle nicht gefunden werden kann oder das Vermögen seiner Natur nach für die Versteigerung nicht geeignet ist oder wenn die beiden Parteien vereinbart haben, dass keine Versteigerung stattfinden solle, kann das Volksgericht das Vermögen freihändig verkaufen (§ 46 II Bestimmungen über die Vorstreckung[794]). Auf der Grundlage einer Vereinbarung des Vollstreckungsschuldners mit dem Vollstreckungsgläubiger kann das Gericht das Vermögen nach Bestimmung des Wertes dem Vollstreckungsgläubiger zur Befriedigung der Forderung übergeben (§ 301 Erläuterungen über Zivilprozessrecht). Durch diese Möglichkeit wird den Parteien der Weg über die Zwangsverwaltung erspart. Die Zwangsverwaltung ist nichtsdestotrotz auch im Entwurf der zivilrechtlichen Zwangsvollstreckung vorgesehen (§§ 259 ff. EZVG). Wenn das Vermögen für die Versteigerung und den freihändigen Verkauf nicht geeignet ist, kann eine Befriedigung des Gläubigers aus den Erlösen der Zwangsverwaltung erfolgen (§ 259 EZVG).

Im bisherigen chinesischen Recht kann die Forderung des Gläubigers nicht durch die Eintragung einer sog. Zwangshypothek sichergestellt werden[795]. Der Entwurf will nunmehr zwar die Zwangspfandrechte einführen. Sie entstehen aber nicht mit der Pfändung. Nach der Entscheidung des Gerichts kann der Gläubiger aufgrund des Urteils die Eintragung der Zwangshypothek beim Buchamt beantragen (§ 98 EZVG).

---

[791] Yuling Yang, Zwangsvollstreckung, S. 671.
[792] 09.04.1991.
[793] Erläuterungen über die Anwendung des Zivilprozessrechts, am 14.07.1992 vom Obersten Volksgericht erlassen.
[794] Bestimmungen über einige Probleme der Vollstreckung; am 06.11.1998 vom Obersten Volksgericht erlassen.
[795] Vgl. Baur/Stürner, Zwangsvollstreckungsrecht, S. 437 f. u. S. 492 ff.

2.3.3 Die Versteigerungsbedingungen und die Rechtswirkung der Versteigerung

In Deutschland werden die dem Anspruch des Gläubigers vorgehenden Rechte sowie die aus dem Versteigerungserlös zu entnehmenden Kosten des Verfahrens durch das geringste Gebot gedeckt (§ 44 I ZVG). Bei der Versteigerung sind nur solche Gebote zugelassen, die das geringste Gebot erreichen. Wenn ein anderer Gläubiger mit rangschlechterem Recht die Versteigerung des Grundstückes betreibt, bleibt das Grundpfandrecht vom Vollstreckungsverfahren unberührt, da es in das „geringste Gebot" fällt (§§ 44, 52 I ZVG). Betreibt dagegen ein Gläubiger mit besserem Rang die Versteigerung, dann erlischt das ihm nachfolgende Grundpfandrecht. Damit erwirbt der Ersteher das Grundstück lastenfrei, und das Grundpfandrecht setzt sich als Pfandrecht am Erlös fort[796]. Die aus der Sicherungsabrede fließenden Rechte können auch im Verteilungsverfahren geltend gemacht werden.

Im Falle der Zwangsversteigerung steht der Rückgewähranspruch auch dem Eigentümer zu. Wenn der vorrangige Hypothekar die Zwangsversteigerung betreibt und der Betrag der Grundschuld den Betrag der gesicherten Forderung übersteigt, kann der Eigentümer ggf. vom Grundschuldgläubiger den Übererlös verlangen. Komplizierter ist der Fall, dass die vorrangige Grundschuld nicht mehr voll valutiert ist und der nachrangige Hypothekar die Zwangsversteigerung betreibt. Nach §§ 44 I, 52 I ZVG bleibt diese vorrangige Grundschuld stehen. Wenn der Ersteher auf die Grundschuld gezahlt hat, kann der Eigentümer vom Grundschuldgläubiger den Übererlös aus dem Rückgewähranspruch herausverlangen. Wenn der Grundschuldgläubiger jedoch diesen Übererlös nicht realisiert und trotzdem volle Löschung bewilligt, geht der Rückgewähranspruch unter. Ein Bereicherungsanspruch des Eigentümers gegen den Ersteher wird von der Rechtsprechung verneint[797].

Im chinesischen Recht fehlt das „geringste Gebot". Auch wenn das Gebot bei der Versteigerung die vorgehenden Rechte nicht deckt, kann der Gläubiger die Zwangsversteigerung betreiben. Im Falle der Versteigerung oder Veräußerung der belasteten Gegenstände erlöschen die Grundpfandrechte (vgl. § 248 II 2 EZVG)[798]. Die Hypothekare können sich dann nur aus dem Erlös nach der dinglichen Rangordnung befriedigen.

[796] Baur/Stürner, Zwangsvollstreckungsrecht, § 36, S. 467 ff.
[797] Baur/Stürner, Sachenrecht, § 45 Rn. 50 ff.; BGH NJW 1993, 1919; 1974, 2279, 2280.
[798] Jinshan Zhao, in: ZVR, S. 374.

2.4 Der Rang der Grundpfandgläubiger

2.4.1 Deutsches Recht

Ansprüche aus Grundpfandrechten werden grundsätzlich in der 4. Rangklasse befriedigt und damit nach Kosten des Verfahrens, nach Ausgaben der Zwangsverwaltung, Kosten für Dünge- und Futtermittel, Ansprüchen aus Lohn sowie den laufenden und rückständigen Beträgen der Realsteuerberechtigten. Bei der Zwangsverwaltung werden nach Abzug der Kosten der Zwangsverwaltung nur die laufenden Beträge der öffentlichen Lasten, Hypothekenzinsen, Renten usw. befriedigt. Bleibt darüber hinaus noch ein Rest, so bekommt diesen der betreibende Gläubiger (§ 155 ZVG).

2.4.2 Chinesisches Recht

Wenn die Parteien nichts Abweichendes vereinbart haben, erfolgt die Befriedigung aus dem Erlös, der durch Anrechnung des Wertes, Versteigerung oder freihändigen Verkauf des Hypothekengegenstandes entstand, nach folgender Reihenfolge: 1. Kosten der Realisierung der Hypothek; 2. Zinsen der Hauptforderung; 3. Hauptforderung (§ 74 GüS). Bei der mortgage gilt folgende Rangfolge: 1. Kosten der Veräußerung der Gegenstände; 2. Steuerforderungen; 3. Zinsen und Hauptforderung [799]. Schließlich ist zu beachten, dass aus dem Erlös der Versteigerung des Nutzungsrechtes an zugeteiltem staatseigenem Land der Hypothekar [erst dann] berechtigt ist, sich bevorzugt zu befriedigen, wenn ein Betrag gezahlt worden ist, der der zu zahlenden Überlassungsgebühr für das Landnutzungsrecht entspricht (§ 56 GüS).

2.5 Feste Rangstelle und Prioritätsprinzip

Bei der Zwangsvollstreckung bestimmt sich der Rang der Realgläubiger untereinander nach materiellem Recht. Dabei kennen Deutschland und China unterschiedliche Regeln über die dingliche Rangordnung.

2.5.1 Die feste Rangstelle

Das Prinzip der festen Rangstelle entspricht den Interessen des Eigentümers. Der Wegfall eines Rechts lässt die nachstehenden Rechte nicht aufrücken. Bei der gleitenden Rangordnung dagegen lässt der Wegfall vorgehender Rechte alle nachstehenden aufrücken. Eine ausdrückliche gesetzliche Regelung fehlt im chinesischen Recht. Herrschende Meinung

[799] § 12 II AGB der Niederlassung der China Bank für Industrie und Handel in Shenzhen, siehe auch Kapitel III.

und Rechtspraxis folgen dem Prinzip der beweglichen Rangstelle[800]. Allerdings ist eine nachträgliche Eigentümerhypothek in den Erläuterungen des GüG geregelt (§ 77 Erläuterungen)[801]. Auch im deutschen Recht gilt das Prinzip der beweglichen Rangordnung[802], das allerdings wegen der Eigentümergrundpfandrechte (§ 1163 BGB) erst durch den gesetzlichen Löschungsanspruch nach § 1179a BGB verwirklicht wird.

2.5.2 Prioritätsprinzip

Für das Verhältnis der Gläubiger untereinander gilt im deutschen Recht der Grundsatz der Priorität. Je besser der Rang, desto besser ist die Befriedigungschance. Unter mehreren, von verschiedenen Eigentümern bestellten Sicherheiten richtet sich der Rang nach der zeitlichen Priorität. Das Rangverhältnis unter mehreren Rechten, mit denen ein Grundstück belastet ist, bestimmt sich, wenn die Rechte in derselben Abteilung des Grundbuchs eingetragen sind, nach der räumlichen Reihenfolge der Eintragung, die der zeitlichen normalerweise entspricht. Sind die Rechte in verschiedenen Abteilungen eingetragen, so hat das unter Angabe eines früheren Tages eingetragene Recht den Vorrang; Rechte, die unter Angabe desselben Tages eingetragen sind, haben gleichen Rang (§ 879 BGB).
Das chinesische Recht scheint kompliziert zu sein, weil einerseits die nicht registrierte Hypothek besteht, andererseits verschiedene Sicherungsrechte an beweglichen Sachen bestellt werden können, z. B. Pfandrecht, Zurückbehaltungsrecht, Unternehmenspfandrecht und Hypothek an der beweglichen Sache. Wenn der gleiche Vermögensgegenstand für mehrere Gläubiger mit Hypotheken belastet wird, werden sie mit dem Erlös der Versteigerung oder des freihändigen Verkaufs nach den folgenden Vorschriften befriedigt: 1. Wenn Hypothekenverträge durch Registrierung wirksam geworden sind, wird in der Reihenfolge der Registrierung beglichen; Forderungen gleichen Ranges werden nach dem Verhältnis [ihrer Beträge] befriedigt; 2. wenn Hypothekenverträge mit dem Tag des Abschlusses wirksam geworden sind und der Gegenstand der Hypotheken registriert wurde, werden [die Forderungen] gemäß Nr. 1 befriedigt; wurden sie nicht registriert, so wird nach der Reihenfolge des Inkrafttretens der Hypothekenverträge befriedigt; Forderungen gleichen Ranges werden nach dem Verhältnis [ihrer Beträge] befriedigt. [Forderungen, bei denen] der Gegenstand der Hypothek registriert wurde, werden vor solchen befriedigt, bei denen nicht registriert wurde (§ 54 GüS). Wenn an derselben beweglichen Sache eine Hypothek für zwei oder mehrere

[800] Xueming Xu, Erörterung des Instituts der Hypothek, S. 273 f.; Huabin Chen, Sachenrecht, S. 615.
[801] Diese Erläuterung wurde am 29.09.2000 vom Obersten Volksgericht erlassen.
[802] Baur/Stürner, Sachenrecht, § 17 Rn. 8.

Gläubiger bestellt wird und die Parteien keine Registrierung veranlasst haben, sollen die Gläubiger bei der Verwirklichung der Hypothek nach dem Verhältnis der Forderungen befriedigt werden (§ 76 Erläuterungen). Im NVK-Entwurf wird das Prioritätsprinzip statuiert (§ 8 II). Wenn bei unbeweglichen oder beweglichen Sachen zwei oder mehr Rechte an der Sache begründet sind, dann wird das Recht an der Sache vorrangig geschützt, das zuerst begründet worden ist, wenn nicht das Gesetz ausnahmsweise etwas anderes bestimmt. Im chinesischen Grundbuch gilt nur die zeitliche Priorität.

2.5.3 Feststellung des Rangs

Der Rang richtet sich im chinesischen Recht nach dem Eingangstag des Antrags der Parteien (§ 58 Erläuterungen). Mehrere Hypotheken, deren Eintragung am selben Tag beantragt wird, werden in der Reihenfolge ihres Eingangs mit fortlaufenden Nummern eingetragen. Im deutschen Recht wird der eingehende Antrag beim Grundbuchamt sofort vermerkt mit Tag, Stunde und Minute (Präsentationsstempel, § 13 II 1 GBO). Dieser Ausgangpunkt ist in beiden Ländern gleich. In der Praxis besteht in China jedoch die Gefahr, dass die Eintragung nicht in der Reihenfolge der Anträge geschieht, weil die Verfahren und die Bürokratie bei der Registrierungsbehörde viel Zeit kosten[803]. Daher sieht das Oberste Volksgericht vor, dass sich der Rang und der Gültigkeitszeitpunkt nach dem Antragszeitpunkt bestimmen. Allerdings wird der Dritte als Erwerber mit mehr Informationspflichten belastet und muss die kompletten Unterlagen der Registrierung einsehen. Im deutschen Recht hat das Grundbuchamt die Anträge in der Reihenfolge des Eingangs zu erledigen (§ 17 S. 1 GBO). Bei einer Verletzung des formellem Prioritätsgrundsatzes des § 17 GBO durch das Grundbuchamt wird das Grundbuch nicht unrichtig, weil die GBO nur das formelle Recht bestimmt, d. h. in welcher Reihenfolge die Rechte einzutragen sind. Dagegen bestimmt das BGB den materiellen Rang der Rechte (§ 879 BGB), nämlich welchen Rang die Rechte aufgrund ihrer Eintragung erhalten. Daher hat der benachteiligte Gläubiger keinen Grundbuchberichtigungsanspruch (§ 894 BGB) und keinen Anspruch auf Eintragung eines Widerspruchs (§ 899 BGB). Eine Beschwerde nach §§ 71 II, 53 I 1 GBO ist ebenfalls ausgeschlossen. Der benachteiligte Gläubiger kann nur aufgrund einer Bewilligung des zu Unrecht Begünstigten (§ 880 BGB) bzw. eines gerichtlichen Urteils (§ 894 ZPO) den Rang verändern[804]. Im geltenden chinesischen Recht kann der benachteiligte Gläubiger eine Beschwerde erheben. Im NKW-Entwurf sind der Rechtsinhaber sowie beteiligte Parteien bei fehlerhaften Eintragungen in das Register für un-

[803] Guoguang Li, Interpretation und Anwendung, S. 219.
[804] Weirich, Grundstücksrecht, Rn. 595, S. 227.

bewegliche Sachen berechtigt, die Berichtigung zu beantragen. Ist die Eintragung tatsächlich fehlerhaft, muss sie berichtigt werden (§ 18).
In China existieren verschiedene zuständige Registrierungsbehörden. Die für das Landnutzungsrecht zuständige Registrierungsbehörde und die für Gebäude zuständige Registrierungsbehörde sind normalerweise getrennt. Dies kann zu zwei oder mehr Antragszeitpunkten führen. Die dadurch verursachten Probleme will eine besondere Regelung lösen: Werden mehrere Hypotheken, die auf eine Belastung desselben Gegenstandes gerichtet sind, an ein und demselben Tag in verschiedenen Registern eingetragen, haben alle Hypotheken den gleichen Rang (§ 58 I Erläuterungen).
Bei manchen Registrierungsbehörden ist in China eine wiederholte, z. B. jährliche, Registrierung erforderlich. Dies führt zu höheren Kosten für die Parteien und zur Unklarheit über das Registrierungsdatum. Das erste Registrierungsdatum ist maßgeblich für Rang und Gültigkeitszeitpunkt der Hypothek (§ 58 II Erläuterungen). Die Sicherungsdauer, die die Parteien vereinbart haben oder deren Registrierung von der Registrierungsbehörde verlangt worden ist, ist für den Fortbestand des dinglichen Sicherungsrechts nicht rechtsverbindlich (§ 12 II Erläuterungen).

III. Verwirklichung der Grundpfandrechte im Insolvenzverfahren

Bisher gibt es in China noch kein einheitliches Konkursgesetz. Für staatliche Unternehmen gilt ein besonderes Gesetz, nämlich das Unternehmenskonkursgesetz der VR China (versuchsweise durchgeführt)[805]. Der Konkurs privater Unternehmen unterliegt dem 19. Abschnitt des Zivilprozessgesetzes[806]. Dennoch sind auch die Vorschriften im Unternehmenskonkursgesetz entsprechend anwendbar. Für Kapitalgesellschaften finden sich ergänzende Vorschriften im 8. Kapitel des Gesellschaftsgesetzes.
Mindestens drei Viertel der Staatsunternehmen sind gegenwärtig überschuldet. In Wuhan sind es beispielsweise 57 % der Staatsunternehmen.[807] Trotzdem wird mit Buchführungstricks wie der Umwandlung von lange überfälligen Bankdarlehen in Investitionen immer noch versucht, die Überschuldung zu verdecken; auch werden zu diesem Zweck bankrotte Unternehmen mit noch einigermaßen lebensfähigen verschmolzen[808]. Konkursanträgen des Gemeinschuldners muss seine vorgesetzte Stelle

[805] Es wurde verabschiedet auf der 18. Sitzung des Ständigen Ausschusses des 6. Nationalen Volkskongresses am 02.12.1986 und wurde ergänzt durch die Ansichten des Obersten Volksgerichts zu einigen Fragen der vollen Durchsetzung des „(versuchsweise durchgeführten) Unternehmenskonkursgesetzes der VR China“ vom 07.11.1991.
[806] Verabschiedet von der 4. Sitzung des 7. Nationalen Volkskongresses am 09.04.1991.
[807] Shuguang Li, Konkurs und Sanierung der chinesischen Unternehmen, S. 13.
[808] Münzel, Anmerkung zum Unternehmenskonkursgesetz.

zustimmen, was in der Praxis kaum je vorkommt. Konkursverfahren werden vor allem deshalb verhindert, weil man nicht weiß, wo man die Beschäftigten dieser Unternehmen unterbringen soll, die als Staatsbedienstete versorgt werden müssen. Der Schuldner erwartet jedoch die Genehmigung seiner vorgesetzten Stelle, weil er sich durch den Konkurs seinen Verbindlichkeiten entziehen kann[809]. Für Gläubiger ist es angenehmer, keinen Konkursantrag zu stellen und dafür auf kleine Gegenleistungen zu hoffen. In der Praxis wird damit nur bei wenigen konkursreifen Staatsunternehmen der Konkurs erklärt. Nach der Statistik des Obersten Volksgerichts gab es bis zum Jahr 1994 3010 Konkursfälle. Die Zahl der registrierten Körperschaften im Jahr 1994 betrug 4,19 Millionen[810]. In 58 Städten, darunter alle Großstädte, sind bis Mitte 1996 Konkurse von 131 Staatsunternehmen (mit einem Vermögen von insgesamt 4,26 Mrd. Yuan, Verbindlichkeiten von insgesamt 6,27 Mrd. Yuan und 102.000 Beschäftigten) durchgeführt worden[811].

Mit dem allmählichen Zusammenbruch der Staatsunternehmen wird gerade ihr Konkursrecht immer wichtiger[812]. Deshalb ist seit Jahren geplant, das Konkursrecht in einem neuen Gesetz zusammenzufassen. 2001 wurde ein Entwurf für ein einheitliches Konkursgesetz (EKG) vorgeschlagen[813]. Aufgrund des Entwurfs hat das Oberste Volksgericht am 18.07.2002 eine richterliche Auslegung, nämlich „Die Bestimmungen über die gerichtliche Verhandlung der Konkursfälle der Unternehmen", erlassen. In Deutschland wurden die Konkursordnung vom 10.02.1877 und die Vergleichsordnung vom 26.02.1935 zum 01.01.1999 durch die neue einheitliche Insolvenzordnung ersetzt.

3.1 Das Ziel der Insolvenzgesetze

Im Vordergrund des deutschen Insolvenzgesetzes steht die Befriedigung der Gläubiger. Die Sanierung stellt kein eigenständiges Ziel des Insolvenzverfahrens dar. Damit handelt es sich um ein Gesamtvollstreckungsverfahren. In der deutschen Insolvenzordnung wird das Insolvenzverfahren weitgehend der Herrschaft der Gläubiger unterstellt[814].

Dagegen wird das Insolvenzverfahren im chinesischen Recht als ein wirtschaftspolitisches Instrument eingesetzt und dient der Wirtschafts-, Sozial- und Arbeitsmarktpolitik. Die hoheitlichen Zwangseingriffe werden

[809] Im neu erlassenen Bestimmungen werden viele Maßnahmen getroffen (§§ 12, 14), um diese Probleme zu vermeiden. ZS II, Anwendung und Verständnis, S. 18 ff.

[810] Shuguang Li, Konkurs und Sanierung der chinesischen Unternehmen, S. 13.

[811] Angaben nach Zhongguo Fazhibao, Beijing, 02.08.1996, S. 3; Münzel, Anmerkung zum Unternehmens-konkursgesetz.

[812] Münzel, Anmerkung zum Unternehmenskonkursgesetz.

[813] Weijian Tang, Unternehmenskonkursgesetz, in www. civillaw.com.cn, 03.12.2002.

[814] Lambsdorff, ZIP 1987, S. 809, 811.

vom Gesetz legitimiert. Der Insolvenzrechtsentwurf und das Unternehmenskonkursgesetz stellen die Sanierung des schuldnerischen Unternehmens in den Vordergrund, die der Erhaltung von Unternehmen und Arbeitsplätzen dient[815]. Wenn es sich um ein Unternehmen auf dem Gebiet der Daseinsvorsorge oder ein Unternehmen handelt, das für die Volkswirtschaft und das Leben der Bevölkerung von großer Bedeutung ist, soll das Insolvenzverfahren nicht eröffnet und der Antrag auf Verfahrenseröffnung nicht erlaubt werden. Die betreffenden Regierungsstellen sollen finanzielle Hilfen gewähren oder andere Maßnahmen ergreifen, um die Begleichung der Verbindlichkeiten zu unterstützen (§ 3 II Alt. 1 Unternehmenskonkursgesetz). Der Staat weist den Beschäftigten von Konkursunternehmen auf verschiedenen Wegen neue Arbeit zu und sichert, bis sie eine neue Arbeit haben, ihre Grundbedürfnisse; die konkrete Umsetzung wird vom Staatsrat gesondert bestimmt (§ 4 Unternehmenskonkursgesetz)[816]. Darüber hinaus geht der Hilfezuschuss für die Arbeitnehmer dem Absonderungsrecht vor, um die Arbeitnehmer zu schützen[817]. Diese Regelungen werden jedoch von Juristen stets kritisiert[818].
Die wesentlichen Entscheidungen werden in China also nicht von den Gläubigern, sondern von der Regierung oder dem Insolvenzgericht getroffen. Aufgrund dieses Gedankens wird nicht nur der Insolvenzgläubiger, sondern auch der Grundpfandgläubiger im Insolvenzverfahren beeinträchtigt. Man muss sich vor Augen halten, dass ein Großteil der Unternehmen dem Staat oder einem Kollektiv gehört. Die Insolvenzrisiken werden so üblicherweise dem Gläubiger auferlegt.

3.2 Verfahrensablauf bei Insolvenz

3.2.1 Vorverfahren

Übereinstimmend kann in beiden Ländern ein Insolvenzverfahren nicht nur auf Antrag des Schuldners, sondern auch auf Antrag eines Gläubigers

---

[815] Weiguo Wang, Konkursrecht, S. 95 f. u. S. 226 f.

[816] Für die letzten drei Monate vor Insolvenzeröffnung sind die Arbeitnehmer in Deutschland durch die Zahlung des Insolvenzausfallgeldes abgesichert. Der Pensionssicherungsverein sichert die Ansprüche aus der betrieblichen Rentenversorgung. Durch die Regelung des Konkursausfallgeldes sei das Konkursrisko für die Arbeitnehmer zu Recht sozialisiert wurden. Henckel, ZZP 97 (1984), S. 369, 373 f.; Hanisch, ZZP 90 (1977), S. 19 f.

[817] Vgl. die Mitteilung über die betreffenden Probleme über den versuchsweise durchgeführten Konkurs der staatlichen Unternehmen in einigen Städten, vom Staatsrat erlassen am 25.10.1994, sowie die Ergänzende Mitteilung betreffend die Probleme über die versuchsweise durchgeführte Fusion und den Konkurs staatlicher Unternehmen in einigen Städten und die Zuweisung der geeigneten Arbeitsplätze, vom Staatsrat erlassen am 02.03.1997.

[818] Xinxin Wang, in: Renmin fayuan bao, 03.06.2000.

eröffnet werden (§ 13 I InsO, § 7 Unternehmenskonkursgesetz). Ist in China ein Staatsunternehmen der Schuldner, so soll es mit dem Einverständnis seiner vorgesetzten Stelle die Eröffnung seines Konkurses beantragen (§ 8 I Unternehmenskonkursgesetz). Während das deutsche Konkursverfahren der Tradition im germanischen Rechtskreis entsprechend ein Jedermanns-Konkurs ist, ist es im chinesischen Recht nur auf juristische Personen beschränkt (§ 199 Zivilprozessrecht). Nach dem Entwurf ist jedoch ein Insolvenzverfahren auch für die Gesellschaft ohne Rechtspersönlichkeit möglich. Eröffnungsgrund im deutschen Recht sind Zahlungsunfähigkeit, drohende Zahlungsunfähigkeit bzw. Überschuldung des Schuldners (§§ 17-19 InsO). Im Vergleich dazu kann die Insolvenzeröffnung in China nur bei Zahlungsunfähigkeit erfolgen (§ 7 I Unternehmenskonkursgesetz, § 199 Zivilprozessrecht).
Geht beim Volksgericht ein Konkursantrag ein, muss es unter Prüfung der Zulässigkeit und Begründetheit des Antrags innerhalb von 7 Tagen beschließen, ob der Fall angenommen wird oder nicht (§ 6 Ansichten). Mit der Annahme wird ein Vorverfahren eröffnet. Li Yongjun hält es für ein normales Klageverfahren[819]. Allerdings kann das Volksgericht im Antragsverfahren gegen den Schuldner kein allgemeines Veräußerungsverbot verhängen.
Wenn das Volksgericht einen Konkursfall annimmt, muss es innerhalb von 10 Tagen den Schuldner benachrichtigen und [die Annahme] bekanntmachen. Das Volksgericht bestimmt bereits im Eröffnungsbeschluss Termine für eine Gläubigerversammlung, in der der Fortgang des Insolvenzverfahrens beschlossen wird. Anschließend erfolgen die Anmeldung und Prüfung der Gläubigerforderungen (§ 9 Unternehmenskonkursgesetz).

3.2.2 Zwangsvergleich und Sanierung

Im China werden das Vergleichsverfahren und das Sanierungsverfahren als ein Institut geregelt. Die Sanierung erfordert stets einen Vergleich mit den Gläubigern zum Abbau der Überschuldung. Die Sanierung dient dazu, die Schuldnerunternehmen zu erhalten. Der Vergleich ist das Mittel der Sanierung[820]. Nicht der Schuldner, sondern die vorgesetzte Stelle des Schuldners kann die Sanierung beantragen, und zwar nachdem ein Gläubiger den Konkurs des Unternehmens beantragt und das Volksgericht den Fall angenommen hat. Die Sanierungsfrist darf 2 Jahre nicht überschreiten (§ 17 Unternehmenskonkursgesetz). Verantwortlich für die Leitung der Sanierung des Unternehmens ist seine vorgesetzte Stelle (§ 20 Unternehmenskonkursgesetz). Daher ist die Sanierung kein richtiges privatrechtliches Verfahren.

---

[819] Yongjun Li, Konkursrecht, S. 83.
[820] Weiguo Wang, Konkursrecht, S. 98; Yongjun Li, Konkursrecht, S. 386.

Dieses System wurde in den neu erlassenen Bestimmungen des Obersten Volksgerichts geändert. Die Sanierung unterscheidet sich danach vom Vergleich. Nach der Annahme des Konkursfalls und vor der Beendigung des Konkursverfahrens kann der Schuldner selbst den Vergleich beantragen. Die vorgesetzte Stelle des Staatsunternehmens kann jedoch nur vor der Konkurserklärung die Sanierung beantragen (§ 28 Bestimmungen). Außerdem kann das Volksgericht auch dem Schuldner und dem Gläubiger den Vergleich vorschlagen (§ 25 I Bestimmungen). Bei privaten Unternehmen kann die Gesellschafterversammlung die Sanierung beantragen. Im chinesischen Recht ist es auch möglich, dass der Konkurs des Schuldners ohne Vergleichs- und Sanierungsverfahren sofort nach der Annahme erklärt wird.
Der Insolvenzplan wird im deutschen Recht als eigenständige Gestaltungsoption geregelt. Dieser Insolvenzplan kann sowohl die Sanierung des Schuldners als auch eine übertragene Sanierung und schließlich die Liquidation nach abweichenden Regeln beinhalten[821]. Im Gesetz wird dagegen nur die Sanierung des Schuldners geregelt. Während die Sanierung in Deutschland als für die Gläubiger günstigere Verwertungsform gewählt werden kann, wird die Sanierung in China zur Erhaltung der Konkursunternehmen und der damit verbundenen Arbeitsplätze betrieben.

3.2.3 Konkurserklärung

Wenn nicht das Vergleichsverfahren beantragt wird und Konkursgründe vorliegen oder wenn die Sanierung erfolglos beendet wird, verfügt das Volksgericht die Konkurserklärung des Unternehmens (§ 23 Unternehmenskonkursgesetz). Das Volksgericht muss innerhalb von 15 Tagen ab dem Tag der Konkurserklärung eine Abwicklungsgruppe bilden, welche die Verwaltung des Konkursunternehmens übernimmt (§ 24 Unternehmenskonkursgesetz). Der Konkursverwalter ist, wie im deutschen Recht, dafür verantwortlich, die Aktivmasse und die Passivmasse zu sammeln, durch Anfechtung die Aktivmasse anzureichern, sie durch Aussonderung und Absonderung zu bereinigen und das Konkursvermögen zu verteilen (§ 50 Bestimmungen). Die Verwaltungsbefugnisse der Abwicklungsgruppe sind jedoch zugunsten des Volksgerichts sehr beschränkt, beispielsweise kann sie nicht über die Aufnahme der noch nicht erledigten Prozesse für oder gegen den Schuldner entscheiden oder diese Prozesse führen. Die Abwicklungsgruppe kann nur die notwendigen Zivilgeschäfte durchführen. Nach der Konkurserklärung wird ein Liquidationsverfahren eröffnet.

[821] Allg. Begr. RegE 4. e) aa); f) aa), BR – Drucks. 1/92, S. 90 f., 94; Maus, Der Insolvenzplan, in: Kölner Schrift zur Insolvenzordnung, S. 932.

3.2.4 Konkursabwicklung und Rechtswirkung der Beendigung des Konkursverfahrens

Nach Vollziehung der Schlussverteilung beschließt im deutschen Recht das Insolvenzgericht die Aufhebung des Verfahrens (§ 200 InsO). Im deutschen Insolvenzverfahren gilt der Grundsatz der freien Nachforderung (§ 201 InsO). Nach Beendigung des Verfahrens haftet im Normalfall der Schuldner für Restforderungen unbeschränkt weiter, soweit ein Gläubiger nicht befriedigt wurde. Eine Restschuldbefreiung ist nur bei der natürlichen Person möglich (§ 286 ff. InsO) oder wenn durch den Insolvenzplan (§ 217 InsO) eine andere Regelung getroffen wird. Die Forderungstabelle dient den Insolvenzgläubigern als Titel (§ 201 I, II InsO).
Im chinesischen Recht wird der Schuldner nach der Vollziehung der Schlussverteilung von seinen restlichen Verbindlichkeiten befreit[822]. Wenn das Konkursverfahren beendet ist, werden Forderungen, für die keine Befriedigung erlangt wurde, nicht mehr beglichen (§ 38 S. 2 Unternehmenskonkursgesetz). Die Beendigung des Konkursverfahrens hat auch zur Folge, dass die Abwicklungsgruppe bei der Behörde, welche das Konkursunternehmen registriert hatte, die Löschung der Registrierung durchführt (§ 39 Unternehmenskonkursgesetz). Daraus ergibt sich, dass die Restschuldbefreiung im Konkursgesetz allgemein vorgesehen ist. Yongjun Li ist allerdings der Meinung, dass die Restschuldbefreiung nur für natürliche Personen gilt und diese Vorschriften deshalb nicht anwendbar sind[823]. Dem ist jedoch nicht zu folgen. Werden nach dem Ende des Konkursverfahrens vermögenswerte Forderungsrechte des Konkursunternehmens entdeckt, übernimmt die vorgesetzte Stelle des Konkursunternehmens deren Realisierung. Über die Behandlung solcherart nachträglich erlangten Vermögens bestimmt das Volksgericht nach § 37 des Unternehmenskonkursgesetzes. Wenn es sich um Vermögen relativ geringen Werts handelt und das Volksgericht eine Verteilung nicht für erforderlich hält, kann es der vorgesetzten Stelle des Konkursunternehmens überlassen werden (§ 73 Ansichten).
Die Grundpfandgläubiger müssen vor Beendigung des Konkursverfahrens ihre dinglichen Rechte verwirklichen. Anderenfalls werden sie gegenstandslos. Dagegen sind dinglich gesicherte Gläubiger im deutschen Recht von einer Restschuldbefreiung nicht betroffen (§ 301 I 2 InsO).
Bei der Verteilung des Erlöses werden die Löhne und Beiträge zur Arbeitslosenversicherung für die Beschäftigten, die das Konkursunternehmen schuldet, und die Steuerschulden des Konkursunternehmens vor den Konkurs-forderungen befriedigt. Wenn das Konkursvermögen nicht hinreicht, um Forderungen gleichen Ranges zu befriedigen, wird es im Ver-

---

[822] Weiguo Wang, Konkursrecht, S. 189.
[823] Yongjun Li, Konkursrecht, S. 350.

hältnis [der Forderungen zueinander] verteilt (§ 37 Unternehmenskonkursgesetz, § 204 Zivilprozessgesetz). Steuerforderungen werden im deutschen Recht grundsätzlich als normale Forderungen angesehen. Sie sind Insolvenzforderungen, wenn der Rechtsgrund der Steueransprüche vor der Insolvenzeröffnung liegt. Sie können nach § 55 InsO Masseverbindlichkeiten sein, wenn sie für die Zeit des Insolvenzverfahrens anfallen[824]. Die Finanzbehörde muss jedoch die Forderungen zur Insolvenztabelle anmelden.

3.3 Die Rechtsstellung der Grundpfandgläubiger

Dem Grundpfandgläubiger in Deutschland steht bei Insolvenz des Eigentümers des belasteten Grundstücks[825] ein Absonderungsrecht nach § 49 InsO zu. Ebenso wie im deutschen Recht haben auch in China die Grundpfandgläubiger gegenüber anderen vollstreckenden Gläubigern Priorität im Sinne eines Rechts auf bevorzugte Befriedigung aus dem Gegenstand der Sicherheit. Übersteigt der Betrag einer gesicherten Forderung den Wert des Sicherungsobjekts, so ist der nicht befriedigte Teil Konkursforderung und wird nach den allgemeinen Regelungen über das Konkursverfahren befriedigt (§ 32 Unternehmenskonkursgesetz). Das Recht zur abgesonderten Befriedigung muss vor der Konkurserklärung bestehen[826].

Im Folgenden wird die Effektivität von Grundpfandrechten auf einigen entscheidenden Ebenen und in einigen entscheidenden Phasen des Konkurses untersucht.

3.4 Verfügungsbefugnis und Grundpfandrechte

3.4.1 Verfügungsbefugnis und Bestellung von Grundpfandrechten

Die Frage, ob der Schuldner noch wirksam Rechtshandlungen vornehmen kann, ist abhängig von seiner Verfügungsbefugnis. Aus § 32 des Unternehmenskonkursgesetzes kann geschlossen werden, dass auch noch nach der Annahme des Konkursfalles eine Hypothek wirksam bestellt werden kann, solange der Konkurs noch nicht erklärt wurde. Der Grund liegt darin, dass im Unternehmenskonkursgesetz der Schuldner mit der Annahme des Antrags seine Verwaltungs- und Verfügungsbefugnis nicht verliert. Durch die neu erlassenen Bestimmungen des Volksgerichts wird diese Rechts-

---

[824] Zimmermann, Insolvenzrecht, S. 34.

[825] Wenn ein Dritter Eigentümer des Grundstücks ist, kann der Gläubiger die schuldrechtliche Forderung voll zum Verfahren anmelden und sich in Höhe des ausfallenden Betrages zusätzlich an den Dritten halten; vgl. Baur/Stürner, Sachenrecht, § 40 VI Rn. 64.

[826] ZS II, Anwendung und Verständnis, S. 109.

lücke teilweise geschlossen. Danach kann eine Verwaltungsgruppe schon vor der Konkurserklärung bestellt werden, wenn die Verwaltungsorgane des Schuldners die Aufgabe der regulären Verwaltung nicht ausüben können (§ 18 Bestimmungen). Diese Verwaltungsgruppe ist für die Prüfung der Forderungen und den Fortgang von Produktion und Betrieb des Schuldners verantwortlich und wird vom Volksgericht geleitet. Mit der Konkurserklärung kann sie die Konkursverwaltung übernehmen[827]. Andererseits darf der Schuldner in der Rechtspraxis auch vor der Konkurserklärung ohne die Erlaubnis des Volksgerichts nicht über sein Vermögen verfügen[828]. Damit wird eine umfassende Zustimmungsbedürftigkeit angeordnet. Dem Schuldner fehlt deshalb schon aus diesem Grund faktisch die Verfügungsbefugnis zur Bestellung einer Hypothek. Theoretisch können Grundpfandrechte jedoch bis zu Konkurserklärung wirksam bestellt werden. Im Entwurf des Konkursgesetzes ist ausdrücklich geregelt, dass der Schuldner nach der Annahme des Konkursfalles die Verfügungsbefugnis verliert. Das Gericht muss nach der Annahme des Konkursfalls einen Konkursverwalter bestellen (§ 16 EKG). Verwaltungsbefugnis und Verfügungsbefugnis gehen auf den Konkursverwalter über (§§ 25, 28, 29 EKG). Für ungewöhnliche Geschäfte sowie die Bestellung von Hypotheken und anderen Pfandrechten bedarf der Konkursverwalter der Zustimmung des Volksgerichts (§§ 30, 64 EKG).

Es kann also festgestellt werden, dass sowohl die deutsche Insolvenzordnung wie auch das chinesische Konkursrecht grundsätzlich davon ausgehen, der Schuldner verliere mit der Verfahrenseröffnung seine Verfügungsbefugnis. Nach der Verfahrenseröffnung kann er grundsätzlich keine Grundpfandrechte mehr bestellen. Darüber hinaus kann der Schuldner im deutschen Recht seine Verfügungsbefugnis auch durch die Verhängung eines Veräußerungsverbots vor Verfahrenseröffnung verlieren. Ein gerichtlich angeordnetes, dinglich wirkendes Veräußerungsverbot ist in China allgemein unbekannt. Während des Antragsverfahrens gelten damit lediglich die Regeln über die Konkursanfechtung. Vor Verlust der Verfügungsbefugnis grundsätzlich wirksam bestellte Grundpfandrechte können unter bestimmten Voraussetzungen mit der Insolvenzanfechtung angegriffen werden.

Nachdem das Volksgericht einen Konkursfall angenommen hat, ist eine Befriedigung offener Forderungen durch den Schuldner unwirksam, es sei denn, dies ist für den normalen Gang von Produktion und Betrieb des Schuldners unabdingbar und das Gericht stimmt zu (§ 12 Unternehmenskonkursgesetz, § 16 Nr. 3 Bestimmungen). Damit wird dem Schuldner nach der Annahme des Konkursfalles gesetzlich verboten, gesicherte oder nicht gesicherte Altforderungen zu begleichen. Mit der Annahme des An-

[827] ZS II, Anwendung und Verständnis, S. 30.
[828] Weiguo Wang, Konkursrecht, S. 65.

trags muss das Gericht daher unverzüglich die kontoführende Bank des Schuldners auffordern, jede Verrechnung[829] zur Begleichung von Verbindlichkeiten des Schuldners einzustellen; Kosten, die erforderlich sind, um den normalen Gang von Produktion und Betrieb des Schuldners aufrechtzuerhalten, darf die kontoführende Bank mit Genehmigung des Volksgerichts bezahlen (§ 20 Ansichten). Dadurch werden Befriedigungen der Forderungen verhindert.

3.4.2 Der Schutz des gutgläubigen Erwerbers

Hat der Schuldner die Verfügungsbefugnis verloren, stellt sich die Frage nach dem Schutz des gutgläubigen Erwerbers. Der gutgläubige Erwerb von Grundstücksrechten ist im deutschen Recht auch noch nach der Verfahrenseröffnung oder dem Veräußerungsverbot möglich, bevor der Insolvenzvermerk im Grundbuch eingetragen wird[830]. Ist als Sicherungsmaßnahme ein Veräußerungsverbot angeordnet (§ 21 II Nr. 2 InsO) oder die Verfahrenseröffnung erfolgt, so kann der Schuldner nicht wirksam an den Gläubiger leisten. Ein eventueller gutgläubiger Erwerb kann unter bestimmten Voraussetzungen auch angefochten werden (§ 147 InsO).
Im bisherigen chinesischen Recht wird die Verfügungsbeschränkung nicht vom Gericht, sondern vom Gesetz angeordnet. Ob gutgläubiger Erwerb schon deshalb ausgeschlossen ist, ist eine offene Frage. Unter dem künftigen chinesischen Konkursrecht kommt gutgläubiger Erwerb auch nach der Annahme des Konkursfalles noch in Betracht (§§ 28, 29 ESRG). Allerdings soll zugleich eine Regelung eingeführt werden, wonach die Verfahrenseröffnung in das Registerbuch einzutragen ist, sodass Gutgläubigkeit kaum je vorliegen wird.
Auch im chinesischen Recht bleibt die Frage, ob der Gläubiger eine verwertbare Hypothek erhalten kann, wenn der Eintragungsantrag vor der Konkurseröffnung gestellt wurde und die Einigung bindend geworden ist. Für den Kauf eines Bauwerks ist in den Bestimmungen des Obersten Volksgerichts eine besondere Regelung vorgesehen: Wenn der Verkäufer dem Käufer das Bauwerk bereits übergeben hat, der Käufer die Urkunde über das Bauwerk jedoch noch nicht bekommen hat oder der Antrag auf Registrierung des Bauwerks noch nicht bearbeitet ist, wird der Käufer Eigentümer des Bauwerkes[831]. Damit ist der Käufer zur Aussonderung berechtigt, wenn der Verkäufer in Konkurs fällt (Bestimmungen § 71 Nr. 6). Dies gilt unabhängig davon, ob der Käufer den Kaufpreis bereits bezahlt hat oder nicht. Maßgeblicher Zeitpunkt ist die Übergabe.

---

[829] Verrechnung = Überweisung, Rechnungseinzug usw.
[830] Uhlenbruck /Uhlenbruck, Insolvenzordnung, § 91 Rn. 31.
[831] ZS II, Anwendung und Verständnis, S. 165. Diese Auslegung widerspricht eindeutig der bisherigen Gesetzeslage.

3.5 Grundpfandrechte und Anfechtung

Sowohl das deutsche als auch das chinesische Insolvenzrecht kennen das Rechtsinstitut der Anfechtung, durch das Insolvenzgläubiger schon in der Zeit vor dem Insolvenzantrag geschützt werden können[832]. Im geltenden chinesischen Recht begegnet die Anfechtung ähnlich wie in Frankreich als für bestimmte Fälle angeordnete Unwirksamkeit, wobei alle Beteiligten zur Geltendmachung der Unwirksamkeit berechtigt sind. In der deutschen Insolvenzordnung ist grundsätzlich nur der Insolvenzverwalter zur Anfechtung berechtigt. Im chinesischen Recht sind folgende Handlungen des Konkursunternehmens in den letzten 6 Monaten vor der Annahme des Konkursfalles durch das Volksgericht und in der Zeit bis zur Konkurserklärung[833] unwirksam: 1. Verbergen, private Verteilung und unentgeltliche Übertragung von Vermögen; 2. Verkauf von Vermögen zu irregulär niedrigen Preisen; 3. die Bestellung von Vermögenssicherheiten für Verbindlichkeiten, für die vorher keine Vermögenssicherheiten gestellt worden waren; 4. vorfristige Befriedigung nicht fälliger Verbindlichkeiten; 5. Verzicht auf eigene Forderungen (§ 35 Unternehmenskonkursgesetz). Der Entwurf wandelt dieses Institut grundsätzlich ins Institut der Konkursanfechtung um (§ 33 EKG). Im Entwurf ist nur der Konkursverwalter zur Konkursanfechtung berechtigt. Im Vergleichs- und Sanierungsverfahren sind keine Anfechtungstatbestände vorgesehen. Das Verbergen, die illegale Verteilung, die Fälschung der Forderungen und die Anerkennung nicht existierender Forderungen sind nach dem Entwurf unwirksam (§ 35 EKG).

3.5.1 Die allgemeinen Voraussetzungen der Insolvenzanfechtung

Der Gegenstand der Anfechtung ist im deutschen Recht die grundsätzlich wirksame, vom Schuldner oder ihm gegenüber vor der Insolvenzeröffnung vorgenommene Rechtshandlung. Rechtshandlungen beziehen sich auf alle Verhaltensweisen, die rechtliche Wirkungen auslösen[834]. Anfechtbar kann aktives Tun, können aber auch bewusste Unterlassungen im Sinne von § 129 II InsO sein. Auch im chinesischen Recht betreffen die anfechtbaren Rechtshandlungen nicht nur die Willenserklärung, sondern auch die Handlungen bezüglich des Vermögens oder Vermögensrechts des Schuldners. Sie müssen jedoch vom Schuldner vorgenommen werden.

832 Städtler, Grundpfandrechte in der Insolvenz, S. 79 ff.

833 Theoretisch können Grundpfandrechte bis zur Konkurserklärung wirksam bestellt werden.

834 Vgl. Heidelberger Kommentar/Kreft, InsO, § 129 Rn. 10; Kübler/Prütting/Paulus, InsO, § 129 Rn. 11.

Anders als in Deutschland (§§ 130-132 InsO) setzen in China die Tatbestände der besonderen Insolvenzanfechtung das Bestehen einer materiellen Insolvenzlage[835] nicht voraus[836]. Die Feststellung der Unwirksamkeit ist in der chinesischen Rechtspraxis nicht davon abhängig, ob der Anfechtungsgegner von der Zahlungsunfähigkeit wusste. Damit ist auch entbehrlich, ob der Gläubiger Kenntnis von der Zahlungsunfähigkeit genommen hat. Allerdings ist nach der Lehre die subjektive Voraussetzung notwendig[837].

Für die Beurteilung der Unwirksamkeit gilt eine Begrenzung auf 6 Monate vor Annahme des Konkursfalles. Dieser Vornahmezeitraum wird im Entwurf auf ein Jahr erweitert. In Deutschland wird der für die Insolvenzanfechtung relevante Zeitraum je nach den Typen der Insolvenzanfechtungen unterschiedlich geregelt. Der für die Insolvenzanfechtung maßgebliche Zeitraum bei kongruenter oder inkongruenter Deckung ist grundsätzlich auf drei Monate vor dem Antrag auf Verfahrenseröffnung beschränkt (§§ 130, 131 InsO). Für die Anfechtung wegen vorsätzlicher Benachteiligung beträgt er 10 Jahre vor dem Eröffnungsantrag (§ 133 InsO). Die Sicherung oder Befriedigung von Gesellschafterdarlehen können nur angefochten werden, wenn das Sicherungsgeschäft in den letzten 10 Jahren vor dem Eröffnungsantrag oder nach diesem Antrag oder wenn die Befriedigung im letzten Jahr vor dem Eröffnungsantrag oder nach diesem vorgenommen wurde (§ 135 InsO). Nach § 134 InsO sind unentgeltliche Leistungen anfechtbar, wenn sie innerhalb von 4 Jahren vor dem Antrag auf Eröffnung des Insolvenzverfahrens bewirkt wurden.

Gefordert wird nach der überwiegenden Lehre in China darüber hinaus allgemein eine Benachteiligung der Gläubiger[838]. Dieser Tatbestand ist im Entwurf vorgesehen (§§ 34, 35 EKG). Nach der Lehre muss die Wirkung der Benachteiligung bis zur Geltendmachung des Anfechtungsrechts bestehen bleiben. Hierzu ein Beispiel: Das Grundstück des Schuldners sei drei Monate vor Annahme des Konkursfalles unterwertig mit 50000 veräußert, jedoch 3 Monate nach der Annahme stark abgewertet worden und habe infolgedessen nur noch einen Wert von 50000. Bei einer solchen Konstellation fehlt es an einer fortbestehenden Benachteiligung.

Da die Bestellung von Grundpfandrechten in verschiedenen Einzelakten erfolgt, ist von Interesse, ab welchem Zeitpunkt eine Grundpfandrechtsbestellung in den kritischen Zeitraum fällt. In China gibt es hierzu keine gesetzliche Regelung. Im deutschen Recht wird bei bindender Ausgestaltung der Einigung und Antragstellung durch den Sicherungsnehmer auf

[835] Entscheidend ist der Zeitpunkt der Zahlungsunfähigkeit, die die materielle Konkurslage für die Anfechtung ausgelöst hat.

[836] Städtler, Grundpfandrechte in der Insolvenz, S. 107 ff.

[837] Weiguo Wang, Konkursrecht, S. 69.

[838] Weiguo Wang, Konkursrecht, S. 68.

den Eintragungsantrag abgestellt. Die Erklärung der Unwirksamkeit kann nur binnen Jahresfrist seit der Eröffnung des Verfahrens erfolgen (§ 40 Unternehmenskonkursgesetz, vgl. § 146 InsO). Diese Frist ist in China eine Ausschlussfrist. Dagegen handelt es sich in Deutschland um eine Verjährungsfrist.

3.5.2 Die Anfechtung von Grundpfandrechten

Für die Anfechtung der Grundpfandrechte ist im deutschen Recht zwischen kongruenter und inkongruenter Deckung zu unterscheiden (§§ 130, 131 InsO). Eine Sicherheitenbestellung ist kongruent, wenn der Sicherungsnehmer einen unanfechtbaren konkreten Anspruch auf diese Sicherheit hat. Bei der kongruenten Deckung hat der Gläubiger nichts anderes erlangt, als die geschuldete Sicherung oder Befriedigung. Bei der inkongruenten Deckung konnte der Gläubiger die Sicherung oder Befriedigung nach dem ursprünglichen Schuldverhältnis nicht oder nicht in der Art oder nicht zu der Zeit beanspruchen. Die Rechtshandlung bei der kongruenten Deckung, die einem Insolvenzgläubiger eine Sicherung oder Befriedigung gewährt bzw. ermöglicht, muss in den letzten drei Monaten vor dem Eröffnungsantrag vorgenommen worden sein. Grundsätzlich muss der Anfechtungsgegner positive Kenntnis von der Krise gehabt haben (§ 130 I InsO). Wenn für diese Sicherheitenbestellung eine gleichwertige Gegenleistung in das Vermögen des Schuldners gelangt ist, scheidet die Deckungsanfechtung des deutschen Rechts für während der Krise bestellte Grundpfandrechte aus (Bargeschäft). Im Ergebnis sind kongruente Grundpfandrechte nach deutschem Recht nur in Ausnahmefällen anfechtbar[839]. Die nach Zahlungsunfähigkeit und innerhalb der letzten drei Monate vor dem Antrag auf Verfahrenseröffnung bestellten inkongruenten Grundpfandrechte sind ohne subjektive Voraussetzungen anfechtbar. Somit sind die inkongruenten Grundpfandrechte in der Regel anfechtbar[840]. Darüber hinaus kann die Bestellung oder die Zahlung auf Grundpfandrechte aufgrund der Regelungen über unmittelbar nachteilige Rechtshandlungen (§ 132 InsO) oder die Vorsatzanfechtung (§ 133 InsO) angefochten werden. Nach der überwiegenden Meinung kann auch die Schenkungsanfechtung greifen, wenn der nachträglichen Sicherheitenbestellung keine Gegenleistung gegenübersteht (§ 134 InsO)[841]. Zahlungen auf grundpfandrechtlich gesicherte Forderungen können auch angefochten werden, wenn Verfahrensgläubiger dadurch benachteiligt werden, beispielsweise wenn die persönliche Forderung nicht vom wirtschaftlichen Wert der Sicherheit abgedeckt ist.

[839] Städtler, Grundpfandrechte in der Insolvenz, S. 115, 164.
[840] Städtler, Grundpfandrechte in der Insolvenz, S. 164.
[841] Städtler, Grundpfandrechte in der Insolvenz, S. 120.

Im Vergleich zum deutschen Recht ist die chinesische Rechtsordnung deutlich anfechtungsfreundlicher. Nach § 33 Nr. 3 Unternehmenskonkursgesetz ist die Bestellung von Vermögenssicherheiten für Verbindlichkeiten, für die vorher keine Vermögenssicherheiten gestellt worden waren, nichtig (nachträgliche Sicherheitenbestellungen). Die Zahlungen auf grundpfandrechtlich gesicherte Forderungen können nur für unwirksam erklärt werden, wenn sie noch nicht fällig sind (§ 35 Nr. 4 Unternehmenskonkursgesetz). Wenn die persönliche Forderung vom Wert der Sicherheit abgedeckt ist, werden die Konkursgläubiger nicht benachteiligt. Daher ist die Zahlung in diesem Fall nicht anfechtbar. Diese Regelungen führen zu einer erheblichen Ausweitung der Fälle, in denen Grundpfandrechtsbestellung und Zahlungen auf grundpfandrechtlich gesicherte Forderungen unwirksam sind.

Andererseits muss man sich jedoch vor Augen halten, dass dabei nur die Rechtsgeschäfte, nämlich die Sicherheitenbestellungen oder die Zahlungen, die vom Schuldner vorgenommen werden, angefochten werden können. Dazu gehören nicht die verfahrensrechtlichen Rechtshandlungen (z. B. das Anerkenntnis im Zivilprozess, die Unterwerfung unter die Zwangsvollstreckung, der Verzicht, gegen einen Vollstreckungsbescheid Einspruch einzulegen) und andere materiellrechtliche Rechtshandlungen (beispielsweise das Herbeiführen des Bedingungseintritts oder das Unterlassen der Anfechtung eines Verpflichtungsgeschäfts), obwohl doch auch diese Rechtshandlungen einen Insolvenzgläubiger in die Lage versetzen mögen, sich eine Deckung zu verschaffen[842]. Fraglich ist auch, ob Zwangsvollstreckungsmaßnahmen anfechtbar sind. Außerdem ist zu beachten, dass China das Institut des Pfändungspfandrechts nicht kennt. Wenn die Grundpfandrechte gegen Kredit bestellt werden, ist die Sicherheitenbestellung im chinesischen Recht wirksam, obwohl die Bargeschäftslehre in China nicht anerkannt wird. Schließlich ist auch die gesetzliche Hypothek nicht anfechtbar.

In § 34 des Entwurfs wird die Absichtsanfechtung eingeführt. Wenn der Schuldner innerhalb von sechs Monaten vor der Annahme des Konkursfalles durch das Volksgericht und in Kenntnis seiner Zahlungsunfähigkeit die Forderungen bestimmter Gläubiger bezahlt und damit die Interessen anderer Gläubiger beeinträchtigt, ist der Verwalter berechtigt, die Anfechtung beim Gericht zu beantragen, es sei denn, diese Befriedigung eines Teils der Gläubiger bereichert den Schuldner (§ 34 EKG). Die Absichtsanfechtung ist daher davon abhängig, dass der Schuldner in Zahlungsunfähigkeit geraten ist und die Zahlung in dieser Krise erfolgt. Es ist hingegen entbehrlich, dass der Anfechtungsgegner positive Kenntnis von der Benachteiligungsabsicht des Schuldners hatte. Dies wird durch das

[842] Vgl. Kirchhof, in: FS Uhlenbruck, S. 239 ff.

Merkmal der Benachteiligung der Insolvenzgläubiger ersetzt. Ob diese Vorschrift auch für die Bestellung von Grundpfandrechten anwendbar ist, bleibt unklar. Praktische Bedeutung erlangt die Absichtsanfechtung insbesondere, wenn der Schuldner die fälligen Forderungen vor der Annahme des Konkursfalles gezahlt hat. Im Ergebnis kann damit eine kongruente Zahlung auf die gesicherte Forderung angefochten werden. Wenn man von der allgemeinen Voraussetzung der Benachteiligung ausgeht, setzt dies auch voraus, dass der Wert der Sicherheit die persönliche Forderung nicht abdeckt.

Es ist auch unklar, was mit „bereichert" in § 34 S. 2 EKG gemeint ist. Meiner Meinung nach bedeutet dies, dass für diese Leistung eine gleichwertige Gegenleistung in das Vermögen des Schuldners gelangt ist. Wenn der Kredit gegen Bestellung einer Sicherheit vergeben wurde, ist die Anwendung dieser Vorschrift ausgeschlossen. Weiter ist fraglich, ob diese Vorschrift mit § 33 Nr. 3 EKG in Konflikt steht. Auch die Gleichwertigkeit wirft Fragen auf. Nach § 35 I Nr. 2 des Unternehmenskonkursgesetzes und § 33 Nr. 2 EKG sollen Bargeschäfte auch der Verschleuderungsanfechtung unterliegen.

Meiner Meinung nach kann in einem nachträglich bestellten Grundpfandrecht, auf das der Gläubiger nach der ursprünglichen Kreditvereinbarung keinen Anspruch hatte, eine unentgeltliche Verfügung gesehen werden, sodass eine Schenkungsanfechtung gemäß § 33 Nr. 1 EKG möglich ist.

3.5.3 Die Rechtswirkung der Anfechtung

Nach deutschem Recht besteht kraft Gesetz ein schuldrechtlicher Anspruch auf Rückgewähr eines Vermögenswertes zur Insolvenzmasse[843]. Der Insolvenzverwalter muss die Anfechtung rechtzeitig geltend machen. Mit der Rückgewähr des Empfangenen zur Masse tritt die ursprüngliche Forderung des Anfechtungsgegners gegen den Schuldner wieder in Kraft. Daher wirkt die Anfechtung nicht dinglich, sondern nur schuldrechtlich. Wenn der Erwerb eines Grundpfandrechtes angefochten wird, hat der Verwalter wahlweise einen Anspruch auf Verzicht, Aufhebung oder Rückabtretung[844]. Ist der Zuschlag schon erfolgt, besteht gegen den Anfechtungsgegner ein Anspruch auf Herausgabe des Erlöses[845]. Nach Ab-

---

[843] Streitig, vgl. Baur/Stürner, Insolvenzrecht, Rn. 18.6 ff.; Foerste, Insolvenzrecht, Rn. 326; Heidelberger Kommentar/Kreft, § 143 Rn. 21; MK-InsO/Kirchhof, vor §§ 129 Rn. 11 ff. Die Rechtsprechung hat sich für die schuldrechtliche Theorie entschieden, s. RGZ 91, 369; 103, 113, 121; BGHZ 22, 128, 134; 101, 286, 288; NJW 1962, 1201, 1200.

[844] Obermüller/Hesse, Insolvenzordnung, Rn. 256; Uhlenbruck/Hirte, Insolvenz- ordnung, § 143 Rn. 13.

[845] Uhlenbruck/Hirte, Insolvenzordnung, § 143 Rn. 13.

lauf der Anfechtungsfrist kann der Insolvenzverwalter die Anfechtung noch einredeweise geltend machen.
Im chinesischen Recht werden die in § 35 aufgezählten Rechtshandlungen rückwirkend mit dinglicher Wirkung absolut unwirksam[846]. Dabei ist die Abwicklungsgruppe berechtigt, beim Volksgericht zu beantragen, dass es das Vermögen zurückzuerlangen sucht. Zurückerlangtes Vermögen wird in das Konkursvermögen eingestellt (§ 35 II Unternehmenskonkursgesetz). Die Bestellung der Grundpfandrechte ist nichtig und im Hypothekenregister zu löschen. Die dingliche Wirkung der Anfechtung verstärkt die Rechtsposition des Schuldners vor allem dann, wenn der Anfechtungsgegner ebenfalls in Konkurs gerät[847]. Dabei soll der Schuldner ein Aussonderungsrecht haben. Im Entwurf werden die in § 35 aufgezählten Rechtshandlungen meist als anfechtbar geregelt. Die Rechtswirkung ist nicht klargestellt.

3.6 Die Auswirkungen des Insolvenzverfahrens auf die Grundpfandrechte

3.6.1 Der Einfluss der Insolvenzeröffnung auf Fälligkeit und Zinsen

Die Verfahrenseröffnung bewirkt die Fälligkeit aller Forderungen (§ 41 I InsO). Diese Vorschrift gilt grundsätzlich auch für Absonderungsberechtigte. Die Fälligstellung betrifft in Deutschland grundsätzlich nicht den vom persönlichen Schuldner verschiedenen Eigentümer des belasteten Grundstücks. Die Verfahrenseröffnung hat auf den Lauf der Zinsen grundpfandrechtlich gesicherter Forderungen und ihrer Geltendmachung grundsätzlich jedoch keinen Einfluss[848]. Die ab Verfahrenseröffnung laufenden Zinsen der Insolvenzgläubiger sind nachrangige Forderungen, § 39 I Nr. 1 InsO.
Auch in China werden die gegen den Schuldner gerichteten Forderungen fällig gestellt. Die seit Verfahrenseröffnung laufenden Zinsen können im Verfahren nicht geltend gemacht werden[849]. Im Zeitpunkt der Konkurserklärung werden noch nicht fällige Forderungen als fällige Forderungen behandelt, wobei die noch nicht fälligen Zinsen abgezogen werden müssen (§ 31 Unternehmenskonkursgesetz). Zinsen werden für Konkursforderungen bis zum Tag der Konkurserklärung berechnet (§ 64 Ansichten). Nach einer Meinung tritt schon bei Annahme des Konkursfalles ein Zinsstopp ein[850]. Es bleibt dunkel, ob diese Vorschriften auf Absonderungs-

---

[846] Yongjun Li, Konkursrecht, S. 258.
[847] Uhlenbruck/Hirte, Insolvenzordnung, § 143 Rn. 13.
[848] Städtler, Grundpfandrechte in der Insolvenz, S. 179.
[849] Yongjun Li, Konkursrecht, S. 85.
[850] Weiguo Wang, Konkursrecht, S. 76.

rechte wie Grundpfandrechte anwendbar sind. Meiner Meinung nach sollten sie nicht für die Zinsen grundpfandrechtlich gesicherter Forderungen gelten.

3.6.2 Anmeldung und Feststellung der gesicherten Forderung

In Deutschland muss der Grundpfandgläubiger seine dingliche Forderung nicht anmelden. Es gibt auch kein förmliches Feststellungsverfahren (wie bei der Insolvenzforderung) für Grundpfandrechte. Die Anmeldung bleibt nur auf den Ausfall beschränkt. Absonderungsrechte an beweglichen Gegenständen müssen jedoch nach § 28 II InsO dem Verwalter mitgeteilt werden.
In China löst die Annahme des Konkursfalles dagegen für Hypothekare die Obliegenheit aus, ihre gesicherte Forderung anzumelden (§ 47 EKG). Das Volksgericht muss angemeldete Forderungen mit Vermögenssicherheiten und angemeldete Forderungen ohne Vermögenssicherheiten getrennt registrieren (§ 9 III Unternehmenskonkursgesetz). Die Gläubiger müssen innerhalb eines Monats nach Erhalt der Benachrichtigung, und wenn sie keine Benachrichtigung erhalten haben, innerhalb von 3 Monaten vom Tag der Bekanntmachung an, beim Volksgericht ihre Forderungen anmelden, die Höhe der Forderungen und das Vorhandensein oder Fehlen von Vermögenssicherheiten angeben und zum Beweis einschlägige Unterlagen überreichen. Wird eine Forderung nicht während der Frist angemeldet, so gilt dies automatisch als Verzicht auf sie (§ 9 II Unternehmenskonkursgesetz). Wenn die Forderung nicht rechtzeitig angemeldet worden ist, kann auch das Grundpfandrecht aufgrund der Akzessorietät nicht geltend gemacht werden[851]. Dies gilt auch für den Fall, dass das belastete Grundstück in den Händen eines Dritten ist. Darüber hinaus muss das Absonderungsrecht von der Gläubigerversammlung festgestellt werden, sonst darf es der Berechtigte nicht geltend machen. Die Gläubigerversammlung ist berechtigt, die Unterlagen zum Nachweis der Forderungen zu prüfen und festzustellen, ob es Vermögenssicherheiten für die Forderung gibt (§ 15 Nr. 1 Unternehmenskonkursgesetz). Als Sicherheit dienendes Vermögen gehört nicht zum Konkursvermögen. Wenn jedoch sein Preis den Betrag der gesicherten Verbindlichkeit übersteigt, gehört der Mehrbetrag zum Konkursvermögen (§ 28 II Unternehmenskonkursgesetz).

3.6.3 Die Beschränkung des Verwertungsrechts der Grundpfandgläubiger

Grundpfandgläubiger können im deutschen Recht außerhalb des Verfahrens die Zwangsvollstreckung betreiben (§ 49 InsO). Dieses Zwangsvoll-

[851] Weiguo Wang, Konkursrecht, S. 167.

streckungsverfahren kann jedoch auf Antrag des Insolvenzverwalters vorläufig eingestellt werden (§§ 30d ff. ZVG). Die einstweilige Einstellung wird also nur auf Antrag angeordnet und tritt nicht automatisch mit der Verfahrenseröffnung ein. Der Gläubiger wird dadurch geschützt, dass der Insolvenzverwalter die laufenden Zinsen zahlen muss (§ 30e II ZVG) und der Wertverlust, der durch die Nutzung für die Insolvenzmasse entsteht, auszugleichen ist. Bei der Einstellung der Zwangsverwaltung wird dem gesicherten Gläubiger ebenfalls ein Nachteilsausgleich zugebilligt[852]. Das Verwertungsrecht steht nach § 165 InsO auch dem Insolvenzverwalter zu, wenn der Gläubiger nicht die Vollstreckung in das Grundstück betreibt. Grundpfandgläubiger werden jedoch keinem automatischen Verwertungsverbot unterworfen. Im Antragsverfahren kann die Zwangsvollstreckung an unbeweglichen Gegenständen einstweilen eingestellt werden. Im Insolvenzplanverfahren kann die Zwangsversteigerung nach § 30d I Nr. 3 ZVG einstweilen eingestellt werden, wenn die Versteigerung eines Betriebsgrundstücks des Schuldners die Durchführung des Insolvenzplans gefährdet.

Im chinesischen Recht gilt ein automatischer Verwertungsstopp für gesicherte Gläubiger. Im chinesischen Konkursverfahren soll der Grundpfandgläubiger mit dem Konkursverwalter Vereinbarungen über die Verwertung treffen[853]. Wenn keine Vereinbarung getroffen wird, können die Grundpfandrechte in China grundsätzlich nur mittels Klage geltend gemacht werden. Das Klageverfahren wird aber nach der Annahme des Konkursfalles gesperrt. Auch wenn der Grundpfandgläubiger Klage erhoben hat, soll die Fortführung des Klageverfahrens grundsätzlich eingestellt werden. Wenn das Volksgericht einen Konkursfall annimmt, müssen andere Wirtschaftsstreitigkeiten, die sich in erster Instanz befinden und in denen das Konkursunternehmen der Kläger ist, von diesem Volksgericht dem Konkursgericht überwiesen werden; wenn sie sich schon in zweiter Instanz befinden, werden die Verfahren fortgesetzt (§§ 19, 20 Bestimmungen)[854]. Durch die Einstellung der Klageverfahren wird die Verwertung der Grundpfandrechte erschwert. Darüber hinaus muss nach der Annahme eines Konkursfalls die Zwangsvollstreckung in das Vermögen des Schuldners eingestellt werden (§ 11 Unternehmenskonkursgesetz, § 19 EKG)[855]. In der Zwangsvollstreckung gepfändetes Vermögen soll dem Insolvenzgericht übergegeben werden (§ 36 Bestimmungen). Es bleibt dunkel, ob das Verbot der Zwangsvollstreckung die Grundpfandgläubiger

852 Obermüller, WM 1994, S. 1869, 1872.

853 Yongjun Li, Konkursrecht, S. 318.

854 Im deutschen Recht kann der Verwalter grundsätzlich den Rechtstreit gegen oder für den Schuldner aufnehmen. Jedenfalls führt die Insolvenzeröffnung nicht zur dauerhaften Einstellung des Rechtsstreits (§§ 85, 86 InsO).

855 Weiguo Wang, Konkursrecht, S. 67.

betrifft[856]. Außerdem muss das Verwertungsrecht der Grundpfandgläubiger der Aufsicht des Gerichts unterliegen, damit die Konkursmasse nicht durch die Verwertung beeinträchtigt wird. Im Ergebnis wird die dingliche Position der Grundpfandgläubiger geschwächt. Ein Unterschied zum deutschen Verfahren besteht weiter darin, dass in China die Grundpfandgläubiger nicht durch Zinsauflagen oder Wertausgleich geschützt werden. Die Verwertungsbefugnis des Grundpfandgläubigers ist auch im Sanierungsverfahren oder Vergleichsverfahren beschränkt (§ 39 II Ansichten). Der Inhaber eines dinglichen Sicherungsrechts darf nach der Annahme des Konkursfalles und vor der Erklärung des Konkurses ohne das Einverständnis des Volksgerichts sein Recht auf bevorzugte Befriedigung nicht ausüben (§ 39 II Ansichten). Nach den neuen Bestimmungen kann das Verwertungsrecht im Vergleichsverfahren und im Sanierungsverfahren, die zwei Jahre dauern können, nur mit der Genehmigung des Gerichts ausgeübt werden[857]. Einer Meinung zufolge gilt dies auch für das normale Konkursverfahren[858]. Diese Regelungen werden von den neuen Bestimmungen und vom Entwurf (§ 71) übernommen.
Im Verteilungsverfahren, wie es der Entwurf vorsieht, ist der Verwalter berechtigt, die Sicherungsgegenstände zurückzuverlangen, wenn der Gläubiger durch Barzahlung befriedigt wird oder der Gläubiger andere vom Verwalter bestellte Sicherheiten akzeptiert (§ 121 EKG). Da gesicherte Ansprüche nur im Rahmen des tatsächlichen Wertes der Sicherheit zugelassen werden, kann auf diese Weise der nominelle Teil der Sicherung, der vom Wert der Sicherheit nicht gedeckt ist, abgebaut werden. Dadurch kann der Gläubiger jedoch einen Nachteil erleiden, wenn der belastete Gegenstand zu diesem Zeitpunkt einen niedrigen Marktwert hat.

3.6.4 Beteiligung an der Kostenlast

Massekosten und Masseschulden sind nach deutschem Recht außerhalb des Insolvenzverfahrens und im Range vor den einfachen und den bevorrechtigten Insolvenzgläubigern, jedoch nach den Aus- und Absonderungsberechtigten aus der Insolvenzmasse zu berichtigen. Nach neuem Insolvenzrecht tragen auch die Absonderungsberechtigten einen Teil der Kostenlast. Der Insolvenzverwalter kann die von Grundpfandrechten belasteten Grundstücke durch Zwangsversteigerung (§§ 172 ff. ZVG) verwerten lassen (§ 165 InsO). Er entnimmt dann als Feststellungskosten 4% des Wertes der beweglichen Gegenstände, die mitversteigert werden (§ 171 I InsO; § 10 I Nr. 1 a ZVG). Verwertungskosten (5%, § 171 I InsO)

---

[856] Im deutschen Recht gilt das Vollstreckungsverbot grundsätzlich nur für Insolvenzgläubiger (§§ 89 ff. InsO).
[857] ZS II, Anwendung und Verständnis, S. 50 u. 59.
[858] Weiguo Wang, Konkursrecht, S. 65.

fallen bei Zwangsversteigerung nicht an. Im chinesischen Recht werden die Konkursaufwendungen aus der Konkursmasse vorweg beglichen (§ 204 Zivilprozessrecht). Eine Beteiligung der Absonderungsberechtigten an der Kostenlast findet jedoch nicht statt[859].

3.7 Grundpfandrechte im Sanierungsverfahren

Wenn durch die Sanierung das Unternehmen wieder in die Lage versetzt wird, seine fälligen Verbindlichkeiten zu begleichen, darf es sie nur entsprechend den in der Vergleichsvereinbarung bestimmten Fristen und Beträgen erfüllen. Dies gilt jedoch nicht für Forderungen, für die Vermögenssicherheiten bestehen, falls nicht auf das Recht auf bevorzugte Befriedigung [aus diesen Sicherheiten] verzichtet worden ist (§ 39 I Ansichten). Daraus ergibt sich, dass die Grundpfandrechte nicht in das Sanierungsverfahren einbezogen werden[860].
Nach dem Entwurf werden die gesicherten Gläubiger vom Vergleichsverfahren wie im geltenden Recht grundsätzlich nicht betroffen (§ 120 I EKG). Die Grundpfandrechte sollen jedoch in das Sanierungsverfahren einbezogen werden. Das Planinitiativrecht steht nicht nur dem Schuldner, sondern auch den Gläubigern zu. Mehrere Ansprüche können in einer Klasse zusammengefasst werden, wenn sie im Wesentlichen gleichartig sind. Gesicherte Ansprüche werden grundsätzlich jeweils einer gesonderten Klasse zugewiesen. Zur Annahme des Plans ist grundsätzlich erforderlich, dass jede Klasse mit mehr als der Hälfte der Gläubiger und zwei Dritteln der Forderungssumme zustimmt. Grundsätzlich ist die Zustimmung jeder Klasse für die Inkraftsetzung des Plans nötig (§ 85 I EKG). Wenn eine Klasse nicht zustimmt, kann der Verwalter mit ihr ein weiteres Mal verhandeln. Danach soll diese Klasse nochmals abstimmen. Stimmt diese Klasse auch in der zweiten Abstimmung dem Plan nicht zu, kann der Verwalter unter bestimmten Voraussetzungen die Bestätigung des Plans durch das Gericht beantragen (§ 85 II EKG). Auch wenn die Gruppe der Grundpfandgläubiger nicht zustimmt, kann der Plan vom Gericht bestätigt werden. Dies setzt jedoch voraus, dass im Sanierungsplan die gesicherten Forderungen vollkommen getilgt werden und Schäden aus der verzögerten Zahlung in angemessener Weise ersetzt bzw. die Grundpfandrechte nicht beeinträchtigt werden (§ 85 II Nr. 1 EKG). Der Sanierungsplan stellt den Grundpfandgläubiger folglich in der Theorie nicht schlechter als eine Liquidation.
Auch im deutschen Recht kann das Schuldnervermögen einschließlich der Sicherungsrechte abweichend von den gesetzlichen Regeln verwertet werden, und zwar durch einen von den Beteiligten beschlossenen und ge-

[859] Xinxin Wang, Faxuejia 2/1996, S. 20 ff.
[860] Weiguo Wang, Konkursrecht, S. 105.

richtlich bestätigten Insolvenzplan (§§ 217 ff. InsO). Nach § 218 InsO haben nur der Schuldner und der Insolvenzverwalter das Planinitiativrecht. Die Grundpfandgläubiger können dadurch in den Insolvenzplan einbezogen werden, dass ihre Rechte teilweise oder sogar ganz verkürzt oder gestundet oder die lastenfreie Veräußerung der Grundstücke ermöglicht oder Ersatzsicherheiten gestellt werden (§ 223 II InsO). Grundpfandrechte, die auf Grundstücken Dritter lasten, werden nicht vom Plan berührt (§ 254 II InsO)[861]. Der Insolvenzplan kann nur in Kraft treten, wenn in jeder Gruppe die Mehrheit der Gläubiger dem Plan zustimmt und die Summe der Ansprüche der zustimmenden Gläubiger mehr als die Hälfte der Summe der Ansprüche der abstimmenden Gläubiger beträgt (§ 244 I InsO). Die überstimmten Gläubiger sind durch den Minderheitenschutz des § 251 InsO geschützt. Unter den Voraussetzungen des § 245 InsO gilt die Zustimmung einer Abstimmungsgruppe als erteilt, auch wenn die erforderlichen Mehrheiten nicht erreicht worden sind (Obstruktionsverbot). Die Grundpfandgläubiger werden dadurch geschützt, dass der Plan sie nicht schlechter als eine Liquidation stellen darf[862]. Sie haben stets zumindest einen Anspruch auf den Liquidationswert ihrer Sicherheit.

3.8 Bewertung

Im chinesischen Recht wird der gutgläubige Erwerber bisher anders als nach deutschem Recht nicht geschützt. Darüber hinaus ist das chinesische Konkursgesetz sehr anfechtungsfreundlich. Dies liegt insbesondere an dem deutlich weiter zurückreichenden Anfechtungszeitraum (im EKG ein Jahr) und an einer stärkeren Objektivierung der Anfechtungstatbestände. Darüber hinaus ist die Anfechtung der Grundpfandrechte unabhängig von der Krise. Anders als das deutsche Recht kann ein Zinsstopp mit der Annahme des Konkursfalls eintreten. Die Verwertungsbefugnis des Grundpfandgläubigers wird nicht nur durch die Annahme des Konkursfalles, sondern auch durch Vergleichs- oder Sanierungsverfahren beschränkt. Es ist daher festzustellen, dass die Grundpfandrechte in chinesischen Konkursverfahren stärker beeinträchtigt werden. Grundpfandrechte in China sind im Falle eines Konkursverfahrens nicht mehr viel wert.

---

861 Bork, in: Insolvenzrecht im Umbruch, S. 51, 52 f.

862 Städtler, Grundpfandrechte in der Insolvenz, S. 317 ff.; Obermüller/Hess, Insolvenzordnung, Rn. 142 f.; MK-InsO/Drukarczyk, § 245 Rn. 49 ff.; Uhlenbruck/Lüer, § 245 Rn. 5 ff.

Zusammenfassung

Eigentum ist im deutschen Recht das umfassendste Sachherrschaftsrecht. Dem Eigentümer stehen Herrschafts-, Nutzungs- und Verfügungsrechte zu. Hierin zeigt sich das Eigentum als Grundlage persönlicher Freiheit. Eigentum ist an beweglichen Sachen ebenso wie an Grund und Boden möglich. Demgegenüber ist das Grundeigentum im chinesischen Recht nicht liberalisiert. Der Staat räumt dem Bürger nur das Nutzungsrecht ein, das im Vergleich zum Volleigentum nur ein beschränktes dingliches Recht darstellt und dementsprechend nur begrenzte Befugnisse gewährt. Im Entwurf wird das Nutzungsrecht verstärkt, wodurch es dem Eigentum recht nahe kommt. Der Staat behält sich nur noch die Bestimmung der Nutzungsart und den Heimfallanspruch vor. Entsprechend hat der Landnutzungsberechtigte einen gesetzlichen Anspruch auf Verlängerung. Allerdings ist auch im Entwurf kein richtiges Privateigentum am Grundstück vorgesehen. Das Landnutzungsrecht kann auf keinen Fall das Volleigentum am Grundstück aus funktioneller Sicht vollkommen ersetzen. Ohne ein freies Eigentumssystem können aber auch die Grundpfandrechte ihre Funktion nicht vollständig entfalten.

Ein großer Unterschied zwischen beiden Ländern liegt weiter in der Trennbarkeit zwischen Gebäude und Grundstück. Gebäudeeigentum wird in China als ein selbständiges Recht anerkannt. Anstatt der Einheit zwischen Grundstück und Gebäude gibt es die Einheit des Landnutzungsrechts mit dem Gebäudeeigentum. Im Gegensatz zum deutschen Eintragungssystem dient das chinesische in erster Linie dem Staat. Das geltende chinesische Recht kennt nur die Publizitätswirkung und teilweise die Vermutungswirkung. Klare Regelungen über den gutgläubigen Erwerb unbeweglicher Sachen gibt es bisher nicht. Bezüglich der Eintragung bietet das deutsche Recht dem Dritten viel mehr Schutz als das chinesische Recht.

Die deutschen Grundpfandrechte unterlagen in ihrer inhaltlichen Ausgestaltung den Einflüssen des römischen und germanischen Rechts. Die Grundlagen der heutigen Grundpfandrechte, nämlich der Publizitäts-, der Spezialitäts- und der Prioritätsgrundsatz, haben ihre Wurzeln im germanischen Recht. Die Anerkennung dieser Prinzipien und insbesondere das Institut der nicht akzessorischen Grundschuld kommen den Bedürfnissen nach einer Erleichterung des Grundstücksverkehrs und nach vermehrten Grundkrediten entgegen. Das deutsche Pfandrechtssystem orientiert sich am Kapitalumlauf.

Obwohl die nicht akzessorische Grundschuld im alten Entwurf des chinesischen BGB enthalten war, wurde sie schon damals schließlich nicht Gesetz. Während der Planwirtschaft spielten Grundpfandrechte überhaupt

keine Rolle. Zu Beginn der Reformzeit wurde das Kreditgeschäft von den Banken wieder aufgenommen. Das Fehlen geeigneter Sicherungsmittel führte indes zu einer Kreditkrise. Vor diesem Hintergrund wurden Grundpfandrechte wieder eingeführt. Dabei folgte das Gesetz dem Publizitäts- und dem Prioritätsgrundsatz. Bisher entwickelten sich die Grundpfandrechte im chinesischen Recht jedoch noch nicht vom reinen Sicherungsmittel zu modernen umlauffähigen Kreditsicherheiten.
Beide Rechtsordnungen stellen eine ganze Reihe von Sicherungsmitteln für den zu sichernden Kreditgeber zur Verfügung. Unter dem Begriff der Sicherheit vereinigt in China ein besonderes Gesetz, das Gesetz über die Sicherheiten (GüS), Bürgschaft und Pfandrecht. Sicherheiten nach diesem Gesetz sind die Bürgschaft, die Hypothek, das Pfandrecht, das Zurückbehaltungsrecht und das Festgeld. Die Hypothek wird wiederum in die Hypothek an beweglichen Sachen und die Hypothek an unbeweglichen Sachen aufgeteilt. Außerdem sind auch Rücksicherheiten (§ 4 GüS) und die Höchstbetragshypothek (§§ 59 ff. GüS) vorgesehen. Aus den Regelungen in den §§ 33, 34 GüS ergibt sich die Möglichkeit, eine Unternehmenshypothek zu bestellen. Gegenstand des Grundpfandrechts können im deutschen Recht nur das Grundstück oder die dinglichen Rechte am Grundstück sein. Bewegliche Sachen werden mit Hilfe des Begriffs des Zubehörs von der grundpfandrechtlichen Haftung miterfasst.
In der chinesischen Praxis begegnet eine weitere Sicherheit, nämlich die mortgage. Diese wird allmählich von den Erläuterungen des Obersten Volksgerichts anerkannt. Sie ist im vorgeschlagenen Entwurf des Sachenrechts nicht als Hypothek, sondern als Sicherungsübertragung geregelt. Schließlich ist zu beachten, dass das chinesische Recht auch Regeln über die nachträgliche Eigentümerhypothek und die floating charge kennt.
Bei einer Betrachtung der Vorteile der Grundschuld wird deutlich, dass die akzessorische Hypothek die Bedürfnisse der Kreditwirtschaft nicht völlig decken kann, während die nicht akzessorische Grundschuld dank ihrer Anpassungsfähigkeit den Wünschen von Darlehensgebern und –nehmern in vielfältiger Weise entgegenkommt.
Das entscheidende Kriterium eines Grundpfandrechts für seine Verwendungsmöglichkeit in der Kreditpraxis stellt nicht nur die Akzessorietät, sondern auch seine Konstruktion dar. In China wie in Deutschland hat die Eintragung in ein Grundbuchregister konstitutive Wirkung. In China ist aber streitig, ob das dingliche Rechtsgeschäft selbständig und abstrakt ausgestaltet ist. Aus dem geltenden Gesetz und dem Entwurf ergibt sich, dass das Gesetz dem Trennungsprinzip folgt. Im Entwurf ersetzen die Regeln des gutgläubigen Erwerbs das Abstraktionsprinzip im Hinblick auf den Schutz Dritter. Durchdenkt man allerdings einmal streng logisch die Idee der nicht akzessorischen Grundschuld, kommt man zu dem Er-

gebnis, dass diese Trennungs- und Abstraktionsprinzip voraussetzt. Mangels Abstraktionsprinzips sieht das chinesische Recht Regelungen über Schadensersatz bei Nichtigkeit des Hauptvertrags sowie des Sicherungsvertrags vor. Dabei wird das Verkehrsinteresse nicht berücksichtigt. Außerdem spielt der Rechtsgrund der Sicherheitenbestellung keine Rolle. Im Gegensatz zum deutschen Recht werden der Hauptvertrag, die gesicherte Forderung, Sicherungsvertrag und Sicherungsrecht in China nicht getrennt betrachtet. Der Sicherungszweck gründet sich auf die zu sichernde Forderung und damit auf den Darlehensvertrag. Diese Kausalität macht den Darlehensvertrag im chinesischen Recht zum Rechtsgrund der Sicherheitenbestellung.

Sowohl im deutschen als auch im chinesischen Recht wird die Hypothek als ein dingliches Verwertungsrecht angesehen. Die Akzessorietät wird als dinglicher Inhalt der Hypothek aufgefasst. Im deutschen Recht ist die Akzessorietät jedoch bei der Hypothek von Anfang an gelockert. Bei der an sich nicht akzessorischen Grundschuld schafft die Sicherungsabrede schuldrechtlich eine gewisse Akzessorietät.

Der Akzessorietät im chinesischen Recht fehlt bislang noch jede klare Systematisierung. Eine strenge Sicherungshypothek wie in Deutschland existiert nicht. Die Akzessorietät kann grundsätzlich durch Vereinbarung durchbrochen werden. Durch die Einführung des Untrennbarkeitsprinzips lässt sich die chinesische Hypothek in der Kreditspraxis bis zu einem gewissen Maße wie die deutsche Grundschuld verwenden. Trotzdem ist die Verkehrsfähigkeit der chinesischen Hypothek gering; auch fehlt es noch an einer entwickelten Refinanzierungstechnik. Deswegen ist es notwendig, die nichtakzessorische Grundschuld einzuführen.

Die Sicherungsabrede spielt bei der Hypothek eine geringere Rolle als bei der Sicherungsgrundschuld. Der Unterschied zwischen beiden liegt darin, dass bei der Hypothek mehr Inhalte des Sicherungsrechts als bei der Sicherungsgrundschuld gesetzlich geregelt sind. Im chinesischen Recht werden die Inhalte der Sicherungsrechte unter dem Typenfixierungsprinzip in weitem Umfang gesetzlich als zwingend fixiert. Der Typenzwang bezweckt in China überwiegend die inhaltliche Abgrenzung von Freiheitsräumen und will kontrollierend unwillkommene Gestaltungen schon hier ausgrenzen. Der Gesetzgeber versucht manchmal, seinerseits ohne Berücksichtigung des Willens der Beteiligten die Interessenlage zu erwägen und zu entscheiden, was den Beteiligten im konkreten Fall wenig freien Raum für die eigene Gestaltung lässt. Daher ist der Inhalt der dinglichen Rechte ausführlich durch das Gesetz festgelegt. Dies hat zur Folge, dass die schuldrechtliche und die dingliche Gestaltungsfreiheit erheblich durch dingliche Bestimmungen beschränkt werden. Im Vergleich dazu wird bei der Grundschuld im deutschen Recht nur das wesentliche dingliche Element festgeschrieben. Die restlichen Inhalte bleiben offen, und

die Parteien können sie unter Ausnutzung der Vertragsfreiheit bestimmen. Ein solcher Weg scheint dem chinesischen Gesetzgeber weniger vorstellbar und zu unsicher. Außerdem wird in China die Vertragsfreiheit auch dadurch beeinträchtigt, dass die rechtlichen Gründe, die zur Nichtigkeit des Sicherungsvertrags führen können, vielfältig sind und in erster Linie staatliche Interessen geschützt werden.
Die Treuhand ist im deutschen Recht generell dadurch gekennzeichnet, dass dem Rechtsinhaber eine überschießende Rechtsmacht zusteht, nämlich der Überschuss an rechtlichem Können im Außenverhältnis im Vergleich zum rechtlichen Dürfen im Innenverhältnis. Die h. M. in Deutschland bejaht die treuhänderische Rechtsnatur der Sicherungsgrundschuld. Meiner Meinung nach kann der Sicherungsvertrag als Treuhand auch dingliche Wirkung entfalten, dies vor allem bei der Abtretung der Grundschuld oder Forderung. Bei Divergenz auf der Passivseite muss der Eigentümer sich aufgrund des Sicherungszwecks auf die gesetzlichen Vorschriften berufen. Um die Rechtsmacht des Sicherungsnehmers schuldrechtlich und dinglich zu beschränken, sollte die Sicherungstreuhand im chinesischen Recht eingeführt werden.
Der Eigentümer wird dadurch geschützt, dass unter bestimmten Voraussetzungen ein schuldrechtlicher Rückgewähranspruch besteht und die Einreden aus der Sicherungsabrede wegen § 1157 BGB Dritten gegenüber wirken können. Damit werden das Abstraktionsprinzip und die Typenfixierung im deutschen Recht durch § 1157 BGB in beschränktem Umfang durchbrochen. Meiner Meinung nach sollte der Gesetzgeber in China die Rechtstechnik des § 1157 BGB als Vorbild heranziehen. Einerseits werden so der Verkehrsschutz und die Gestaltungsfreiheit durch die allgemeine Anerkennung des Abstraktionsprinzips gewährleistet; andererseits wird das Interesse des Eigentümers punktuell durch die Durchbrechung des Abstraktionsprinzips berücksichtigt.
Im bisherigen chinesischen Recht wird der wirtschaftlich einheitliche Sachenbegriff nicht komplett und präzise übernommen. Es fehlt an den Begriffen des wesentlichen Bestandteils und des Scheinbestandteils. Unter den Begriffen der „natürlichen Früchte“ und der „juristischen Früchte“ werden die Erzeugnisse und die Miet- und Pachtzinsforderungen von der Hypothekenhaftung erfasst. Der Umfang des Zubehörs ist im chinesischen Recht sehr beschränkt. Dies führt dazu, dass die beweglichen Sachen selbständig hypothekarisch belastet werden können. Die Haftung der beweglichen Sachen und Rechte ist dagegen im deutschen Recht nur eine Folgeerscheinung.
Ein wesentlicher Unterschied zwischen beiden Systemen liegt im Beginn der grundpfandrechtlichen Haftung: Während das Sicherungsrecht an den Miet- und Pachtzinsforderungen im deutschen Recht bereits mit der Eintragung des Grundpfandrechtes entsteht und somit gegenüber anderen

Sicherungsrechten vorrangig sein kann, gewährt das chinesische Recht erst nach erfolgter Beschlagnahme effektiven Schutz, so dass im chinesischen Recht der Grundstückseigentümer bis zur Beschlagnahme frei verfügen kann, ohne dass es eine Enthaftungsregel wie § 1123 II BGB gibt. Im Vergleich zum deutschen Recht ist die Beschlagnahme im chinesischen Recht die einzige Maßgabe für die Enthaftungsregelungen. In beiden Ländern erstreckt sich die Hypothekenhaftung auch auf die Versicherungsforderungen als Surrogat der unbeweglichen Sache. Während die Hypothek im chinesischen Recht aber auch Schadensersatzansprüche des Eigentümers wegen Beschädigung des Grundstücks erfasst, erlangt der Hypothekengläubiger in Deutschland an einer Ersatzforderung des Eigentümers nach § 823 BGB kein dingliches Recht. § 1127 BGB beruht nicht auf einem allgemeinen Prinzip der dinglichen Surrogation.

Bei der Grundschuld kann der Grundschuldgläubiger, um die Vollstreckung betreiben zu können, gegen den Eigentümer eine Leistungsklage (auf „Zahlung aus dem Grundstück" oder Duldung der Zwangsvollstreckung wegen eines bestimmten Geldbetrags) erheben. Im chinesischen Recht wird die dingliche Klage von der persönlichen Klage nicht unterschieden. Dogmatisch gesehen muss der Hypothekar bei Ablauf der Frist für die Erfüllung der Verbindlichkeit das Hypothekenrecht geltend machen und kann sich danach an das andere Vermögen des Schuldners insofern halten, als die Forderung vom Erlös der Verwertung des Hypothekengegenstandes nicht befriedigt ist.

Die Grundpfandrechte in beiden Ländern gleichen sich insoweit, als der Berechtigte eine Geldforderung im Falle ihrer Nichterfüllung aus dem belasteten Grundstück im Wege der Zwangsvollstreckung betreiben kann. Im Vergleich zum deutschen Recht hat der Grundpfandgläubiger im chinesischen Recht jedoch viele weitere Möglichkeiten, Befriedigung zu erlangen. Die Zwangsverwaltung wird im chinesischen Recht durch die Einräumung des freihändigen Verkaufs erspart.

Im chinesischen Recht kann die Urkunde als Vollstreckungstitel behandelt werden. Allerdings kommt die Vollstreckungsunterwerfung in der chinesischen Rechtspraxis sehr selten vor. Die Gründe liegen darin, dass die Modalitäten der Verwertung der Hypothek als dinglicher Inhalt fixiert werden. Im chinesischen Recht fehlt das „geringste Gebot". Der Hypothekar kann stets die Zwangsvollstreckung betreiben. Wenn die belasteten Gegenstände versteigert oder veräußert werden, erlischt die Hypothek an ihnen. Im chinesischen Recht wird nur die vorher vereinbarte Übereignung verboten. Es ist jedoch erlaubt, dass der Hypothekar bei Pfandreife mit dem Gegenstand der Hypothek unter Anrechnung von dessen Wert befriedigt wird. Das Verfallverbot ist daher im chinesischen Recht sehr weit aufgelockert.

Schließlich erfolgt die Befriedigung im chinesischen Recht nach folgender Reihefolge: 1. Kosten der Verwirklichung der Hypothek; 2. Zinsen der Hauptforderung; 3. Hauptforderung.
Das Grundpfandrecht muss sich in der Insolvenz bewähren. Im Vordergrund der deutschen Insolvenzordnung steht die Befriedigung der Gläubiger. Dagegen wird die Insolvenz im chinesischen Recht als ein wirtschaftspolitisches Instrument eingesetzt. Beispielsweise geht der Hilfezuschuss für die Arbeitnehmer dem Absonderungsrecht vor. Wie im deutschen Recht verschaffen die Grundpfandrechte gegenüber anderen vollstreckenden Gläubigern Priorität. Aufgrund des Kausalprinzips im chinesischen Recht obliegt dem Grundpfandgläubiger jedoch die Anmeldung seiner Forderung. Sowohl das deutsche als auch das chinesische Insolvenzrecht kennen das Rechtsinstitut der Insolvenzanfechtung. Im Gegensatz zum deutschen Recht ist das chinesische Konkursgesetz sehr anfechtungsfreundlich. Dies liegt insbesondere an dem deutlich weiter zurückreichenden Anfechtungszeitraum und an einer stärkeren Objektivierung der Anfechtungstatbestände. Die Verwertungsbefugnis des Grundpfandgläubigers wird nicht nur durch die Annahme des Konkursfalles, sondern auch durch Sanierungsverfahren beschränkt. Daher sind die dinglichen Rechte nicht insolvenzfest.
Kreditsicherheiten im Allgemeinen und Grundpfandrechte im Besonderen sind für eine florierende Wirtschaft von immenser Bedeutung. Eine an praktischen Bedürfnissen orientierte und zugleich systematisch überzeugende Ausgestaltung, wie sie das deutsche Recht entwickelt hat, erleichtert nicht zuletzt die Refinanzierung – gewiss mit einem Grund für die lange Erfolgsgeschichte des deutschen Hypothekenpfandbriefs. Lenkt China bei seiner Reform des Sachenrechts den Blick auf die deutschen Grundpfandrechte und die ihnen zugrunde liegenden Prinzipien, kann die aufstrebende chinesische Wirtschaft nur gewinnen.

Literaturverzeichnis

Chinesische Literatur

Abteilung für Zivilrecht der Universität für Gerichtspersonal (Zhongyang zhengfa ganbu xuexiao minfa jiaoyanshi: Zhonghua renmin gongheguo minfa jiben wenti (Die grundlegenden Fragen des Zivilrechts in der VR China), Beijing 1958 (zit.: Abteilung für Zivilrecht, Zivilrecht).
Cao, Shibing: Zhongguo danbao zhuwenti de jiejue yu zhanwang – jiyu danbaofa jiqi sifa jieshi (Lösungen und Perspektiven der Probleme der chinesischen Sicherheiten – aufgrund des Gesetzes über Sicherheit und seiner Erläuterungen), Beijing 2001 (zit.: Shibing Cao, Sicherheiten).
Chen, Huabin: Jiyu falü xingwei de wuquan biandong – wuquan xingwei ji wuyinxing lilun yanjiu (Die dingliche Rechtsänderung aufgrund des Rechtsgeschäfts – das dingliche Rechtsgeschäft und das Abstraktionsprinzip), Minschangfa luncong (Forum der Zivilrechtswissenschaft), Band 6, Beijing 1997, 110 ff. (zit.: Huabin Chen, Forum d. ZRW).
Ders.: Wuquan falun (Sachenrecht), Beijing 1998.
Cheng, Xiao: Zhongguo diyaquan zhidu de lilun yu shijian (Theorie und Praxis des chinesischen Hypothekensystems), Beijing 2002.
Cui, Jianyuan: Shilun woguo danbaofa de jieshi yu shiyong (Erörterung über die Auslegung und Anwendung des Gesetzes über Sicherheiten in unserem Land), Jilin daxue shehui kexue xuebao (Fachzeitschrift über Sozialwissenschaft der Universität Jilin), 2/1996, 21 ff.
Ders.: Tudi shang de quanli qun lunkan (Die Rechte an Grundstücken), Zhongguo faxue (Chinesische Rechtswissenschaften), 2/1998, 14 ff.
Dai, Zongyan: Dangdai diyaquan daolun (Einführung der heutigen Hypothek), in: Die Aufsatzsammlung über Sachenrecht II (Hrsg. von Yubo Zheng), Taiwan 1984, 527 ff. (zit.: Zongyan Dai, in: SachenR)
Deng, Zengjia: Riben minfa gailun (Einführung in das Japanische Recht), Beijing 1995 (zit.: Zengjia Deng, JapanR).
Ders.: Zhongri danbao falü zhidu bijiao yanjiu (Rechtsvergleich des Rechtssystems der Sicherheiten zwischen China und Japan), Beijing 1999 (zit.: Zengjia Deng, Rechtsvergleich).
Guo, Mingrui: Danbaofa yuanli yu shiwu (Theorie und Praxis des Gesetzes über Sicherheiten), Beijing 1995.
Ders.: Lun danbao wuquan shixian de lishi fazhan qushi (Über die geschichtliche Entwicklung des dinglichen Sicherungsrechts), Faxue (Rechtswissenschaften), 2/1996, 16 ff.
He, Zhi: Fanbaofa shenpan shiwu yanjiu (Rechtsprechung und Anwendung des Sicherheitengesetzes), Beijing 2000.
Hu, Changqing: Minfa zonglun (Allgemeiner Teil des Zivilrechts), Beijing 1997.
Institut für chinesische Politik (Zhonguo zhengce kexue yanjiuhui) (Hrsg.): Zhongguo zhaiquan zhaiwu quanshu (Vollständiges Buch über

Schulden und Forderungen in China), Beijing 1995 (zit.: Institut für chinesische Politik (Hrsg.), Schulden und Forderungen in China).

Institut für Zivilrecht im Ausschuss für das Rechtssystem im ständigen Ausschuss des Nationalen Volkskongresses: Zhonghua renmin gongheguo danbaofu shiyi (Erklärung des Gesetzes über Sicherheiten in der VR China), Beijing 1995 (zit.: Institut für ZR, Erklärung des GüS).

Jiang, Ping: Zhongguo tudi lifa yanjiu (Kodifikation der Grundsachenrechte in China), Beijing 1999.

Jinjiang xingzhi (Japan): Riben minfa de zhankai – tebiefa danbaofa (Die Entwicklung des japanischen Zivilrechts – das Pfandrecht), übersetzt von Kuang Duan und Yongzhuang Yang, im Forum der Zivilrechtswissenschaft, Band 17, Hongkong 2000, 371 ff. (zit.: Jinjiang xingzhi, Forum d. ZRW).

Kong, Xiangjun: Danbaofa jiqi sifa jieshi de Lijie yu Shiyong (The Comprehending and Application of Current Guarantee Law and Judicial Interpretation), Beijing 2001 (zit.: Xiangjun Kong, Guarantee Law).

Li, Guoguang: Zuigao renmin fayuan guanyu shiyong zhonghua renmin gongheguo danbaofa ruogan wenti de jieshi lijie yu shiyong (Interpretation und Anwendung der Erläuterungen des „Gesetzes über Sicherheiten vom Obersten Volksgericht"), Beijing 2000 (zit.: Guoguang Li, Interpretation und Anwendung).

Li, Kaiguo: Minfa jiben wenti yanjiu (Erörterung der grundlegenden zivilrechtlichen Probleme), Beijing 1997.

Li, Shuguang: Zhongguo qiye pochan yu chongzheng (Konkurs und Sanierung der chinesischen Unternehmen), Beijing 1996.

Li, Yongjun: Pochan falü zhidu (Konkursrecht), Beijing 2000.

Ders.: Zhongguofashang zhende bu cunzai wuquan xingwei ma? (Gibt es wirklich kein dingliches Rechtsgeschäft im chinesischen Recht?), Falü kexue (Rechtswissenschaften), 4/1998, 56 ff.

Li, Zepei: Xianggang falü daquan (Das Recht in Hongkong), Beijing 1992.

Li, Zonge, Xianggang Fangdichan fa (Immobilienrecht in Hongkong), Beijing 1997.

Liang, Huixing/Chen, Huabin: Wuquanfa (Sachenrecht), Beijing 1999.

Liang, Huixing: Zhongguo wuquanfa caoan jianyigao – tiaowen, shuoming, liyou yu cankao lifali (Der vorgeschlagene Entwurf über das Sachenrecht in China – Vorschriften, Erklärungen, Begründungen und herangezogene Gesetzgebungen), Beijing 2000 (zit.: Huixing Liang, Entwurf über Sachenrecht in China).

Ders.: 20shiji zhongguo faxue de huigu yu zhanwang (Rück- und Ausblick der chinesischen Rechtswissenschaft im 20. Jh.), Minschangfa luncong (Forum der Zivilrechtswissenschaft), Band 5, Beijing 1996, 156 ff (zit.: Huixing Liang, Forum d. ZRW).

Ders.: Hetongfa di 286 tiao de falü xingzhi yu shiyong (Die Rechtsnatur und Anwendung des § 286 des Vertragsgesetzes), Shanxi daxue xuebao (Fachzeitschrift der Universität Shangxi), 3/2001, 5 ff.

Ders.: Minfa xueshuo panli yu lifa yanjiu (Studien zur zivilrechtlichen Rechtslehre, Rechtsprechung und Gesetzgebung), Beijing 1993, 123 ff. (zit.: Huixing Liang, Studien).

Ders.: Ruhe lijie hetongfa di 51 tiao? (Wie soll § 51 Vertragsgesetz verstanden werden?), Renmin fayuanbao (Das Blatt des Volksgerichts), 01.08.2000.

Ders.: Zhongguo wuquanfa yanjiu (Erörterung des chinesischen Sachenrechts), Band 2, Beijing 1998.

Lin, Tingrui: Diyanquan yu diyaquan shunwei de yizhuan yu paoqi (Übertragung und Verzicht von Hypothek und Hypothekenrang), in: Die Aufsatzsammlung über das Sachenrecht II (Hrsg. von Yubo Zheng), Taiwan 1984, 798 ff. (zit.: Tingrui Lin, in: SachenR).

Lu, Qiong: Fangdichan louhua anjie yanjiu (Über die Immobilienmortgage), Zhongguo fangdichanfa yanjiu (Erforschung des chinesischen Immobilienrechts), I, Beijing 2002, 308 ff.

Ma, Yuan: Fangdichan anjian xinwenti yu panjie yanjiu (Neue Probleme und Rechtsprechung bei den Fällen über Immobilien), Beijing 1997 (zit.: Yuan Ma, Neue Probleme und Rechtsprechung).

Shen, Weixing: Qidaiquan yanjiu daolun (Einführung über das Anwartschaftsrecht), Qinghua Faxue ((Fachzeitschrift über Rechtswissenschaft der Universität Qinghua), 1/2002, S. 162 ff.

Shi, Shangkuan: Wuquanfa (Sachenrecht), Taipei 1979, Beijing 2000.

Su, Yongqin: Wuquan xingwei de Dulixing yu chongxiangxing (Die Selbständigkeit und Abstraktion des dinglichen Rechtsgeschäfts), in: FS für Dai, Dongxiong, Taipei 1997, 296 ff. (zit.: Yongqin Su, in: FS Dai).

Sun, Xianzong: Deguo dangdai wuquanfa (Das heutige deutsche Sachenrecht), Beijing 1997.

Ders.: Wuquan biandong de yuanyin yu jieguo de qufen yuanze (Trennung zwischen Kausalgeschäft und Folge der dinglichen Rechtsänderung), Faxue yanjiu (Rechtswissenschaftliche Forschung), 5/1999, 30 ff.

Ders.: Wuquan xingwei lilun tanyuan jiqi yiyi (Quelle und Sinn der Theorie des dinglichen Rechtsgeschäft), Faxue yanjiu (Rechtswissenschaftliche Forschung), 3/1996, 80 ff.

Ders.: Zailun wuquan xingwei (Nochmal über das dingliche Rechtsgeschäft), Lun wuquanfa (On property law), Beijing 2001, 155 ff. (zit.: Xianzong Sun, Das dingliche Rechtsgeschäft, in: property law).

Ders.: Zhongguo wuquanfa guanyu budongchan dengji zhidu de jiben kaolü (Grundgedanken der Eintragungssysteme für Grundstücke im chinesischen Sachenrecht), Lun wuquanfa (On property law), Beijing 2001, 467 ff. (zit.: Xianzong Sun, Eintragungssystem, in: property law).

Tang, Dehua: Zuixin danbaofa tiaowen shiyi (Neueste Erläuterung der Vorschriften des Gesetzes über Sicherheiten), Beijing 1995 (zit.: Dehua Tang, Neueste Erläuterung).

Tang, Weijian: Qiye pochafa de pipan (1) (Kritik des Unternehmenskonkursgesetzes I), in: www. civillaw.com.cn, 03.12.2002. (zit.: Weijian-Tang, Unternehmenskonkursgesetz)

Tian, Shiyong: Wuquan xingwei lilun yanjiu – yi zhongguofa yu deguofa zhi bijiao wei zhongxin (Das dingliche Rechtsgeschäft, insbesondere im Vergleich zwischen dem Eigentumserwerb im chinesischen und deutschen Recht), Diss., Beijing 2002 (Shiyong Tian, Das dingliche Rechtsgeschäft).

Wang, Chuancai: Guanyu diyaquan shixian ruogan wenti de sikao (Überlegungen über die Verwirklichung der Hypothek), Zhonguo gongshang xingzheng guanli (Forschungen zur Verwaltung der Industrien und des Handels in China), 3/2000, 28 ff.

Wang, Chuang: Rangyu danbao falü zhidu yanjiu (Erörterung der Sicherungsübertragung), Beijing 2000.

Ders. : Shilun chumai taren zhi wu yu wuquan chufen (Verkauf der fremden Sache und Verfügung eines Nichtberechtigten), Renmin Sifa (Volksjustiz), 11/2000, 22 ff.

Wang, Hongliang: Budongchan wuquan dengji lifa yanjiu (Eintragung dinglicher Rechte an Grundstücken), Falü kexue (Rechtswissenschaften), 2/2000, 118 ff.

Wang, Liming, Wuquan falun (Sachenrecht), Beijing 1998.

Ders.: Diyaquan ruogan wenti yanjiu (Einige Probleme im Hypothekenrecht), Faxue (Rechtswissenschaften), 11/2000, 22 ff.

Ders.: Wuquanfa de yiyi (Die Bedeutung des Sachenrechts), in: www.civillaw.com.cn.

Ders.: Wuquanxingwei ruogan wenti yanjiu (Erörterung einiger Probleme des dinglichen Rechtsgeschäfts), Zhongguo faxue (Chinesische Rechtswissenschaften), 3/1997, 67 ff.

Ders.: Zhongguo wuquanfa caoan jianyigao yu shuoming (Entwurf und Begründung des chinesischen Sachenrechtsgesetzes), Beijing 2001 (zit.: Liming Wang, Entwurf des Sachenrechts).

Wang, Weiguo: Pochanfa (Konkursrecht), Beijing 1998.

Ders.: Zhongguo tudi quanli yanjiu (Forschungen über das Grundsachenrecht in China), Beijing 1997.

Wang, Xinxin: Biechuquan (Absonderungsrecht), Faxuejia (Jurist), 2/1996, 20 ff.

Ders.: Zhaiquanren liyi de baohu yu pochan qiye zhigong de buzhu (Der Schutz der Gläubigerinteressen und der Hilfezuschuss für die Arbeitnehmer der Konkursunternehmen — Forschungen über Probleme der Gesetzgebung und die Durchführung des Konkurses IV), Renmin fayuan bao (Das Blatt des Volksgerichts), 03. 06. 2000.

Wang, Yi: Qidaiquan chutan (Anwartschaftsrecht), Falü kexue (Rechtswissenschaften), 4/1996, S: 51 ff.

Ders: Lun jiyu falü xingwei de wuquan biandong (Dingliche Rechtsänderung aufgrund des Rechtsgeschäfts), Diss. Beijing 1999 (zit.: Yi Wang, Dingliche Rechtsänderung).

Ders.: Lun wuquan chufen xingwei de xiaoli (Die Rechtswirkung der Verfügung eines Nichtberechtigten), Zhongwai faxue (Zeitschrift für die chinesische und ausländische Rechtswissenschaft), 3/2000, 278 ff.

Ders.: Minfa wuquan (Sachenrecht im Zivilrecht (Allgemeiner Teil und Eigentum)), Taiwan, 1992.

Ders.: Wuquan xingshi de ziyou yu xianzhi (Freiheit und Bindung der Ausübung des dinglichen Rechts), in: www.civillaw.com.cn.

Ders.: Wuquan xingwei wuyinxing lilun zhi tantao (Diskussion des Abstraktionsprinzips beim dinglichen Rechtsgeschäft), Minfa xueshuo yu panli yanjiu (Erörterungen der zivilrechtlichen Lehre und Rechtsprechung), Band 1, Beijing 1998, 266 ff. (zit.: Zejian Wang, in: Lehre und Rechtsprechung).

Ders.: Futiaojian maimai maishouren zhi qidaiquan (Das Anwartschaftsrechts des Vorbehaltskäufer bei bedingtem Kaufvertrag), Minfa xueshuo yu panli yanjiu (Erörterungen der zivilrechtlichen Lehre und Rechtsprechung), Band 1, Beijing 1998, S. 124 ff. (zit.: Zejian Wang, Anwartschaftsrecht, in: Lehre und Rechtsprechung)

Wu, junhai/Wang, haibo (Hrsg.): Jiushi niandai zhongguo jingji de gaige yu fazhan (Reform und Entwicklung der chinesischen Wirtschaft in den 90er Jahren), Beijing 1992.

Xiao, Xun/Huangpu, Jingshan: Zhonghua renmin gongheguo danbaofa jianghua (Erläuterung des Gesetzes über Sicherheiten der VR China), Beijing 1995.

Xie, Zaiquan: Minfa wuquan lun (Das Sachenrecht im Zivilrecht), I, Taipei 1989, Beijing 1999.

Xu, Guodong: Dongou jubian hou qian sulian jituan guojia de minshang fadian he minshang lifa (Zivilrechtsgesetze und zivilrechtliche Gesetzgebungen der sich von der ehemaligen Sowjetunion ablösenden Länder nach der Reform in Osteuropa), in: www.civillaw.com.cn.

Xu, Yueming: Diyaquan zhidu yanjiu (Eröterung des Instituts der Hypothek), Beijing 1998.

Yang, Yuling: Qiangzhi zhixing falun (Zwangsvollstreckung), Beijing 2002.

Zhai, Yunling: Lun Diya qixian (Die Dauer der Hypothek), Zhengfa luntan (Forum für Politik und Recht), 2/1999, 27 ff.

Zhang, Jinfan: Zhongguo falüshi (Chinesische Rechtsgeschichte), Beijing 1983.

Zhang, Jingyin: Fangdichan diyaquan dengji de jige wenti (Einige Probleme bei der Registrierung der Hypothek an Immobilien), Zhongwai fangdichan bao (Blatt für chinesische und ausländische Immobilien), Nr. 213, 1998, 33 ff. (zit.: Jingyin Zhang, Registrierung der Hypothek).

Zhang, Junhao: Minfaxue yuanli (Lehrbuch des Zivilrechts), 2. Aufl., Beijing 1997.

Zhao, Jinshan: Qiangzhi zhixing chengxu zhong de paimai wenti yanjiu (Forschungen über die Probleme der Versteigerung im Zwangsvollstreckungsverfahren), Qiangzhi zhixingfa qicao yu lunzheng (Entwurf und Begründung des Zwangsvollstreckungsrechts), Deyong Shen (Hrsg.), Beijing 2002, 374 ff. (zit.: Jinshan Zhao, in: ZVR)

Zheng, Yubo: Minfa wuquan (Sachenrecht im Zivilrecht), 12. Aufl., Taiwan 1988.

Zivilsenat II des Obersten Volksgerichts: Zuigao renmin fayuan guanyu pochanfa sifa jieshi de lijie yu shiyong (Anwendung und Verständnis der gerichtlichen Auslegungen des Obersten Volksgerichts), Beijing 2002 (zit.: ZS II, Anwendung und Verständnis).

Deutschsprachige Literatur

Ahrens, Claus: Von der Position als Sicherungsvertragspartei unabhängige Einreden gegen die Sicherungsgrundschuld auf Grund des Kausalgeschäfts, AcP 200 (2000), 123 ff.
Amira, Karl von/Eckhardt, Karl August: Germanisches Recht II, 4. Aufl., Berlin 1967.
Arez, Stephanie: Das Abstraktionsprinzip – Das einzig Wahre?, JA 1998, 242 ff.
Baur, Fritz: Entwicklungstendenzen im Sachenrecht, JZ 1987, 161 ff.
Ders.: Grundstücksrecht, Schwenningen, 1948 (zit.: Baur, Grundstücksrecht)
Baur, Fritz/Stürner, Rolf: Zwangsvollstreckungs-, Konkurs- und Vergleichsrecht, Band I: Einzelvollstreckungsrecht, 12. Aufl., Heidelberg 1995 (Gekürzte Taschenbuchausgabe als Baur/Stürner, Zwangsvollstreckungsrecht) (zit.: Baur/Stürner I, ZVR).
Dies.: Zwangsvollstreckungs-, Konkurs- und Vergleichsrecht, Band II: 12. Aufl., Heidelberg 1990 (Baur/Stürner II, Insolvenzrecht).
Dies.: Zwangvollstreckungsrecht, Heidelberg 1996 (zit.: Baur/Stürner, Zwangsvollstreckungs- recht).
Baur, Jürgen F./Stürner, Rolf: Lehrbuch des Sachenrechts, 17. Aufl., München 1999 (zit.: Baur/Stürner, Sachenrecht).
Becker-Eberhard, Ekkehard: Die Forderungsgebundenheit der Sicherungsrechte, Bielefeld 1993.
Berner Kommentar zum ZGB: Bd. IV (begr. von Max Gmür, Hrsg. von Arthur Meier-Hayoz) Abteilung 2, Die beschränkten dinglichen Rechte, Bern 1996.
Blomeyer, Karl: Hypotheken und Grundschulden, Frankfurt am Main 1980.
Boemke-Albrecht, Burkhard: Der praktische Fall – Bürgerliches Recht: Die bedingte Grundschuld, JuS 1991, 309 ff.
Böhmer, G.: Hypothekarische Sicherung des Zwischenkredits, ZAkDR 1940, 241ff.
Bork, Reinhard: Die Wirkungen des Insolvenzplans, in: Insolvenzrecht im Umbruch: Analysen und Alternativen (Hrsg. von Dieter Leipold), Köln/Berlin/Bonn/München 1991, 51 ff. (zit.: Bork, in: Insolvenzrecht im Umbruch).
Bormann, Jens: Wettbewerbsbeschränkungen durch Grundstücksrechte, Heidelberg 2003.
Breig, Burkhard: Dingliche Rechte Privater an nichtlandwirtschaftlichen Grundstücken in Russland, WiRO 2/2002, 33 ff.
Brink, Ulrich/Habel, Wolfgang: Recht der Kreditsicherheiten in europäischen Ländern (Hrsg. von Walther Hadding und Uwe H. Schneider), Teil IV: England, Berlin 1980 (zit.: Brink/Habel, Kreditsicherheiten in England).
Brox, Hans: Allgemeiner Teil des BGB, 27. Aufl., Köln 2003.
Brych, Friedrich/Pause, Hans-Egon: Bauträgerkauf und Baumodelle, Handbuch, München 1989.
Buchholz, Stephan: Abstraktionsprinzip und Immobiliarrecht, zur Ge-

schichte der Auflassung und der Grundschuld, Frankfurt 1978 (zit.: Buchholz, Abstraktionsprinzip und Immobiliarrecht).
Ders.: Abtretung der Grundschuld und Wirkungen der Sicherungsvereinbarung – Zur Anwendbarkeit des § 1157 BGB auf die Sicherungsgrundschuld, AcP 187 (1987), 107 ff.
Ders.: Sicherungsvertraglicher Rückgewähranspruch bei Grundschulden, ZIP 1987, 891 ff.
Ders.: Zur Rechtsvereinheitlichung in Deutschland in der zweiten Hälfte des 19. Jahrhunderts, RabelsZ 50 (1986), 77 ff.
Büdenbender, Ulrich: Grundsätze des Hypothekenrechts, JuS 1996, 665 ff.
Bülow, Peter: Die These von der Doppelcausa im Kreditsicherungsverhältnis – ein Holzweg, NJW 1997, 641 ff.
Ders.: Kurzkommentar zu BGH, Urt. v. 14.7.1994 – IX ZR 110/93, EWiR 1994, 959 f.
Ders.: Recht der Kreditsicherheiten: Sachen und Rechte, Personen, 5. Aufl., Heidelberg 1999.
Caemmerer, Ernst von: Bereicherungsausgleich bei Verpfändung fremder Sachen, in: FS für Hans Lewald, Basel 1953, 443 ff. (zit.: Caemmerer, in: FS Lewald)
Canaris, Claus-Wilhelm: Theorienrezeption und Theoriestruktur, in: FS für Zentaro Kitagawa zum 60. Geburtstag, Berlin 1992, 59 ff. (zit.: Canaris, in: FS Kitagawa).
Clemente, Clemens: Die Sicherungsabrede der Sicherungsgrundschuld – eine Bestandsaufnahme, ZIP 1990, 969 ff.
Ders.: Kurzkommentar zu BGH, Urt. v. 29.4.1997 – XI ZR 176/96, EWiR 1997, 975 f.
Ders.: Recht der Sicherungsgrundschuld, 2. Aufl., Köln 1992.
Coing, Helmut: Die Neugestaltung des Liegenschaftsrechts, in: Studien zur Einwirkung der Industrialisierung auf das Recht (Hrsg. von Helmut Coing), Berlin 1991, 9 ff. (zit.: Coing, in: Studien).
Ders.: Die Treuhand kraft privaten Rechtsgeschäfts, München 1973 (zit.: Coing, Treuhand).
Conrad, Hermann: Deutsche Rechtsgeschichte, Band 1: Frühzeit und Mittelalter, 2. Aufl., Karlsruhe 1962 (zit.: Conrad, Dt. Rechtsgeschichte).
Dempewolf, Günter: Der Rückübertragungsanspruch bei Sicherungsgrundschulden, Berlin 1958.
Ders.: Der Rückübertragungsanspruch bei Sicherungsgrundschulden als Kreditsicherungsmittel, NJW 1957, 1257 ff.
Derleder, Peter: Bürgerliches Recht: Die unsichere Sicherungsgrundschuld, JuS 1971, 90 ff.
Dernburg, Heinrich: Lehrbuch des preußischen Privatrechts und der Privatrechtsnormen des Reiches, Band 1, Die allgemeinen Lehren und das Sachenrecht, 5. Aufl., Halle 1894 (zit.: Dernburg, Preuß. Privatrecht I).
Diskussionspapier: Nicht akzessorisches Grundpfand für Mitteleuropa, (Hrsg. von Hans Wolfsteiner und Otmar Stöcker), ZBB1998, 264 ff .
Drewicz-Tulodziecka, Agnieszka/Soergel, Otto/Stöcker, Otmar: Mehr Rechtssicherheit für die Hypothek in Polen, WM 2002, 891 ff.

Eckelt, Ernst: Umfaßt die Abtretung des Anspruchs auf Rückgewähr einer Sicherungsgrundschuld auch den Zinsanspruch?, WM 1980, 454 ff.

Eichler, Hermann: Die Rechtsidee des Eigentums: eine rechtsdogmatische und rechtspolitische Betrachtung, Berlin 1994.

Eichstädt, Johannes Hager: Die Vormerkung, JuS 1990, 429 ff.

Eickmann, Dieter: Aktuelle Rechtsfragen zur Sicherungsgrundschuld, ZIP 1989, 137 ff.

Erdmann, Karl Dietrich: Eigentum, Partnerschaft, Mitbestimmung: zur Theorie des Sozialstaats in Österreich und der Bundesrepublik Deutschland, in: Das Eigentum (Hrsg. von Jürgen F. Baur), Göttingen 1987, 11 ff. (zit.: Erdmann, in: Das Eigentum).

Erman, Walter: Bürgerliches Gesetzbuch (Hrsg. von Harm Peter Westermann, bearbeitet von Lutz Aderhold), Band 2, §§ 854 – 2385, 10. Aufl., Münster 2000 (zit.: Erman/Bearbeiter).

Felgentraeger, Wilhelm: Hypothek und Grundschuld, in: FS für Julius v. Gierke zu einem goldenen Doktorjubiläum, Göttingen Berlin 1950, 140 ff. (zit.: Felgentraeger, in: FS Gierke).

Ferrari, Franco: Vom Abstraktionsprinzip und Konsensualprinzip zum Traditionsprinzip, ZEuP 1993, 52 ff.

Flume, Werner: Allgemeiner Teil des bürgerlichen Rechts, Band 2, Das Rechtsgeschäft, 2. Aufl., Berlin/Heidelberg/New York 1975.

Foerste, Ulrich: Insolvenzrecht, 1. Aufl., München 2003.

Frenz, Norbert: Erste Erfahrungen mit der Sachenrechtsbereinigung, NJW 1995, 2657 ff.

Friedmann, Alfred: Empfiehlt sich eine gesetzliche Regelung des Treuhandverhältnisses?, in: Verhandlungen des 36. Juristentags, I, 805 ff. (zit.: Friedmann, in: Juristentag).

Gaberdiel, Heinz: Kreditsicherung durch Grundschulden, 6. Aufl., Stuttgart 2000.

Ders.: Kurzkommentar zu BGH, Urt. v. 4.7.1986 – V ZR 238/84, EWiR 1986, 1101 f.

Gaul, Hans Friedhelm: Lex commissoria und Sicherungsübereignung, AcP 168 (1968), 351 ff.

Gengler, Heinrich/Gottfried, Philipp: Das deutsche Privatrecht in seinen Grundzügen für Studierende, 4. Aufl., Erlangen/Leipzig 1892 (Gengler/Gottfried, Das deutsche Privatrecht).

Gernhuber, Joachim: Bürgerliches Recht, 3. Aufl., München 1991.

Ders.: Die fiduziarische Treuhand, JuS 1988, 355 ff.

Gerth, Axel: Zur Kündbarkeit der Zweckerklärung von Grundschulden, BB 1990, 78 ff.

Gierke, Otto von: Deutsches Privatrecht, Band II, Sachenrecht, Leipzig 1905 (zit.: v. Gierke, SachenR).

Ders.: Schuld und Haftung im älteren deutschen Recht: insbesondere die Form der Schuld und Haftungsgeschäfte, Breslau 1910 (zit.: v. Gierke, Schuld und Haftung).

Glück, Ulrike: Das Dian: ein traditionelles chinesisches Rechtsinstitut in Gegenwart und Vergangenheit, Berlin 1999 (zit.: Glück, Das Dian).

Goertz, Alexander/Roloff, Sebastian: Die Anwendung des Hypothekenrechts auf die Grundschuld, JuS 2000, 762 ff.

Creifelds, Carl/Weber, Klaus/ Guntz, Dieter: Rechtswörterbuch, 17. Aufl., München 2002.
Grün, Beate: Das Sachenrechtsänderungsgesetz, Sachenrechtsbereinigung im Beitrittsgebiet und andere Änderungen im Immobiliarsachenrecht, NJW 1994, 2641 ff.
Grundmann, Stefan: Das neue chinesische Treuhandgesetz: Eine moderne Treuhandvertragsregelung, auch rechtsvergleichend in manchem ein Lehrstück, RIW Heft 3/2003, 166 ff.
Ders.: Der Treuhandvertrag: insbesondere die werbende Treuhand, München 1997.
Habersack, Mathias: Die Akzessorietät - Strukturprinzip der europäischen Zivilrechte und eines künftigen europäischen Grundpfandrechts, JZ 1997, 857 ff.
Habisch, André: „Mein und Dein“: Die Bedeutung von Eigentumsrechten in der jüdisch-christlichen Tradition und ihre Konsequenz für die europäische Rechtsentwicklung, in: Das Grundrecht des Eigentums – Grundsätze und aktuelle Probleme (Hrsg. von Dieter Blumenwitz), 2000, 8 ff. (zit.: Habisch, in: Das Grundrecht des Eigentums).
Hanisch, Hans: Zur Reformbedürftigkeit des Konkurs- und Vergleichsrechts, ZZP 90 (1977), 1 ff.
Heck, Philipp: Grundriß des Sachenrechts, Neudruck der Ausgabe Tübingen 1930, Aalen 1960.
Heidelberger Kommentar zur Insolvenzordnung: Hrsg. von Dieter Eickmann, 3. Aufl., 2003 (zit.: Heidelberger Kommentar/Bearbeiter).
Henckel, Wolfram: Reform des Insolvenzrechts, ZZP 97 (1984), 369 ff.
Henssler, Martin: Treuhandgeschäft - Dogmatik und Wirklichkeit, AcP 196 (1996), 37 ff.
Heuser, Robert: Einführung in die Chinesische Rechtskultur, Hamburg 1999.
Heusler, Andreas: Institutionen des Deutschen Privatrechts, Band 2, Leipzig 1886.
Hornung, Anton: Vollstreckungsunterwerfung und Höchstbetragshypothek, NJW 1991, 1649 ff.
Huang, Yuhui: Schutz des Eigentümers durch Einwendungen und Einreden gegenüber der Grundschuld, Frankfurt 2002 (zit.: Huang, Einwendungen und Einreden gegenüber der Grundschuld).
Huber, Eugen: Schweizerisches Zivilgesetzbuch, Erläuterungen zum Vorentwurf des Eidgenössischen Justiz- und Polizeidepartments, Band 2, Sachenrecht und Text des Vorentwurfes vom 15. November 1900, 2. Aufl., Bern 1914 (zit.: E. Huber, Schweizerisches Zivilsgesetzbuch).
Huber, Ulrich: Die Sicherungsgrundschuld, Heidelberg 1965.
Ders.: Einreden gegen die Grundschuld, in: FS für Rolf Serick zum 70. Geburtstag, Heidelberg 1992, 195 ff. (zit.: Huber, in: FS Serick).
Ders.: Verpflichtungszweck, Vertragsinhalt und Geschäftsgrundlage, JuS 1972, 57 ff.
Hübner, H.: Allgemeiner Teil des BGB, 2. Aufl., Berlin/New York 1996 (zit.: Hübner, AT).
Hübner, Rudolf: Grundzüge des deutschen Privatrechts, 5. Aufl., Leipzig 1930 (zit.: Hübner, Deutsches PrivR).

Jäckle, Wolfgang: Die Sicherungsgrundschuld bei Störungen des Kreditverhältnisses, JZ 1982, 50 ff.
Jauernig, Othmar: Bürgerliches Gesetzbuch: Kommentar, 10. Aufl., München 2003 (zit.: Jauernig/Bearbeiter).
Jörs, Paul/Kunkel, Wolfgang/Wenger, Leopold: Römisches Recht, 3. Aufl., Berlin/Heidelberg 1978.
Jung, Erich: Das Wesen des schuldrechtlichen Grundes (§ 812 BGB) und dessen Bedeutung für die Systematik des Privatrechts, in: Die Reichsgerichtspraxis im deutschen Rechtsleben, Band 3, Zivil- und Handelsrecht (Hrsg. von Otto Schreiber), Berlin/Leipzig 1929, 143 ff. (zit.: Jung, in: Reichsgerichtspraxis).
Kamps, Burkhard: Kreditsicherung durch Grundpfandrechte, DLK 1968, 68 ff.
Kaser, Max: Das römische Privatrecht I, München 1971 (zit.: Kaser, I).
Ders.: Das römische Privatrecht II, München 1975 (zit.: Kaser, II).
Ders.: Römisches Privatrecht, München 1983 (zit.: Kaser, R. PR).
Kegel, Gerhard: Verpflichtung und Verfügung — Sollen Verpflichtungen abstrakt oder kausal sein, in: FS für Fritz A. Mann zum 70. Geburtstag, München 1977, 57 ff. (zit.: Kegel, in: FS Mann).
Kiefner, Hans: Entstehung einer Eigentümergrundschuld bei mißglückter Hypothekeneinigung? Zugleich zur Frage des rechtsgeschäftlichen Charakters der Änderungsbewilligung, in: FS für Hübner zum 70. Geburtstag, Berlin/New York 1984, 521 ff. (zit.: Kiefner, in: FS Hübner).
Kirchhof, Hans-Peter: Die Anfechtung „ermöglichender" Deckungshandlungen nach §§ 130, 131 InsO, in: FS für Wilhelm Uhlenbruck zum 70. Geburtstag, Köln 2000, 269 ff. (zit.: Kirchhof, in: FS Uhlenbruck).
Kitagawa, Zentaro: Rezeption und Fortbildung des europäischen Zivilrechts in Japan, Frankfurt am Main 1970.
Klinkhammer, K. Heinz/Rancke, Friedbert: Hauptprobleme des Hypothekenrechts, JuS 1973, 665 ff.
Köhler, Helmut: BGB, Allgemeiner Teil: ein Studienbuch, 27. Aufl., München 2003.
Kolbenschlag, Herbert: Die sog. „nur-einmal-Valutierungserklärung" zur Sicherungsgrundschuld, DNotZ 1966, 475 ff.
Kolbenschlag, Herbert: Zur Interessenwahrungspflicht des Grundschuldgläubigers im Zwangsversteigerungsverfahren, WM 1958, 1434 ff.
Kollhosser, Helmut: Die neuen gesetzlichen Löschungsansprüche (§§ 1179a, b, 1192 BGB), JA 1979, 176 ff.
Ders.: Auflösung des Anwartschaftsrechts trotz Zubehörhaftung?, JZ 1985, 370 ff.

Komanns, Theo: Das Grundpfandrecht als fiduciarische Sicherheit, Diss. Köln 1939.
Kowalski, Herbert: Die Grundschuld im modernen Grundbuchverkehr, Leipzig/Berlin 1932.
Koziol, Helmut/Welser, Rudolf: Grundriß des bürgerlichen Rechts, Band I, 10. Aufl., Wien 1995; Band II, Wien 1996.
Kroeschell, Karl: Zur Lehre vom „germanischen" Eigentumsbegriff, in:

FS für Hans Thieme, Köln/Wien 1977, 34 ff. (zit.: Kroeschell, in: FS Thieme).
Kübler, Bruno M.; Prütting, Hans: InsO: Kommentar zur Insolvenzordnung, 2 Bände, Loseblatt, Stand 16/03 (zit.: Kübler/Prütting/Bearbeiter, InsO).
Lambsdorff, Otto Graf: Wirtschaftspolitische Aspekte einer Insolvenzrechtsreform, ZIP 1987, 809 ff.
Lamp, Irene: Die Sicherungsgrundschuld, JA 1987, 1 ff.
Larenz, Karl: Lehrbuch des Schuldrechts, Band 1, Allgemeiner Teil, 14. Aufl., München 1987 (zit.: Larenz, Schuldrecht I).
Ders.: Lehrbuch des Schuldrechts, Band 2 (1), 13. Aufl., München 1986 (zit.: Larenz, Schuldrecht II 1).
Larenz, Karl/Wolf, Manfred: Allgemeiner Teil des bürgerlichen Rechts, 8. Aufl., München 1997.
Lettel, Tobias: Das Entstehen des Rückgewähranspruchs bei Sicherungsgrundschulden, WM 2002, 788 ff.
Lopau, Eberhard: Die Nichtakzessorietät der Grundschuld – OLG Köln 1969, JuS 1972, 502 ff.
Lopau, Eberhard: Die Sicherungsgrundschuld im Spannungsfeld von Eigentümer- und Verkehrsinteressen, JuS 1976, 553 ff.
Lübtow, Ulrich von: Das Grundpfandrecht am Vorbehaltseigentum – BGHZ 35, 85, JuS 1963, 171 ff.
Ders.: Die Struktur der Pfandrechte und Reallasten, in: FS für Heinrich Lehmann zum 80. Geburtstag, Band I, Berlin 1956, 328 ff. (zit.: Lübtow, in: FS Lehmann).
Marotzke, Wolfgang: Die Aufhebung grundpfandrechtsbelasteter Eigentumsanwartschaften, AcP 186 (1986), 490 ff.
Maus, Karl Heinz: Der Insolvenzplan, in: Kölner Schrift zur Insolvenzordnung, 2. Aufl. Herne Berlin 2000 S. 932 ff.
Medicus, Dieter: Bürgerliches Recht, 19. Aufl., Köln/Berlin/Bonn/München 2002.
Ders.: Durchblick: Die Akzessorietät im Zivilrecht, JuS 1971, 497 ff.
Meibom, Victor von: Das Mecklenburgische Hypothekenrecht, Leipzig 1867 (zit.: Meibom, HypothekenR.).
Meier-Hayoz, Arthur: Strategische und taktische Aspekte der Fortbildung des Rechts, Zur Frage nach den Grenzen richterlicher Rechtssetzung, JZ 1981, 417 ff.
Mincke, Wolfgang: Die Akzessorietät des Pfandrechts: eine Untersuchung zur Pfandrechtskonstruktion in Theorie und Gesetzgebung des 19. Jahrhunderts, Berlin 1987 (zit.: Mincke, Die Akzessorietät des Pfandrechts).
Mitteis, Heinrich/Lieberich, Heinz: Deutsches Privatrecht, 9. Aufl., München 1981.
Motive zu dem Entwurf eines Bürgerlichen Gesetzbuches, Amtliche Ausgabe, Band 3, Berlin 1888.
Mugdan, Benno: Die gesammelten Materialien zum Bürgerlichen Gesetzbuch für das Deutsche Reich, Band III, Sachenrecht, Berlin 1899.
Müll, Eberhard: Die Interessenjurisprudenz im Hypothekenrecht, Rheinfelden 1988.

Müller, Klaus: Sachenrecht, 4. Aufl., Köln/Berlin/Bonn/München 1997.
Münch, Joachim: Anmerkung zu BayObLG, Beschl. v. 13.7.1989 – BReg.2 Z 78/89, DNotZ 1990, 596 ff.
Münchener Kommentar zum Bürgerlichen Gesetzbuch (Hrsg. von Rebmann, Kurt/Säcker, Franz-Jürgen): Band 6, Sachenrecht, 4. Aufl., München, 2004 (zit.: MünchKomm/Bearbeiter).
Münchener Kommentar zur Insolvenzordnung: Band 2, §§ 103 - 269, 1. Aufl., München, 2002 (zit.: MK-InsO/Bearbeiter).
Münzel, Frank: Sachenrechtskodifikation, Vortrag auf einer Konferenz zum chinesischen Recht, Göttingen 2001 (zit.: Münzel, Sachenrechtskodifikation).
Neuhof, Rudolf: Nichtigkeit der Sicherungsabrede und Aufrechnungsbefugnis des Sicherungsnehmers bei der Sicherungstreuhand, WiB 1994, 832 ff.
Neuhof, Rudolf/Richrath, Jochen: Rückabwicklung nichtiger Kreditsicherungs-
verträge nach der Lehre der Doppelcausa, NJW 1996, 2894 ff.
Nobbel, Gerd: Aktuelle Entwicklungen zu Sicherungsübereignung und Globalzession im Lichte des AGB-Gesetzes, ZIP 1996, 657 ff.
Nüßgens, Karl/Boujong, Karlheinz: Eigentum, Sozialbindung, Enteignung, München 1987.
Obermüller, Manfred: Auswirkungen der Insolvenzrechtsreform auf das Kreditgeschäft und Kreditsicherheiten, Teil I, WM 1994, 1829 ff.
Ders.: Auswirkungen der Insolvenzrechtsreform auf das Kreditgeschäft und Kreditsicherheiten, Teil II, WM 1994, 1869 ff.
Obermüller, Manfred/Hesse, Harald: Insolvenzordnung: eine systematische Darstellung des neuen Insolvenzrechts, 4. Aufl., Heidelberg 2003.
Olzen, Dirk: Die geschichtliche Entwicklung des zivilrechtlichen Eigentumsbegriffs, JuS 1984, 328 ff.
Olzen, Dirk/Wank, Rolf: Zivilrechtliche Klausurenlehre mit Fallrepetitorium, 2. Aufl., Köln 1998.
Opalka, Joachim: Ausgewählte Probleme der Grundschuldbestellung, Unterwerfungserklärung und der Schuldübernahme, NJW 1991, 1796 ff.
Palandt, Otto: Bürgerliches Gesetzbuch, 63. Aufl., München 2004 (Palandt/Bearbeiter).
Petri, Heinz-Jürgen: Die Grundschuld als Sicherungsmittel für Bankkredit – Zweckerklärung und Rückgewähranspruch, Diss., Münster 1975 (zit.: Petri, Die Grundschuld als Sicherungsmittel).
Pfeiffer, Thomas: Übersicherung, Freigabeanspruch, Freigabeklauseln: Unsicherheit im Recht der Sicherungsgeschäfte – Ursachen, Auswege, WM 1995, 1565 ff.
Planck, Gottlieb: Bürgerliches Gesetzbuch nebst Einführungsgesetz, Band 3, Sachenrecht., 3. Aufl., Berlin 1906 (zit.: Planck/Bearbeiter).
Plander, Harro: Die Erstreckung der Hypothekenhaftung auf bewegliche Sachen und deren Enthaftung nach §§ 1121 f., 135 II, 136, 932 f., 936 BGB, JuS 1975, 345 ff.
Planitz, Hans: Deutsches Privatrecht, 3. Aufl., Wien 1948 (zit.: Planitz, PrivatR).
Ders.: Das deutsche Grundpfandrecht, Neudruck der Ausgabe 1936,

Wien/Köln/Graz 1982 (zit.: Planitz, GrundpfandR).
Planitz, Hans/Eckhardt, Karl August: Deutsche Rechtsgeschichte, 3. Aufl., Köln 1971 (zit.: Planitz/Eckhardt, Dt. Rechtsgeschichte).
Pleyer, Klemens: Das Recht der Hypothekenbanken in Europa, München 1981.
Pleyer, Klemens: Sind DDR-Hypotheken Deckungshypotheken im Sinne des Hypothekenbankgesetzes?, DLK 1990, 448 ff.
Pöggeler, Wolfgang: Die Akzessorietät im Zivilrecht: Irrtümer und Wahrheit, JA 2001, 65 ff.
Raiser, Ludwig: Das Eigentum als Rechtsbegriff in den Rechten West- und Osteuropas, RabelsZ 26 (1961), 230 ff.
Ders.: Funktionsteilung des Eigentums, in: FS für Johannes Sontis, München 1977, 167 ff. (zit.: Raiser, in: FS Sontis).
Reimann, Christoph: Zulässiger Ausschluß des Rückübertragungsanspruchs bei löschungsbestimmten Grundschulden, WM 1990, 1985 ff.
Reinicke, Dietrich/Tiedtke, Klaus: Kreditsicherung: durch Schuldbeitritt, Bürgschaft, Patronatserklärung, Garantie, Sicherungsübereignung, Sicherungsabtretung, Eigentumsvorbehalt, Pool-Vereinbarungen, Pfandrecht an beweglichen Sachen und Rechten, Hypothek und Grundschuld, 4. Aufl., Neuwied/Kriftel 1999 (zit.: Reinicke/Tiedtke, Kreditsicherung).
Dies.: Das Schicksal der persönlichen Forderung bei Ablösung der Grundschuld durch den Eigentümer des Grundstücks, WM 1987, 485 ff.
Reischl, Klaus: Grundfälle zu den Grundpfandrechten, JuS 1998, 125 ff., 220 ff., 318 ff., 414 ff., 614 ff.
Reithmann, Christoph: Grundpfandrechte heute: Rechtsentwicklung und Aufgaben des Notars, DNotZ 1982, 67 ff.
Rey, Heinz: Die Grundlagen des Sachenrechts und das Eigentum, Grundriss des schweizerischen Sachenrechts Band I, Bern 1991 (zit.: Rey, Grundriss des schweizerischen Sachenrechts).
Rimmelspacher, Bruno: Vormerkung zur Sicherung des Anspruchs auf Abtretung einer vorläufigen Eigentümergrundschuld – BayObLG, JuS 1971, 14 f.
Röbel, H. : Rechtsfragen zur Kreditsicherungsgrundschuld, NJW 1953, 1247 ff.
Rösler, Patrick: Aktuelle Rechtsfragen zu grundpfandrechtlich gesicherten Krediten, WM 1998, 1377 ff.
Schimansky, Herbert/Bunte, Hermann-Josef/Lwowski, Hans-Jürgen: Bankrechts-Handbuch, 2. Aufl., München 2001.
Schlechtriem, Peter H.: Schuldrecht, Besonderer Teil, 6. Aufl., Tübingen 2003.
Schmidt, Karsten: Zur Akzessorietätsdiskussion bei Sicherungsübereignung und Sicherungsabtretung, in: FS für Rolf Serick zum 70. Geburtstag, Heidelberg 1992, 329 ff. (zit.: K. Schmidt, in: FS Serick).
Schmitz, Gunter: Besonderheiten bei der Finanzierung von Bauträgern und Erwerbern, DLK 1990, 610 ff.
Scholz, Helmut: Das Recht der Kreditsicherung: ein Handbuch für die Praxis, 4. Aufl., Berlin 1972.
Ders.: Der sicherungsrechtliche Rückgewähranspruch als Mittel der Kreditsicherung, in: FS für Philipp Möhring zum 65. Geburtstag, München

1965, 419 ff. (zit.: Scholz, in: FS Möhring).
Schöner, Hartmut/Stöber, Kurt: Grundbuchrecht, begr. von Karl Hägele, 13. Aufl., München 2004.
Schröder, Richard/Künßberg, Eberhard von: Lehrbuch der deutschen Rechtsgeschichte, 7. Aufl., Leipzig/Berlin 1932.
Schwab, Karl Heinz/Prütting, Hanns: Sachenrecht: ein Studienbuch, 31. Aufl., München 2003.
Schwerdtner, Peter: Grundprobleme des Hypothek- und Grundschuldrechts (I), Jura 1986, 259 ff.
Seckelmann, Helmut: Die Grundschuld als Sicherungsmittel, Diss., Berlin 1963.
Segré-Bericht: Europäische Wirtschaftsgemeinschaft, Kommission: Der Aufbau eines Europäischen Kapitalmarkts, Bericht einer von der EWG-Kommission eingesetzten Sachverständigengruppe, Brüssel 1966.
Serick, Rolf: Eigentumsvorbehalt und Sicherungsübertragung, Band 1, Der einfache Eigentumsvorbehalt, Heidelberg 1963 (zit.: Serick, Eigentumsvorbehalt I).
Ders.: Eigentumsvorbehalt und Sicherungsübertragung, Band 2, Der einfache Eigentumsvorbehalt, Heidelberg 1965 (zit.: Serick, Eigentumsvorbehalt II).
Ders.: Eigentumsvorbehalt und Sicherungsübertragung, Band 3, Der einfache Eigentumsvorbehalt, Heidelberg 1970 (zit.: Serick, Eigentumsvorbehalt III).
Ders.: Eigentumsvorbehalt und Sicherungsübertragung: neue Entwicklungen, 2. Aufl., Heidelberg 1993 (zit.: Serick, Neue Entwicklungen).
Shao, Jiandong: Chinesisches Zivil- und Wirtschaftsrecht: ausgewählte Rechtsgebiete, dargestellt im Vergleich zum deutschen Recht, Hamburg 2001.
Siber, Heinrich: Römisches Recht in Grundzügen für die Vorlesung: erster und zweiter Band, 2. Aufl., Berlin 1968.
Siebert, Wolfgang: Das rechtsgeschäftliche Treuhandverhältnis: ein dogmatischer und rechtsvergleichender Beitrag zum allgemeinen Treuhandproblem, Marburg 1933, Nachdruck Frankfurt 1970 (zit.: Siebert, Treuhandverhältnis).
Ders.: Zubehör des Unternehmens und Zubehör des Grundstücks: Ein Beitrag zum Recht des Unternehmenszubehörs, insbesondere zur hypothekarischen Haftung des Zubehörs von gewerblichen Grundstücken gemäß §§ 97, 98, 1120 BGB, in: FS für Paul Gieseke zum 70. Geburtstag, Karlsruhe 1958, 59 ff. (zit.: Siebert, in: FS Gieseke).
Siol, Joachim: Die neuere Rechtsprechung des Bundesgerichtshofs zu Hypothek und Grundschuld, WM 1996, 2217 ff.
Soergel, Hans Theodor (Begr.): Bürgerliches Gesetzbuch, Band 6, Sachenrecht, 13. Aufl., Stuttgart/Berlin/Köln/Mainz 2001 (zit.: Soergel/Bearbeiter).
Soergel, Otto/Stöcker, Otmar: EU-Osterweiterung und dogmatische Fragen des Immobliarsachenrechts – Kausalität, Akzessorietät und Sicherungszweck, ZBB 2002, 412 ff.
Sohm, Rudolph/Mitteis, Ludwig/Wenger, Leopold: Institutionen: Geschichte und System des römischen Privatrechts, 17. Aufl., München

1926 (zit.: Sohm/Mitteis/Wenger, Institutionen).
Sontis, Johannes M.: Strukturelle Betrachtungen zum Eigentumsbegriff, in: FS für Karl Larenz zum 70. Geburtstag, München 1973, 983 ff. (zit.: Sontis, in: FS Larenz).
Stadler, Astrid: Gestaltungsfreiheit und Verkehrsschutz durch Abstraktion: eine rechtsvergleichende Studie zur abstrakten und kausalen Gestaltung rechtsgeschäftlicher Zuwendungen anhand des deutschen, schweizerischen, österreichischen, französischen und US-amerikanischen Rechts, Tübingen 1996 (zit.: Stadler, Abstraktion).
Städtler, Hans Jörg: Grundpfandrechte in der Insolvenz, Tübingen 1998.
Staudinger, Julius von: Kommentar zum Bürgerlichen Gesetzbuch mit Einführungsgesetz und Nebengesetzen, Drittes Buch: Sachenrecht (§§ 854 - 882), 13. Aufl., Berlin 1995; Sachenrecht (§§ 1113 - 1203), 14. Aufl., Berlin 2002 (zit.: Staudinger/Bearbeiter).
Stenz, Peter M.: Der Haftungsverband der Hypothek im französischen und im deutschen Recht: eine rechtsvergleichende Betrachtung, Frankfurt am Main 1993 (zit.: Stenz, Der Haftungsverband).
Stobbe Otto/Lehmann, Heinrich O.: Handbuch des deutschen Privatrechts II/2, Berlin 1896.
Stöber, Kurt: Anmerkung zu OLG München, Urt. v. 17.9.1980 – 27 U232/88, ZIP 1980, 976 ff.
Ders.: GBO-Verfahren und Grundstückssachenrecht, 2. Aufl., München 1998.
Stöcker, Otmar M.: Die „Eurohypothek“: zur Bedeutung eines einheitlichen nicht-akzessorischen Grundpfandrechts für den Aufbau eines „Europäischen Binnenmarktes für den Hypothekarkredit“, Berlin 1992 (zit.: Stöcker, Die Eurohypothek).
Stockmayer, U.: Die Grundschuld als Kreditsicherungsmittel, Stuttgart 1954.
Stürner Rolf/Kern, Christoph: Grundsatzfragen des US-Hypothekenrechts, in: FS für Peter Schlechtriem, Tübingen 2003, 923 ff. (zit.: Stürner/Kern, in: FS Schlechtriem).
Dies.: Keine Einreden des Grundstückserwerbers in der Zwangsversteigerung gegen eine dingliche Beanspruchung, LMK 2003, 184 f.
Stürner, Rolf: Das Grundpfandrecht zwischen Akzessorietät und Abstraktheit und die europäische Zukunft, in: FS für Rolf Serick zum 70. Geburtstag, Heidelberg 1992, 377 ff. (zit.: Stürner, in: FS Serick).
Ders.: Dienstbarkeit heute, AcP 194 (1994), 265 ff.
Ders.: Sachenrechtsbereinigung zwischen Restitution, Bestandsschutz und Rechtssicherheit, JZ 1993, 1074 ff.
Tempel, Otto: Zwangsvollstreckung in Grundpfandrechte, JuS 1967, 167ff., 215 ff.
Tiedtke, Klaus: Die Sicherungsgrundschuld, Jura 1980, 407 ff.
Ders.: Verfallabrede ohne Bestellung eines (Grund-) pfandrechts, ZIP 1996, 57 ff.
Ders.: Zahlung des Grundstückseigentümers an den Nichtberechtigten, im Grundbuch aber eingetragenen Gläubiger eines Grundpfandrechts, NJW 1997, 851 ff.
Uhlenbruck, Wilhelm/Vallender, Heinz: Insolvenzordnung: Kommentar,

12. Aufl., München 2003 (zit.: Uhlenbruck/Bearbeiter, Insolvenzordnung).
Wachter, Thomas: Die Eurohypothek – Grenzüberschreitende Kreditsicherung an Grundstücken im Europäischen Binnenmarkt, WM 1999, 49 ff.
Wacke, Andreas: Eigentumserwerb des Käufers durch schlichten Konsens oder erst mit Übergabe? Unterschiede im Rezeptionsprozeß und ihre mögliche Überwindung, ZEuP 2000, 254 ff.
Wang, Tze-chién: Die Aufnahme des europäischen Rechts in China, AcP 166 (1966), 343 ff.
Weber, Hansjörg: Der Rückübertragungsanspruch bei der nichtvalutierten Sicherungs-grundschuld, AcP 169 (1969), 237 ff.
Weber, Hansjörg: Kreditsicherheiten: Recht der Sicherungsgeschäfte, 7. Aufl., München 2002.
Weirich, Hans-Armin: Grundstücksrecht, 2. Aufl., München 1996.
Ders.: Die Sicherungsgrundschuld, JuS 1980, 188 ff.
Ders.: Grundstücksrecht: Systematik und Praxis des materiellen und formellen Grundstücksrechts, 2. Aufl., München 1996.
Weitnauer, Hermann: Betrachtungen zur causa der Sicherungsübertragung, in: FS für Rolf Serick zum 70. Geburtstag, Heidelberg 1992, 389 ff. (zit.: Weitnauer, in: FS Serick).
Wesel, Uwe: Nutzer, Nutzung und Nutzungsänderung nach dem Sachenrechtsbereinigungsgesetz, DtZ 1995, 70 ff.
Westermann, Harm Peter: Die Grundpfandrechte, Jura 1979, 281 ff.
Westermann, Harry: Zulässigkeit und Folgen einer Aufspaltung des Bodeneigentums in Verfügungs- und Nutzungseigentum, Bonn 1974 (zit.: H. Westermann, Aufspaltung des Bodeneigentums).
Ders.: Sachenrecht, 5. Aufl., Heidelberg 1966.
Westermann, Harry/Westermann, Harm Peter: Sachenrecht, 7. Aufl., Heidelberg 1998 (zit.: Westermann, Sachenrecht)
Wieacker, Franz: Die Privatrechtsgeschichte der Neuzeit, 2. Aufl., Göttingen 1967.
Wiegand, Wolfgang: Die Entwicklung des Sachenrechts im Verhältnis zum Schuldrecht, AcP 190 (1990), 112 ff.
Ders.: Numerus Clausus der dinglichen Rechte: Zur Entstehung und Bedeutung eines zentralen zivilrechtlichen Dogmas, in: FS für Karl Kroeschell, Frankfurt am Main/Bern 1987, 623 ff. (zit.: Wiegand, in: FS Kroeschell)
Ders.: Treu, schau wem – Bemerkungen zur Entwicklung des Treuhandrechts in der Schweiz und in Deutschland, in: Festschrift für Helmut Coing Band II, 1982, 565 ff. (zit.: Wiegand, in: FS Coing).
Wieling, Hans: Das Abstraktionsprinzip für Europa, ZEuP 2001, 301 ff.
Wilhelm, Jan: Sachenrecht, Berlin/New York 1993.
Wolf, Manfred: Beständigkeit und Wandel im Sachenrecht, NJW 1987, 2647 ff.
Ders.: Sachenrecht, 19. Aufl., München 2003.
Wolff, Eberhard/Nette, Burkhard: Grundpfandrechte als Sicherheiten für langfristige Ausleihungen durch Kreditinstitute und Versicherungen, GuG 1991, 183 ff.

Wolff, Martin/Raiser, Ludwig: Sachenrecht, ein Lehrbuch, 10. Aufl., Tübingen 1957.
Zeiss, Walter: Der rechtliche Grund (§ 812 BGB) für Schuldanerkenntnisse und Sicherheitsleistungen, AcP 164 (1964), 50 ff.
Zeller, Friedrich/Stöber, Kurt: Zwangsversteigerungsgesetz: Kommentar zum ZVG der Bundesrepublik Deutschland mit einem Anhang einschlägiger Texte und Tabellen, 17. Aufl., München 2002 (zit.: Zeller/Stöber, ZVG).
Zenker, Eckard: Die Einreden des § 1157 BGB und der Typenzwang im Sachenrecht, Diss. Tübingen 1968 (zit.: Zenker, Die Einreden des § 1157).
Zeuner, Mark: Die Anfechtung in der Insolvenz, München 1999.
Zimmerman, Stefan Paul: Die Haftung des Grundstückszubehörs für die Grundpfandrechte, Frankfurt am Main/Berlin 2000.
Zimmermann, Walter: Insolvenzrecht, 4. Aufl., Heidelberg 2001.
Zweigert, Konrad/Kötz, Hein: Einführung in die Rechtsvergleichung auf dem Gebiete des Privatrechts, 1. Aufl., Tübingen 1971.

Kolibri 360 GmbH
Ferdinand-Jühlke-Straße 7
99095 Erfurt, Deutschland
produktsicherheit@kolibri360.de

Druck:
CPI Druckdienstleistungen GmbH
im Auftrag der
Kolibri 360 GmbH
Ferdinand-Jühlke-Str. 7
99095 Erfurt